國語

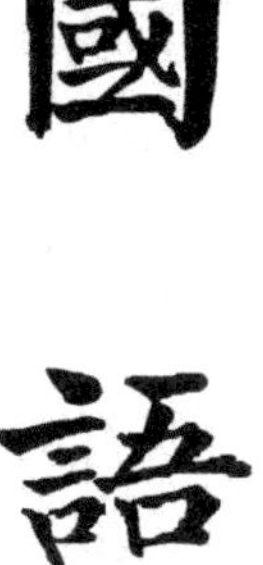

全本全注全译

〔战国〕左丘明 著

谦德书院 注译

团结出版社

图书在版编目（CIP）数据

国语 /（战国）左丘明著；谦德书院注译．-- 北京：团结出版社，2021.11

ISBN 978-7-5126-9187-2

Ⅰ．①国… Ⅱ．①左… ②谦… Ⅲ．①中国历史—春秋时代—史籍②《国语》—注释③《国语》—译文 Ⅳ．① K225.04

中国版本图书馆 CIP 数据核字 (2021) 第 196171 号

出版：团结出版社

（北京市东城区东皇城根南街 84 号 邮编：100006）

电话：（010）65228880　65244790（传真）

网址：www.tjpress.com

Email：zb65244790@vip.163.com

经销：全国新华书店

印刷：北京天宇万达印刷有限公司

开本：145×210　1/32

印张：17.5

字数：397 千字

版次：2021 年 11 月 第 1 版

印次：2021 年 11 月 第 1 次印刷

书号：978-7-5126-9187-2

定价：68.00 元

《谦德国学文库》出版说明

人类进入二十一世纪以来，经济与科技超速发展，人们在体验经济繁荣和科技成果的同时，欲望的膨胀和内心的焦虑也日益放大。如何在物质繁荣的时代，让我们获得内心的满足和安详，从经典中获取智慧和慰藉，或许是我们不二的选择。

之所以要读经典，根本在于，我们应当更好地认识我们自己从何而来，去往何处。一个人如此，一个民族亦如此。一个爱读经典的人，其内心世界必定是丰富深邃的。而一个被经典浸润的民族，必定是一个思想丰赡、文化深厚的民族。因为，文化是民族之灵魂，一个民族如果不能认识其民族发展的精神源泉，必定就会失去其未来的生机。而一个民族的精神源泉，就保藏在经典之中。

今日，我们提倡复兴中华优秀传统文化，当自提倡重读经典始。然而，读经典之目的，绝不仅在徒增知识而已，应是古人所说的“变化气质”，进一步，是要引领我们进德修业。《易》曰：“君子以多识前言往行，以蓄其德。”实乃读经典之要旨所在。

基于此理念，我们决定出版此套《谦德国学文库》，“谦德”，即本《周易》谦卦之精神。正如谦卦初六爻所言：“谦谦君子，用涉大川”，我们期冀以谦虚恭敬之心，用今注今译的方式，让古圣先贤的教诲能够普及到每一个人。引导有心的读者，透过扫除古老经典的文字障碍，从而进入经典的智慧之海。

作为一套普及型的国学丛书，我们选择经典，不仅广泛选录以儒家文化为主的经、史、子、集，也将视野开拓到释、道的各种经典。一些大家所熟知的经典，基本全部收录。同时，有一些不太为人熟知，但有当代价值的经典，我们也选择性收录。整个丛书几乎囊括中国历史上哲学、史学、文学、宗教、科学、艺术等各领域的基本经典。

在注译工作方面，版本上我们主要以主流学界公认的权威版本为底本，在此基础上参考古今学者的研究成果，使整套丛书的注译既能博采众长而又独具一格。今文白话不求字字对应，只在保证文意准确的基础上进行了梳理，使译文更加通俗晓畅，更能贴合现代读者的阅读习惯。

古籍的注译，固然是现代读者进入经典的一条方便门径，然而这也仅仅是阅读经典的一个开端。要真正领悟经典的微言大义，我们提倡最好还是研读原本，因为再完美的白话语译，也不可能完全表达出文言经典的原有内涵，而这也正是中国经典的古典魅力所在吧。我们所做的工作，不过是打开阅读经典的一扇门而已。期望藉由此门，让更多读者能够领略经典的风采，走上领悟古人思想之路。进而在生活中体证，方能直趋圣贤之境，真得圣贤典籍之大用。

经典，是一代代的古圣先贤留给我们的恩泽与财富，是前辈先人的智慧精华。今日我们在享用这一份财富与恩泽时，更应对古人心存无尽的崇敬与感恩。我们虽恭敬从事，求备求全，然因学养所限、才力不及，舛误难免，恳请先贤原谅，读者海涵。期望这一套国学经典文库，能够为更多人打开博大精深之中华文化的大门。同时也期望得到各界人士的襄助和博雅君子的指正，让我们的工作能够做得更好！

团结出版社

2017年1月

前　言

《国语》是我国第一部国别体史书，相传为春秋时期左丘明所撰，是后人了解先秦社会及历史的一部重要作品，也是一部颇有特色的历史散文著作，被列为“史体六家”之一。

关于《国语》的作者，自古以来就有争议。西汉史学家司马迁最早提出了《国语》作者为左丘明的说法，他在《史记·太史公自序》中说“左丘失明，厥有《国语》”，所以《国语》历来被传为左丘明所作，后来东汉史学家班固也持同样的见解。班固等人还把《国语》称为《春秋外传》或《左氏外传》。但也有很多学者对此表示怀疑：晋代时的大思想家傅玄最先对此观点提出反对意见；到了宋代，刘世安、朱熹等人也对此持怀疑态度；清代时，更有皮锡瑞、尤侗等人对此心存疑惑；直到现代，这仍然是争论不休的话题，大多数学者虽不认为左丘明是《国语》的作者，却又拿不出什么具体证据。他们普遍认为：《国语》并非出自一人之手，而是由一些熟悉各国历史的人在充分研究周王室及各诸侯国史料的基础上编纂而成，成书时间大约在战国初期或稍后一些。

“语”，是上古时期就有的一种著述形式，担负着教化皇室贵族的使命，但随着时间的推移，很多这方面的著述已遗失，留存至今、年代最早的也只有这部经过后人重编的《国语》了。我国古代的史官，历来分工有所不同，有的负责记言，有的负责记事；记事为文，记言为献。《汉书·艺文志》上说：“左史记言，右史记事；事为《春秋》，言为《尚书》。”但是我们知道，若是将“言”与“事”完全分开，基本上是不可能的。因为，二者实际上往往是你中有我，我中有你的一种无法完全割裂的关系，因此这种分工，只是从大体上做以分别罢了。《国语》便是一部以记言为主的史书。

《国语》共二十一卷，含《周语》三卷，《鲁语》两卷，《齐语》一卷，《晋语》九卷，《郑语》一卷，《楚语》两卷，《吴语》一卷，《越语》两卷。分别记载了周、鲁、齐、晋、郑、楚、吴、越等八国史事，记录范围上自公元前990年，下至公元前453年，时间跨度长达500多年。内容涵盖各国贵族间的朝聘、讽谏、宴飨、辩诘、相互应对之辞及一些历史事件、民间传说等。

《国语》作为一部国别体史书，具有如下特点：

一、按国别不同进行排列记述，每个国“语”所占比重各不相同，对其史事的记述也有不同侧重。

《周语》在对东、西周历史的记录上侧重论述政事、记录言论。《鲁语》记述的虽是鲁国之事，但却只是从一些小故事着手，引发议论，鲜少关于重大史事的记录。《齐语》则以记述齐桓公称霸之事为主，多记齐桓公与管仲相互论政之语。《晋语》是《国语》中篇幅最长的部分，共有九卷，较为全面地记述了晋国历史，其中在晋文公的事迹上着墨最多。《郑语》则以史伯论兴衰为主要内容。《楚语》则记述了楚灵王、楚昭王时期之事，同样对重要的史事记录较少。《吴语》只记载了吴王夫差伐越及吴国灭亡之事。《越语》仅讲述了勾践灭吴之事。

二、《国语》是经过选编的史料汇编。

《国语》中的文章并非原创，而是由编者在史官写好的文章中选编而来，选取时代为西周到战国初期，涵盖周、鲁、齐、晋、郑、楚、吴、越等国，虽然选材上还有不完备之处，但一些重大史事在书中都有体现。《国语》作为史料汇编，共收录了200多条史料，除少数史料偶有关联外，大多数之间没有必然联系，各自具有独立性。

《国语》作为文学经典，具有很强的思想艺术性：

一、逻辑缜密，语言活泼，生动形象。

《国语》以记言为主，具有逻辑缜密的特点。在语言的运用上，因为是史料汇编，选材来源不同，记言水平不同，所以没有佶屈聱牙的官方语言，而是以通俗易懂的口语将史事展现于读者面前；编者在采撷文字时未加雕琢，因此颇有原汁原味、生动活泼的特色，具有很强的形象性。《国语》所用语言看起来虽然比较质朴，但从文学的发展角度来看，却是一大进步，对后世的文学创作具有很大影响。例如《周语》用词委婉，《鲁语》言辞隽永，《晋语》收录了很多充满机锋的短章，《吴语》《越语》在言辞上很有气势，还有一些特色辞令读起来也颇耐人回味。这些都为后世的文学创作提供了丰富的经验。

《国语》中还有很多成语典故流传至今。如出自《楚语》的以规为瑱、引以为戒等；出自《晋语》的沉灶产蛙、杜门不出、积重难返、戒备森严、九原可作等；出自《鲁语》的奔走相告、和衷共济、敬姜犹绩、室如悬磬等；出自《齐语》的见异思迁、日引月长、三衅三沐、沾体涂足、股掌之上等；出自《越语》的时不再来、主辱臣死等；出自《周语》的道路以目、休戚相关、众口铄金、众心成城等。数量之多不禁令人咋舌，《国语》对后人的影响由此可见一斑。

二、在叙事方面颇有成就。

《国语》以记言为主，直到春秋以后叙事才多起来，但也不是单纯的论述，而是夹叙夹议，在论述中穿插各类故事，使人读下来不会觉得枯燥，在构思上更为巧妙，也更增加了人物形象的生动性。例如，《吴语》《越语》中记载吴国及越国兴衰的过程，就将史事叙述得既曲折又详尽，环环相扣，引人入胜。《晋语》中对晋献公诸子争位、骊姬的阴谋、太子冤死、重耳流亡等内容的描写，采用虚实相间的手法，穿插滑稽的语言及小插曲，将故事情节演绎得精彩纷呈，让人不忍释卷。这些生动形象的描绘，反映出《国语》在叙事上已取得了较高的成就。

三、充分体现了儒家重视百姓、尊崇礼法的思想。

《国语》以忠君、崇礼、重民为主导思想，由以往的重天命之说，开始转向对百姓的重视，以民意作为施政的第一要务。如《周语上·邵公谏厉王弭谤》中，邵公就认为“礼”乃治国之本，要重视贤才，以民意为重，对待百姓应“宣之使言”，在百姓的言论中了解国势兴衰，施政得失，反对腐败，惩恶扬善，使百姓都能富裕起来，这样才能达到国泰民安，这是儒家重视百姓、尊崇礼法思想的一个体现。

最后，《国语》开创的国别史体例，对后世影响很大。西晋文学家陈寿、北魏史官崔鸿、清代文学家吴任臣等都对这种体例进行了借鉴，他们的作品《三国志》《十六国春秋》《十国春秋》，都是在这种体例基础上的进一步发展。

其实，对于生活在当代的我们，作为史料汇编的《国语》也有着不可或缺的意义。对于历史爱好者来说，完全可以将其作为经典通读本；而对于其他读者来说，既可通过此书了解当时的历史，又能通过里面独特的言辞及史事开阔眼界，增长识见。

目前，《国语》中很多作品被节选入中学课本，如：《邵公谏厉王弭谤》《曹刿问战》《勾践灭吴》等……还有一些内容或者常出现在学生的考试试题中，或者被选入课外文言文阅读丛书里。而书中那些引人入胜的历史故事以及脍炙人口的成语典故也是孩子们应该阅读的内容，这对于提高历史鉴赏能力、积累写作素材大有裨益，对于想提高孩子写作能力及古文鉴赏水平的家长来说，不可不引起足够的重视。

《国语》作为经典读本，曾有一些著名经学家如郑众、贾逵、王肃、虞翻、唐固等为其作注，但都没有流传下来，目前所能见到最早的注本是三国时期韦昭的《国语解》，颇受学者重视。后来清代洪亮吉又有《国语韦昭注疏》、汪远孙有《国语校注本三种》。近代又有吴增祺的《国语韦解补正》、徐元诰的《国语集解》等。本书以《四部备要》排印清代士礼居翻刻明道本为底本，在参阅其他前贤注释的基础上，力求译注准确并尽量符合当时的时代背景。由于编者水平有限，注译过程中难免有错漏之处，欢迎读者批评指正。

目　录

周语上

周语中

周语下

鲁语上

鲁语下

齐 语

晋语一

晋语二

晋语三

晋语四

晋语五

晋语六

晋语七

晋语八

晋语九

郑　语

楚语上

楚语下

吴 语

越语上

越语下

周语上

祭公谏穆王征犬戎[1]

穆王将征犬戎，祭公谋父谏曰[2]：“不可。先王耀德不观兵[3]。夫兵戢而时动，动则威，观则玩，玩则无震[4]。是故周文公之《颂》曰[5]：‘载戢干戈[6]，载橐弓矢[7]。我求懿德，肆于时夏，允王保之。’先王之于民也，懋正其德而厚其性，阜其财求而利其器用，明利害之乡[8]，以文修之，使务利而避害，怀德而畏威，故能保世以滋大。

【注释】①穆王：姬姓，名满，昭王的儿子，西周第五位君王。年过五十即位，不恤国事，喜欢巡游天下，谥号曰穆。②祭公谋父：周王室卿士。周公的后人。③耀德：这里指施行文德教化。④无震：没有威慑力。⑤周文公：即周公姬旦。其谥号为“文”，所以也称周文公。《颂》：指《诗经·周颂·时迈》，是歌颂周公的乐章。⑥载戢干戈：比喻战事停止平息，不再诉诸武力。⑦櫜（gāo）：收藏盔甲弓矢的器具。⑧明利害之乡：给民众指明利害方向。乡：通“向”。

【译文】周穆王想要征讨犬戎族，祭公谋父劝阻说：“不能这样。先王从来都是显扬自己的道德于天下而不炫耀武力。军队平时要潜藏，只在需要的时候动用，一旦动用就很威武，一旦炫耀就会亵玩，亵玩就没有震慑的作用。所以周公的《诗经·周颂·时迈》说：‘收起干戈，藏好弓箭。我只求美好的品德遍及华夏，相信我王定能长保国家。’先王对于百姓，鼓励他们端正德行，敦厚品性，广开财路以丰厚民生，丰富其器物工具，使他们能够更好地利用，同时指明利害的方向，依照礼制律法来教育他们，使他们能趋利避害、感怀君王的恩德而敬畏君王的威严，这样就能保证周王室世代相承，日益壮大。

“昔我先王世后稷，以服事虞、夏。及夏之衰也，弃稷不务[①]，我先王不窋用失其官[②]，而自窜于戎、狄之间，不敢怠业，时序其德[③]，纂修其绪[④]，修其训典[⑤]，朝夕恪勤[⑥]，守以敦笃，奉以忠信，奕世载德，不忝前人。至于武王，昭前之光明而加之以慈和，事神保民，莫弗欣喜。商王帝辛，大恶于民。庶民不忍，欣戴武王，以致戎于商牧[⑦]。是先王非务武也，勤恤民隐而除其害也。

【注释】①稷：指农官。②不窋（zhú）：周人的先祖，是刘公祖父。③序：同“叙”。④纂（zuǎn）修：承袭修治。⑤训典：指先王典制之书，后泛指奉为典则的书籍。⑥恪勤：勤奋努力，孜孜不倦。⑦商牧：商都郊外牧野，在今河南汲县。

【译文】“以前我们的先王世代担任农官，尽心尽力为虞、夏做事。夏朝衰落时废弃了农官不顾农事，我们的先王不窋因此失去了官职，跑到与戎狄接邻的地方居住下来，他不敢怠慢祖宗荒废祖业，时时修炼自己的德行，继承祖先的事业，传习他们的教导和典则，恪守奉行，时刻勤勉有加，以敦厚笃实自守，以忠信自奉，世世代代都传承载德，无愧于前人。到了武王时，继续发扬先人光明磊落的德行，更加仁慈和善，敬奉神灵、保护人民，神人无不欢欣喜悦。而商纣王则为人民深恶痛绝，百姓无法忍受他的暴政，乐于拥戴武王，武王才发兵于商郊牧野。先王并不是崇尚武力，只是体恤百姓的疾苦而除去他们的祸害。

“夫先王之制，邦内甸服[①]，邦外侯服[②]，侯、卫宾服[③]，夷、蛮要服[④]，戎、狄荒服[⑤]。甸服者祭，侯服者祀，宾服者享，要服者贡，荒服者王。日祭，月祀，时享，岁贡、终王，先王之训也。有不祭则修意[⑥]，有不祀则修言，有不享则修文，有不贡则修名，有不王则修德，序成而有不至则修刑。于是乎有刑不祭，伐不祀，征不享，让不贡，告不王。于是乎有刑罚之辟，有攻伐之兵，有征讨之备，有威让之令，有文告之辞。布令陈辞而又不至，则又增修于德无勤民于远，是以近无不听，远无不服。

【注释】①甸服：天子管辖的地方，大约方圆千里的区域。②侯服：周制称甸服以外五百里的区域，天子封给诸侯的土地。③宾服：古代诸侯入贡朝见天子。引申为归顺臣服。④要服：距王城一千五百里至二千里的地方。⑤荒服：古称距离京城最远的属地。离王城约二千到二千五百里。⑥修意：修正心志意念，谓内省自责。

【译文】“先王的制度是：在天子管辖的王城内，一千里的地方是甸服，在甸服外五百里的地方是侯服，侯服之外的是要服，夷蛮、戎狄地区是荒服。属甸服的供日祭，属侯服的供月祀，属宾服的供季享，属要服的供岁贡，属荒服的则有朝见天子的义务。这每天一次的祭、每月一次的祀、每季一次的享、每年一次的贡和一生一次的朝见天子之礼，都是先王定下的训诫。如果甸服有不履行日祭义务的，天子就应内省检点自己的思想，侯服有不履行月祀义务的，天子就要检查自己所发的号令，宾服有不履行时享义务的，天子就要检查法律规章，要服有不履行岁贡义务的，天子就要检查名号尊卑，荒服有不履行朝见天子义务的，天子就要检查自己的德行，依次做了上述的内省检查后，如若还有不履行义务的才可以依法处置。于是，才有了惩罚不祭，攻伐不祀，征讨不享，谴责不贡，告谕不朝的各种措施。就有了惩罚的刑法，攻伐的军队，征讨的武备，谴责的严令，晓谕的文辞。如果颁布了法令、发布了文告后还有不履行义务的，那就修持自己的德行而不轻易劳民远征，这样，近处的诸侯才没有不听从的，远处的诸王也没有不臣服的。

“今自大毕、伯仕之终也[①]，犬戎氏以其职来王。天子曰：‘予必以不享征之[②]，且观之兵。’其无乃废先王之训而王几顿乎！吾闻夫犬戎树，惇帅旧德，而守终纯固[3]，其有以御我矣！”

【注释】①大毕、伯仕：犬戎族的二位国君。②不享：指不来朝者。③守终纯固：终身坚守不止，纯粹坚定不变。

【译文】“现今，自从大毕、伯仕去世以后，犬戎的新君一直按照荒服的职责来朝见。而天子却说‘我必定以不享的罪名去讨伐他们，并以此向他们炫耀武力。’这难道不是废弃先王的遗训而使君王的名声败坏吗！我听说犬戎君主性情敦厚纯朴，能遵守先人的德行保持荒服的职责专一不变，他们是有抵御我们的能力的！”

王不听，遂征之，得四白狼，四白鹿以归。自是荒服者不至。

【译文】周穆王不听谋父的劝告，执意进攻犬戎，结果只取得四匹白狼，四只白鹿回来。从此，那些荒服的诸侯就不来朝拜天子了。

密康公母论小丑备物终必亡[1]

恭王游于泾上[2]，密康公从，有三女奔之。其母曰：“必致之于王。夫兽三为群，人三为众，女三为粲[3]。王田不取群，公行下众，王御不参一族[4]。夫粲，美之物也。众以美物归女，而何德以堪之？王犹不堪，况尔小丑乎？小丑备物，终必亡。”康公不献。一年，王灭密。

【注释】①密：诸侯国名，在今陕西泾川。康公：密国的国君，姬姓。②恭王：周穆王的儿子，姬姓，名伊扈。泾：水名，发源于甘肃。③粲（càn）：美物。④王御：帝王宫中的女官。参：三。

【译文】周恭王到泾水边游历，密康公随从，有三个同姓的美女私自投奔密康公。康公的母亲说：“必须把她们献给天子。三只兽在一起就是群，三人在一起就是众，三个女子在一起就是美。天子在打猎时不可以同时抓捕群兽，诸侯要对众人谦下行事，天子不能选三个同族的女子为妃嫔。粲是世间美好的事物。把美好的事物归之于你，你有什么厚重的德行来承受呢？天子尚且不能承受，何况你这种违背道义的人呢？违背道义之人得到的东西太多，一定会灭亡的。”康公始终不肯把三位美女献出去。一年以后，周恭王灭了密国。

邵公谏厉王弭谤[①]

厉王虐，国人谤王。邵公告曰：“民不堪命矣！”王怒，得卫巫，使监谤者，以告，则杀之。国人莫敢言，道路以目。王喜，告邵公曰：“吾能弭谤矣[②]，乃不敢言。”邵公曰：“是障之也。防民之口，甚于防川。川壅而溃[③]，伤人必多，民亦如之。是故为川者决之使导，为民者宣之使言。故天子听政，使公卿至于列士献诗④，瞽献典⑤，史献书⑥，师箴⑦，瞍赋⑧，矇诵⑨，百工谏，庶人传语，近臣尽规，亲戚补察，瞽史教诲，耆艾修之⑩，而后王斟酌焉，是以事行而不悖。民之有口，犹土之有山川也，财用于是乎出；犹其有原隰衍沃也⑪，衣食于是乎生。口之宣言也，善败于是乎兴，行善而备败，其所以阜财用衣食者也。夫民虑之于心而宣之于口，成而行之，胡可壅也？若壅其口，其与能几何？”王不听，于是国莫敢出言，三年乃流王于彘。

【注释】①邵公：姬姓，邵氏，名虎，召邑（今陕西省岐山县）人，邵幽伯之子，谥号穆公。厉王：即周厉王，姬姓，名胡，西周第十位君主，在位时间为公元前878年至公元前842年。②弭谤：止息诽谤的话。③川壅而溃：比喻办事要因势利导，否则就会导致不良后果。④公卿至于列士：指大小群官。周朝官职分公、卿、大夫、士四级。列士：元士、中士、庶士三种士的总称。⑤瞽：古代乐师。古代以目盲者为乐官，故为乐官的代称。⑥史：古代掌管文书和记事等的官吏。⑦师：少师，为君主的辅弼之官，与少傅、少保合称三孤。箴：古代一种文体，以告诫规劝为主。⑧瞍：指没有眼珠的盲人。⑨矇：指有眼珠的盲人，周朝时的一类乐官，主要负责向王吟诵诗赋。⑩耆艾：尊长，师长，亦泛指老年人，在这里指朝中老臣。耆：古称六十岁为耆。艾：五十岁为艾。⑪原隰（xí）：广大平坦的土地和低洼潮湿的地方。衍沃：平坦肥沃的良田。

【译文】周厉王暴虐，百姓纷纷指责他的过失。邵公对厉王说："老百姓忍受不了你的暴政了！"厉王听了勃然大怒，找来卫国的巫师，让卫国的巫师去监视批评他的人，并且按照巫师的报告，杀掉敢于批评王的人。国人再不敢说话，路上相见，以目示意。周厉王颇为得意，对邵公说："我能消除这些指责的言论，他们都不敢再吭声了。"邵公回答说："你这样做是堵住百姓的嘴。硬性阻塞百姓的嘴，好比阻塞河水。河流堵塞后一旦决堤，伤人一定很多，百姓也是这样。因此会治水的人疏通河道使它畅通，会治民者能开导民众，而让大家畅所欲言。君王处理政事，让三公九卿以至各级官吏进献讽喻诗，乐师进献反映民意的民间乐曲，史官进献有借鉴意义的史籍，少师诵读箴言，瞽者吟咏诗篇，矇者诵读讽谏之言，掌管营建事务的百工纷纷进谏，平民将自己的意见转达给君王，身边的臣子尽规劝之责，君王的同宗都能补其过失，察其是非，乐师和史官以歌曲、史籍加以谆谆教导，元老重臣们再进一步修饰整理，然后由君王斟酌取舍，有则改之无则加勉。这样，国家的政令得以实行而不违背道理。百姓的口，就像大地高山河流一样，社会的物资财富全靠它出产；又像高原和山谷都有平坦肥沃的良田一样，人类的衣食物品全靠它产生。百姓用嘴巴议论，政事的成败就表露出来，好的就尽力实行，失误的就设法预防，这是增加衣食财富最快的途径啊。人们心中所想的通过嘴巴来表达，自然流露出来，怎么可以堵呢？如果硬是堵住百姓的嘴，为国效力的人还能有几个呢？"周厉王坚决不听劝告，从此之后百姓再也不敢公开发表言论了。过了三年，人们终于把这个暴君放逐到彘地去了。

空在籍田上修治祭坛，并命令农大夫准备好所用农具。

“先时五日，瞽告有协风至①，王即斋宫，百官御事，各即其斋三日。王乃淳濯飨醴②，及期，郁人荐鬯③，牺人荐醴④，王祼鬯⑤，飨醴乃行，百吏、庶民毕从。及籍，后稷监之，膳夫、农正陈籍礼，太史赞王，王敬从之。王耕一坺⑥，班三之⑦，庶民终于千亩。其后稷省功，太史监之；司徒省民，太师监之；毕，宰夫陈飨，膳宰监之。膳夫赞王，王歆大牢，班尝之，庶人终食。

【注释】：①瞽（gǔ）：古代乐师，可以听风辨时。②淳濯飨醴（xiǎng lǐ）：君王要沐浴饮甜酒。淳濯：沐浴。飨醴：喝甜酒。③郁人荐鬯（chàng）：郁人进献鬯酒。郁人：古官名，负责制作郁金香酒。鬯：古代祭祀用的酒，用郁金草酿黑黍而成。④牺人：官名，负责制作醴酒。⑤祼（guàn）鬯：古代祭祀仪式，以香酒灌地而告神。⑥一坺：推三次耒耜为一坺。坺：耕地翻起的土块。⑦班：按官级的尊卑。三之：推三次耒耜的三倍，即公三坺，卿九坺，大夫二十七坺。

【译文】“开耕前五天，盲乐师报告有和风吹来，国君莅临斋宫，百官各司其职，一齐斋戒三天。天子需要在沐浴后喝甜酒，籍田那天，郁人进献鬯酒，牺人进献甜酒，天子以鬯酒灌地行礼，然后饮甜酒，众官吏、人民都随在天子身后。到籍田时，后稷负责监察，膳夫、农大夫安排籍礼，太史在前方引导，国君恭敬地跟在后头。天子在前面推三次耒耜，百官依照官位的尊卑，每人推坺是

上一官级的三倍，轮到农民就耕完了整片籍田。然后由农官检查质量，太史负责监察；司徒检查民众的耕地，太师负责监察；结束之后，宰夫陈设祭品，膳宰负责监察。膳夫在前引导，国君享用牛羊猪三牲准备的祭品，百官按位次品尝，农民最后进食。

“是日也，瞽帅音官以风土[①]。廪于籍东南[②]，钟而藏之，而时布之于农。稷则遍诫百姓，纪农协功，曰：‘阴阳分布，震雷出滞。’土不备垦，辟在司寇。乃命其旅曰：‘徇，农师一之[③]，农正再之[④]，后稷三之，司空四之，司徒五之，太保六之[⑤]，太师七之[⑥]，太史八之[⑦]，宗伯九之[⑧]，王则大徇。耨获亦如之。’民用莫不震动，恪恭于农，修其疆畔，日服其镈，不解于时，财用不乏，民用和同。

【注释】①音官：乐官。②廪(lǐn)：米仓，亦指储藏的米。③农师：周代官名，即上士。一之：第一批出动。④农正：古代职掌农事的官。再之：第二批出动。⑤太保：官职名。三公之一，位次太傅。多为恩宠所加的头衔，并无实职。⑥太师：官职名。三公之最尊者。三公指太师、太傅、太保。⑦太史：职官名。编载史事兼掌天文历法。⑧宗伯：职官名。周代六卿之一，掌管礼仪祭祀等事，即后来礼部之职。故后世亦称礼部尚书。

【译文】“籍田这天，乐师带领他的乐官省察地方的风俗人情和地理环境。在籍田的东南面建立米仓，农作物集中收藏在里面，要按时令分发作物种子给农民。稷告诫百姓要协力合作一起耕耘，后稷说：‘日夜均等的时候，阴阳之气分布均匀，春雷惊醒了蛰

伏的虫豸。’田地如若不能全部开垦，将由司寇治罪。于是天子命令众人道：‘对众宣示，上士第一批出动，职掌农事的官第二批出动，后稷第三批出动，掌水利、营建之事的司空第四批出动，掌管教化的司徒第五批出动，三公之一的太保第六批出动，三公之最的太师第七批出动，编载史事兼掌天文历法的太史第八批出动，掌管礼仪祭祀等事的宗伯第九批出动，然后天子大声地对众宣示。依礼履行亲耕仪式。收获时亦如此。’农民的农具全部动用起来了，大家都勤劳地耕作，整治田界，天天拿着锄具，不错过农时，农民从不懈怠，国家的财物丝毫不缺乏，百姓和睦相处。

“是时也，王事唯农是务，无有求利于其官，以干农功，三时务农而一时讲武，故征则有威，守则有财。若是，乃能媚于神而和于民矣，则享祀时至而布施优裕也。今天子欲修先王之绪而弃其大功，匮神乏祀而困民之财，将何以求福用民？”

【译文】“这个时候，天子唯农耕为务，不能为了其他利益而改变农官的职务，以妨碍农事的发展，春、夏、秋三季务农而在冬季演文习武，因此征伐时有斗志、守备时有财力。这样，既能取悦于神灵又得到民众拥戴，祭祀也能按时供应，布施民众也充裕。现在国君希望继承先王的事业而放弃最重要的籍田大事，使供神的祭品匮乏，也会阻塞民众的财路，将来靠什么向神灵祈福、役使民众呢？”

王不听。三十九年[①]，战于千亩[②]，王师败绩于姜氏之戎。

【注释】①三十九年：即周宣王三十九年（公元前789）。②千亩：地名，在今山西介休南。

【译文】宣王不听劝谏。他在位的第三十九年，在千亩发生战争，宣王的军队被姜氏之戎打败。

仲山父谏宣王立戏

鲁武公以括与戏见王[①]，王立戏，樊仲山父谏曰[②]："不可立也！不顺必犯，犯王命必诛，故出令不可不顺也。令之不行，政之不立，行而不顺，民将弃上。夫下事上，少事长，所以为顺也。今天子立诸侯而建其少，是教逆也。若鲁从之而诸侯效之，王命将有所壅，若不从而诛之，是自诛王命也。是事也，诛亦失，不诛亦失，天子其图之！"王卒立之。鲁侯归而卒，及鲁人杀懿公而立伯御[③]。

【注释】①鲁武公：姬姓，名敖，鲁献公之子，鲁真公之弟，鲁国国君。括：武公长子伯御也。戏：括弟懿公也。②樊仲山父：周太王古公亶父的后裔，虽家世显赫，但本人却是一介平民。早年务农经商，在农人和工商业者中部有很高威望。周宣王元年，受举荐入王室，任卿士（相当于后世的宰相），位居百官之首，封地为樊，从

此以樊为姓，为樊姓始祖，所以又叫“樊仲山甫”“樊仲山”“樊穆仲”。③懿公：鲁懿公，姬姓，名戏，鲁武公少子，鲁国第十任国君，公元前817年（鲁武公九年）春天，与父亲鲁武公、哥哥公子括西行朝见周宣王。周宣王喜爱鲁懿公，便立他为鲁国太子。同年夏天，鲁武公回国后去世，鲁懿公继位。公元前807年（鲁懿公九年），鲁懿公兄公子括之子伯御与鲁人攻击弑杀鲁懿公，鲁人立伯御为鲁君，史称“鲁废公”。

【译文】鲁武公带着长子括与次子戏去朝见周宣王，周宣王立戏为鲁国太子，樊仲山父立刻劝谏说：“您不能立戏为太子！不合情理的政令，鲁国人一定会违反，违反王命必定要被征讨，所以颁布政令不能不合情理。政令得不到执行，政事就无法办理，若勉强施行而不合情理，民众就会不服统治者。下位的事奉上位的，年轻的事奉年老的，这样做合乎情理。现在陛下立诸侯却立少废长，让鲁国人去做违反情理的事。鲁君服从命令立次子为太子，那其他诸侯如果效仿的话，先王立长子的遗训将得不到传承。鲁君若不服从命令而被治罪，陛下就破坏了先王的遗训。这件事，治罪不可以，不治罪也不可以，请陛下慎重考虑！”宣王坚持将戏立为鲁太子。鲁武公回国后不久去世，后来鲁人杀死懿公拥立伯御。

穆仲论鲁侯孝

三十二年春[1]，宣王伐鲁，立孝公[2]，诸侯从是而不睦。宣王欲得国子之能导训诸侯者，樊穆仲曰：“鲁侯孝。”王曰：“何以知之？”对曰：“肃恭明神而敬事耇老[3]；赋事行刑，必

问于遗训而咨于故实，不干所问，不犯所咨。”王曰：“然则能训治其民矣。”乃命鲁孝公于夷宫[④]。

【注释】①三十二年：即周宣王三十二年（公元前796）。②孝公：鲁国国君，鲁武公之子。③耇（gǒu）：长寿，年老。④夷宫：周宣王祖父周夷王之庙。

【译文】周宣王三十二年春天，宣王讨伐鲁国，立鲁孝公为鲁国国君，从此之后各国诸侯与宣王的关系不亲近了。宣王想找个能力出众的诸侯来充当伯主，樊穆仲说：“鲁君有孝顺的德行。”宣王说：“你怎么知道的？”樊穆仲回答说：“他极其恭敬诸天神圣并且尊敬长辈；颁布法令，必定要请教先王的遗训并查询过去的成功实例，不触犯祖先遗训，不违背成例。”宣王说：“这样就可以教导治理民众了。”于是决定在夷宫任命鲁孝公为伯主。

仲山父谏宣王料民

宣王既丧南国之师[①]，乃料民于太原[②]。仲山父谏曰：“民不可料也！夫古者不料民而知其少多，司民协孤终[③]，司商协民姓[④]，司徒协旅[⑤]，司寇协奸[⑥]，牧协职，工协革，场协入，廪协出[⑦]，是则少多、死生、出入、往来者皆可知也。于是乎又审之以事，王治农于籍，蒐于农隙[⑧]，耨获亦于籍，狝于既烝[⑨]，狩于毕时[⑩]，是皆习民数者也，又何料焉？不谓其少而大料之，是示少而恶事也。临政示少，诸侯避之。治民恶事，无以赋

令。且无故而料民，天之所恶也，害于政而妨于后嗣。”王卒料之，及幽王乃废灭。

【注释】①丧：亡，败于姜戎氏时所亡。②料民：清点百姓户口数。太原：在甘肃固原，不是山西太原。③司民：掌管户口登记之官员。④司商：掌管赐族受姓之官。⑤司徒：掌管合师旅之众。⑥司寇：刑官，掌合奸民，以知死刑之数也。⑦廪：主管粮仓之官，掌九谷出用之数也。⑧蒐：春天打猎。⑨狝（xiǎn）：秋天打猎。⑩狩（shòu）：冬天打猎。

【译文】周宣王被姜戎氏打败，丧失了南方的军队后，开始在太原清点百姓户口数。仲山父劝谏说："这个时候百姓的户口数是不能清点的！古时候不用清点就可以知道百姓有多少，掌管户籍登记的官员核计年老病死者，掌管赐族受姓的官员核计出生受姓者，掌管合师旅之众的官员能征调的兵员数目，管司法的官员掌握受惩和死刑的罪犯数量，掌管畜牧的官员统计自己管辖的人数，百工之官统计从事手艺的工匠人数，场人负责敛藏收获的谷物，主管粮仓之官负责出纳需用的物资，大家各负其责，百姓的多少、死生、出入、往来的数目就都能知道了。同时，又在日常政务中可以审察了解，天子春天在藉田上督促农耕，春闲时打猎、锄草，秋天收割时仍要去藉田督促，秋收农事完毕后还要举行大规模的狩猎，在岁末举行冬猎，这些事情都是熟悉了解百姓数目的，何必还要专门统计呢？不说自己国家的百姓少，却要去大肆的统计查点，这正说明了百姓减少、政事败坏。您掌管国政而百姓减少，诸侯就会躲避疏远您。治理百姓而政事败坏，政令就无法推行。况且无故统计查点百姓，是上天所厌恶的，这样做既危害政事又妨害子孙后代。”宣王不听劝谏，最终还是统计查点了百姓，到幽王时西周便灭亡了。

西周三川皆震伯阳父论周将亡[1]

幽王二年[2]，西周三川皆震。伯阳父曰：“周将亡矣！夫天地之气，不失其序；若过其序，民乱之也。阳伏而不能出，阴迫而不能烝，于是有地震。今三川实震，是阳失其所而镇阴也。阳失而在阴，川源必塞；源塞，国必亡。夫水土演而民用也。水土无所演，民乏财用，不亡何待？昔伊、洛竭而夏亡，河竭而商亡。今周德若二代之季矣[3]，其川源又塞，塞必竭。夫国必依山川，山崩川竭，亡之征也。川竭，山必崩。若国亡不过十年，数之纪也[4]。夫天之所弃，不过其纪。”是岁也，三川竭，岐山崩。十一年，幽王乃灭，周乃东迁。

【注释】①伯阳父：西周宣王、幽王时的太史。他身处的时代正好在宣王中兴之后，西周的种种制度弊端都呈现出来，他冷眼旁观，最后成为未卜先知的历史洞见者。②幽王二年：周幽王二年（公元前780）。③二代之季：指夏代、商代的末期。④数之纪也：数的极限。数字超过十以后，又会从一开始数，因此将十作为终极。

【译文】周幽王二年，泾水、渭水、洛水三处水域都发生了地震。伯阳父说：“周朝快要灭亡了！天地之间的阴阳二气，不能错失自己原本的次序；如果错乱了，天下民众就会大乱。阳气滞留伏蛰在地下不能生发出来，阴气受到压迫不能散发，就会发生地震。现在三处河域都发生了地震，就是阳气不在自己原本的位置而压制了阴气。阳气失去本位而处于阴气的位置，河流的源头定会受到阻塞；源头被堵塞，国家必然会灭亡。水流通畅、土地才得以滋润，万物生长，为民取用。水流堵塞、土地干枯，百姓就缺乏财用，国家怎么会不灭亡？过去伊水、洛水枯竭而夏朝灭亡，黄河枯竭而商朝灭亡。现在周朝的国政就好像夏、商二代的末世，现在河川的源头又被堵塞，源头堵塞水流肯定会枯竭。立国的根本要依靠山川河流，山崩水竭，这是即将灭亡的征兆。河流枯竭，山崩地塌。这样的话国家不超过十年便会灭亡，这是定数的极限。上天厌弃并且毁灭一个国家，不会超过这十年时间。”这一年，泾水、洛水、渭水水流枯竭，岐山崩塌。十一年，幽王被灭，周朝都城因而东迁。

郑厉公与虢叔杀子颓纳惠王[①]

惠王三年[②]，边伯、石速、蔿国出王而立子颓[③]。王处于郑三年。王子颓饮三大夫酒，子国为客[④]，乐及遍舞[⑤]。郑厉公见虢叔，曰：“吾闻之，司寇行戮，君为之不举，而况敢乐祸乎！今吾闻子颓歌舞不息，乐祸也。夫出王而代其位，祸孰大焉！临祸忘忧，是谓乐祸，祸必及之。盍纳王乎？”虢叔许诺。郑伯将王自圉门入[⑥]，虢叔自北门入，杀子颓及三大夫，王乃入也。

【注释】①郑厉公：姬姓，郑氏，名突，亦称公子突，郑庄公次子，春秋时期郑国第五任及第九任国君。②惠王三年：周惠王三年（公元前674）。惠王：姓姬，名阆，东周第五代国王，谥号惠王。在位二十五年。③边伯、石速、蔿国：周朝的三位大夫。子颓：周庄王的小儿子。④子国：即蔿国。⑤遍舞：指六代之乐。包括黄帝时期的《云门大卷》，唐尧时期的《大咸》（也称《大章》），虞舜时期的《韶》，夏禹时期的《大夏》，商汤时期的《大濩》，周武王时期的《大武》。⑥圉门（yǔ）：王城的南大门。

【译文】周惠王三年，边伯、石速，蔿国三位大夫将惠王驱逐，立子颓为国君。致使惠王客居郑国三年。子颓设宴招待三位大夫，蔿国为上客，所奏乐曲遍及了黄帝、尧、舜、禹、商、周六代所有的舞乐。郑厉公见到虢叔说："我听说司寇在行刑的时候，国君为之停酒止娱，怎敢以这等祸事为乐呢！现如今我听说子颓他们日日歌舞不息，这是以祸为乐啊。驱逐君主并取而代之，还有比这更大的灾祸吗？大祸临头而能忘却忧愁，这是以祸为乐，灾祸必然会降临到他们头上。我们何不趁此把惠王送进宫去复位呢？"虢叔同意了。郑伯送惠王从王城的南大门入城，虢叔同时从北门入城，将子颓及三个大夫全部杀死，周惠王才恢复了王位。

内史过论神[①]

十五年[②]，有神降于莘，王问于内史过，曰："是何故？固有之乎？"对曰："有之。国之将兴，其君齐明、衷正、精洁、惠和，其德足以昭其馨香，其惠足以同其民人。神飨而民听，民神无怨，故明神降之，观其政德而均布福焉。国之将亡，其君贪冒、辟邪、淫佚、荒怠、粗秽、暴虐；其政腥臊，馨香不登；其刑矫诬，百姓携贰，明神不蠲而民有远志[3]，民神怨痛，无所依怀，故神亦往焉，观其苛慝而降之祸[4]。是以或见神以兴，亦或以亡。昔夏之兴也，融降于崇山；其亡也，回禄信于聆隧。商之兴也，梼杌次于丕山[5]；其亡也，夷羊在牧。周之兴也，鸑鷟鸣于岐山[6]；其衰也，杜伯射王于鄗。是皆明神之志者也。”

【注释】①内史：官名。西周始置，协助天子管理爵、禄、废、置等政务。春秋时沿置。②十五年：周惠王十五年（公元前662）。③不蠲（juān）：意思是不以为洁净，清洁。④苛慝（tè）：暴虐邪恶。⑤梼杌（táo wù）：古代传说中的一种猛兽。别名傲狠，中国神话中上古时期的四凶之一。所谓“四凶”，最早指的是上古年间四位残暴的部落首领，后来被杜撰为他们部落图腾的四种怪物。⑥鸑鷟（yuè zhuó）：凤凰，祥瑞之鸟。

【译文】周惠王十五年，有神灵降临在莘，惠王询问大夫内史过：“这究竟是何原因呢？曾经有过类似的事情吗？”内史过答道：“有过。国家将要兴旺时，君王明察秋毫、中正无私、精诚廉明、仁爱和顺，他以德为政足可以昭彰芳香，所施恩惠让民众同心同德。神灵护佑、民众信服，民神无丝毫怨恨，所以神灵降临，观察他的德政同时赐福降祉。国家将要衰败灭亡时，君王贪图财利、邪僻不正、放纵欲望、荒淫怠政，愚痴暴虐；政务腐败，供奉祭品的芳香无法上达神灵；他的刑法纵恶，致使民心涣散，神灵不洁净、民众离心，民神皆深恶痛绝，无所归依，所以神灵也会降临，观察他的暴虐邪恶而降下劫难灾祸。因此神灵出现，有时国家兴盛，有时国家败亡。昔日夏朝兴起时，祝融降临于崇山；灭亡时，火神回禄在聆隧出现。商朝兴起时，猛兽梼杌降临于丕山；灭亡时，夷羊出现于牧野。周朝兴起时，祥瑞之鸟凤凰在岐山鸣叫；衰败时，杜伯在镐京箭射宣王。这都是神灵降临的记载。”

王曰：“今是何神也？”对曰：“昔昭王娶于房[①]，曰房后，实有爽德，协于丹朱[②]，丹朱凭身以仪之，生穆王焉。是实临照周之子孙而祸福之。夫神壹不远徙迁，若由是观之，其丹朱之神乎？”王曰：“其谁受之？”对曰：“在虢土。”王曰：“然则何为？”对曰：“臣闻之，道而得神，是谓逢福，淫而得神，是谓贪祸。今虢少荒，其亡乎？”王曰：“吾其若之何？”对曰：“使太宰以祝[③]、史帅狸姓，奉牺牲、粢盛、玉帛往献焉，无有祈也。”

【注释】①昭王：姬姓，名瑕，周朝第四任君主，周康王姬钊的儿子。②丹朱：人名。尧的儿子。名朱，封于丹渊。因其不肖，故尧禅位于舜。③太宰：掌管祭祀的官。祝：太祝，掌管祈福的官。史：太史，掌管文书，编辑史事的官。

【译文】惠王问：“如今降临的是什么神呢？”内史过回答道：“昔日周昭王娶了房国的女子，称其为房后，她的行为失德，言语和行为与丹朱相仿，如同丹朱附身与她合一，而生了穆王。这就是神灵降临于周室子孙，并决定他们祸福的神。神一心一意依附于人不会远离迁移，以此看来，大概是丹朱之神吧？”惠王问：“谁来承担神降下的祸福呢？”内史过答道：“神降临在虢国。”惠王问：“那应该是祸还是福？”内史过答道：“我听说依道而行的人遇到神，叫作迎福，淫邪无道之人遇到神，叫作因贪遭祸。现在虢君荒淫无道，快要亡国了吧？”惠王说：“那我该怎么办呢？”内史过答道：“命掌管祭祀的太宰率领掌管祈福的太祝和掌管文书、编辑史事的太史，带上丹朱的后人狸姓，捧着牲畜、谷物、玉帛等祭品去敬献神灵，不要有任何祈求。”

王曰：“虢其几何？”对曰：“昔尧临民以五，今其胄见，神之见也，不过其物。若由是观之，不过五年。”王使太宰忌父帅傅氏及祝、史奉牺牲、玉鬯往献焉[①]。内史过从至虢，虢公亦使祝、史请土焉。内史过归，以告王曰：“虢必亡矣。不禋于神而求福焉[②]，神必祸之；不亲于民而求用焉，人必违之。精意以享[③]，禋也；慈保庶民，亲也。今虢公动匮百姓以逞其违，离民怒神而求利焉，不亦难乎！”十九年[④]，晋取虢。

【注释】①玉鬯（chàng）：古代祭祀用的玉器。②禋（yīn）：诚心祭祀。③精意以享：专心一意地献贡。④十九年：周惠王十九年（公元前658）。

【译文】惠王问：“虢国何时灭亡？”内史过答道：“昔日尧帝每五年巡查一次，现在他的后人出现，那神灵显现，不会超过这个数字。若由此来看，虢国灭亡不超过五年。”周惠王派太宰忌父带领丹朱的后裔傅氏和太祝、太史捧着祭品去虢国敬献神灵。内史过跟着到了虢国，虢君也派了太祝、太史去祈请土地。内史过回来，把这件事告诉惠王说："虢国肯定要灭亡了。没有诚心祭祀还向神求福，神一定会降祸；不爱人民而使唤民力，民众肯定会背离他。诚心实意地祭拜神灵，是诚心祭祀；慈爱和善地护佑民众，是亲民。现在虢君过分使用民力来满足自己的欲望，民众离弃、激怒神灵还想祈求得利，不是太难了吗！"惠王十九年，晋吞灭了虢国。

内史过论晋惠公必无后[①]

襄王使邵公过及内史过赐晋惠公命[②]，吕甥，郤芮相晋侯不敬[③]，晋侯执玉卑，拜不稽首。内史过归，以告王曰："晋不亡，其君必无后。且吕、郤将不免。"王曰："何故？"对曰："《夏书》有之曰：'众非元后，何戴？后非众，无与守邦。'在《汤誓》曰：'余一人有罪，无以万夫；万夫有罪，在余一人。'在《盘庚》曰：'国之臧，则惟女众；国之不臧，则惟余一人，是有逸罚。'如是则长众使民，不可不慎也。民之所急在大事，先王知大事之必以济众也，是故祓除其心以和惠民[④]。考中度衷以莅之[⑤]，昭明物则以训之，制义庶孚以行之。祓除其心，精也；考中度衷，忠也；昭明物则[⑥]，礼也；制义庶孚，信也。然则长众使民之道，非精不和，非忠不立，非礼不顺，非信不行。今晋侯即位而背外内之赂，虐其处者，弃其信也；不敬王命，弃其礼也；施其所恶，弃其忠也；以恶实心，弃其精也。四者皆弃，则远不至而近不和矣，将何以守国？

【注释】①晋惠公：姬姓，名夷吾，晋国绛人，晋献公之子，晋文公之弟，春秋时期晋国第二十任君主。②襄王：姬姓，名郑，周惠王之子，东周君主，在位时期，诸侯争霸日益激烈。③吕甥、郤芮：春秋时期晋国大夫。二人拥立晋惠公为君，重耳回国时又倒戈。后怕被晋文公（重耳）惩罚，又与吕甥密谋烧掉晋文公寝宫以谋杀晋文公。计划失败后，二人逃亡秦国，后被秦穆公诱杀。④祓除：古代习俗，扫除、洗涤，除灾去邪之祭礼，使心纯洁。⑤考中度衷：推己及人的意思。⑥昭明物则：昭示事物的法则。

【译文】周襄王派邵公过与内史过向晋惠公颁赐命圭，晋国大夫吕甥、郤芮跟随晋惠公行礼时态度不恭敬，晋惠公垂手执玉圭，跪拜谢恩时头不触地。内史过回来之后，将此事禀告周襄王，说："晋国即使不亡国，晋惠公也定会绝后。而且吕甥、郤芮都会有灾祸。"襄王问："这是为何？"内史过答道："《夏书》上说：'民众若没有明君，会拥戴谁？君王若无民众，就无法保守基业。'《汤誓》上说：'我一个人有罪，无关百姓；百姓有罪，责任在我一人。'《盘庚》上说：'国家好，是民众的功劳；国家不好，是我一个人的罪过，罪当在我，我愿受罚。'按先王所说，身为万民之主，治理百姓时，不可不谨慎。民众所关心的是祭祀、战争这样的大事，先王懂得大事必须依靠民众才能成功，因此扫除心中的邪念，和谐政治施惠于民。推己及人地处理政事，昭示事物法则，合于礼制来教诲他们，制定民众信服的事宜来规范民众的行动。清除自己的邪念，是精；推己及人，是忠；昭示事物法则，是礼；制定事宜让众人信服，是信。这样看来，明君引领百姓的原则是，不清除邪念就不能和谐，不推己及人就不能立足，不昭示事物法则就行不通，不制定事宜，众人不信服，就无法行事。现今晋惠公刚继位就违背了对国民、大臣许下的诺言，虐杀国内大夫，这是背离了诚信；不敬王命，这是背离了周礼；把自己讨厌的事强加于人，这是背离了忠；心中充满了恶念，这是背离了精。四条都违背了，关系远的就不来交往，关系近的不相和睦，将来凭什么来守护国家？

“古者，先王既有天下，又崇立于上帝、明神而敬事之，于是乎有朝日、夕月以教民事君[①]。诸侯春秋受职于王以临其民，大夫、士日恪位著以儆其官[②]，庶人、工、商各守其业以共其上。犹恐其有坠失也，故为车服、旗章以旌之，为贽币、瑞、节以镇之[③]，为班爵、贵贱以列之，为令闻嘉誉以声之。犹有散、迁、懈慢而著在刑辟[④]，流在裔土[⑤]，于是乎有蛮、夷之国，有斧钺、刀墨之民[⑥]，而况可以淫纵其身乎？

【注释】①朝日：古代帝王祭日。夕月：古代帝王祭月。②儆（jǐng）：使人警醒，不犯过错。③贽币：古时初次求见人时所送的礼物，见面礼。④刑辟：刑法刑律，判罪制裁。⑤裔土：荒瘠边远的地区。⑥刀墨：古代黥刑。

【译文】“古时候，先王获得了天下，又尊崇天帝、神明而敬奉他们，就有了祭日、祭月这样的祭神仪式，来教诲民众怎样事奉国君。诸侯在春、秋两季接受国君的命令治理民众，大夫、士每天在自己的官位上小心警醒，不犯错误，庶人、工匠、商人各守自己的职位来效劳国君。还担心有所疏漏，所以制定了舆服、旗帜来区分标志，规定了作为见面礼的贽币、瑞玉、符节来强调等级，定下了不同的爵位、贵贱级别来确立秩序，确立美好的声誉来传播功臣美好的名声。但仍然有懒散、迁移、松懈、怠慢这样的情况，就受到判罪制裁，把他们流放到边远地区，所以就有了蛮、夷这样的国家，就有了受到斧钺、刀墨刑罚制裁的罪民，作为诸侯，自己又怎么能够过分淫逸放纵呢？

"夫晋侯非嗣也，而得其位，亹亹怵惕[①]，保任戒惧，犹曰未也。若将广其心而远其邻[②]，陵其民而卑其上，将何以固守？夫执玉卑，替其贽也[③]；拜不稽首，诬其王也。替贽无镇，诬王无民。夫天事恒象[④]，任重享大者必速及。故晋侯诬王，人亦将诬之；欲替其镇，人亦将替之。大臣享其禄，弗谏而阿之，亦必及焉。"

【注释】①亹亹（wěi）：勤勉不倦的样子。②广其心：放纵自己的欲望。③贽（zhì）：古代初次拜见尊长所送的礼物。④恒象：经常出现的某些预示吉凶的天象。

【译文】"晋侯不该继位，却当上了晋国国君，如果他能勤勉不倦地任事，担任国君的时候戒慎小心，还怕不够。假如他放纵自己的欲望，疏远四邻国家，欺压百姓，小看天子，他将来凭什么固守自己的帝王大业？"晋侯举礼器的时候举得太低，这是废弃初次拜见尊长的贽礼；他跪拜却不叩首至地，是欺瞒天子。废弃初次拜见尊长的贽礼就是无法制约，欺瞒天子就会失去百姓的拥戴。天下的事经常会出现某些预示吉凶的天象，责任重大却贪图享乐，一定会很快遭到报应。所以晋侯欺瞒天子，别人也会欺瞒他；他想废弃初次拜见尊长的贽礼，别人也会同样废弃他。大臣享受着君王赐予的俸禄，不规谏君王反而附和君王，也一定会遭到报应的。”

襄王三年而立晋侯[①]，八年而陨于韩，十六年而晋人杀怀公。怀公无胄，秦人杀子金、子公。

【注释】①襄王三年：周襄王三年（公元前649）。

【译文】周襄王三年晋侯即位为晋惠公，襄王八年，晋惠公在秦晋韩之战中战败被俘虏，襄王十六年晋国人杀死他的儿子怀公。晋怀公没有后代，吕甥和郤芮被秦人杀死了。

内史兴论晋文公必霸[①]

襄王使太宰文公及内史兴赐晋文公命[②]。上卿逆于境，晋侯郊劳，馆诸宗庙[③]，馈九牢，设庭燎[④]。及期，命于武宫，设桑主[⑤]，布几筵。太宰莅之，晋侯端委以入。太宰以王命命冕服，内史赞之，三命而后即冕服[⑥]。既毕，宾、飨、赠、饯，如公命侯伯之礼，而加之以宴好。内史兴归，以告王曰：“晋，不可不善也。其君必霸，逆王命敬，奉礼义成。敬王命，顺之道也；成礼义，德之则也。则德以导诸侯，诸侯必归之。且礼所以观忠、信、仁、义也，忠所以分也，仁所以行也，信所以守也，义所以节也。忠分则均，仁行则报，信守则固，义节则度。分均无怨，行报无匮，守固不偷，节度不携。若民不怨而财不匮，令不偷而动不携，其何事不济！中能应外[7]，忠也；施三服义，仁也；守节不淫，信也；行礼不疚，义也。臣入晋境，四者不失，臣故曰：‘晋侯其能礼矣，王其善之！’树于有礼，艾人必丰。”

【注释】①内史兴：东周内史叔兴父。晋文公：晋献公之子，姬姓，名重耳，春秋五霸之一。②太宰文公：东周王室卿士王子虎。③馆诸宗庙：让襄王使者住进宗庙以示尊敬。④庭燎：一种古代礼祀的照明用具。铁制叉杆，上束绑松柴，遇国君行祭，则燃点照明。⑤桑主：古代虞祭用桑木作神主。古礼，人死既葬，还祭于殡宫叫虞。期年，练祭时埋桑主，改用栗木作神主。⑥冕服：古代大夫以上的礼冠与服饰。凡吉礼皆戴冕，而服饰随事而异。⑦中能应外：内心与外在相应。

【译文】周襄王派太宰文公与内史兴向晋文公颁赐任命玉圭。晋国的上卿在边境上迎接使者，晋文公亲自到郊外慰问接待，把使者安排在宗庙下榻，用九太牢的宴席隆重招待，在大厅上点燃了照明的大火把。到了举行大典之日，在祖庙武宫接受天子任命，宗庙设立了晋献公的桑主牌位，安排几案筵席。典礼由太宰主持仪式，晋文公穿戴着玄端礼服、玄端礼帽进入宗庙。太宰莅临代表周王赐给晋文公冕服，内史兴为之赞唱礼仪，太宰三次宣读王命，晋文公三次辞让，之后才接受了冕服。典礼完毕后，晋文公对太宰和内史的酬谢、飨食、馈赠、郊送等礼仪都按诸侯的规格进行，态度相当谦虚和蔼。内史兴回来以后，把这些情况禀告襄王说：“晋国不可以不善待。晋文公一定会称霸诸侯，他接受王命态度恭敬，执行礼仪端庄得当。尊敬王命，恭顺如法；行礼得当，德行彰显。以此德范作为诸侯的表率，诸侯们一定会遵从于他。礼就是用来观察臣民忠、信、仁、义的，忠用于分配，仁用于施行，信是用于维护操守，义用于节制有度。以忠分配才公正，以仁施行才有效，以信维护才坚固，以义节制行为才适度。分配公正就没有抱怨，施行有效就没有匮乏，操守稳固就不会苟且敷衍，节制适度就不会离心悖德。如果百姓没有怨恨，财物不匮乏，执行命令不苟且，人民不离心离德，有什么事办不成呢！表里相应合一，是忠；三次谦让行为合乎礼仪，是仁；守节不越有度，是信；行礼庄严无误，是义。臣到了晋国，这四项都不见有疏漏，所以臣认为：'晋侯是知礼的，陛下要善待他！'对于知礼者树立友善的榜样，他的报答一定丰厚。"

王从之，使于晋者，道相逮也[①]。及惠后之难，王出在郑，晋侯纳之。

【注释】①道相逮：在道路上使者络绎不绝。

【译文】周襄王接受了内史兴的建议，于是派往晋国的使者络绎不绝。到了惠后之难时，襄王出奔到郑国，晋文公接纳了襄王。

襄王十六年[①]，立晋文公。二十一年，以诸侯朝王于衡雍[②]，且献楚捷，遂为践土之盟[③]，于是乎始霸。

【注释】①襄王十六年：周襄王十六年（公元前634）。②衡雍：地名，在郑国，今河南原阳西。③践土：地名，在郑国，今河南原阳西南。

【译文】周襄王十六年，任命了晋文公为晋国国君。襄王二十一年，晋文公率诸侯在衡雍朝见周天子，敬献所得的楚国战利品，于是晋文公主持了践土的会盟，开始称霸诸侯。

周语中

富辰谏襄王以狄伐郑及以狄女为后

襄王十三年[①]，郑人伐滑。王使游孙伯请滑，郑人执之。王怒，将以狄伐郑。富辰谏曰："不可。古人有言曰：'兄弟谗阋[②]，侮人百里。'周文公之诗曰：'兄弟阋于墙，外御其侮。'若是则阋乃内侮，而虽阋不败亲也。郑在天子，兄弟也。郑武、庄有大勋力于平、桓；我周之东迁，晋、郑是依；子颓之乱[③]，又郑之繇定[④]。今以小忿弃之，是以小怨置大德也，无乃不可乎！且夫兄弟之怨，不征于他，征于他，利乃外矣。章怨外利，不义；弃亲即狄，不祥；以怨报德，不仁。夫义所以生利也，祥所以事神也，仁所以保民也。不义则利不阜，不祥则福不降，不仁则民不至。古之明王不失此三德者，故能光有天下，而和宁百姓，令闻不忘。王其不可以弃之。"王不听。十七年，王降狄师以伐郑。

【注释】①襄王十三年：周襄王十三年（公元前639）。②谗阋（xì）：是指攻讦争吵。③子颓之乱：周惠王初（公元前676—前652），发生了王子颓之乱。周惠王抢夺大臣边伯等人的园林为囿，作为自己的田猎场所，因而边伯与王子颓共同发动叛乱。周惠王被流放于温地，不久又逃到郑国，国人立王子颓为王，郑杀王子颓，复送惠王入国。④繇：通“由”。

【译文】周襄王十三年，郑国出兵攻打滑国。周襄王派大夫游孙伯替滑国求情，郑国人不听王命并将游孙伯扣留。襄王盛怒，准备派狄国去攻打郑国。大夫富辰劝谏道：“不可如此。古人云：‘兄弟之间因受人挑拨而有争斗，但仍会一致抵抗外部侵略。’周文公的诗说：‘兄弟虽然在家内相互争斗，但是对于外人的欺辱一致抵御。’这样说来，兄弟之争只是内部的冲突，虽有争执却不影响手足亲情。郑国国君与天子，乃兄弟之亲。郑武公、郑庄公为周平王、周桓王立有大功；周朝王室的东迁，曾经依靠晋国、郑国；子颓作乱，是郑国出兵平定的。现在因为一点忿恨就遗弃郑国之恩，这是因小怨而弃大德，恐怕是不行的！况且，兄弟之间的矛盾，不必由外人插手，不然，利益就会外漏。兄弟争斗之事公开而让外人得利，这是不义；疏远兄弟而和夷狄交往，这是不祥；以怨报德，这是不仁。靠义可以蕴生利益，靠祥能够奉侍神祇，靠仁保护民众。不义则利益不丰厚，不祥则福神不降临，不仁则民心不归顺。古代有道明君没有失去这三种德行，所以能拥有天下，使百姓和睦平安，他们的美名至今不能忘怀。您千万不能背弃这些德行啊。”襄

王不听。十七年，襄王用夷狄军队去讨伐郑国。

王德狄人，将以其女为后，富辰谏曰："不可。夫婚姻，祸福之阶也。由之利内则福，利外则取祸。今王外利矣，其无乃阶祸乎？昔挚、畴之国也由大任①，杞、缯由大姒②，齐、许、申、吕由大姜③，陈由大姬④，是皆能内利亲亲者也⑤。昔鄢之亡也由仲任⑥，密须由伯姞⑦，郐由叔妘⑧，聃由郑姬⑨，息由陈妫⑩，邓由楚曼⑪，罗由季姬⑫，卢由荆妫⑬，是皆外利离亲者也。"

【注释】①挚、畴：商朝王畿之内诸侯国。大任：周文王之母。②杞、缯：商朝姒姓诸侯国。大姒：周武王之母。③齐、许、申、吕：商朝姜姓诸侯国。大姜：周文王父亲王季之母。④陈：西周诸侯国。大姬：周武王之长女。⑤内利亲亲：通过联姻结亲来巩固根本，对国内有利。⑥鄢：周朝妘姓诸侯国。仲任：鄢国国君夫人。⑦密须：周朝姞姓诸侯国。伯姞：姞姓之女。⑧郐（kuài）：周朝妘姓诸侯国，被郑武公所灭。叔妘：郐国夫人。⑨聃：周文王之子聃季之国。郑姬：郑国之女，聃国夫人。⑩息：周朝姬姓诸侯国。陈妫：息侯夫人。⑪邓：商周曼姓诸侯国。楚曼：楚武王夫人。⑫罗：周朝熊姓之国。季姬：姬姓之女，为罗君夫人。⑬卢：周朝妫姓之国。荆妫：卢国之女，楚王夫人。

【译文】周襄王感激狄国人，计划娶狄国的女子为王后，富辰进谏说："不可以这样。婚姻，是祸福的阶梯。有利于自己国家的是福，有利于外人则有祸。现在您却使外人得益，恐怕是引来祸害吧？从前挚、畴两国因嫁大任而得福，杞、缯因嫁大姒而得福，齐、许、申、吕因嫁大姜而得福，陈因嫁大姬而得福，这些全是使自己获利并和睦亲族的例子。过去鄢国因仲任而亡国，密须因伯姞而亡国，郐因叔妘而亡国，聃因郑姬而亡国，息因陈妫而亡国，邓因楚曼而亡国，罗因季姬而亡国，卢因荆妫而亡国，这些全是使外人得益而离弃亲族的例证。”

王曰：“利何如而内，何如而外？”对曰：“尊贵、明贤、庸勋、长老、爱亲、礼新、亲旧[1]。然则民莫不审固其心力以役上令，官不易方，而财不匮竭，求无不至，动无不济。百姓兆民，夫人奉利而归诸上，是利之内也。若七德离判[2]，民乃携贰，各以利退，上求不暨，是其外利也。夫狄无列于王室，郑伯南也，王而卑之，是不尊贵也。狄，豺狼之德也，郑未失周典，王而蔑之，是不明贤也。平、桓、庄、惠皆受郑劳，王而弃之，是不庸勋也。郑伯捷之齿长矣，王而弱之，是不长老也。狄，隗姓也，郑出自宣王，王而虐之，是不爱亲也。夫礼，新不间旧，王以狄女间姜、任，非礼且弃旧也。王一举而弃七德，臣故曰利外矣。《书》有之曰：‘必有忍也，若能有济也。’王不忍小忿而弃郑，又登叔隗以阶狄。狄，封豕豺狼也[3]，不可厌也。”王不听。

【注释】①庸勋：任用功臣，酬赏有功的人。②七德：指尊贵、明贤、庸勋、长老、爱亲、礼新、亲旧。③封豕：大野猪，喻贪婪残暴者。

【译文】襄王问："怎么做使自己获利，怎么做让外人得益呢？"富辰答道："尊崇贵人、彰明贤人、任用功臣、恭敬长辈、仁爱亲族、礼敬新人、亲敬故旧。然后，百姓没有不尽心竭力服从上面的政令，官府不变以德治民之方针，财物用之不竭，要求都能达到，办事都会成功。天下人都将利益奉献给王室，这就是利内。若这七件事做不到，民众就会有二心，大家各利其身而退，国家的要求无人听，这就是利外。狄国非王室的封侯，而郑国位在伯国，陛下却看不起，就是不尊重贵族。狄人所为如豺狼之德，郑国却无违背周室的典制，陛下却蔑视郑国，就是不彰明贤人。平王、桓王、庄王、惠王都曾受过郑国的好处，陛下却遗忘抛弃它，就是不用功臣。郑文公年岁已高，陛下却当他稚弱对待，就是不恭敬长者。狄人姓隗，郑国却是周宣王的后裔，陛下却苛刻虐待它，就是不友爱亲族。依据礼制，新不代旧，陛下却以狄女取代姜氏、任氏，这不符合周礼，而是喜新弃旧的行为。陛下的这个举措七德皆失，因此臣认为利为外人所得。《尚书》中说：'能有所忍耐，才能有成功。'陛下不能忍小忿而抛弃郑国，还要娶叔隗为后招引祸患。狄人像野猪豺狼一样贪婪残暴，永不满足。"襄王不听。

十八年[①]，王黜狄后[②]。狄人来诛，杀谭伯。富辰曰："昔吾骤谏王，王弗从，以及此难。若我不出，主其以我为怼乎！"乃以其属死之。

【注释】①十八年：襄王周十八年（公元前634）。②王黜狄后：因狄后与王子带私通，所以襄王罢黜了狄后。

【译文】十八年，周襄王废黜了狄后。狄国来兴师问罪，杀了大夫谭伯。富辰说："曾经我屡次劝谏，陛下不听，才会遭此祸难。如果现在我不去抵御狄人，陛下会认为我有怨气了！"于是富辰率部属出战而死。

初，惠后欲立王子带，故以其党启狄人。狄人遂入，周王乃出居于郑，晋文公纳之。

【译文】原先，惠后想立自己的儿子叔带为太子，因此叔带让他的党羽串通狄人。于是狄人入侵了周都，周襄王逃到郑国去避难，后来由晋文公杀死子带，护送周襄王回国即位。

襄王拒晋文公请隧

晋文公既定襄王于郏[①]，王劳之以地，辞，请隧焉[②]。王不许，曰："昔我先王之有天下也，规方千里以为甸服，以供上帝山川百神之祀，以备百姓兆民之用，以待不庭不虞之患。其余以均分公侯伯子男，使各有宁宇，以顺及天地，无逢其灾害，先王岂有赖焉。内官不过九御[③]，外官不过九品[④]，足以供给神祇而已，岂敢厌纵其耳目心腹以乱百度？亦唯是死生之服物采章，以临长百姓而轻重布之[⑤]，王何异之有？今天降祸灾于周室，余一人仅亦守府[6]，又不佞以勤叔父[7]，而班先王之大物以赏私德[8]，其叔父实应且憎，以非余一人，余一人岂敢有爱？先民有言曰：‘改玉改行[9]。’叔父若能光裕大德，更姓改物，以创制天下，自显庸也，而缩取备物以镇抚百姓，余一人其流辟旅于裔土，何辞之有与？若由是姬姓也，尚将列为公侯，以复先王之职，大物其未可改也。叔父其懋昭明德，物将自至，余何敢以私劳变前之大章，以忝天下，其若先王与百姓何？何政令之为也？若不然，叔父有地而隧焉，余安能知之？”文公遂不敢请，受地而还。

【注释】①郏（jiá）：指周王朝东都洛邑，故地在今河南洛阳附近。②隧：指墓道，在此用作动词，指挖掘墓道来安葬。③九御：九嫔，即女御。宫中女官，掌女工及侍御之事。共八十一人，分九组轮流侍御，故称。④九品：九卿，泛指朝内诸位官员。⑤临长：治理。犹言监临领导。⑥余一人：周天子自称，相当于后世皇帝称“朕”。⑦叔父：周天子称小国同姓诸侯为叔父。⑧大物：表示等级的仪制礼法，指“隧”的葬礼。⑨改玉改行：古人佩玉，以声响节制步行，使徐疾尊卑有度。

【译文】晋文公协助周襄王在郏地复位，襄王赏赐土地作为酬劳，文公婉言谢辞，请求死后用隧礼安葬。襄王不允，说：“过去我们先王得到天下时，划拨出方圆千里之地作为甸服，来供给大帝山川百神的祭祀，预备百官万民的财用，还要防备不能预料的灾患。其余土地则依等级分配给公、侯、伯、子、男，使他们各有安居之所，以顺从天地尊卑之意，避免遭遇灾害，先王哪有为己谋私利呢？宫中女官只有九御，朝廷官员只有九卿，足以供奉神灵、主持祭祀而已，哪敢满足一己之私欲而败坏国家法规制度呢？先王只在生前死后服饰、器物的色彩和纹饰以及所用礼仪有所区别，以体现天子百姓尊卑贵贱的等级，除此之外天子有何不同的呢？现在上天将灾祸降临周王室，我只能守住先王府藏而已，因我无能以致劳累了叔父，如果改变先王的制度用隧礼来酬劳叔父之恩德，叔父确实应该得到奖赏，但同时将被天下人憎恶，隧地不是我个人的财产，不然，我怎敢吝惜呢？先哲有言道：'佩玉改变了，步伐就要改变。'叔父若能将美德光前裕后，改朝易姓，一统天下，彰显自我功业，以天子的隧礼来威震安抚天下百姓，即使将我流放到边远荒地，我又有什么话可说？若姬氏仍然掌有天下，那叔父依旧被列为诸侯，把恢复先王的法规礼制为己任，那隧礼之制不可更改。叔父勤勉发扬美德，拥有隧礼自然会得到，我怎敢以私情就改变先王的礼制，以致愧对天下，如何向先王和百姓交代呢？又怎么发布政令呢？要不然，叔父有自己的地而自行隧葬，我怎么能管得住呢？"晋文公于是不敢请求隧礼，接受赏赐之地回国了。

阳人不服晋侯

王至自郑，以阳樊赐晋文公[①]。阳人不服，晋侯围之。仓葛呼曰[②]："王以晋君为能德，故劳之以阳樊。阳樊怀我王德，是以未从于晋。谓君其何德之布以怀柔之，使无有远志？今将大泯其宗祊，而蔑杀其民人[③]，宜吾不敢服也！夫三军之所寻，将蛮、夷、戎、狄之骄逸不虔，于是乎致武。此羸者阳也，未狎君政，故未承命。君若惠及之，唯官是征，其敢逆命，何足以辱师！君之武震，无乃玩而顿乎？臣闻之曰：'武不可觌，文不可匿[4]。觌武无烈，匿文不昭。'阳不承获甸[5]，而只以觌武，臣是以惧。不然，其敢自爱也？且夫阳，岂有裔民哉，夫亦皆天子之父兄甥舅也，若之何其虐之也？"晋侯闻之，曰："是君子之言也。"乃出阳民。

【注释】①阳樊：地名，在今河南济源西南。②仓葛：指阳樊人。③宗祊（bēng）：宗庙，家庙。祊：庙的大门。④武不可觌（dí），文不可匿：艺文兴而武道隐，是说尚文之风大盛。⑤甸：古时都城外称郭，郭外称郊，郊外称甸。

【译文】周襄王从郑国回到都城，将阳樊城赏赐给晋文公。阳樊人不肯归顺晋国，晋文公派军队包围了阳樊。仓葛大声喊道："周天子认为晋君能施行仁德，所以把阳樊封赏给晋文公。阳樊人怀念周天子的恩德，才不肯归顺晋国。大家都不知晋君将用什么样的德惠来感化安抚我们，使我们无叛离之心？今天却要拆毁我们的宗庙，还要杀戮百姓，难怪我们不敢服从啊！三军所应征讨的地方，应该是是那些骄奢淫逸、傲慢无礼的蛮、夷、戎、狄，这才是动用武力的对象。这些柔弱的阳樊人，还没习惯晋国的政令，不敢听命称臣。君王若施予我们恩惠，只需派官吏来征召即可，谁敢违抗命令，何必屈辱地调动军队征讨！君王这般耀武扬威，难道不是滥用武力而使将士困顿吗？臣曾听说：'武力不可显耀，文德不可隐藏。炫武欠缺威严，隐文无法彰显。'阳樊不能为王室承担甸服，又看到君主炫耀武陵，臣因此感到恐惧。若非如此，谁敢只顾自己而不服从君命呢？而且阳樊民众，没有被放逐的刁民？他们都是周天子的父兄甥舅，君王为何如此苛待他们呢？”晋文公听了仓葛的话，说：“此乃君子的话啊！”于是放出阳樊民众。

襄王拒杀卫成公

温之会[①]，晋人执卫成公归之于周。晋侯请杀之，王曰：“不可。夫政自上下者也，上作政，而下行之不逆，故上下无怨。今叔父作政而不行，无乃不可乎？”夫君臣无狱，今元咺虽直[②]，不可听也。君臣皆狱，父子将狱，是无上下也。而叔父听之，一逆矣。又为臣杀其君，其安庸刑？布刑而不庸，再逆矣。一合诸侯，而有再逆政，余惧其无后。不然，余何私于卫侯？”晋人乃归卫侯。

【注释】①温：地名，在今河南温县。②元咺（xuān）：卫国大夫。

【译文】在温地盟会上，晋国人拘捕了卫成公，并押送到王都。晋文公请求周天子将卫成公杀了，周襄王说：“不行。政令施行应自上而及下，在上者制定发布政令，下位臣民执行而不违背政令，故而君臣无怨。现在叔父制定政令却不能施行，难道不行吗？君臣之间无诉讼，现在元咺虽然理由充足，不能听取。如若君臣对簿公堂，那父子也将相互诉讼，这就没有尊卑上下之分了。如若叔父听取元咺的诉讼，违背了礼义。为臣下而杀国君，那怎么用刑罚？有刑罚而不用，再次违背了礼义。诸侯会盟却有此悖逆之事，我担心叔父今后难以号令诸侯。如果不是这样，我何必特殊照顾卫侯呢？”晋人于是让卫成公回国。

王孙满观秦师

二十四年[①]，秦师将袭郑，过周北门。左右皆免胄而下拜，超乘者三百乘。王孙满观之，言于王曰：“秦师必有谪[②]。”王曰：“何故？”对曰：“师轻而骄，轻则寡谋，骄则无礼。无礼则脱，寡谋自陷。入险而脱，能无败乎？秦师无谪，是道废也。”是行也，秦师还，晋人败诸崤[③]，获其三帅丙、术、视。

【注释】①二十四年：周襄王二十四年（公元前629）。②谪（zhé）：缺点，过失，这里指因有过失而败。③崤：山名，在河南西部，入晋要塞也。

【译文】周襄王二十四年，秦军准备偷袭郑国，路过东周王城北门。战车左右的武士仅摘下头盔下车行礼，随后跳跃上车，三百辆战车的武士皆如此。王孙满看到这种情况，对襄王说：“秦军定会失败。”襄王说：“这是为何？”王孙满回答道：“秦军将士举止轻狂骄慢，轻敌就缺谋略，骄慢就不注重礼节。不重礼节则军纪散乱，缺少谋略就会自陷险境。入险境又军纪散乱，能不失败吗？秦军如果不打败仗，世上天理就不存在了。”这次出征，秦军在返回途中被晋人伏击，在崤山大败，三位统帅白乙丙、西乞术、孟明视被俘虏。

定王论不用全烝之故[①]

晋侯使随会聘于周[②]。定王享之肴烝[③]，原公相礼。范子私于原公，曰：“吾闻王室之礼无毁折，今此何礼也？”王见其语，召原公而问之，原公以告。

【注释】①定王：名榆，周匡王之子。公元前606年至公元前586年在位。②随会：随氏，祁姓，因其食采邑于范，而又以范为氏，名会，谥号武，史称范武子、随武子，为晋国正卿。随会本人则以士为姓，因为排行第三，故又称士季。③肴烝：谓切肉为块，升之于俎，将煮熟牲体节解，连肉带骨放在俎上，以享宾客。

【译文】晋景公派遣随会出使东周王室聘问。周定王用肴烝之礼宴请他，原襄公作陪。随会私下对原襄公说：“我听说王室的礼宴是不折断牲体的，今天所用是什么礼节呢？”周定王看到他们在交谈，便向原襄公询问，原襄公把随会的问题告诉了定王。

王召士季，曰：“子弗闻乎，禘郊之事[①]，则有全烝[②]；王公立饫[③]，则有房烝[④]；亲戚宴飨，则有肴烝[⑤]。今女非他也，而叔父使士季实来修旧德，以奖王室。唯是先王之宴礼，欲以贻女。余一人敢设饫禘焉，忠非亲礼，而干旧职，以乱前好？且唯戎、狄则有体荐[6]。夫戎、狄，冒没轻儳[7]，贪而不让。其血气不治，若禽兽焉。其适来班贡，不俟馨香嘉味，故坐诸门外，而使舌人体委与之。女今我王室之一二兄弟，以时相见，将和协典礼，以示民训则，无亦择其柔嘉，选其馨香，洁其酒醴，品其百笾，修其簠簋[8]，奉其牺象，出其樽彝[9]，陈其鼎俎，净其巾幂[10]，敬其祓除，体解节折而共饮食之。于是乎折俎加豆，酬币宴货，以示容合好，胡有孑然其郊戎、狄也？

【注释】①禘：帝王祭祀始祖大典。郊：帝王祭天大典。②全烝：进献完整牲体。③立饫（yù）：站着举行的宴会。④房烝：古代祭祀时以牲之半解之体升于大俎。⑤肴烝：谓切肉为块，升之于俎。⑥体荐：进献整头牲口。⑦轻儳（chán）：没有长幼尊卑之分。⑧簠簋（fǔ guǐ）：古代祭祀盛稻粱黍稷的器皿，青铜制，长方形，有四短足，有盖。⑨樽彝：古代祭礼用的酒器。⑩巾幂：覆盖樽彝的巾帛。

【译文】周定王召来士季，说："您没有听说吗？帝王祭祀始祖的禘祭和祭天的郊祀，会进献完整牲体；王公在宗庙中举行站着的礼宴，享有牲之半解之体升于大俎；招待亲戚家庭宴会，享有切肉为块，升之于俎。今日您又不是外人，是叔父晋侯派来重温晋与王室的友好关系的，来辅助我们周王室。所以我用先王的宴饮之礼，来招待您。我怎敢设全牲、半牲呢？那样虽然丰富却不是亲戚宴享亲近之礼，而且还违背了规矩，难道不是扰乱了过去的友好关系？况且我们只有招待戎狄时才用全牲。戎狄之人没有长幼尊卑之分，贪婪而不讲礼让。他们未经教化，如同禽兽一般。他们来献纳贡赋时，不必准备精致的酒食，让他们坐在门外，由翻译把全牲给他们食用。如今你们晋国是周王室的兄弟，定时来朝见天子，因此要用合适的常礼招待，以此给民众做个好榜样，所以我们选取了鲜美的牲肉，选用芬香的配料，准备了甜醇的酒醴，还配备了佐餐的果品，备下了盛稻粱黍稷的器皿，捧来了牺象之杯，抬出了祭礼用的酒器盛酒，摆放好烹煮切割的器具，洗干净覆盖樽彝的巾帛，恭敬地打扫了殿堂，切好了鱼、肉一起来宴饮享用。于是才有了待客之礼，酬宾之物，以表示亲近友好，怎么可以像对待戎狄那样，把全牲端上来呢？

“夫王公诸侯之有饫也，将以讲事成章，建大德、昭大物也，故立成礼烝而已。饫以显物，宴以合好，故岁饫不倦[①]，时宴不淫[②]，月会、旬修、日完不忘[③]。服物昭庸，采饰显明，文章比象[④]，周旋序顺[⑤]，容貌有崇，威仪有则，五味实气，五色精心，五声昭德[⑥]，五义纪宜[⑦]，饮食可飨，和同可观，财用可嘉，则顺而德建。古之善礼者，将焉用全烝？”

【注释】①岁饫不倦：年年都举行饫礼，不至于懈倦。②时宴不淫：每个季节一定要有宴礼，不至于淫湎于酒色。③月会：每个月都要计算一次功用。旬修：每一旬十天要审订一次功用。日完：每一日都要完成的功用。④文章：指黼黻等绘绣图案。比象：比拟摹象山、龙、华虫等物象。⑤周旋：古代行礼时进退揖让的动作。⑥五声：宫、商、角、徵、羽。昭德：昭明其德。⑦五义：父义、母慈、兄友、弟恭、子孝。

【译文】“宴请王公诸侯举行饫礼，是要研究军国大事并立章程，建立大功德、表彰大事物，因此站着执礼并献上半牲。举行饫礼显示物备周全，宴饮表示友好亲密融洽，因此每年举行一次饫礼不觉厌倦，每季必有宴礼，不至于淫湎。每月的统计、每旬的事情、每天的工作不致忘记。服饰能够表明功绩，色彩能够显示德行，纹饰能够比拟物象，礼节能够序次尊卑，仪容具有尊严，威仪具有法度，饮食的五味充实精气，器物的五色净化心灵，乐曲的五音昭示道德，伦常的五义纲纪之所宜。饮食可享，情谊可观，酬礼可赞，法则顺礼而道德得以建立。古代善于执行宴礼的人，哪用全牲呢？”

武子遂不敢对而退。归乃讲聚三代之典礼，于是乎修执秩以为晋法。

【译文】随会于是不敢应答而告退。回到晋国后，讲习搜集汇编夏、殷、周三代的典礼，于是修订了执秩之法作为晋国之法。

单襄公论陈必亡

定王使单襄公聘于宋[①]。遂假道于陈，以聘于楚。火朝觌矣[②]，道茀不可行[③]，候不在疆，司空不视涂[④]，泽不陂[⑤]，川不梁，野有庾积[⑥]，场功未毕，道无列树，垦田若蓺[⑦]，膳宰不致饩[⑧]，司里不授馆[⑨]，国无寄寓，县无施舍，民将筑台于夏氏。

及陈，陈灵公与孔宁、仪行父南冠以如夏氏[10]，留宾不见。

【注释】①单襄公：东周卿士单朝。②火：古星名，也称大火，二十八宿之一，属天蝎座，是青龙七宿的第五宿。觌（dí）：出现。③道茀（fú）：道路荒芜阻塞。④视涂：巡视道路。涂，即“途”。⑤陂（bēi）：水边，水岸。⑥庾积：露天堆积谷物。⑦蓺（yì）：茅草芽。⑧膳宰：膳夫，掌管宾客饮食的小官。饩：赠送给人的粮食或饲料。⑨司里：里宰，掌管宅里宾馆的小官。授馆：给宾客安排住宿休息的地方。⑩陈灵公：妫姓，陈氏，名平国，陈共公之子，陈成公之父，担任春秋时期陈国第十九任国君。陈灵公为人荒淫无道，公然和陈国卿士孔宁、仪行父三人同夏徵舒之母夏姬通奸，三人甚至在朝堂上穿着夏姬的汗衫炫耀嬉戏。公元前599年，陈灵公与孔宁、仪行父在夏徵舒家喝酒，酒微醉，陈灵公跟仪行父开玩笑，两人互相说夏徵舒长得像对方，就因为这个惹怒夏徵舒，夏徵舒便埋伏兵士杀死陈灵公。

【译文】周定王派单襄公出使宋国聘问。于是向陈国借道，去访问楚国。当时已是清晨能见到心星的季节了，陈国道路上杂草丛生无法通过，负责接待宾客的官员不在边境迎候，司空没有巡视道路，湖泽未筑堤坝，河川上未架桥梁，野地里堆放着谷物，打谷场没有修整，道路旁没有种植树木，农田里的杂草丛生，膳夫不供应食物，司里不安排住宿，都城内连客房都没有，郊县里也没有旅舍，百姓准备去为夏氏修筑台观。行至陈国都城，陈灵公与大臣孔宁、仪行父戴着楚国的帽子去夏氏家玩乐，丢下客人不予会见。

单子归，告王曰："陈侯不有大咎，国必亡。"王曰："何故？"对曰："夫辰，角见而雨毕[①]，天根见而水涸[②]，本见而草木节解，驷见而陨霜[③]，火见而清风戒寒。故先王之教曰：'雨毕而除道，水涸而成梁，草木节解而备藏，陨霜而冬裘具，清风至而修城郭宫室。'故《夏令》曰：'九月除道，十月成梁。'其时儆曰[④]：'收而场功[⑤]，徛而畚梮[⑥]，营室之中[⑦]，土功其始。火之初见，期于司里。'此先王所以不用财贿，而广施德于天下者也。今陈国火朝觌矣，而道路若塞，野场若弃，泽不陂障，川无舟梁，是废先王之教也。

【注释】①角：星名，二十八宿之一。②天根：星名。即氐宿。东方七宿的第三宿。③驷：星宿名，房宿星。④儆（jǐng）：告诫，警戒。⑤而：通"尔"。⑥徛（zhì）：储集，储备。畚梮（běn jú）：盛土和抬土的工具。泛指土建工具。⑦营室：星名，又叫定星。二十八宿之一，属玄武七宿的第六宿。古人认为，夏历十月的黄昏，它出现在天空的正中，是人们可以营造房舍的时候。

【译文】单襄公回东周后，告诉周定王说："陈侯不遭遇凶险，国家也必会灭亡。"周定王问："是何原因呢？"单襄公答道："角星显现时表示雨水结束，天根显现时表示河流将干枯，氐星显现时表示草木将凋落，房星显现时便要降霜了，大火星显现时表示天气变冷，就该准备冬装了。因此先王教诲说：'雨季完毕就修整道路，水流干枯就修造桥梁，草木凋谢就储藏谷物，霜降来临就准备好冬衣，寒风到来就修整城郭宫室。'因此《夏令》说：'九月修路，十月架桥。'届时又提醒百姓说：'结束了农活，准备好畚箕和扁担，当营室之星出现在天空正中时，土建工程就要开始。心宿出现时，就到司里那儿去集合。’这就是先王不用多少钱财，即可向民众广施恩惠的原因啊。如今陈国心宿早已出现，但是道路被杂草覆盖，田野谷场已经废弃，湖泊不筑堤坝，河流没有舟桥，这是废弃了先王的教诲。

“周制有之曰：‘列树以表道，立鄙食以守路①，国有郊牧②，疆有寓望，薮有圃草③，囿有林池，所以御灾也。其余无非谷土，民无悬耜④，野无奥草。不夺民时，不蔑民功。有优无匮，有逸无罢⑤。国有班事⑥，县有序民⑦。’今陈国道路不可知，田在草间，功成而不收，民罢于逸乐，是弃先王之法制也。

【注释】①鄙食：在郊野路边供饮食的房舍。②郊牧：都邑城外的地方有牧场。③圃：通“甫”，多，大。④悬耜：悬挂的农具。⑤罢：通“疲”，疲劳，疲惫。⑥班事：按次序去从事劳役。⑦序民：轮番服役与休息。

【译文】“周朝的制度说：‘种植树木以标识道路，郊外提供食宿以款待过路人，国都郊外有牧场，边境有驿站设施和守望之人，湖泽里有茂盛的水草，园苑中有树木和水池，这些是用来防备灾害的。其余的地方全是农田，百姓无闲置的农具，田野无杂草。农时不耽误，不无视百姓的劳动。百姓生活富裕而不穷困，安逸而不疲惫。国中官员职责分明，郊外百姓劳作有序。’如今陈国的道路无法辨认，农田淹没，庄稼成熟无人收割，百姓为君王的享乐而疲于劳作，这是抛弃了先王的法度啊。

“周之《秩官》有之曰[①]：‘敌国宾至，关尹以告[②]，行理以节逆之[③]，候人为导，卿出郊劳，门尹除门，宗祝执祀，司里授馆，司徒具徒，司空视涂，司寇诘奸，虞人入材，甸人积薪，火师监燎，水师监濯，膳宰致饔，廪人献饩，司马陈刍，工人展车，百官以物至，宾入如归。是故小大莫不怀爱。其贵国之宾至，则以班加一等，益虔。至于王吏，则皆官正莅事[④]，上卿监之。若王巡守，则君亲监之。’今虽朝也不才，有分族于周，承王命以为过宾于陈，而司事莫至，是蔑先王之官也。

【注释】①周之《秩官》：周朝记载官员级别与职责的重要典籍。②关尹：把守关门的官员。③节：符节，即使者所持的凭证。④官正：长官，百官之长，也就是国君。

【译文】“周朝《秩官》说：‘地位相等国家的宾客来访时，关尹便向国君禀告，迎宾官员手持符节去迎接，候人一路引导，卿士出郊外表示慰问，门尹清扫门庭，宗祝要陪同客人行祭礼，司里安排客房，司徒调派仆役服侍，司空巡察道路，司寇查禁奸盗恶人，虞人供应物品齐全，甸人运送燃料，火师照看火烛，水师料理盥洗，膳宰送去熟食，廪人进献粮米，司马备好草料，工人修检车辆，百官各按其职责照应，客人来访如同回家。因此来访大小宾客无不感激。若大国的客人到了，接待的规格再提高一个等级，更加恭敬。至于天子派来的使者，则由各部门的长官亲自接待，由上卿加以督察。如果天子巡视，就由国君亲临督察接待。’如今臣虽然没有才能，但毕竟是天子的亲族，是奉天子之命借道陈国，陈国的官员却不来接待，就是蔑视先王的制度。

“先王之令有之曰：‘天道赏善而罚淫，故凡我造国，无从非彝，无即慆淫[①]，各守尔典，以承天休。’今陈侯不念胤续之常[②]，弃其伉俪妃嫔，而帅其卿佐以淫于夏氏，不亦嬻姓矣乎[③]？陈，我大姬之后也。弃衮冕而南冠以出[④]，不亦简彝乎[⑤]？是又犯先王之令也。

【注释】①慆（tāo）淫：怠惰放纵。②胤续：后代，继嗣，谓子孙相继。③嬻（dú）姓：亵渎同姓。④衮（gǔn）冕：古代天子、国君的礼服和礼帽。⑤简彝：简易。

【译文】“先王的法令中说：‘天道是奖赏善人而惩罚淫乱，因此凡由我们周朝治国，不允许有违法现象，不迁就怠惰懒散放纵淫乱，各自遵守你们的常道，来接受上天的赐福。’如今陈侯不顾念历代相承的常道，抛弃自己的夫人妃嫔，带领下属到夏氏那里淫乐，这不就是亵渎了姬姓吗？陈国是我们大姬的后裔。陈侯却丢弃礼服而穿戴楚地的帽子外出，这不是太简慢了礼制吗？这样又违背了先王的政令。

“昔先王之教，懋帅其德也，犹恐殒越。若废其教而弃其制，蔑其官而犯其令，将何以守国？居大国之间，而无此四者[1]，其能久乎？”

【注释】①四者：指先王之教育、周制、周之秩官、先王之令。

【译文】“昔日先王的教诲，勤勉遵行力行其德，尚且怕堕落。如若荒废先王的遗教、抛弃先王制度、蔑视先王的大臣、违犯先王的政令，那将用什么来守卫国家呢？陈国地处大国的中间而丢弃了先王的遗教、法度、分职、政令，国家能够长久吗？”

六年[1]，单子如楚。八年，陈侯杀于夏氏。九年，楚子入陈[2]。

【注释】①六年：周定王六年（公元前601）。②楚子：楚庄王，名侣。春秋五霸之一。

【译文】周定王六年，单襄公到楚国聘问。周定王八年，陈灵公被夏征舒杀死。周定王九年，楚庄王攻入陈国。

刘康公论鲁大夫俭与侈[1]

定王八年[2]，使刘康公聘于鲁，发币于大夫。季文子、孟献子皆俭，叔孙宣子、东门子家皆侈。

【注释】①刘康公：东周卿士，定王同母之弟。②定王八年：周定王八年（公元前599）。

【译文】周定王八年，派刘康公出使鲁国聘问，向鲁国的卿大夫赠送礼物。季文子、孟献子都很俭朴，而叔孙宣子、东门子两家却很奢侈。

归，王问鲁大夫孰贤。对曰："季、孟其长处鲁乎！叔孙、东门其亡乎！若家不亡，身必不免。"王曰："何故？"对曰："臣闻之：为臣必臣，为君必君。宽肃宣惠①，君也；敬恪恭俭②，臣也。宽所以保本也，肃所以济时也，宣所以教施也，惠所以和民也。本有保则必固，时动而济则无败功，教施而宣则遍，惠以和民则阜。若本固而功成，施遍而民阜，乃可以长保民矣，其何事不彻？敬所以承命也，恪所以守业也，恭所以给事也，俭所以足用也。以敬承命则不违，以恪守业则不懈，以恭给事则宽于死，以俭足用则远于忧。若承命不违，守业不懈，宽于死而远于忧，则可以上下无隙矣，其何任不堪？上任事而彻，下能堪其任，所以为令闻长世也。今夫二子者俭，其能足用矣，用足则族可以庇。二子者侈，侈则不恤匮，匮而不恤，忧必及之，若是则必广其身。且夫人臣而侈，国家弗堪，亡之道也。"王曰："几何？"对曰："东门之位不若叔孙，而泰侈焉，不可以事二君。叔孙之位不若季、孟，而亦泰侈焉，不可以事三君。若皆蚤世犹可③，若登年以载其毒，必亡。"

【注释】①宣惠：普施惠爱。②敬恪恭俭：恭敬谨慎，恭谨俭约。③蚤世：早去世。蚤同"早"。

【译文】刘康公回来以后，周定王询问鲁国大夫哪位贤明，刘康公回答道："季文子、孟献子能在鲁国长期为官！叔孙、东门也许最后会败亡！即使家族不败，自身必不能免祸。"定王说："什么原因呢？"刘康公答道："臣听说：为臣者必须尽臣道，为君者必须守君道。宽厚且严整，普施而惠爱，是君道；恭敬且谨慎，谦逊而俭朴，是臣道。宽厚用以维护根本，严整用以匡时济世，普施用以施行教化，惠爱用以和睦民众。根本得到维护必然稳固，应时而动匡时济世就没有失败的事情，教化施行就公正普及，用惠爱来和睦民众就上下富足。如果根本稳固而政务有成，教化普及而民众富足，就能长久地保有百姓，还有什么事达不成呢？恭敬用以承受君命，谨慎用以守护家业，谦逊用以执行政务，俭朴用以财用充足。以恭敬来承受君命就不会抗命，以谨慎来守护家业就不会懈怠，以谦逊来执行公务就远离犯法，以俭朴来丰足财用就无忧。如果承受君命不违抗，守护家业不懈怠，不触犯刑法而又远离忧愁，君臣上下就可以没有嫌隙了，还有何事胜任不了呢？君王施政务能通达，在下者能胜任其职，所以国家能够留有美名长治久安。现在季、孟二卿俭朴，他们定会财用丰足，他的家族就能得到庇护。叔孙、东门两家奢侈，奢侈就不会体恤贫困者，贫者得不到抚恤，忧患必定会降临，这样的话必然会危及自身。况且为臣若奢侈，国家不堪负担，必然走向败亡。"定王问："他们还能维持多久？"刘康公答道："东门子的地位不如叔孙，但比叔孙更奢侈，不可能侍奉两朝君王。叔孙的地位不如季文子、孟献子，但比他们奢侈，不可能连续三朝侍奉君王。他们如果死得早倒还可以，假若他们长寿并且干很多坏事，他的家族一定会败亡。"

十六年[①]，鲁宣公卒。赴者未及，东门氏来告乱，子家奔齐。简王十一年[②]，鲁叔孙宣伯亦奔齐，成公未殁二年[③]。

【注释】①十六年：周定王十六年（公元前591）。②简王十一年：周简王十一年（公元前575）。③成公：鲁成公，姬姓，名黑肱，是鲁国第二十一任君主。鲁宣公的儿子，在位十八年。

【译文】周定王十六年，鲁宣公去世。报丧的使者还没到东周，东门家的人就来报告鲁国发生变乱，东门子家逃往齐国。周简王十一年，叔孙宣伯也逃往齐国，这正是鲁成公去世的前二年发生的事。

王孙说请勿赐叔孙侨如

简王八年[①]，鲁成公来朝，使叔孙侨如先聘且告。见王孙说，与之语。说言于王曰："鲁叔孙之来也，必有异焉。其享觐之币薄而言谄[②]，殆请之也，若请之，必欲赐也。鲁执政唯强，故不欢焉而后遣之，且其状方上而锐下，宜触冒人。王其勿赐。若贪陵之人来而盈其愿，是不赏善也，且财不给。故圣人之施舍也议之，其喜怒取与亦议之。是以不主宽惠，亦不主猛毅，主德义而已。"王曰："诺。"使私问诸鲁，请之也。王遂不赐，礼如行人。及鲁侯至，仲孙蔑为介，王孙说与之语，说让。说以语王，王厚贿之。

【注释】①简王八年：周简王八年（公元前578）。②享觐：朝见天子时进献贡品。

【译文】周简王八年，鲁成公来周室朝觐周天子，先派叔孙侨如送聘礼并向周简王禀报消息。叔孙侨如见到了王孙说，进行了交谈。王孙说对周简王说："鲁国的叔孙侨如这次来，一定是另有原因。他进献的礼物菲薄，言语却阿谀奉承，恐怕是他自己要求来的，如果是他要求来，一定是想得到赏赐。鲁国的执政者蛮横无礼，尽管鲁君不乐意也只能派他来，况且他的相貌额头方下巴尖，容易冒犯他人。请陛下不要赏赐他。这样贪婪强横的人来朝见却满足了他的愿望，这不是赏赐善行，而且财物满足不了他的欲望。因此圣人在给不给予的问题上是要考虑的，在喜怒取予上同样是要考虑的。所以不主张宽惠，也不主张严苛，只主张按德施义而已。"简王说："好吧。"于是派人私下询问鲁国，果然是叔孙自己请求来的。简王于是不给他赏赐，如同接待一般使节那样接待了他。等到鲁成公来朝时，鲁卿仲孙蔑为宾介，王孙说与他交谈，他很谦让。王孙说将此情况禀告简王，简王赐予季文子厚礼。

单襄公论郤至佻天之功

晋既克楚于鄢[①]，使郤至告庆于周[②]。未将事，王叔简公饮之酒，交酬好货皆厚，饮酒宴语相说也。

【注释】①晋既克楚于鄢：公元前575年晋楚在鄢陵交战，晋国得胜。②郤至：晋卿，即温季。

【译文】晋国在鄢陵打败楚国后，派郤至向周王报捷。在未朝见周王之前，王叔简公宴请郤至，两人互赠了厚礼，酒席间谈笑甚欢。

明日，王叔子誉诸朝①，郤至见邵桓公②，与之语。邵公以告单襄公曰③：“王叔子誉温季，以为必相晋国，相晋国，必大得诸侯，劝二三君子必先导焉，可以树。今夫子见我，以晋国之克也，为己实谋之，曰：‘微我，晋不战矣！楚有五败，晋不知乘，我则强之。背宋之盟④，一也；德薄而以地赂诸侯⑤，二也；弃壮之良而用幼弱，三也；建立卿士而不用其言，四也；夷、郑从之，三陈而不整，五也。罪不由晋，晋得其民，四军之帅⑥，旅力方刚；卒伍治整，诸侯与之。是有五胜也：有辞，一也；得民，二也；军帅强御，三也；行列治整，四也；诸侯辑睦，五也。有一胜犹足用也，有五胜以伐五败，而避之者，非人也。不可以不战。栾、范不欲⑦，我则强之。战而胜，是吾力也。且夫战也微谋，吾有三伐：勇而有礼，反之以仁。吾三逐楚军之卒，勇也；见其君必下而趋，礼也；能获郑伯而赦之，仁也。若是而知晋国之政，楚、越必朝。’

【注释】①王叔子：指王叔简公。②邵桓公：周王室的卿士。③单襄公：周王室的卿士，名朝，他的谥号是襄。④背宋之盟：公元前579年，晋国、楚国、郑国、宋国等诸侯国结盟，过了四年之后，楚国、郑国背叛盟约讨伐宋国。⑤以地赂诸侯：这里指楚国以汝阴之地去贿赂郑国，让郑国叛晋。⑥四军之帅：晋国当时有上、中、下三军和新军，每军有统帅、副统帅共八卿来率领。栾书为中军统帅，士燮为副统帅；郤锜为上军统帅，荀偃为副统帅；韩厥为下军统帅，荀罃为副统帅；赵旃为新军统帅，郤至为副统帅。⑦栾、范不欲：晋国中军之帅栾书，晋国中军之佐士燮，他们二人都不愿意和楚国开战。栾书认为楚军轻佻，不会坚持很久，士燮则认为晋国内患重于外忧，不攻自破。

【译文】第二天，王叔简公在朝堂上向大家称赞郤至，郤至会见邵桓公，同他交谈。邵桓公将谈话内容告诉单襄公说："王叔简公称赞郤至，认为他定能在晋国当宰相，当了宰相，还能得到诸侯的拥护，所以王叔简公劝我们各位公卿为郤至多说好话，可以在晋国树立盟友。今天郤至来见我，认为晋国这次胜利，完全是由于他的谋划，他说：'没有我，晋国就不会胜！楚国有五个失败的因，晋国却不知道抓住机会，是我坚持要求开战的。楚国违背与宋国的盟约，这是其一；楚王缺德以土地贿赂诸侯，这是其二；抛弃强壮优秀的将领而用幼稚懦弱的人，这是其三；设置辅臣却不听取他们的意见，这是其四；集结了蛮夷、郑国参战，三军列阵却又不整齐严肃，这是其五。开战的罪过不在晋国，晋国得到全民拥护，四支军队之将帅，气盛势强；军纪严整，诸侯们都支持晋国。所以晋国有五胜之因：师出有理，这是一；取得民心，这是二；将帅强悍，这是三；纪律严明，这是四；与诸侯关系融洽和睦，这是五。晋国有一胜就足以胜楚，以五胜去攻伐五败，却还要躲闪，非有作为的人。此战非打不可。栾书、士燮不愿开战，我强行他们作战。打胜了，全是我的功劳啊。并且他们在战斗中毫无谋略，我有三大功劳：勇猛而有礼，放走郑国国君，有仁爱之心。我多次追击楚军，这是勇；遇楚王必下车并快步上前，这是礼；俘虏郑伯又释放，这是仁。如若我主持晋国政事的话，楚、越等国一定会向晋国称臣。'

"吾曰：'子则贤矣。抑晋国之举也，不失其次，吾惧政之未及子也[①]。'谓我曰：'夫何次之有？昔先大夫荀伯自下军之佐以政，赵宣子未有军行而以政，今栾伯自下军往。是三子也，吾又过于四之无不及[②]。若佐新军而升为政，不亦可乎？将必求之。'是其言也，君以为奚若？"

【注释】①政之未及：在鄢陵之战中，郤至身为新军之佐，地位名次在第八位，他的上面还有中军将、佐，上军将、佐，下军将、佐和新军将七位。所以眼下以位次论还轮不到郤至执政。②四之：荀林父、赵盾、栾书、郤至。

【译文】"我说：'你确实贤明。但是晋国用人，不会失去次序，因此我认为晋国政务还轮不到你来主持。'郤至对我说：'有什么位序？西戎大夫荀伯是从下军之佐升为主政的，赵宣子没有军职也主政事，如今栾书又从下军之佐升为中军主帅。这三个人，我的才能超过他们，可与他们并列为四，并无不及之处。我从副将升为正卿而主政，有什么不可以呢？我一定要达到目的。'这是他说的话，您以为何如？"

襄公曰："人有言曰'兵在其颈'。其郤至之谓乎！君子不自称也，非以让也，恶其盖人也。夫人性陵上者也，不可盖也。求盖人，其抑下滋甚，故圣人贵让。且谚曰：‘兽恶其网，民恶其上。’《书》曰：‘民可近也，而不可上也。’《诗》曰：‘恺悌君子[1]，求福不回。’在礼，敌必三让[2]，是则圣人知民之不可加也。故王天下者必先诸民，然后庇焉，则能长利。今郤至在七人之下而欲上之，是求盖七人也，其亦有七怨。怨在小丑，犹不可堪，而况在侈卿乎？其何以待之？

【注释】①恺悌：和乐平易。②敌必三让：遇到实力、地位相当的人必须再三谦让。

【译文】单襄公说：“古人云‘刀架在脖子上还逞强。’说的就是郤至这种人吧！君子不会自我吹嘘，这不是谦让，是厌恶这种凌驾于他人之上的行为。人的本性，都想超越在己之上的人，不愿意被人凌驾。想要凌驾他人，反而会被他人抑制得更厉害，因此圣人崇尚礼让。谚语说：‘野兽厌恶罗网，百姓仇视官员。’《尚书》说：‘百姓能够亲近，却不可以凌驾于他们之上。’《诗经》说：‘和乐平易的君子，求福不靠邪恶。’在礼仪上，遇到实力地位相当的人必须再三谦让，因为圣人知道民众是不可凌驾其上的。因此统治天下的人必须先了解民意，然后方能得到百姓庇护，才能长保福禄。现在郤至位在七人之下还想超过他们，这是要凌驾于这七人之上，他就会有七人的怨恨。被小人所怨恨，已经很难以忍受，更何况那些有地位的大臣呢？郤至将用什么来应对呢？

“晋之克也，天有恶于楚也，故儆之以晋。而郤至佻天之功以为已力[1]，不亦难乎？佻天不祥，乘人不义，不祥则天弃之，不义则民叛之。且郤至何三伐之有？夫仁、礼、勇，皆民之为也。以义死用谓之勇，奉义顺则谓之礼[②]，畜义丰功谓之仁[③]。奸仁为佻，奸礼为羞，奸勇为贼。夫战，尽敌为上，守和同，顺义为上。故制戎以果毅，制朝以序成。叛战而擅舍郑君，贼也；弃毅行容[④]，羞也；叛国即雠，佻也。有三奸以求替其上，远于得政矣。以吾观之，兵在其颈，不可久也。虽吾王叔，未能违难。在《太誓》曰：'民之所欲，天必从之。'王叔欲郤至，能勿从乎？"

【注释】①佻天之功：把天所成就的功绩说成是自己的力量。现指抹杀群众或领导的力量，把功劳归于自己。②奉义：遵奉道义。③畜义丰功：谓心存道义，光大其功业。④行容：在作战路上的容仪，显示卑下的丑态。

【译文】"晋国的胜利，是因上天憎恶楚国，因此让晋国来警示楚国。然而郤至却贪天之功为己有，这太危险了吧？贪天之功不吉祥，想凌驾他人则不义，不祥会被上天抛弃，不义会遭民众叛离。况且郤至怎么会有三件功劳呢？仁、礼、勇，都是百姓所为。为正义而舍身称为勇，遵奉道义而守法称为礼，心存道义，光大其功业称为仁。污辱了仁是佻，污辱了礼是羞，污辱了勇是贼。作战，以消灭干净敌人为准则，不战而和，使敌人顺从正义为上策。因此要用刚毅勇敢来治军，要用尊卑位爵来治政。违背作战的目的而擅自释放郑君，这是贼；放弃奋勇作战的机会而去对楚君行礼，这是羞耻；背叛国家利益而去亲近仇敌，这是偷。他有这三种恶行却想替代自己上位的大臣，离执政掌权还远着呢！以我看来，刀已经架在了郤至的脖子上，他不会长久了。恐怕我们的王叔简公，也难以远离灾难。《太誓》上这样说：‘民众所希求的，上天必定依从。’王叔简公要巴结郤至，能不跟着遭难吗？”

郤至归，明年死难。及伯舆之狱，王叔陈生奔晋。

【译文】郤至回到晋国后，第二年被晋厉公杀了。后来王叔简公与伯舆争讼夺利，因失败王叔陈生逃奔晋国。

周语下

单襄公论晋将有乱

柯陵之会[①]，单襄公见晋厉公视远步高[②]。晋郤锜见[③]，其语犯。郤犨[④]，见其语迂。郤至见[⑤]，其语伐[⑥]。齐国佐见[⑦]，其语尽。鲁成公见，言及晋难及郤犨之谮。

【注释】①柯陵：郑国地名，属于郑国西部，在今河南临颍。公元前575年，晋国在柯陵召集各国诸侯会盟。②晋厉公：晋国君王，名州蒲。③郤锜：晋卿驹伯，郤缺的嫡孙，郤克嫡长子，是为郤氏宗主。④郤犨（chōu）：晋卿苦成叔，郤锜的堂弟。⑤郤至：晋卿，郤锜的堂弟。⑥其语伐：他说的话有点儿自我夸耀。因郤芮、郤缺、郤克连续三代是晋国执政的正卿，四代人一共出了八位正卿（郤芮、郤臻、郤縠、郤缺、郤克、郤锜、郤至、郤犨）。所以郤氏人们有点骄傲。⑦国佐：齐国上卿，谥号武，史称国武子，亦称宾媚人。齐晋鞍之战，齐国惨败，国武子奉命出使求和，经他力争才得以讲和。

【译文】在柯陵盟会上，单襄公看到晋厉公走路时眺望远方，脚步抬得很高。晋国的郤锜见了单襄公，言语有所冒犯。郤犨见了单襄公，谈吐迂回善绕。郤至见了单襄公，则自我夸耀。齐国上卿国佐见了单襄公，说话毫无顾忌。鲁成公会见单襄公时，谈到晋对鲁的战争，以及郤犨曾经在晋侯面前诬陷自己的事。

单子曰："君何患焉！晋将有乱，其君与三郤其当之乎！"鲁侯曰："寡人惧不免于晋，今君曰'将有乱'，敢问天道乎，抑人故也？"对曰："吾非瞽史[①]，焉知天道？吾见晋君之容，而听三郤之语矣，殆必祸者也。夫君子目以定体，足以从之，是以观其容而知其心矣。目以处义，足以步目，今晋侯视远而足高，目不在体，而足不步目，其心必异矣。目体不相从，何以能久？夫合诸侯，民之大事也，于是乎观存亡。故国将无咎，其君在会，步言视听，必皆无谪，则可以知德矣。视远，日绝其义；足高，日弃其德[②]；言爽，日反其信；听淫，日离其名。夫目以处义，足以践德，口以庇信，耳以听名者也，故不可不慎也。偏丧有咎，既丧则国从之。晋侯爽二，吾是以云。

【注释】①瞽史：职官名。周代的两个官职。瞽为乐师，掌乐。史为太史，掌阴阳、天时及礼法。乐师与史官的并称。②视远足高：意思是高视阔步。形容态度傲慢。

【译文】单襄公说："君王有何忧虑呢！晋国将要发生内乱，国君和三郤恐怕要大祸临头了！"鲁成公说："我害怕躲不过晋国的发难，现在你说'晋将有内乱'，请问这是天意呢，还是人为的呢？"单襄公答道："我不是乐师和史官，怎么知道天意呢？我看到晋君的神态举止，又听到三郤的言谈，推测他们将惹来灾祸。君子凭眼光确定行动的方向，脚步随之配合得宜，因此观察他的容貌就知道他的内心。目光是来决定行动是否合适，双脚与之配合，如今晋侯眼望远处，脚步很高，目光不支配身体的行动，脚步又不与之配合，他心里在想其他的事情。目光和举止不能配合，怎会长久呢？诸侯会盟，是国家的大事，从中可以观察兴亡。因此，国家若无灾祸，它的国君在盟会上，行走、言语、目视、耳听，都无可挑剔，由此可知他的德行。眼望远方，日复一日举止不合时宜；脚步抬高，日复一日失去德行；言谈过失，日复一日失去诚信；耳听淫声，日复一日败坏名声。眼用来观注礼仪，脚步用来履行道德，言语用来恪守信用，耳朵用来倾听名声，因此不能不谨慎啊。这四者如有偏颇就会带来灾祸，全部丧失国家也会灭亡。晋侯疏失了视、步两方面，因此我这么说他。

"夫郤氏，晋之宠人也，三卿而五大夫，可以戒惧矣。高位寔疾颠[①]，厚味寔腊毒[②]。今郤伯之语犯，叔迂、季伐，犯则陵人，迂则诬人，伐则掩人，有是宠也，而益之以三怨，其谁能忍之！虽齐国子亦将与焉。立于淫乱之国[③]，而好尽言，以招人过，怨之本也。唯善人能受尽言，齐其有乎？吾闻之，国德而邻于不修，必受其福。今君逼于晋，而邻于齐，齐、晋有祸，可以取伯，无德之患，何忧于晋？且夫长翟之人利而不义，其利淫矣，流之若何？”

【注释】①疾颠：跌倒的速度快。②腊（xī）毒：毒性积累多而久。③淫乱之国：这里指齐国，齐灵公的母亲声孟子与大夫庆克私通。

【译文】“郤氏，在晋国是国君宠信的人，家族中有三人为卿，五人为大夫，应该自我戒慎恐惧了。地位高容易快速垮台，味浓的菜吃久了容易中毒。现在郤锜言语冒犯人，郤犨言谈迂回善绕，郤至则自我夸耀，言语冒犯会欺凌别人，谈吐绕弯就会诬妄别人，自我夸耀则会掩盖别人。郤氏如此受宠，再加上凌人、诬人、掩人这三怨，谁能容忍他们呢！即使是齐国国佐也将牵连受累。他处于淫乱的国家，却喜欢毫无顾忌地乱说，指责他人的过失，这是招来怨恨的根源。唯有善良的人才肯接受别人的随意褒贬，齐国有这样的人吗？我听说，有德的国家和无德的国家为邻，一定有好处。如今你的国家被晋国逼迫，而与齐国为邻，齐、晋如有祸乱，鲁国就可以称霸了，问题在于自己有无德行，对于晋国有什么忧虑的呢？叔孙侨如好利而不好义，喜好淫逸之事，将他流放了怎样？”

鲁侯归，乃逐叔孙侨如。简王十一年[①]，诸侯会于柯陵。十二年，晋杀三郤。十三年，晋侯弑，于翼东门葬，以车一乘。齐人杀国武子。

【注释】①简王：名夷，周定王的儿子，东周第十位国君，共在位十四年，他在位时，周天子的权威已经不复存在。公元前572年九月，周简王病死，谥号“简王”。他死后，葬处不明。他的儿子姬泄心继位，就是周灵王。简王十一年：周简王十一年（公元前575）。

【译文】鲁成公回国后，就将叔孙侨如放逐了。周简王十一年，诸侯在柯陵举行会盟。十二年，晋厉公杀死三郤。十三年，晋厉公被杀，葬于翼城东门，葬礼只用一车四马。同年，齐灵公杀了国武子。

单襄公论晋周将得晋国

晋孙谈之子周适周[①]，事单襄公，立无跛，视无还，听无耸，言无远。言敬必及天，言忠必及意，言信必及身，言仁必及人，言义必及利，言智必及事，言勇必及制，言教必及辩[②]，言孝必及神，言惠必及和，言让必及敌。晋国有忧未尝不戚，有庆未尝不怡。

【注释】①晋孙谈：指晋襄公的孙子惠伯谈。周：惠伯谈的儿子，后来的晋悼公。②辩：同“遍”。

【译文】晋孙谈的儿子周来到东周，事奉单襄公，他站立端正，目不环视，听不竖耳，言不高声。谈敬必定连及浩浩天恩，谈忠必定连及正心诚意，谈信必定连及守信修身，谈仁必定连及推己及人，谈义必定连及趋吉避凶，谈智必定连及为人处事，谈勇必定连及守礼制约，谈教必定连及广施教化，谈孝必定连及孝通神灵，谈惠必定连及大众和睦，谈让必定连及亲友同僚。晋国有忧患他总是为之哀戚，有喜庆他总是为之喜悦。

襄公有疾，召顷公而告之曰[1]：“必善晋周，将得晋国。其行也文，能文则得天地。天地所胙[2]，小而后国。夫敬，文之恭也；忠，文之实也；信，文之孚也；仁，文之爱也；义，文之制也；智，文之舆也；勇，文之帅也；教，文之施也；孝，文之本也；惠，文之慈也；让，文之材也。象天能敬[3]，帅意能忠[4]，思身能信，爱人能仁，利制能义；事建能智，帅义能勇，施辩能教，昭神能孝，慈和能惠，推敌能让。此十一者，夫子皆有焉。

【注释】①顷公：单襄公的儿子。②胙（zuò）：上帝保佑；福佑；赐福。③象天：学习效法上天。④帅意：遵义而行。

【译文】单襄公有疾病，召来儿子顷公，叮嘱他说：“你一定要善待晋周公子，他定会成为晋国的国君。他的德行可称得上‘文’，具有文德就可经天纬地。天地会赐福予他，至少可以成为国君。敬，是文德中的谦恭；忠，是文德中的诚实；信，是文德中的守信；仁，是文德中的慈爱；义，是文德中的节制；智，是文德中的高远；勇，是文德中的表率；教，是文德中的教化；孝，是文德中的源头；惠，是文德中的慈惠；让，是文德中的运用。学习效法上天才能敬，循义而行才能忠，反躬自省才能信，爱护他人才能仁德，处处利益人才能义；善于处理事务才能智，循循礼义而行才能勇，明辨是非才能教，尊奉祖宗神灵才能孝，仁慈和睦才能惠，谦待同事才能让。这十一种美德，公子周都具备了。

“天六地五[①]，数之常也。经之以天，纬之以地[②]。经纬不爽，文之象也。文王质文，故天胙之以天下。夫子被之矣，其昭穆又近[③]，可以得国。且夫立无跛，正也；视无还，端也；听无耸，成也；言无远，慎也。夫正，德之道也；端，德之信也；成，德之终也；慎，德之守也。守终纯固，道正事信，明令德矣。慎成端正，德之相也。为晋休戚，不背本也。被文相德[④]，非国何取！

【注释】①天六：天有阴、阳、风、雨、晦、明之六气。地五：地有金、木、水、火、土之五行。②经之以天，纬之以地：以上天之六气作为经，以大地之五行作为纬。③昭穆又近：依照父昭子穆、一昭一穆的排序次第，晋周与晋君最为亲近。④被文：禀受文德，承受天所赋予人的体性，礼乐教化。

【译文】“天有阴、阳、风、雨、晦、明六气，地有金、木、水、火、土五行，这是天地的常数。以天之六气为经，以地之五行为纬。天经地纬与之丝毫不差，这正是文德的气象啊。周文王品质中具有文德，因此上天赐予他整个天下。公子周也继承了这样的德行，按一昭一穆的次序，晋周与晋君最亲近，因此能继承君位。他站不歪身，这是正；目不斜视，这是端；听不侧耳，这是成；言不高声，这是慎。正，这是道德的根本；端，这是道德的诚信；成，这是道德的归宿；慎，这是道德的守护。守护归宿坚固不偏，根本端正而行事守信，是成于美德的表现。慎、成、端、正，四德辅助。公

子周为晋国又高兴又悲戚，是不忘根本。具备了文德又有正、端、成、慎四德辅助，不继承晋国君位还得什么呢！

“成公之归也[①]，吾闻晋之筮之也[②]，遇《乾》之《否》[③]，曰：‘配而不终，君三出焉[④]。’一既往矣，后之不知，其次必此。且吾闻成公之生也，其母梦神规其臀以墨，曰：‘使有晋国，三而畀驩之孙。’故名之曰‘黑臀’，于今再矣。襄公曰驩，此其孙也。而令德孝恭，非此其谁？且其梦曰：‘必驩之孙，实有晋国。’其卦曰：‘必三取君于周。’其德又可以君国，三袭焉。吾闻之《大誓》故，曰：‘朕梦协朕卜，袭于休祥，戎商必克。’以三袭也。晋仍无道而鲜胄，其将失之矣。必早善晋子，其当之也。”

【注释】①成公之归：公元前607年，赵穿弑君晋灵公，赵盾从东周迎请晋文公庶子、晋襄公弟弟，公子黑臀，立为晋王，是为晋成公。②筮：用蓍草占卜。③《乾》：卦象，为乾下乾上。《否》：卦象，为坤下乾上。④配而不终，君三出焉：韦昭注：“《乾》，天也，君也，故曰配，配先君也。不终，子孙不终为君也。《乾》下变而为《坤》，《坤》，地也，臣也。天地不交曰《否》，变有臣象。三爻，故三世而终。上有《乾》，《乾》天子也，五体不变，周天子国也。三爻有三变，故君三出于周。”

【译文】“晋成公回国继位之时，我听说晋国占卜了一卦，得到《乾》卦而变为《否》卦，卦辞说：‘德虽配天做国君，却不能保证子孙长久做国君，将有三个国君从东周归国继位。’第一个是晋成

公，已经当了国君，最后是谁还不知道，第二位一定是公子周。而且我听说晋成公出生时，他母亲梦见神灵在他的臀部画了个黑痣，说：‘让他成为晋君，三传之后把国君之位传给驩的子孙。’因此给他取名为‘黑臀’，成公所传君位已经两代。晋襄公名为驩，公子周正是他的曾孙。而且他具备谦恭孝敬之德，不是他为君王又是谁呢？况且那梦中曾经说：‘必定是驩的曾孙，才能拥有晋国。’那个卦辞说道：‘一定三次从周迎回国君。’公子周的德行又能够君临晋国，梦、卦、德三者都能契合。我听说周武王在《大誓》誓词中的旧训，说：‘我的梦与我的卜卦相符，又和吉兆相合，讨伐殷商必定胜利。’周武王就是凭着梦、卦、兆三者相契合为依据。晋厉公不屡行君道而子孙稀少，即将要失去君位了。一定要趁早善待公子周，他将应验预言，得到晋国。”

顷公许诺。及厉公之乱，召周子而立之，是为悼公。

【译文】单顷公答应了父亲的告诫。等到晋厉公被弑时，晋人迎回公子周立为国君，他就是晋悼公。

太子晋谏灵王壅谷水

灵王二十二年[①]，谷、洛斗[②]，将毁王宫。王欲壅之，太子晋谏曰：“不可。晋闻古之长民者，不堕山，不崇薮[③]，不防川，不窦泽[④]。夫山，土之聚也；薮，物之归也；川，气之导也；泽，水之钟也。夫天地成而聚于高，归物于下。疏为川谷，以导其气；陂塘污庳，以钟其美[5]。是故聚不阤崩[6]，而物有所归；气不沉滞，而亦不散越。是以民生有财用，而死有所葬。然则无夭、昏、札、瘥之忧[7]，而无饥、寒、乏、匮之患，故上下能相固，以待不虞，古之圣王唯此之慎。

【注释】①灵王二十二年：即周灵王二十二年（公元前550）。②谷、洛斗：谷水、洛水两河汇合相激。③薮：指水少而草木茂盛的湖泽，人和动物聚集的地方。④窦泽：引流湖泊。⑤污庳：指低洼之处。⑥阤（yǐ）崩：崩溃灭亡。⑦瘥（cuó）：疫病。

【译文】周灵王二十二年，谷水与洛水汇合相激，即将冲毁王宫。灵王准备堵截水流，太子晋进谏说："不可以。我听说古代的君王，不毁坏山陵，不填平沼泽，不阻塞江河，不引流湖泊。山陵，是土石的积聚；沼泽，是众多生物的家园；江河，是地气的流通；湖泊，是水流的汇聚。天地演化而成，土石积聚为高山，万物归聚于湖泽。河流、山谷，来疏导地气；水聚为湖泊、洼地，来滋养万物。因此土石聚而不崩溃，而万物皆有所归宿；地气不沉滞淤积，而且不散乱张扬。所以百姓生有财物可用，死有地方可葬。自然就没有夭折、迷惑、染疾、疫病之忧虑，也没有饥饿、寒冷、贫乏、匮竭之虑，因此君民关系可以稳固，以备不测之事，古代明君对此特别谨慎。

"昔共工弃此道也，虞于湛乐[1]，淫失其身，欲壅防百川，堕高堙庳[2]，以害天下。皇天弗福，庶民弗助，祸乱并兴，共工用灭。其在有虞，有崇伯鲧[3]，播其淫心，称遂共工之过，尧用殛之于羽山[4]。其后伯禹念前之非度，釐改制量，象物天地，比类百则，仪之于民，而度之于群生，共之从孙四岳佐之，高高下下，疏川导滞，钟水丰物，封崇九山，决汩九川[5]，陂鄣九泽[6]，丰殖九薮，汩越九原，宅居九隩[7]，合通四海。故天无伏阴[8]，地无散阳[9]，水无沉气，火无灾燀[10]，神无间行，民无淫心，时无逆数，物无害生。帅象禹之功，度之于轨仪，莫非嘉绩，克厌帝心。皇天嘉之，祚以天下，赐姓曰'姒'，氏曰'有夏'，谓其能以嘉祉殷富生物也。祚四岳国，命以侯伯，赐姓曰'姜'，氏曰'有吕'，谓其能为禹股肱心膂[11]，以养物丰民人也。

【注释】①湛乐：过度安逸快乐。②堕高堙庳：削平高丘，填塞洼地。③崇：鲧的封国。伯：鲧担任伯爵。④殛（jí）：诛杀，杀死。特指遭雷击致死。⑤决汩：治理，疏通。⑥陂鄣：筑起堤岸。⑦隩：古同"墺"，可以定居的地方。⑧伏阴：盛夏中出现的寒气。谓气候反常。⑨散阳：谓冬季阳气外散。古人以阴阳之说解释天气变化。认为冬季阳气应藏而不散，如阳气仍外散，就出现冬温现象。⑩灾燀（chǎn）：指火灾。⑪股肱心膂：引申为辅佐君主的大臣，又比喻左右辅助得力的人。

【译文】"昔日共工背弃了这份道义，沉溺于过度的安逸快乐中，以至于淫乱丧身，他准备堵塞百川，毁堕山陵，填塞池泽，贻害天下。皇天不赐福予他，百姓不帮助他，祸乱共起并作，共工因此灭亡。在有虞氏时期，崇国担任伯爵的鲧，放纵胡为，重蹈共工的覆辙，尧帝在羽山诛杀了他。鲧的儿子禹知道过去的做法错误，改革制定新的方法，效法天地，观察类比万物，取法则利于民众，顺应于天下万物，共工的后裔四岳帮助他治水，顺应地势的高低，疏通河流，排除淤塞，蓄积流水丰殖百物，保全了九州山陵，疏通了九州河流，为九州的湖泊筑堤，丰育培殖九州的林薮，治理九州的平原，安居九州的百姓，将河流连通归于四海。因此天无盛夏中出现的寒气，地无冬季阳气外散的现象，水无郁积之浊气，火无火灾，鬼神不作乱不轨，百姓不放纵淫乱，四季不反常，万物不受虫害。依循大禹的功德，他顺应自然的法则，所以建功立业，才使天帝满意。上天嘉奖大禹，将天下赐予他治理，赐姓为'姒'，称'有夏'氏，表彰他能福祉天下，带来殷实富足的财富丰厚万物。同时赐福给四岳土地，让他督率统领诸侯，赐姓为'姜'，称'有吕'氏，表彰他们像手足心腹一样辅佐大禹，使百物长养、人民丰厚。

"此一王四伯，岂繄多宠[①]？皆亡王之后也。唯能釐举嘉义，以有胤在下，守祀不替其典。有夏虽衰，杞、鄫犹在；申、吕虽衰，齐、许犹在。唯有嘉功，以命姓受祀，迄于天下。及其失之也，必有慆淫之心间之[②]。故亡其氏姓，踣毙不振[③]；绝后无主，湮替隶圉[④]。夫亡者岂繄无宠？皆黄、炎之后也。唯不帅天地之度，不顺四时之序，不度民神之义，不仪生物之则，以殄灭无胤，至于今不祀。及其得之也，必有忠信之心间之。度于天地而顺于时动，和于民神而仪于物则，故高朗令终，显融昭明，命姓受氏，而附之以令名。若启先王之遗训，省其典图刑法，而观其废兴者，皆可知也。其兴者，必有夏、吕之功焉；

其废者，必有共、鲧之败焉。今吾执政无乃实有所避，而滑夫二川之神，使至于争明，以妨王宫，王而饰之，无乃不可乎！

【注释】①繄（yī）：相当于“是”的意思。②慆淫：享乐过度，怠慢放纵。③踣毙（bó bì）：亦作“踣弊”，败亡，衰落，倒毙。④隶圉：指低贱的身份或地位。

【译文】“禹王和四岳，莫非是由于上天眷宠吗？他们皆是亡国之君的后代。只是因他们能选择行大义，才能后继有人，奉守祭祀，常典不废。夏朝的统治虽然衰了，但是杞、鄫二国依然存在；申、吕的四岳虽然衰败了，但齐、许二国依然存在。唯有行功立德，才能受命获封赏，接受祭祀，以至于得天下。如果后来又失去天下，必定过度享乐之心替代了建功立业。因此失掉了姓氏，一败涂地；祖宗无人祭祀，子孙沦为低贱的役隶。这些家族的兴衰莫非是上天不眷顾他们吗？都是黄帝、炎帝的子孙。唯其不遵天地之法度，不顺应四季之时序，不思虑民众神灵之意，不尊重万物生存的规则，以至灭绝无后，至今无祭祀祖先之人。至于得到天下的人，必定是以忠信之心替代了邪乱之心。效天法地而且顺时应序，意合民众神灵，遵循万物生存法则，所以能尊贵有后，光宗耀祖，受赐姓氏，并赐以好的名声。只要开启并遵循先王的遗训，省察先王之典章律法，观察了解其兴衰，皆能明白其中之理。兴盛者，必有夏禹、四岳的功绩；衰亡者必有共工、伯鲧所犯的过失。如今周朝执政定有违背天理之处，从而惊扰了谷、洛二水的神灵，使它们争流互斗，为害王宫，陛下若要将其堵塞，恐怕是不行的！

“人有言曰：‘无过乱人之门。’又曰：‘佐饔者尝焉[①]，佐斗者伤焉。’又曰：‘祸不好，不能为祸。’《诗》曰：‘四牡骙骙[②]，旟旐有翩[③]，乱生不夷，靡国不泯。’又曰：‘民之贪乱，宁为荼毒。’夫见乱而不惕，所残必多，其饰弥章。民有怨乱，犹不可遏，而况神乎？王将防斗川以饰宫，是饰乱而佐斗也，其无乃章祸且遇伤乎？自我先王厉、宣、幽、平而贪天祸[④]，至于今未弭。我又章之，惧长及子孙，王室其愈卑乎？其若之何？

【注释】①佐饔者：负责烹煎的官员。②骙骙：马匹强壮的样子。③旟：（yú）古代画有鸟隼图像的军旗。旐（zhào）：古代一种画有龟蛇图案的旗帜。④贪天祸：周厉王暴虐，周宣王不务农事，周幽王昏庸使西周灭亡，周平王不修德政至使周王室衰弱，这些都是因为自己不致力于国家，不为人民着想，所以被称为贪天祸。

【译文】“古人云：‘不要路过昏乱者之门。’又说：‘负责烹煎的官得食，助战者受伤。’还说：‘不好财色，不会惹祸。’《诗经·大雅》上说：‘四匹强壮的马拉着战车不停地奔跑，画有鸟隼、龟蛇图像的五彩军旗在空中翻卷，战乱发生不能太平，没有哪国不受纷扰。”诗中还说：‘民众不堪战乱之祸，怎能束手遭荼毒。’看见祸乱而不知警惕，那受伤害必定多，越掩饰越会暴露。民众的怨气与乱行，尚且无法遏止，更何况神灵呢？君王为了应对河流激斗而修固王宫，就是掩饰祸乱而帮水神争斗，这是扩大祸乱并且要伤害自身吗？自从先王厉王、宣王、幽王、平王四代起，不知自我警惕，蒙受天灾人祸，天灾至今不止。现在我们又要去招惹祸害，恐怕祸及子孙，王室会更加卑弱，这该如何是好呢？

“自后稷以来宁乱，及文、武、成、康而仅克安民。自后稷之始基靖民，十五王而文始平之，十八王而康克安之①，其难也如是。厉始革典，十四王矣②。基德十五而始平，基祸十五其不济乎！吾朝夕儆惧，曰：‘其何德之修，而少光王室，以逆天休？’王又章辅祸乱，将何以堪之？王无亦鉴于黎、苗之王，下及夏、商之季，上不象天，而下不仪地，中不和民，而方不顺时，不共神祇，而蔑弃五则。是以人夷其宗庙，而火焚其彝器③，子孙为隶，下夷于民，而亦未观夫前哲令德之则。则此五者而受天之丰福，飨民之勋力，子孙丰厚，令闻不忘，是皆天子之所知也。

【注释】①十八王：指后稷、不窋、鞠陶、公刘、庆节、皇仆、差弗、毁隃、公非、高圉、亚圉、公祖、太王、王季、文王、武王、成王、康王。②十四王：周朝从厉王到灵王，共有十四代周王，他们是厉王、宣王、幽王、平王、桓王、庄王、僖王、惠王、襄王、顷王、匡王、定王、简王、灵王。③彝器：指宗庙祭器。

【译文】“自从先祖后稷平息祸乱以来，到了文王、武王、成王、康王时才基本上安定了民众。自后稷开始安民，历经十五位先王，到文王时才平定了天下，到十八代康王时，才安抚了民众，可见平天下多么艰难。从周厉王开始改革先王的法度，已经有十四位君王了，以德为基，要十五位君王才能平天下，如果以祸为基，若有十五位君王，天下大概无药可救了！我日夜戒惧恐惧，总是说‘不知我们如何修道补德，才能光大弘扬王室，恭迎上天的福祉？’君王又要助长祸乱，这如何得了？您应该对照一下九黎、三苗的君王，以及夏、商的末世，他们上不效天，下不仿地，中不和睦民众，不顺应时运节令，不供奉神灵，他们摒弃了这五个准则。所以被人毁掉了宗庙，还焚烧了祭器，子孙沦为奴隶，连带百姓也遭受祸害，他们没有看先王们行事的美德及法则。能做到了这五个方面，就会得到上天所赐的洪福，受到民众的拥护爱戴，子孙福德丰盛隆厚，美名流传久远，这都是天子应知道的呀。

“天所崇之子孙，或在畎亩，由欲乱民也。畎亩之人[①]，或在社稷，由欲靖民也。无有异焉！《诗》云：‘殷鉴不远，在夏后之世。’将焉用饰宫？其以徼乱也。度之天神，则非祥也。比之地物，则非义也。类之民则，则非仁也。方之时动，则非顺也。咨之前训，则非正也。观之诗书，与民之宪言，则皆亡王之为也。上下议之，无所比度，王其图之！夫事大不从象，小不从文，上非天刑[②]，下非地德[③]，中非民则[④]，方非时动而作之者，必不节矣。作又不节，害之道也。”

【注释】①畎亩：田地之间。②天刑：上天对恶人的惩罚。③地德：大地的本性，大地的德化恩泽。④民则：治民的方法，人们行为的准则。

【译文】“上天所护佑的王子王孙，有的沦为农夫在田间，是由于他们的私欲祸害了民众。田间平民，有人登上社稷庙堂担当治国重任，是由于安抚了民众，这没有什么奇怪的！《诗经》上说：

‘殷商的教训不远，就在夏桀之年。’何必要修固王宫呢？这样做只会招来祸乱。对天神来说，不吉祥。对地物来说，不适宜。对民情来说，不仁德。对时令来说，不顺时令。对古训来说，不合正道。比照一下诗书和民俗格言，都是亡国之君之所为。上下衡量一下，皆没有理由这样做，请君王好好考虑一下！任何事情，如若大事不遵从天象，小事不遵从典籍。上不合天道之法，下不合地利之则，中不合民众之愿，不顺应天机时运而行事，必无节度。作事妄为而无节度，此乃致害之道啊。”

王卒壅之。及景王多宠人，乱于是乎始生。景王崩，王室大乱。及定王，王室遂卑。

【译文】周灵王最终堵塞了谷水。到周景王时期，王朝之内多有宠臣，祸乱由此开始萌生。周景王去世，周王室大乱。到周定王时期，王室就更加衰弱了。

晋羊舌肸聘周论单靖公敬俭让咨①

晋羊舌肸聘于周，发币于大夫及单靖公。靖公享之，俭而敬，宾礼赠饯，视其上而从之；燕无私，送不过郊；语说《昊天有成命》②。

【注释】①羊舌肸（xī）：晋国大夫，复姓羊舌，字叔向，春秋时期非常著名的社会活动家。②《昊天有成命》：《诗经·周颂》中的诗歌，用来歌颂周成王的一首祭歌。

【译文】晋国大夫羊舌肸到东周王室聘问，赠送礼物给朝廷的大夫们，单靖公也收到一份。单靖公设宴请叔向，俭朴而恭敬，接待馈赠、饮饯之礼，按自己长官规格而执行；宴席上不结私人情，送行只送到城郊；席间两人谈论《昊天有成命》这首诗。

单之老送叔向[①]，叔向告之曰：“异哉！吾闻之曰：‘一姓不再兴。’今周其兴乎！其有单子也。昔史佚有言曰[②]：‘动莫若敬，居莫若俭，德莫若让，事莫若咨。’单子之贶我[③]，礼也，皆有焉。夫宫室不崇，器无彤镂[④]，俭也；身耸除洁，外内齐给，敬也；宴好享赐，不逾其上，让也；宾之礼事，放上而动，咨也。如是，而加之以无私，重之以不淆，能避怨矣。居俭动敬，德让事咨，而能避怨，以为卿佐，其有不兴乎！

【注释】①单之老：单靖公的家臣中之尊贵当权者，或者说家臣之长称为老。②史佚：西周初年，著名的史官，姓尹，名佚。史佚曾先后在文王、武王、成三朝为官，在成王时他与周公、召公、太公合称“四辅”，地位极其显赫尊贵。③贶（kuàng）：赠也，赐也，接待也。④彤镂：涂丹漆和雕刻花纹。亦泛指装饰。

【译文】单靖公派家臣送叔向，叔向对他说：“奇怪！我听人说：‘一姓的统治，不会第二次兴盛。’如今周朝大概要兴盛了！因为有单靖公这样的人。昔日史官尹佚曾说过：‘行动以恭敬为最好，治家以勤俭为最好，品德以礼让为最好，处事以善问为最好。’单靖公接待我之礼，他都做得很好。他所居房屋不高大，所用器物的装饰，是俭朴；修身谨慎小心，在家在朝皆治理的整洁齐备，是恭敬；宴饮和馈赠都不超过自身的规格，是谦让；宴请接待的礼仪，都按照上级的标准而施行，是善问。像这样做，再加上不徇私情，不牵强附会，就可以避免怨恨。治家俭朴行动恭敬，品德谦让处事善问，并能避免怨恨，用他来辅佐朝政，周朝能不兴盛吗！

"且其语说《昊天有成命》，颂之盛德也。其诗曰：'昊天有成命，二后受之，成王不敢康。夙夜基命宥密[①]，於缉熙！亶厥心[②]，肆其靖之。'是道成王之德也。成王能明文昭，能定武烈者也。夫道成命者，而称昊天，翼其上也。二后受之，让于德也。成王不敢康，敬百姓也。夙夜，恭也；基，始也。命，信也。宥，宽也。密，宁也。缉，明也。熙，广也。亶，厚也。肆，固也。靖，和也。其始也，翼上德让，而敬百姓。其中也，恭俭信宽，帅归于宁。其终也，广厚其心，以固和之。始于德让，中于信宽，终于固和，故曰成。单子俭敬让咨，以应成德。单若不兴，子孙必蕃，后世不忘。

【注释】①宥（yòu）密：谓存心仁厚宁静。②亶（dǎn）：实在，诚然，信然。

【译文】"况且他所谈论的《昊天有成命》，是歌颂崇高德行的颂诗。诗中说：'上天有成就周朝之天命，文武二君接受了天命，周成王不敢安逸。起早贪黑信顺天明，存心仁厚宁静，啊，他坦诚实在，心地光明！存心仁厚以巩固和平'。这首诗歌颂周成王之德行。周成王，是能继承文王之明德，能发扬奠定周武王之功烈。讲述天命，而尊称上天为昊天，这是尊敬它至高无上。歌颂文、武两王能受之天命，这是向有德者谦让。周成王不敢享受安逸，是礼敬于百姓。夙夜，表明周成王的谦恭；基，是始之意。命，是信之意。宥，是宽之意。密，是宁之意。缉，是明之意。熙，是光之意。亶，是厚之意。肆，是固之意。靖，是和之意。诗的开始，是歌颂成王尊敬上天，谦让有德，礼敬百姓。诗的中间说，他谦恭俭朴，诚信宽厚，依循此道，天下民众归于安宁。诗的结尾，歌颂成王宅心仁厚德行广大，来巩固和平的局面。全诗从敬德谦让开始，中间讲到诚信宽厚，最后归结为巩固和平，因此称为成。单靖公俭朴、恭敬、谦让、善问，与先王之美德相当。单靖公若不兴盛，其子孙必定兴旺，后世不会忘记他。

"《诗》曰：'其类维何？室家之壸[①]。君子万年，永锡祚胤[②]。'类也者，不忝前哲之谓也。壸也者，广裕民人之谓也。万年也者，令闻不忘之谓也。胤也者，子孙蕃育之谓也[③]。单子朝夕不忘成王之德，可谓不忝前哲矣。膺保明德，以佐王室，可谓广裕民人矣。若能类善物，以混厚民人者，必有章誉蕃育之祚，则单子必当之矣。单若有阙，必兹君之子孙实续之，不出于他矣。"

【注释】①壸（kǔn）：古代宫中的道路，这里指宫内。②祚胤：福祚隆兴，子孙繁昌。③蕃育：孳生众多，繁衍之意。

【译文】"《诗经》上说：'他的族类是什么？治家推广到宫内。君子寿享万年，上天赏赐你多少福德。'所谓类，是不辱没前贤之意。所谓壶，是比喻德行广被天下百姓。所谓万年，是说美名永远流传远扬。所谓胤，是指子孙生生不息，兴旺发达。单靖公朝夕不忘周成王的美德，也算是不辱前贤了。能禀受明德，得以辅佐王室，可算是广被民众了。就像这样能把德行推广出去，使百姓敦厚淳朴，他必定有声名显赫、子孙昌盛之福祉，单靖公一定会得到的。即使他得不到，他的子孙后代必然会得到，而不会是别的家族。”

单穆公谏景王铸大钱[①]

景王二十一年，将铸大钱[②]。单穆公曰[③]：“不可。古者，天灾降戾[④]，于是乎量资币[⑤]，权轻重，以振救民。民患轻，则为作重币以行之，于是乎有母权子而行[⑥]，民皆得焉。若不堪重，则多作轻而行之，亦不废重，于是乎有子权母而行，小大利之。

【注释】①景王：姬姓，名贵，周灵王第二子，太子晋的弟弟。因为太子晋早卒，所以周灵王死后由他继位。在位二十五年，病死，葬于翟泉（今河南省洛阳市旧城）。二十一年：即周景王二十一年（公元前524）。②大钱：即金属做的钱币，古时叫泉。钱有大小轻重，轻的叫小钱，重的叫大钱。韦昭注引贾逵云：“虞、夏、商、周金币三等：或赤、或白、或黄。黄为上币，铜铁为下币。大钱者，大于旧，其价重也。”③单穆公：周王的卿士，单靖公的曾孙。④降戾：犹如降临。⑤资币：财物，泉币。⑥母权子：古时候作轻、重两种钱币，重币叫母，轻币叫子。货币贬值、物价上涨时，以重币为主，叫作“母权子”。反之叫作“子权母”。

【译文】周景王二十一年，将要铸造重的大钱。单穆公说：“不可以的。古时候，天灾降临，这时就度量国库钱财，权衡轻重，决定用轻钱还是重钱，目的是用来救济人民。人民认为钱太轻了，就制造出重的来流通，人民担心钱币轻而物价贵，所以就制作重钱来平衡轻钱，于是，有了重钱按值兑换轻钱共同流通的办法，人民都感到满意。如果人民认为钱太重了，不便使用，就多铸造一些轻的钱币来流通，同时也不废除重的，于是，又有了轻钱按值兑换重钱来流通的办法，小钱大钱都使百姓得到便利。

“今王废轻而作重，民失其资[①]，能无匮乎？若匮，王用将有所乏，乏则将厚取于民[②]。民不给，将有远志[③]，是离民也。且夫备有未至而设之，有至而后救之，是不相入也。可先而不备，谓之怠；可后而先之，谓之召灾。周固羸国也[④]，天未厌祸焉，而又离民以佐灾，无乃不可乎？将民之与处而离之，将灾是备御而召之，则何以经国[⑤]？国无经，何以出令？令之不从，上之患也。故圣王树德于民以除之。

【注释】①民失其资：废除轻钱，重作重钱，人民手中的轻钱变成废物，朝廷要求以重钱交纳赋税，这样人民会丧失很多财产。②厚取：重度敛财。指征收重税。③远志：逃离之意愿。韦昭注：“远志，逋逃也。”④羸国：弱国。韦昭注：“言周固已为羸病之国。”⑤经：有二义。一，君之善政为经；二常道为经。此处是指君王制定了稳定恒久的政策、法令和治国的方略。

【译文】“现在，王上要废掉轻钱，另作重钱，人民一下子损失了许多资财，能不穷困吗？如果人民穷困，那王室也将会没有财用，王室缺乏财用，就会拼命搜刮人民。人民无力供给，就会萌生远逃的想法，这就会使人民离散。况且，所谓凡事要做到有备无患，一是在意外变故还没有发生之前就预先防备，二是在意外变故发生之后要立即补救，这两件事都很重要，不能互相替代。本来可以事先准备而没有准备，叫作懈怠；应该在受灾以后才做的却先做了，叫作招祸。我周室本来已经衰弱了，上天又连降灾祸，而今又要离散百姓以助长灾祸，恐怕不可以吧？应该团结人民却去离散他们，本应该防止灾祸却去招惹它，如此还怎么制定稳定恒久的政策、法令和治国的方略，治理国家呢？国君以清明的政治作为常道，臣子奉行而称为治理。国家没有一个长治久安的根本方略，政令从何而出？政令发布后得不到执行，这是当权者最值得忧患的。所以圣人要在人民中施恩树德来消除这一忧患。

“《夏书》有之曰：‘关石和钧[①]，王府则有。’《诗》亦有之曰：‘瞻彼旱麓，榛楛济济[②]。恺悌君子，干禄恺悌。’夫旱麓之榛楛殖，故君子得以易乐干禄焉。若夫山林匮竭，林麓散亡，薮泽肆既，民力凋尽，田畴荒芜[③]，资用乏匮，君子将险哀之不暇，而何易乐之有焉？

【注释】①关石：指赋税。②榛楛：榛木与楛木。泛指丛生的杂木。③田畴：谷地为田，麻地为畴。

【译文】“《夏书》中说：‘赋税平均，王室才会富足。’《诗》上也说：‘看那旱山的山脚下，长满了茂盛的榛木与楛木。平和欢愉的君子，平和欢愉地收获着。’旱山脚下的榛木与楛木蓊郁茂盛，所以君子能平和欢愉地得到俸禄。如果山林枯竭，林麓分散亡失，湖泊沼泽干涸，民力破败零落，谷地麻地全都荒芜，杂草丛生，财用严重缺乏，君子连忧虑危亡都来不及，哪有什么安祥欢乐呢？

“且绝民用以实王府[①]，犹塞川原为潢污也[②]，其竭也无日矣。若民离财匮，灾至而备亡，王其若之何？吾周官之于灾备也[③]，其所怠弃者多矣，而又夺之资，以益其灾，是去其藏而翳其人也。王其图之！”王弗听，卒铸大钱。

【注释】①王府：指帝王收藏财物，文书的府库。②川原：江河之源。潢污：积水称为潢，停水称为污，就是聚积不流的水池。③周官：周六卿之官。《周礼》以天官冢宰、地官司徒、春官宗伯、夏官司马、秋官司寇、冬官司空分掌邦国之政，总称六官或六卿。

【译文】“况且搜刮尽民众的财产来充实王室，如同堵塞河流的源头来积蓄水，很快就会干涸枯竭。如若民众离散而财物匮乏，灾害来临又无准备，您将怎样办呢？我们周朝官员对于灾害预防，怠慢疏忽的地方太多，现在又要搜刮民众的资财，来助长灾祸，这就是抛弃善政而置民于死地啊。君王可要认真考虑啊！”周景王不听劝谏，还是铸了大钱。

单穆公谏景王铸大钟

二十三年[1]，王将铸无射[2]，而为之大林。单穆公曰：“不可。作重币以绝民货，又铸大钟以鲜其继。若积聚既丧，又鲜其继，生何以殖？且夫钟不过以动声，若无射有林，耳弗及也。夫钟声以为耳也，耳所不及，非钟声也。犹目所不见，不可以为目也。夫目之察度也，不过步武尺寸之间[3]；其察色也，不过墨丈寻常之间[4]。耳之察和也，在清浊之间[5]；其察清浊也，不过一人之所胜。是故先王之制钟也，大不出钧[6]，重不过石[7]。律度量衡于是乎生[8]，小大器用于是乎出，故圣人慎之。今王作钟也，听之弗及，比之不度，钟声不可以知和，制度不可以出节[9]，无益于乐，而鲜民财，将焉用之！

【注释】①二十三年：周景王二十三年（公元前522）。②无射：周景王所铸钟之名。因为钟音合于古乐十二律中的无射，因此叫它“无射”。③步武：六尺称为步，半步称为武。④墨丈寻常：墨丈：古代以五尺为一墨，二墨为一丈。寻常：八尺为寻，倍寻为常。比喻狭小的地方。⑤清浊：律吕之变，黄钟为宫则浊，大吕为角则清。⑥钧：钧音之法，即标音之意。⑦石（dàn）：一百二十斤。⑧律度：古代计度，皆出于黄钟之律，故称律度。度指长短，即分、寸、尺、丈、引。也包括计算容积、重量。指音律的法度标准。⑨节：法度量衡之节。

【译文】周景王二十三年，景王要铸一口名为无射的大钟，因为这个还单门铸造了大林钟。单穆公说："不可以。上次铸造重币已经耗尽人民资财，这次又要铸造大钟，百姓中很少有人能再承受。如果积蓄尽丧，又难以为继，还怎么活下去？况且钟不过是用来调和音声的，如果无射钟被大林钟覆盖，耳朵将无法听到它的声音。钟声本是让耳朵听的，耳朵若听不见，就不是钟声了。犹如眼睛看不见东西，就不能成为眼睛了。眼睛能观察到的范围，不超过六尺半；能察觉的颜色，也不过几丈的距离。耳朵听到的声音是否和谐，在清浊律吕之间；其所能分辨出的清、浊之音，不过是个人的能力之所及。因此先王铸造乐钟，大小绝不超过乐音的标准，重量绝不超过一百二十斤。音律、尺寸、容量、份量都是根据钟律而制定的，大小器物的规格都由标准而产生。因此，圣人对此事特别慎重。现在陛下所铸造的钟，耳朵无法听到它的声音，大小不符合规格，钟声中听不出和谐之声，制作法度不能作为法度量衡之节，既无益于音乐，而且又耗费民财，造它有什么用呢！

"夫乐不过以听耳，而美不过以观目。若听乐而震，观美而眩，患莫甚焉。夫耳目，心之枢机也[①]，故必听和而视正。听和则聪，视正则明。聪则言听，明则德昭。听言昭德，则能思虑纯固。以言德于民，民歆而德之，则归心焉。上得民心，以殖义方，是以作无不济，求无不获，然则能乐。夫耳内和声[②]，而口出美言，以为宪令，而布诸民，正之以度量，民以心力，从之不倦。成事不贰，乐之至也。口内味而耳内声，声味生气。气在口为言，在目为明。言以信名，明以时动。名以成政，动以殖生。政成生殖，乐之至也。若视听不和，而有震眩，则味入不精，不精则气佚，气佚则不和。于是乎有狂悖之言，有眩惑之明，有转易之名，有过慝之度[3]。出令不信，刑政放纷，动不顺时，民无据依，不知所力，各有离心。上失其民，作则不济，求则不获，其何以能乐？三年之中，而有离民之器二焉，国其危哉！”

【注释】①枢机：户枢与弩牙。比喻事物的关键。②和声：音乐上指两个以上的音按一定规律同时发声，产生和谐的乐音。③过慝（tè）：邪恶不正。

【译文】“音乐不过是用来悦耳的，美物不过是用来悦目的。如果听音乐而震耳，观美物而眩目，可就没有比这更糟的了。耳朵和眼睛，是影响心志的关键所在，所以必须耳听和声而眼观正色。听和声则耳聪，观正色则眼明。听声观色常行和正，那就不会目眩耳惑。耳聪不惑，就能听善言，目明不眩，就能观美德。善言入耳而美德昭明，就能考虑纯正。讲有德行的言论给人民，人民心悦诚服而得此教化，则归心于君上。上位的人深得民心，就能够扎根于义理之道了，因此，君主做事无不成功，需求无不得到，这样就能和乐。耳朵听受和谐的乐音，口中说出美善的言语。以此作为宪法政令，公布于众，再正确地度量，人民尽心尽力，无所倦怠。欲成之事全无变异，这是快乐的最高境界。嘴里说着好听的话，耳朵听着好听的声音，好听的声音好闻的味道能产生祥和之气。祥和之气在嘴上表现为好听的话语，在眼睛表现为明辨是非。言语用来申明法令，眼睛观察时令以劳作。法令用来完成政事，劳动用来增长财物。成就政事增长财物，这是最快乐的。如果视听不和谐，而有耳震目眩的现象，味入口而不能产生精气，气不精就会流散气，气流散就不会和谐。这时，语言便会狂乱悖理，目光便会昏惑晕眩，就会有变化多端的政令，就会有太多过错的法度。政令不讲信用，刑法政令放任纷乱，所作所为不顺时令，百姓没有依据，大家不知道怎么做才好，便会各各心怀背离之意。君上失去人民的拥护，做事就不能成功，所求也不能得到，哪里还能乐得起来呢？三年之中，离散人民的东西就造了两件，国家将要危险了！”

王弗听，问之伶州鸠。对曰：“臣之守官弗及也。臣闻之，琴瑟尚宫①，钟尚羽②，石尚角③，匏竹利制④，大不逾宫，细不过羽。夫宫，音之主也，第以及羽。圣人保乐而爱财，财以备器，乐以殖财。故乐器重者从细⑤，轻者从大⑥。是以金尚羽，石尚角，瓦丝尚宫，匏竹尚议，革木一声。

【注释】①尚：主。宫：五音里的官声，古代五声音阶里的第一音级，相当于现今之C调，此调韵味平稳而中庸。②羽：五音里的羽声，古代五声音阶里的第五音级，相当于现今之A调，此调韵味慷慨而激昂。③角（jué）：五音里的角声，古代五声音阶里的第三音级，相当于现今之E调，此调韵味清新而安静。④匏竹：指管乐器，笙、箫类的。利制：是以声音调利为制，不主细大。⑤重者：指重量比较大的金石类乐器。从细：主细声之意，如钟尚羽，石尚角。⑥轻者：指重量比较轻的瓦、丝类乐器。

【译文】周景王不听劝阻，去问乐官伶州鸠。伶州鸠答道：“臣的职责中没有这些。臣听说，琴瑟适宜于演奏宫调，乐钟适宜于演奏羽调，磬石适宜于演奏角调，笙箫适宜于配合其音声悠扬，乐音大不逾越宫声，音尖细的不超过羽声。宫声，是音乐的主音，依次再到羽声。圣人保护音乐而珍惜财物，财物用来置备器用，音乐用来增殖财用。因此质重的乐器适宜演奏尖细的音声，质轻的乐器适宜演奏低弘的音声。所以乐钟适宜演奏羽调，磬石适宜演奏角调，埙缶琴瑟适宜演奏宫调，笙箫根据乐音调和需要而定，鼓、柷等乐器则音声不变。

"夫政象乐，乐从和，和从平。声以和乐[①]，律以平声[②]。金石以动之，丝竹以行之，诗以道之，歌以咏之，匏以宣之，瓦以赞之，革木以节之，物得其常曰乐极，极之所集曰声，声应相保曰和，细大不逾曰平[③]。如是，而铸之金，磨之石，系之丝木，越之匏竹，节之鼓而行之，以遂八风。于是乎气无滞阴[④]，亦无散阳[⑤]，阴阳序次，风雨时至，嘉生繁祉[⑥]，人民和利，物备而乐成，上下不罢，故曰乐正。今细过其主妨于正，用物过度妨于财，正害财匮妨于乐，细抑大陵，不容于耳，非和也。听声越远，非平也。妨正匮财，声不和平，非宗官之所司也。

【注释】①声以和乐：用五声制作的几种乐器来调和乐曲。②律以平声：用音律来钧平五声，例如黄钟为宫，太簇为商，姑洗为角，林钟为徵，南羽为羽。③细大不逾：低音和高音不相互掩盖，不相互影响的意思。④滞阴：在夏天的时候阴气滞积，如冰雹。⑤散阳：在冬天的时候阳气散佚，如暖冬。⑥嘉生繁祉：茂盛的谷物，古以为祥瑞多福。

【译文】“施政就好像奏乐，奏乐要达到和谐，和谐才均平。五音用来和谐音乐曲调，十二律用来均平五声。钟磬发动乐音，琴瑟笙箫演奏曲调，诗句用以言志，歌声用以咏怀，笙竽发出和声，埙缶加以修饰，鼓柷调节节拍，各种乐器都能发挥其长处称为乐极，所发出的音声汇集在一起称为乐音，乐音和谐相安叫作和，高低音声不相遮盖称为平。按照这样，金属铸成钟，磨石成磬，组合丝与木为琴瑟，穿凿匏竹制成笙箫，用鼓声调整节奏而演奏起来，以此与八风相应。于是夏天阴气不滞积，冬天阳气不散佚，阴阳按次序运行，风雨按时节降至，福祉频临不断，民众和乐得利，万物皆备而音乐和谐，君民逸乐不疲，这就是乐正。现在尖细之音超越了主音，妨害了乐正，用金过度而损害了财用，乐律受干扰，财用已缺乏，就妨害于音乐，无射尖细的音声被大林钟低弘的音声所抑制掩盖，不再动听入耳，已不是和谐。听起来细微迂远，就不是均平之音。既妨害乐律又财用缺乏，其音声又不和谐均平，这不是乐官所能管辖的事了。

“夫有和平之声，则有蕃殖之财。于是乎道之以中德，咏之以中音。德音不愆[①]，以合神人，神是以宁，民是以听。若夫匮财用，罢民力，以逞淫心，听之不和，比之不度，无益于教，而离民怒神，非臣之所闻也。”

【注释】①愆（qiān）：罪过，过失。

【译文】“有了和谐均平的音声，便有繁衍增殖的财物。于是治国之道合于中庸之德，咏唱的歌声符合中和之音。道德和音律都没有差错，可以应和神灵，神灵就会安宁，百姓就会顺从。如若耗费财物，疲惫民众，来放纵君王的淫乱之心，这样的音乐听起来既不和谐，又不合法度，既无益于教化，又离散民心、还激怒神灵，这就不是臣所能道知的了。”

王不听，卒铸大钟。二十四年，钟成，伶人告和。王谓伶州鸠曰：“钟果和矣。”对曰：“未可知也。”王曰：“何故？”对曰：“上作器，民备乐之，则为和。今财亡民罢，莫不怨恨，臣不知其和也。且民所曹好，鲜其不济也。其所曹恶，鲜其不废也。故谚曰：‘众心成城，众口铄金。’三年之中，而害金再兴焉，惧一之废也。”王曰：“尔老耄矣①！何知？”二十五年②，王崩，钟不和。

【注释】①耄（mào）：年老，高龄。七十曰耄，头发白，耄耄然也。②二十五年：周景王二十五年（公元前520）。

【译文】周景王不听劝谏，最终铸造了大钟。景王二十四年，大钟铸成，乐工报告说钟声和谐。景王告诉伶州鸠说：“钟声果然和谐动听。”伶州鸠答道：“未必如此。”景王说：“是何缘故？”伶州鸠说：“君王制作乐器，百姓都非常高兴，才能叫和谐。现在耗费财物，民众疲惫，无不怨恨，臣不知和谐在哪里。况且民众都喜好的事情，很少会不成功。民众都厌恶的事情，很少不失败。因此谚语说：‘众志成城，众口铄金。’三年中，耗费钱财的事情做了两件，恐怕大钱、大钟都会被废掉。”景王说：“你个老糊涂！知道个啥？”二十五年，周景王驾崩，大钟的音声果真不和谐。

景王问钟律于伶州鸠

王将铸无射，问律于伶州鸠。对曰：“律所以立均出度也。古之神瞽考中声而量之以制[①]，度律均钟，百官轨仪，纪之以三[②]，平之以六[③]，成于十二[④]，天之道也。夫六，中之色也，故名之曰黄钟，所以宣养六气、九德也[⑤]。由是第之：二曰太蔟[⑥]，所以金奏赞阳出滞也。三曰姑洗[⑦]，所以修洁百物，考神纳宾也。四曰蕤宾[⑧]，所以安靖神人，献酬交酢也。五曰夷则[⑨]，所以咏歌九则，平民无贰也。六曰无射[⑩]，所以宣布哲人之令德，示民轨仪也。为之六间，以扬沉伏，而黜散越也。元间大吕[⑪]，助宣物也；二间夹钟[⑫]，出四隙之细也。三间仲吕[⑬]，宣中气也。四间林钟[⑭]，和展百事，俾莫不任肃纯恪也。五间南吕[⑮]，赞阳秀也。六间应钟[⑯]，均利器用，俾应复也。

【注释】①神瞽：上古乐正，去世之后被尊称为乐祖。②纪之以三：纪声合乐，以舞天神、地祇、人鬼。③平之以六：以六律平其声之意。④成于十二：形成了六律六吕。⑤六气：阴、阳、风、雨、晦、明。九德：九种功德。指水、火、金、木、土、谷、正德、利用、厚生。⑥太蔟：正月称为太蔟，万物开始生发，凑地而出。⑦姑洗：三月称为姑洗，意思是阳气养生，洗濯旧的污秽，去故就新。姑：故旧。洗：洗消。⑧蕤（ruí）宾：五月被称为蕤宾，意思是阴气葳蕤在下，阳气旺盛在上，如同宾主一样。⑨夷则：七月称为夷则，意思是万物已长成，可称为法则。⑩无射：九月之意。九月阳气上升阴气收藏。射：终，这里指阳终阴起。⑪大吕：十二月称为大吕。⑫夹钟：二月称为夹钟。⑬仲吕：四月称为仲吕。⑭林钟：六月称为林钟。⑮南吕：八月称为南吕。⑯应钟：十月称为应钟，意思是以阴应阳，万物凝聚收藏。

【译文】周景王准备铸造无射钟，向乐官伶州鸠询问音律。伶州鸠答道："音律是用来制定音调和度量衡的标准。上古时的神瞽合中和的音声，而加以考量之后才制作音乐，根据度律长短调和，以平其钟音，制定出各种行事的法则，规格纪声合乐，以舞天神、地祇、人鬼。以六律来平其声，形成六律六吕，符合自然的规律。六，位处于正中，并且是黄颜色，因此称为黄钟，用以颐养阴、阳、风、雨、晦、明六气和水、火、金、木、土、谷、正德、利用、厚生九德。由黄钟依次排列：第二律为太蔟，以演奏乐钟，辅助阳气生发，疏散积滞。第三律为姑洗，用以修整洁净万物，合神迎宾。第四律为蕤宾，用以安静神人，宴饮酬酢宾客。第五律为夷则，用以赞扬歌颂九功之德，安定民众无二心。第六律为无射，用以宣扬前贤的美德，为民众树立模范。六律之间插入六吕，用以宣滞去积，除去散乱之气。第一间为大吕，以辅助宣散物气。第二间为夹钟，以导出四时之间的细微之气。第三间为仲吕，以宣散阳气。第四间为林钟，以和审百事，使百官尽职成功。第五间为南吕，以辅助阳气，助成万物。第六间为应钟，使器物完备，使其合于常道。

"律吕不易，无奸物也。细钧有钟无镈[①]，昭其大也。大钧有镈无钟，甚大无镈，鸣其细也。大昭小鸣，和之道也。和平则久，久固则纯，纯明则终，终复则乐，所以成政也，故先王贵之。"

【注释】①镈（bó）：古代钟一类的乐器。

【译文】“六律六吕不变它的常道，就没有邪恶灾祸发生。调和细声的乐调时用大钟不用小镈，表明以大平细。在调和大声乐调时用镈而非钟，更大的乐调中连镈都不用，表现弦乐的悠扬。大声彰明、小声和鸣，是音乐和谐之道。音声和谐均平才可持久，持久稳固才可纯正，纯正显明才善终，周而复始才能够成乐，所以治国就可以政事有成，因此先王很重视音律。”

王曰：“七律者何①？”对曰：“昔武王伐殷，岁在鹑火②，月在天驷，日在析木之津③，辰在斗柄④，星在天鼋⑤。星与日、辰之位，皆在北维，颛顼之所建也，帝喾受之。我姬氏出自天鼋⑥，及析木者，有建星及牵牛焉⑦，则我皇妣大姜之侄伯陵之后逄公之所凭神也。岁之所在，则我有周之分野也。月之所在，辰马农祥也⑧，我太祖后稷之所经纬也。王欲合是五位三所而用之。自鹑及驷七列也⑨，南北之揆七同也⑩，凡人神以数合之，以声昭之。数合声和，然后可同也。故以七同其数，而以律和其声，于是乎有七律。

【注释】①七律：古代音乐中七音之律，黄钟为宫，太蔟为商，姑洗为角，林钟为徵，南吕为羽，应钟为变宫，蕤宾为变徵。②岁：岁星，也就是木星。古人认识到木星约十二年运行一周天，其轨道与黄道相近，因将周天分为十二分，称十二次。木星每年行经一次，即以其所在星次来纪年，故称岁星。鹑火：星座名，十二星次之一，南方有井、鬼、柳、星、张、翼、轸七宿，称朱鸟七宿。首位者称鹑首，中部者

（柳、星、张）称鹑火（也叫鹑心），末位者称鹑尾。与黄道十二宫的狮子宫相当。③析木：星次名。十二星次之一。与十二辰相配为寅，与二十八宿相配为尾、箕两宿。④斗柄：星名。北斗七星中，第五至七颗星，排列成弧状，形如酒斗之柄，故称为斗柄。常年运转，古人即根据斗柄指向，来定时间和季节。⑤天鼋：星座名，又称玄枵，十二星次之一。与二十八星宿相配，为女、虚、危三宿。⑥姬氏出自天鼋：周朝王季之母太姜来自于齐之分野，也就是岁星处于天鼋星的位置。⑦建星：星座名，凡六星，在黄道北，与南斗六星都属斗宿。牵牛：星座名，建星与牵牛都在析木星次。⑧辰马：指房星、心星。房星又叫天驷，驷即马，所以称辰马。农祥：房星早晨位在天中，为农事开始之时。⑨自鹑及驷七列：从鹑火到天驱有七个星宿。⑩南北之揆七同：从鹑火到天鼋，从南到北有七个星次。

【译文】周景王问："七律是什么？"伶州鸠答道："以前武王伐殷商，岁星在鹑火之位上，月亮在天驷之宿，太阳在析木星次之天河附近，日月交会在斗柄，辰星出现在天鼋星次。辰星、太阳及日月交会的方位，都在北方的水位。这里是颛顼建国的方位，帝喾继承了它。我们周朝王季之母太姜来自于齐之分野，也就是岁星处于天鼋星的位置，至析木之星次，附近的建星和牵牛星，则是先祖母太姜的侄儿，伯陵的后裔，逢公所依神保佑的地方。岁星所在的星次，则是我们周朝的分野。月亮所处的宿位，则是标志农事祥瑞的天马，就是我们太祖后稷所经营的事业。先王打算汇合这岁、月、日、辰、星的五个方位，和天鼋、岁星、月亮所在的三种祥瑞，而建立功业。从鹑火到天驷有七宿，而南、北的相距则有七位，人和神灵以数相交会合，以音调声律来相通。数字相合，音声和谐，然后才能人神协同相应。所以用七来协同其数字，以律来和谐其音声，于是就有了七律。

“王以二月癸亥夜陈[①]，未毕而雨。以夷则之上宫毕，当辰。辰在戌上，故长夷则之上宫[②]，名之曰‘羽’，所以藩屏民则也。王以黄钟之下宫，布戎于牧之野，故谓之‘厉’，所以厉六师也。以太蔟之下宫，布令于商，昭显文德，底纣之多罪，故谓之‘宣’，所以宣三王之德也。反及嬴内，以无射之上宫，布宪施舍于百姓，故谓之嬴乱，所以优柔容民也。”

【注释】①陈：同“阵”，布阵。②以夷则之上宫毕：《周礼》云：“大师执同律以听军声，而诏吉凶。”上宫，宫音高，古乐调名。下文的“下宫”也是乐调名。

【译文】“武王在二月癸亥日的晚上排兵布阵，还没完毕就下起了雨。周人乐队以夷则律为上宫声，排阵完毕，正好与辰星相应。当时辰星在日月交汇的戌位之上，因此就以夷则律为主，称之为‘羽’，这是用来佑护民众的法度。武王以黄钟律为下宫声，列兵于商郊牧野，因此称之为‘厉’，用以来鼓励六军将士们。武王以太蔟律为下宫声，颁布命令于商都，弘扬文王之德，宣布纣王的罪状，因此称之为‘宣’，来赞颂太王、王季、文王的美德。周武王返回嬴内后，以无射律为上宫声，发布政令，施舍德惠于百姓，因此称之为嬴乱，就是宽容、优厚地对待民众的意思。”

宾孟见雄鸡自断其尾[①]

景王既杀下门子[②]。宾孟适郊，见雄鸡自断其尾，问之，侍者曰："惮其牺也。"遽归告王，曰："吾见雄鸡自断其尾，而人曰'惮其牺也'，吾以为信畜矣。人牺实难[③]，己牺何害？抑其恶为人用也乎，则可也。人异于是。牺者，实用人也。"

【注释】①宾孟：周朝大夫，王子朝的师傅。②下门子：周朝大夫，王子猛的师傅。③人牺：古代用作祭祀的人。

【译文】周景王已经处死了下门子。宾孟到了城郊，看到公鸡弄断自己的尾羽，便询问这事，随从说："那是怕被尊为祭祀的牺牲品。"宾孟赶快回去告诉景王，说："我看见公鸡自己弄断尾羽，有人说这是'怕被尊为祭祀的牺牲品'，我认为那是牲禽的真正想法。为别人牺牲确实有许多困难，但为自己牺牲又有什么坏处呢？公鸡是讨厌为人所用才那么做，这么认为还是可以的。但人与牲畜是不一样的。所谓牺牲，其实是为了统治他人。"

王弗应。田于巩，使公卿皆从，将杀单子，未克而崩。

【译文】周景王没有回应，他到巩去打猎时，让大臣们一起去，打算杀死单穆公，结果还没动手，突然之间就死了。

刘文公与苌弘欲城周[①]

敬王十年[②]，刘文公与苌弘欲城周，为之告晋。魏献子为政，说苌弘而与之。将合诸侯。

【注释】①刘文公：周王室卿士。苌弘：字叔，又称苌叔，是周景王、敬王的大臣刘文公所属大夫。是中国古代著名学者、政治家、教育家、天文学家。他博闻强识，涉猎广泛，通晓历数、天文，且精于音律乐理，以才华闻名于诸侯，曾为孔子之师。②敬王十年：周敬王十年（公元前510年）。

【译文】周敬王十年，卿士刘文公和大夫苌弘打算为周王城修建城墙，为此去求助晋国。晋国当时的政务由魏献子主持，他很欣赏苌弘，答应了他的要求。准备邀请诸侯们共同营筑。

卫彪傒适周，闻之，见单穆公曰："苌、刘其不殁乎？周诗有之曰："天之所支，不可坏也。其所坏，亦不可支也。'昔武王克殷，而作此诗也，以为饫歌[①]，名之曰'支'，以遗后之人，使永监焉。夫礼之立成者为饫，昭明大节而已，少典与焉。是以为之日惕，其欲教民戒也。然则夫'支'之所道者，必尽知天地之为也。不然，不足以遗后之人。今苌、刘欲支天之所坏，不亦难乎？自幽王而天夺之明，使迷乱弃德，而即慆淫，以亡其百姓，其坏之也久矣。而又将补之，殆不可矣！水火之所犯，犹不可救，而况天乎？谚曰：‘从善如登，从恶如崩。’昔孔甲乱夏，四世而陨；玄王勤商，十有四世而兴。帝甲乱之，七世而陨。后稷勤周，十有五世而兴。幽王乱之，十有四世矣。守府之谓多，胡可兴也？夫周，高山、广川、大薮也，故能生是良材，而幽王荡以为魁陵、粪土、沟渎，其有悛[②]乎？”

【注释】①饫（yù）歌：指古代天子诸侯为讲军旅、议大事、昭明大节而站立着举行的宴礼，那时所唱的歌。②悛（quān）：悔改，改变。

【译文】卫国大夫彪傒来到周，听说这件事，去见单穆公说：“苌弘、刘文公可能会不得好死吧？周诗上说：‘上天所支持的，无人能破坏。上天想毁坏的，谁支持也不会成功。’过去周武王灭商，作了这首诗，把它作为王公宴会举行饫礼的歌，取名为‘支’，以留传后人，让他们永远鉴戒。王公大夫们站着宴饮的礼仪为饫礼，主要彰显大节而已，所配的乐曲并不多。这首歌是让人们时时戒惧，这是要教育百姓警惕。可见，《支》这首诗所表达的，就是必须完全领会天地的所为，不然不值得留传于后人。现在苌弘、刘文公想支助上天要破坏的东周，不是很困难吗？自从周幽王被上天剥走圣明，使他淫乱迷失，毁弃德行，堕落放纵，失去了百姓拥护，周朝衰败已经很久了。他们又想要弥补，恐怕不能了！水火之灾祸，尚且不能挽救，更何况是天灾呢？谚语讲：‘行善如登山一样难，作恶如土崩一样易。’昔日孔甲扰乱夏政，延续四代就灭亡了；玄王勤政振兴商朝，延续十四代才成功。帝甲扰乱商朝政事，延续七代就亡国了。后稷勤于周王族农事，延续十五代才获得成功。幽王扰乱周政，至今已经十四代了。能守住国家的府藏已经很幸运了，怎么可能还会兴旺呢？周室犹如高山、广川和大泽，因此能生栋梁之材，而幽王把它毁坏成小土丘、粪土、和小河沟，周朝衰落的脚步怎么能停止下来？”

单子曰：“其咎孰多？”曰：“苌叔必速及，将天以道补者也。夫天道导可而省否，苌叔反是，以诳刘子，必有三殃：违天，一也；反道，二也；诳人，三也。周若无咎，苌叔必为戮。虽晋魏子亦将及焉。若得天福，其当身乎？若刘氏，则必子孙实有祸。夫子而弃常法，以从其私欲，用巧变以崇天灾，勤百姓以为己名，其殃大矣。”

【译文】单穆公说：“他们两个谁的罪过更多呢？”彪傒说：“苌弘必定会很快遭殃的，他要靠天道来修补人事。天道一向支持可行，而排斥不可行的，苌弘所为与此相反，以此还诳惑刘文公，他必然有三种灾殃：违背天意，其一也；逆转常道，其二也；欺骗他人，其三也。周朝若免除灾难，苌弘一定会被杀戮。即使是魏献子也会受牵累。如果得到上天福佑，可能祸患不会当身？至于刘文公，他的子孙一定会有祸患。他们抛弃常法，以满足自己的私欲，以机巧权变来加重天灾，让百姓勤苦来为自己树立名望，这灾殃就很大了。”

是岁也，魏献子合诸侯之大夫于狄泉[1]，遂田于大陆，焚而死。及范、中行之难，苌弘与之，晋人以为讨，二十八年[②]，杀苌弘。及定王，刘氏亡。

【注释】①狄泉：地名，在今河南洛阳。②二十八年：周敬王二十八年（公元前492）。

【译文】这一年，魏献子在狄泉召集各诸侯大夫，随后到晋国的大陆打猎，被火烧死了。到晋国大夫范氏、中行氏作乱时，苌弘参与了这件事，晋人以此向东周责问。到周敬王二十八年，苌弘被周王室杀死。到了周定王时期，刘氏家族被灭族。

鲁语上

曹刿问战[①]

长勺之役[②]，曹刿问所以战于庄公[③]。公曰：“余不爱衣食于民，不爱牲玉于神。”对曰：“夫惠本而后民归之志，民和而后神降之福。若布德于民而平均其政事，君子务治而小人务力，动不违时，财不过用，财用不匮，莫不能使共祀。是以用民无不听，求福无不丰。今将惠以小赐，祀以独恭。小赐不咸，独恭不优。不咸，民不归也；不优，神弗福也。将何以战？夫民求不匮于财，而神求优裕于享者也，故不可以不本。”公曰：“余听狱虽不能察，必以情断之。”对曰：“是则可矣。知夫苟中心图民，智虽弗及，必将至焉。”

【注释】①曹刿：鲁国著名的军事理论家。②长勺之役：齐国与鲁国在山东省曲阜的一场战役，发生于公元前684年。这次战役，是齐、鲁的一次重要战役。鲁国在此战役取得胜利，促成几年后齐鲁息兵言和。③庄公：即鲁庄公。姬姓，名同，鲁国第十六任君主，是鲁桓公与其正妻文姜所生的嫡长子。

【译文】鲁国将与齐国在长勺交战，曹刿问鲁庄公作战的凭据。庄公说："我对百姓从不吝惜衣食，对神灵从不吝惜牺牲和玉璧。"曹刿说："君主给予本有的惠泽百姓才会有依附的意志，百姓祥和神灵才会赐福。若能布德于民并且公平理政，使处于上位的君子致力于治国，处于下位的民众致力于劳动，行动不违背时令，财物不过量使用，财用就不匮乏，就没有不能参加祭祀的人。所以需要百姓的时候没有不听从的，求福没有得不到丰厚回报的。现在你只是因为有所求才小赐了些许恩惠，只有你自己在神灵前恭敬。小恩小惠不能普及于百姓，独自供奉的祭品不够丰厚。不能普及百姓，百姓就不会依附；祭祀的物品不丰厚，神灵就不会赐福。还凭什么去作战呢？百姓所求的仅仅是财物不匮乏，神灵所求的仅仅是祭品丰厚一些，所以不能不从根本上着手。"庄公说"我处理诉讼案时虽不能做到一一体察，但一定会凭实情判断。"曹刿说："这样就够了。如果一心为民，即使智慧有所欠缺，也一定能达到目的。"

曹刿谏庄公如齐观社

庄公如齐观社。曹刿谏曰："不可。夫礼，所以正民也。是故先王制诸侯，使五年四王、一相朝。终则讲于会，以正班爵之义，帅长幼之序，训上下之则，制财用之节，其间无由荒怠。夫齐弃太公之法而观民于社[①]，君为是举而往观之，非故业也，何以训民？土发而社，助时也。收捃而蒸[②]，纳要也[③]。今齐社而往观旅，非先王之训也。天子祀上帝，诸侯会之受命焉。诸侯祀先王、先公，卿大夫佐之受事焉。臣不闻诸侯相会祀也，祀又不法。君举必书，书而不法，后嗣何观？”公不听，遂如齐。

【注释】①太公：指齐国的始封君太公望，姜姓。②收捃（jùn）：收取，收获。③纳要：收纳五谷。

【译文】鲁庄公要去齐国看祭社神礼。曹刿劝谏说：“不要去。礼，是用来规范百姓的。所以先王规定，诸侯每五年要派使臣觐见天子四次，诸侯亲自觐见天子一次。觐见完就要讲习礼仪，以明确官爵尊卑的意义，遵循长幼的次序，教导他们遵从上下的法度，制定诸侯进贡财用的标准，在这期间不能没理由地荒废懈怠。现在齐国废弃始祖太公望的法则游观社祭，您前去观看的这种举动，不是以前就有的，以后怎么训导百姓？春天土地震发而举行社祭，是有助于农事的更好发展。秋季收获庄稼而举行社祭，是有助于五谷的收纳。现在齐国举办社祭您就要前去观看，这不是先王的法度。天子祭天，诸侯会听从命令去做一些辅助。诸侯祭祀先王、先公，卿大夫会辅助他们完成祭祀。我还没听说过诸侯祭祀可以互相观看的，这样的举动显然是不合法度的。国君的一举一动都是有记载的，您不合法度的事被记载下来，后人会怎么看？”庄公不听劝阻，最后还是去了齐国。

匠师庆谏庄公丹楹刻桷[①]

庄公丹桓宫之楹而刻其桷。匠师庆言于公曰："臣闻圣王公之先封者，遗后之人法，使无陷于恶。其为后世昭前之令闻也，使长监于世，故能摄固不解以久。今先君俭而君侈，令德替矣。"公曰："吾属欲美之。"对曰："无益于君，而替前之令德，臣故曰庶可已矣。"公弗听。

【注释】①匠师：主管众工匠的官员。庆：匠师的名字。丹楹刻桷（jué）：漆红的柱子和雕刻精美的椽子。形容建筑物的精美壮观。楹：房屋的柱子。桷：方形的椽子。

【译文】鲁庄公要把先父桓公宗庙堂屋前的柱子漆成红色，并在方形的椽上雕刻精美的图案。主管众工匠的官员庆对庄公说："我听说圣王公的始封君，给后人留下法典，使他们不致陷于邪恶，作为圣王的后人一定要昭示前人的美名，长期观察世道的兴衰，这样就能巩固政权使其长久。如今看来，先君桓公节俭而您却奢侈，流传下来的美德就要被您废弃了。"庄公说："我们只是想让它变得更漂亮点儿。"匠师说："这对您没有好处，反而会废弃了先君的美德，所以说这件事情就算了吧。"庄公不听。

夏父展谏宗妇觌哀姜用币[1]

哀姜至，公使大夫、宗妇觌用币。宗人夏父展曰："非故也[2]。"公曰："君作故。"对曰："君作而顺则故之，逆则亦书其逆也。臣从有司，惧逆之书于后也，故不敢不告。夫妇贽不过枣[3]、栗，以告虔也。男则玉、帛、禽、鸟，以章物也。今妇贽币，是男女无别也。男女之别，国之大节也，不可无也。"公弗听。

【注释】①觌（dí）：相见。哀姜：姜姓，哀为谥号，齐襄公的女儿，鲁庄公的夫人，没有孩子。②非故也：不符合礼仪的惯例。故：惯例。③贽（zhì）：古代初次拜见尊长所送的礼物。

【译文】哀姜嫁到鲁国，庄公让同宗大夫的妻子们带上玉、帛之类的礼物去拜见她。宗人夏父展进谏说："这不符合礼仪的惯例。"庄公说："礼仪的惯例是国君制定的。"夏父展回答说："国君的行为顺从天意就能成为礼仪的惯例，违逆了就会被史官记载为违礼。我也算是一个官吏，怕违礼的事情被记下来流传于后世，所以不能不告诉您。女人拜见的礼物不过是枣、栗这类，以表示虔诚。男人拜见的礼物一般是玉、帛、禽、鸟之类，以显示地位的尊卑。现在女人也拿着同样的礼物，这就男女无别了。男女的区别，是国家的大礼节，不能没有啊。"庄公不听。

臧文仲如齐告籴[1]

鲁饥，臧文仲言于庄公曰："夫为四邻之援，结诸侯之信，重之以婚姻，申之以盟誓，固国之艰急是为。铸名器，藏宝财，固民之殄病是待。今国病矣，君盍以名器请籴于齐？"公曰："谁使？"对曰："国有饥馑，卿出告籴，古之制也。辰也备卿，辰请如齐。"公使往。

【注释】①臧文仲：姬姓，名辰，今山东曲阜人。鲁国大夫。他一共事奉过鲁庄公、鲁闵公、鲁僖公、鲁文公四位国君，于鲁文公十年死，谥号为文，人称臧文仲。告籴（dí）：请求买粮。

【译文】鲁国闹饥荒，臧文仲对鲁庄公说："我们与邻国互帮互助，与诸侯相互信任，缔结婚姻来加强维系，订立盟誓来巩固关系，做这些本来就是为了应付国家的危难。我们铸造名贵的宝器，贮藏珍宝财物，做这些本来就是为了救助百姓远离疾苦。现在国家遇到了困难，国君为何不用这些名器去齐国买些粮食呢？"庄公说："让谁去好呢？"臧文仲回答说："国有饥荒，卿大夫外出买粮，这是古代的制度。我身为卿士，请派我去齐国。"于是庄公派臧文仲任赴齐使者。

从者曰："君不命吾子，吾子请之，其为选事乎？"文仲曰："贤者急病而让夷[1]，居官者当事不避难，在位者恤民之患，是以国家无违。今我不如齐，非急病也。在上不恤下，居官而惰，非事君也。”

【注释】①急病而让夷：将困难留给自己，将方便让给别人。

【译文】臧文仲的侍从说：“国君没有指派你，你却主动请命要去，这不是自己找事吗？”臧文仲说：“贤明的人应该将困难留给自己，将方便让给别人，为官者遇到事情不怕困难，在上位者要体恤百姓的疾苦，这样国家才不违背礼法。现在我不去齐国，就不是以民病为危急。在上位的人不体恤百姓，为官者惰性十足，这不是为人臣子应该做的。”

文仲以鬯圭与玉磬如齐告籴[①]，曰：“天灾流行，戾于弊邑[②]，饥馑荐降[③]，民羸几卒，大惧乏周公、太公之命祀[④]，职贡业事之不共而获戾。不腆先君之币器，敢告滞积，以纾执事，以救弊邑，使能共职。岂唯寡君与二三臣实受君赐，其周公、太公及百辟神祇实永飨而赖之[⑤]！”齐人归其玉而予之籴。

【注释】①鬯圭：古代礼器，玉制，祭祀时用以酌鬯酒。玉磬：古代石制乐器名。②戾于：至于。弊邑：古代对自己的国家以及出生或出守之地的谦称。③荐降：屡次降临。④命祀：遵天子之命所进行的祭祀。⑤百辟：诸侯。

【译文】臧文仲带着鬯圭和玉磬到齐国买粮食，说：“天灾流行，殃及我国，饥荒屡次降临，百姓羸弱到几乎死亡，我怕缺了给周公、太公的祭品，也怕给朝廷的贡品供应不上，会因此而获罪。

所以我带来了先君不算珍贵的宝器，请求交换贵国积余的陈粮，这样既能减轻贵国管粮人的负担，也能解救我国的饥荒，使我们能尽供奉祭祀之职。如果贵国能卖粮食给我们，不但我们的国君和臣子能领受到贵国国君的恩惠，就是周公、太公、诸侯以及天地间的所有神祇也能实实在在地长飨祭祀！”齐人于是把粮食卖给了鲁国，并退还了宝器。

展禽使乙喜以膏沐犒师[①]

齐孝公来伐鲁[②]，臧文仲欲以辞告，病焉[③]，问于展禽。对曰：“获闻之，处大教小，处小事大，所以御乱也，不闻以辞。若为小而崇，以怒大国，使加己乱，乱在前矣，辞其何益？”文仲曰：“国急矣！百物唯其可者，将无不趋也。愿以子之辞行赂焉，其可赂乎？”

【注释】①展禽：名获，字季，又字禽，谥惠，鲁国人。因居于柳下邑，故称为柳下惠，也称柳下季。为人诚信贞洁，孟子称其为“圣之和者”。②齐孝公：姜姓，名昭。齐国国君，齐桓公的儿子，公元前642至公元前633年在位。③病焉：担心这件事。

【译文】齐孝公讨伐鲁国，臧文仲想写一篇文章请求齐国退兵，但是他又担心此事不能成功，求问于展禽。展禽回答道：“我听说，大国要教导小国，做好小国的表率，小国要事奉好大国，防备祸乱来临，没听说用文辞就能解决问题的。倘若作为小国却自高自大，惹怒大国，这是把祸乱加到自己身上，祸乱当头，文辞又有什么用呢？”文仲说：“国家已经到了危急关头！各种贵重的物品，只要能拿去送礼的，就没有舍不得的。希望借着您的说辞去给齐国送礼，您看这样可以吗？”

展禽使乙喜以膏沐犒师[①]，曰：“寡君不佞，不能事疆埸之司，使君盛怒，以暴露于弊邑之野。敢犒舆师。”齐侯见使者曰：“鲁国恐乎？”对曰：“小人恐矣，君子则否。”公曰：“室如悬磬[②]，野无青草，何恃而不恐？”对曰：“恃二先君之所职业[③]。昔者成王命我先君周公及齐先君太公曰：‘女股肱周室，以夹辅先王。赐女土地，质之以牺牲，世世子孙无相害也。’君今来讨弊邑之罪，其亦使听从而释之，必不泯其社稷；岂其贪壤地，而弃先王之命？其何以镇抚诸侯？恃此以不恐。”齐侯乃许为平而还。

【注释】①乙喜：展喜，鲁国大夫。膏沐：古代润发的油脂。②悬磬：悬挂着的磬。形容空无所有，极贫。③二先君：指鲁国的始封君周公，齐国的始封君姜太公。

【译文】展禽让乙喜带着润发的油脂去犒劳齐国军队，说：“我们国君不才，没能很好地侍奉贵国边界上的官员，使得君王大怒，以至带兵来到我国的郊野经受风雨。请允许我斗胆前来犒劳贵国的大军。”齐侯接见使者，问道：“鲁国害怕了吗？”展喜回答说：“小人倒是怕了，但君子并不怕。”孝公说：“你们国家空无所有，田野里寸草不生，凭什么不怕？”展喜说：“我们凭着鲁国的始封君周公和齐国的始封君姜太公的职守。从前周成王命令我国先君周公和齐国先君姜太公说：‘你们是周王朝的股肱之臣，一定要辅佐先王。我赐给你们土地，你们要用牺牲歃血天地，立誓以为质信，世代子孙不互相侵害。’现在你来讨伐我国的罪过，也是让我们知错改过，然后就会宽恕我们，一定不会灭亡鲁国；难道你们会贪图我们的土地，抛弃先王的遗命吗？这样怎么能安抚诸侯？就是凭着这些我们才不会害怕。”齐孝公于是同意讲和，退兵而还。

臧文仲说僖公请免卫成公

温之会，晋人执卫成公归之于周[①]，使医鸩之[②]，不死，医亦不诛。

【注释】①卫成公：卫国国君。②鸩（zhèn）：传说中的一种毒鸟。把它的羽毛放在酒里，可以毒杀人。

【译文】在温地会盟的时候，晋国人逮捕了卫成公，把他押送到周，指使医生用鸩酒暗害他，卫成公没被毒死，医生也没因此事受到责罚。

臧文仲言于僖公曰：“夫卫君殆无罪矣。刑五而已，无有隐者[①]，隐乃讳也。大刑用甲兵，其次用斧钺，中刑用刀锯，其次用钻笮[②]，薄刑用鞭扑，以威民也。故大者陈之原野，小者致之市朝，五刑三次[③]，是无隐也。今晋人鸩卫侯不死，亦不讨其使者，讳而恶杀之也。有诸侯之请，必免之。臣闻之：班相恤也，故能有亲。夫诸侯之患，诸侯恤之，所以训民也。君盍请卫君以示亲于诸侯，且以动晋？夫晋新得诸侯，使亦曰：‘鲁不弃其亲，其亦不可以恶。’”公说，行玉二十瑴，乃免卫侯。

【注释】①隐：藏匿，这里指用鸩毒暗杀。②钻笮（zé）：穿洞凿刻。③三次：三个处所。

【译文】臧文仲对鲁僖公说：“卫君大概不会被治罪了。刑罚也只有五种，这其中没有用酒毒死的方法。用毒酒暗杀人这种方法，是人人都避讳的。大刑是用甲兵讨伐，其次是用斧钺杀戮，中刑是用刀锯割鼻、断肢，其次是用钻挖掉膝盖，刻字毁容，最轻的是鞭打，用来威吓百姓。所以重大刑罚在野外执行，小一点的刑罚在街市、朝廷执行，这五种刑罚，三处陈尸，这是不会隐蔽的迹象。现在晋人毒杀卫侯没有成功，也没有责罚医生，是想避开暗害的嫌疑。如果有诸侯出面替卫君求情，一定会得到赦免。我听说：地位相同的人要互相体恤，关系才能更加亲近。一方诸侯有了祸难，其他诸侯去体恤他，这样才能教育百姓。您何不替卫君求情以显示诸侯间的爱心，况且还能以此感动晋国呢？晋侯刚刚成为诸侯间的盟主，这让他也认为：‘鲁国不背弃亲近自己的诸侯，我们也不能与他交恶。’”僖公很开心，行用二十对玉为卫国说情，于是卫侯得到赦免。

自是晋聘于鲁，加于诸侯一等，爵同，厚其好货。卫侯闻其臧文仲之为也，使纳赂焉。辞曰：“外臣之言不越境，不敢及君。”

【译文】从此以后晋国遣使到鲁国聘问，礼仪规格比其他诸侯高了一等，爵位相同的，礼物也更丰厚。卫侯听说这是臧文仲出的主意，派人送礼给他。臧文仲推辞说："外臣的话不越国境，不敢接受卫国的馈赠。"

臧文仲请赏重馆人①

晋文公解曹地以分诸侯②。僖公使臧文仲往③，宿于重馆。重馆人告曰："晋始伯而欲固诸侯，故解有罪之地以分诸侯。诸侯莫不望分而欲亲晋，皆将争先；晋不以固班，亦必亲先者，吾子不可以不速行。鲁之班长而又先，诸侯其谁望之？若少安，恐无及也。"从之，获地于诸侯为多。反，既复命，为之请曰："地之多也，重馆人之力也。臣闻之曰：'善有章，虽贱赏也；恶有衅，虽贵罚也。'今一言而辟境，其章大矣，请赏之。"乃出而爵之。

【注释】①重馆：重地的馆舍。重：鲁国的地名，在今山东鱼台县。②晋文公：姬姓，名重耳，是晋国的第二十二任君主，公元前636至公元前628年在位，其父晋献公，母狐姬。晋文公是春秋五霸中的第二位霸主，也是上古五霸之一，与齐桓公并称"齐桓晋文"。③僖公：即鲁僖公。姬姓，名申，鲁庄公之子，春秋时期鲁国第十八任君主。

【译文】晋文公削解曹国的封地分给各诸侯国。鲁僖公派臧文仲前去受领，途中臧文仲住在重馆。馆人对他说：“晋国刚刚称霸，想安定诸侯，所以削解曹国的土地分给各个诸侯。诸侯没有不盼望分到土地，并且想亲近晋国的，所以各诸侯国一定会争先恐后；晋国肯定不会按照诸侯间原来的次序分配，一定会亲近先去的人，您不能不迅速前往。鲁国爵位班次本来就很高，又率先到达，诸侯谁还敢跟鲁国相比呢？倘若您稍稍歇息，恐怕就来不及了。”文仲听从了馆人的建议，果然鲁国在诸侯中分得的土地最多。回到鲁国，文仲复命后，替馆人请功说：“土地分到这么多，是重馆人的功劳。我听说：‘一个人做好事，并且有显著的功劳，即使他地位卑微，也应该给予奖赏；如果他做了坏事，确实有罪行，即使地位高贵也应该给予责罚。’现在由于馆人的一句话而使鲁国开拓了疆土，他的功劳再明显不过了，请国君奖赏他。”僖公于是把这个馆人从重馆中提拔出来，给他封赐了官爵。

展禽论祭爰居非政之宜[①]

海鸟曰爰居，止于鲁东门之外三日，臧文仲使国人祭之。展禽曰：“越哉，臧孙之为政也！夫祀，国之大节也；而节，政之所成也。故慎制祀以为国典。今无故而加典，非政之宜也。

【注释】①爰（yuán）居：一种巨型海鸟。

【译文】有种海鸟叫“爰居”，在鲁国都城东门外停了已经三天了，臧文仲命令城中居民祭祀它。展禽说：“超出祭祀的范围了，臧孙就这样主持政事的吗！祭祀，是国家的重大礼节；而礼节，是

国家的政治能够取得成功的重要条件。因此历来都是谨慎地制定祀礼，来作为国家的大典。如今无缘无故地增加祭祀，为政不应该这样做啊。

“夫圣王之制祀也，法施于民则祀之，以死勤事则祀之[①]，以劳定国则祀之[②]，能御大灾则祀之，能扞大患则祀之[③]。非是族也，不在祀典。昔烈山氏之有天下也[④]，其子曰柱，能殖百谷百蔬；夏之兴也，周弃继之[⑤]，故祀以为稷。共工氏之伯九有也[⑥]，其子曰后土[⑦]，能平九土，故祀以为社。黄帝能成命百物，以明民共财[⑧]，颛顼能修之。帝喾能序三辰以固民，尧能单均刑法以仪民，舜勤民事而野死，鲧鄣洪水而殛死，禹能以德修鲧之功，契为司徒而民辑，冥勤其官而水死，汤以宽治民而除其邪，稷勤百谷而山死，文王以文昭，武王去民之秽。故有虞氏禘黄帝而祖颛顼，郊尧而宗舜[⑨]；夏后氏禘黄帝而祖颛顼，郊鲧而宗禹；商人禘舜而祖契，郊冥而宗汤；周人禘喾而郊稷，祖文王而宗武王；幕，能帅颛顼者也，有虞氏报焉[⑩]；杼[⑪]，能帅禹者也，夏后氏报焉；上甲微[⑫]，能帅契者也，商人报焉；高圉、大王[⑬]，能帅稷者也，周人报焉。凡禘、郊、祖、宗、报，此五者国之典祀也。

【注释】①以死勤事：辛勤做事而死，意谓为国尽力不顾性命。②以劳定国：以自己的劳绩奠定国家基业。③扞（hàn）：抵御，保卫。④烈山氏：传说中炎帝神农氏的别称。又名厉山氏。⑤弃：即后稷，周的始祖，死后封为谷神。⑥共工氏：古代传说中的天神。九有：九州，借指全中国。⑦后土：名勾龙，黄帝时的土官。⑧共财：供给赋税。共：通“供”。⑨郊：在国都郊外祭祀天地，并以祖先配祭的典礼。宗：祭祀开国之君的典礼。⑩有虞氏：古部落名。传说其首领舜受尧禅，都蒲阪。故址在今山西省永济市东南。⑪杼（zhù）：禹七世孙，少康之子，复夏有功。⑫上甲微：契八世孙，汤先祖，曾重振祖业。⑬高圉：传说是弃的十世孙，周族首领。大王：人名，周文王的祖父。

【译文】“贤明的君主规定祀礼，对于那些建立法度，使法度广施于民的，就祭祀他，对于那些为国事辛劳而死的，就祭祀他，对于那些以自己的劳绩奠定国家基业的，就祭祀他，对于那些能够防御大灾难的，就祭祀他，对于能抵御大的祸患的，就祭祀他。不是这几类人，就不属于祭祀的范围。从前炎帝掌管天下的时候，他有个儿子叫作柱，能栽种各种谷物和蔬菜；后来夏朝兴起，周人的祖先后稷继承了柱的事业，因此把他当作谷神来祭祀。到共工氏掌管天下的时候，他儿子叫后土，能治理九州的土地，因此把他当作土神来祭祀。黄帝能为各种物品确定名称，使百姓都不迷惑，为国家供给赋税，颛顼能继承他的功业。帝喾能根据日、月、星的运行规律使百姓安居乐业，尧能尽力使刑法公正，为民众制定标准，舜为百姓的事劳苦而死在荒野之中，鲧由于没能成功阻挡洪水而被杀，禹却能凭高尚的德行继承并补救了鲧的事业，契做司徒使得人民和睦，冥由于勤劳肯干、忠于职守以至死在水中，汤以宽厚仁德的政令治理百姓并且消灭了欺压百姓的夏桀，稷由于忙于种植百谷而死于山上，文王以文德著称于世，武王铲除了祸害百姓的商纣。

因此有虞氏褅祭黄帝，祖祭颛顼，郊祭尧而宗祭舜；夏后氏褅祭黄帝而祖祭颛顼，郊祭鲧而宗祭禹；商代褅祭舜，祖祭契，郊祭冥而宗祭汤；周代褅祭帝喾，郊祭稷，祖祭文王、宗祭武王；幕，能遵从颛顼时的成法，有虞氏对他举行报祭；杼，能遵从禹时的成法，夏后氏对他举行报祭；上甲微，能遵从契时的成法，商代时就对他举行报祭；高圉和大王，能够遵从稷时的成法，周代就对他举行报祭。褅祭、郊祭、祖祭、宗祭、报祭这五种祭典，是国家的祭祀盛典呀。

“加之以社稷山川之神，皆有功烈于民者也[①]。及前哲令德之人，所以为明质也[②]；及天之三辰，民所以瞻仰也；及地之五行，所以生殖也；及九州名山川泽，所以出财用也。非是不在祀典。

【注释】①功烈：功业。②明质：信任。

【译文】“再加上江山社稷的神明，都是对人民有功的。以及过去有智慧、有美德的人，都是百姓所信任的；天上的日、月、星，是百姓所仰望的；地上的金、木、水、火、土，是百姓凭靠得以繁衍生息的；还有各处的山川湖泊，是财用的出产之地。不属于这些，就不在祭祀的范围之中。

“今海鸟至，己不知而祀之，以为国典，难以为仁且智矣。夫仁者讲功，而智者处物[①]。无功而祀之，非仁也；不知而不能问，非智也。今兹海其有灾乎[②]？夫广川之鸟兽[③]，恒知避其灾也。”

【注释】①处物：考察事理，了解事物的规律。②今兹：此时，今年。③广川：大海。

【译文】“如今海鸟来了，自己不清楚它的来由却要祭祀它，用了国家大典，这很难说是明智之举。慈爱的人讲求功勋，有智慧的人定夺事物。没有功勋而去祭祀它，不是慈爱；不清楚而不去问，不是明智。今年大海应该有灾祸吧？大海的鸟兽，总是知道躲避灾难的。”

是岁也，海多大风，冬暖。文仲闻柳下季之言，曰：“信吾过也，季子之言不可不法也。”使书以为三策[1]。

【注释】①三策：三份简策。策：即“册”。古代用竹片或木片写字，称为“简”，用皮条或绳编起来，一篇文字为一策。

【译文】这一年，海上大风多，冬季暖和。文仲听到柳下季的话，说：“真是我的过失，柳下季的话，不能不照办啊。”他叫人把这些话书写在竹简之上，分成三份。

文公欲弛孟文子与郈敬子之宅[1]

文公欲弛孟文子之宅，使谓之曰：“吾欲利子于外之宽者。”对曰：“夫位，政之建也；署，位之表也；车服，表之章也；宅，章之次也；禄，次之食也。君议五者以建政[2]，为不易之故也。今有司来命易臣之署与其车服，而曰：‘将易而次，为宽利也。’夫署，所以朝夕虔君命也。臣立先臣之署，服其车服，为利故而易其次，是辱君命也。不敢闻命。若罪也，则请纳禄与车服而违署，唯里人所命次。”公弗取。臧文仲闻之曰：“孟孙善守矣，其可以盖穆伯而守其后于鲁乎③！”

【注释】①孟文子：鲁国大夫，名谷。郈敬子：鲁国大夫，名同。②五者：指位、署、车服、宅、禄。③穆伯：孟文子的父亲公孙敖。

【译文】鲁文公想要拆毁孟文子的住宅，就派人对孟文子说：“我想让您搬到外面更宽敞更便利的地方去住。”孟文子说：“爵位，是因为政事而设立的；官署，是爵位的标志；车马服饰，是爵位标志的区分；住宅，是区分官位的次序；俸禄，是官职次序的酬劳。国君议定这五项内容来建立政事，是不可以随意变动的。现在有管事者命令更换我的官署和车服，还说：‘改变你的住宅，是为了你更宽敞便利。’官署，是我早晚虔诚恭敬地执行国君命令的地方。我住先臣的官署，用先臣的车服，如今为了利益的缘故而更换住所，是有辱君命的。我不敢服从啊。如果这样做有罪，就请收回我的俸禄和车服，让我离开我的官署，让里宰来安排我的住处吧。”文公没有拆毁孟文子的住宅。臧文仲听到这件事后说：“孟文子真是善于职守啊，他已经超过他的父亲穆伯并在鲁国保住后嗣的职位了！”

公欲弛郈敬子之宅，亦如之。对曰：“先臣惠伯以命于司里，尝、禘、蒸、享之所致君胙者有数矣[①]。出入受事之币以致君命者[②]，亦有数矣。今命臣更次于外，为有司之以班命事也，无乃违乎！请从司徒以班徙次。”公亦不取。

【注释】①尝：秋尝，秋天举行的祭祀。禘：夏禘，夏天举行的祭祀。蒸：冬蒸，冬天举行的祭祀。享：春享，春天举行的祭祀。胙（zuò）：古代祭祀时供的肉。②受事：接受职事或职务。

【译文】文公又打算拆毁郈敬子的住宅，派人到郈敬子那里说了同孟文子一样的话。郈敬子说：“我的先祖惠伯听命于司里得到这处住宅，每年秋尝、夏禘、冬蒸、春享时，我从这住宅里送肉给国君，已经很多年了。我出境入国接受职事，带着礼物传达国君的命令，也已经很多年了。现在命令我搬迁到外面居住，如果是管事人按照官爵次序下达职事，怕是太远了吧！请让我听从司徒官根据位次来安排搬家。”文公也没能拆毁郈敬子的住宅。

夏父弗忌改昭穆之常[①]

夏父弗忌为宗，蒸将跻僖公。宗有司曰[②]：“非昭穆也。”曰：“我为宗伯，明者为昭，其次为穆，何常之有！”有司曰：“夫宗庙之有昭穆也，以次世之长幼，而等胄之亲疏也。夫祀，昭孝也。各致齐敬于其皇祖，昭孝之至也。故工史书世[③]，宗祝书昭穆[④]，犹恐其逾也。今将先明而后祖，自玄王以及主癸莫若汤[⑤]，自稷以及王季莫若文、武，商、周之蒸也[⑥]，未尝跻汤与文、武，为不逾也。鲁未若商、周而改其常，无乃不可乎？”弗听，遂跻之。

【注释】①夏父弗忌：鲁国大夫。昭穆：古代宗法制度，宗庙或宗庙中神主的排列次序，始祖居中，以下父子递为昭穆，左为昭，右为穆。②有司：指官吏。古代设官分职，各有专司，故称。③工史：乐官和史官。④祝：即太祝，职官名。掌管祭祀祈祷的事情。⑤玄王：指商代的始祖契。主癸：商朝国君汤的父亲。⑥王季：周文王的父亲，名季历。太王卒，立为公季，修太王之业，传位文王，武王时追尊为王季。

【译文】夏父弗忌是掌管宗庙祭祀的官，冬祭时要把鲁僖公的位次提升到鲁闵公的前面。宗人手下专司说：“这不符合宗庙排列的次序。”夏父弗忌说：“我是宗伯，僖公明德好善当然为昭，不如他的就为穆，有什么固定的常法！”专司说：“宗庙的昭穆次序，是用来排列君主世系的先后，理顺后人的亲疏关系。祭祀，是昭彰孝道的。拜祭的人各自向自己宗祖献上敬意，这是表明孝道的极致。所以乐官和史官记载国君世次的先后，宗人和太祝记载昭穆的次序，这样做还怕自己出现越礼的记录。现在你却认为僖公明德好善就排在前，而把世次在前的闵公排在后，那么商朝的玄王到主癸这些王都不及汤的明德，周朝的后稷到王季这些王都不及周文王和周武王的明德，可是商人、周人在冬祭时，并没有把商汤和周文王、周武王排列在前，为的是不越礼。鲁国不像商人、周人那样做却改变常规，这不可以吧？”夏父弗忌不听劝告，还是把僖公的位次排到闵公的前面。

展禽曰："夏父弗忌必有殃。夫宗有司之言顺矣[①]，僖又未有明焉。犯顺不祥，以逆训民亦不祥，易神之班亦不祥，不明而跻之亦不祥，犯鬼道二，犯人道二，能无殃乎？"侍者曰："若有殃焉在？抑刑戮也，其夭札也[②]？"曰："未可知也。若血气强固，将寿宠得没，虽寿而没，不为无殃。"既其葬也，焚，烟彻于上。

【注释】①顺：服从，不违背。这里指合乎礼。②夭札：遭疫病而早死。

【译文】展禽说："夏父弗忌一定有灾祸。宗人手下专司的话是合乎礼的，再说僖公又没有明德好善。违犯了合乎礼的人不吉祥，用违礼的话教育民众也不吉祥，改变神的位次也不吉祥，没有明德好善却跻身到前面的位置也不吉祥，易神之班、不明而跻这两条违犯了鬼道，犯顺不祥、以逆训民这两条违犯了人道，能没有灾祸吗？"陪同的侍者问："如果夏父弗忌有灾祸，他的灾祸在哪里呢？是要遭受刑杀，还是因传染疫病而夭折呢？"展禽回答说："还不知道。假如这个人气血旺身体壮，也许会侥幸得以寿终正寝，即便是寿终正寝，也不是没有灾祸。"夏父弗忌死后，入棺下葬的时候，棺材忽然起火，烟气直达天空。

里革更书逐莒太子仆[①]

莒太子仆弑纪公，以其宝来奔。宣公使仆人以书命季文子曰："夫莒太子不惮以吾故杀其君，而以其宝来，其爱我甚矣。为我予之邑[2]。今日必授，无逆命矣。"里革遇之而更其书曰：夫莒太子杀其君而窃其宝来，不识穷固又求自迩[3]，为我流之于夷。今日必通，无逆命矣。"明日，有司复命，公诘之，仆人以里革对。公执之，曰："违君命者，女亦闻之乎？"对曰："臣以死奋笔，奚啻其闻之也！臣闻之曰：'毁则者为贼，掩贼者为藏，窃宝者为宄，用宄之财者为奸。'使君为藏奸者，不可不去也。臣违君命者，亦不可不杀也。"公曰："寡人实贪，非子之罪。"乃舍之。

【注释】①里革：鲁国太史，名克。莒（jǔ）太子仆：莒国国君纪公的儿子仆。莒国国君纪公先立仆为太子，后改立小儿子为太子，因此仆杀死纪公。②邑：古代诸侯分给大夫的封地。③穷固：谓穷凶顽恶。

【译文】莒国的太子仆杀了莒国国君纪公，带着宝物来投奔鲁国。鲁宣公派仆人拿着自己写的信，命令季文子说："莒太子仆为了我都不惜杀掉他的国君，还带着他的宝物前来，他太爱我了。请替我封给他城邑。今天必须执行，不得违抗命令。"里革遇见仆人，把信的内容改为："莒太子杀了他的国君，并偷了国君的宝物前来，他不知道自己的穷凶顽恶，还来接近我们，请替我把他流放到东夷去。今天一定要通告执行，不得违抗命令。"第二天，专司向宣公汇报情况，宣公责问，仆人便把里革的事告诉了宣公。宣公把里革抓起来问道："违抗国君命令会怎样，你也听说过吧？"里革回答说："我冒死挥笔疾书改写信的内容，岂止是听说过！我也听说：'毁坏法律的人叫贼，掩匿乱贼的人叫藏，窃取宝物的人叫宄，享用宄财的人叫奸。'太子仆让国君成为藏奸者，不能不除去。我违抗了国君的命令，也不能不处死。"宣公说："我实在是太贪心了，这不是你的罪过。"于是赦免了里革。

里革断宣公罟而弃之

宣公夏滥于泗渊，里革断其罟而弃之，曰："古者大寒降，土蛰发，水虞于是乎讲罛罶①，取名鱼②，登川禽③，而尝之寝庙，行诸国，助宣气也④。鸟兽孕，水虫成⑤，兽虞于是乎禁罝罗⑥，矠鱼鳖以为夏犒⑦，助生阜也⑧。鸟兽成，水虫孕，水虞于是禁罝罜罹⑨，设阱鄂⑩，以实庙庖，畜功用也⑪。且夫山不槎蘖⑫，泽不伐夭⑬，鱼禁鲲鲕⑭，兽长麑麌⑮，鸟翼鷇卵⑯，虫舍蚳蝝⑰，蕃庶物也⑱，古之训也。今鱼方别孕⑲，不教鱼长，又行网罟，贪无艺也⑳。

【注释】①水虞：官名，掌管湖泊河流禁令。讲：习，训练。罛罶（gū liǔ）：大渔网和捕鱼笼。②名鱼：大鱼。③登川禽：到水里捉水生动物。④宣气：宣泄阳气。宣：散发，宣泄。气：指阳气。⑤水虫成：水中的鱼鳖等已经长大。⑥兽虞：官名，掌管鸟兽禁令的官。罝（jū）罗：捕鸟兽的网。罝：捕兔的猎网。罗：捕鸟的网。⑦矠（zé）：刺取。犒：这里指鱼鳖等海鲜的干制品。⑧助生阜：帮助鸟兽生长。阜：生长。⑨罝罜（zhǔ）罹（lù）：小渔网。⑩鄂：设有尖木桩的陷坑。⑪功用：指供随时享用的物产。⑫槎蘖（chá niè）：砍伐幼林。槎：砍。蘖：树木砍伐后旁生的新枝。⑬夭：初生的草木。⑭鲲鲕（kūn ér）：小鱼。⑮兽长麑（ní）：谓狩猎时留下幼小动物让它们成长。麑：小鹿，幼麋。⑯鷇（kòu）：待哺食的幼鸟。⑰蚳蝝（chí yuán）：蚂蚁卵和蝗虫子，亦泛指幼虫。⑱蕃庶：繁殖。⑲别孕：生育。别：指子离母体。⑳无艺：没有限度。

【译文】鲁宣公夏天到泗水深处下网捕鱼，里革割断了他的渔网，然后将其扔掉，说："古时候隆冬严寒一过去，地下冬眠的蛰虫开始苏醒，掌管湖泊河流禁令的水虞，这时就筹划讲习怎样使用大鱼网和捕鱼笼，捕大鱼，捉水生动物，把它们放在宗庙中供祭祖宗，这种办法也在百姓中施行，用以散发地下的阳气。到了鸟兽怀胎，水中生物发育长大的时候，掌管鸟兽禁令的兽虞，就禁止张网捕兽捕鸟，只许刺取鱼鳖，做成夏天食用的肉干，这是为了帮助鸟兽生长。到了新一代鸟兽长大，水虫育卵的时候，水虞就禁止使用小渔网，而设置尖木桩的陷坑捕兽，以捕获的兽类提供宗庙祭食和充实厨房，这是为了储蓄随时享用的物产。而且，到山上不许砍伐幼林，到泽地不许割取初生的草木，捕鱼时制止捕捞小鱼，猎兽时不得伤害幼兽，捕鸟要保护雏鸟与鸟卵，捕虫要留下蚂蚁卵和蝗虫子，这是为了使万物繁殖生长，这些都是先人的教训。如今鱼类正处于生育时期，不让它们长大，还要施网捕鱼，真是太贪心了啊。"

公闻之曰："吾过而里革匡我，不亦善乎！是良罟也，为我得法。使有司藏之，使吾无忘谂[①]。"师存侍[②]，曰："藏罟不如置里革于侧之不忘也。”

【注释】①谂（shěn）：规谏，劝告。②师：乐师。存：乐师的名字。

【译文】宣公听到这些话，说：“我错了，里革便纠正我，这不是很好吗！这是张好网，让我得到了对于天地万物取用的方法。这张网要让有关官员保存起来，使我不忘这次的规谏。”乐师存站在宣公身边，说：“保存渔网，还不如把里革安放在身边，他会警示您不要忘了他的规谏。”

子叔声伯辞邑[①]

子叔声伯如晋谢季文子，郤犨欲予之邑[②]，弗受也。归，鲍国谓之曰[③]：“子何辞苦成叔之邑，欲信让耶，抑知其不可乎？”对曰：“吾闻之，不厚其栋，不能任重。重莫如国，栋莫如德。夫苦成叔家欲任两国而无大德，其不存也，亡无日矣。譬之如疾，余恐易焉。苦成氏有三亡：少德而多宠，位下而欲上政，无大功而欲大禄，皆怨府也。其君骄而多私，胜敌而归，必立新家。立新家，不因民不能去旧；因民，非多怨民无所始。为怨三府，可谓多矣。其身之不能定，焉能予人之邑！”鲍国曰：“我信不若子，若鲍氏有衅，吾不图矣。今子图远以让邑，必常立矣。”

【注释】①子叔声伯：鲁国大夫。②郤犨（xì chōu）：晋国下卿，也叫苦成叔，郤犨之妻是子叔声伯的妹妹。③鲍国：鲍叔牙的后人。

【译文】子叔声伯到晋国请罪想让他们释放季文子，郤犨想请封城邑给子叔声伯，子叔声伯不接受。返回鲁国后，鲍国问他说："你为什么辞掉郤犨为你请封的城邑，是真的在谦让呢，还是知道他做不到？"子叔声伯回答说："我听说，不是粗大厚实的栋梁，不能承受重压。最重要的东西非国家莫属，最好的栋梁莫过于有德。郤犨想插手晋、鲁两个国家的政事却又没有大的德行，他的地位不会长久，很快就会灭亡了。就好像得了病一样，我担心被他传染。郤犨有三个败亡的原因：德行少却受宠多，地位不高却想干预国政，没有大功却想要丰厚的俸禄，这三样都是怨恨的府库。他的国君为人骄横，身边又有很多奸佞之臣，现在他刚战胜敌人回来，国君一定会立新大夫。立了新大夫，却不顺民意，就不能除去旧官员；如果国君能够顺应民意，而不是招集怨恨太多的官员，民众就不会先攻击他。郤犨已经在三个方面积下深怨，可以说是很多了。他都自身难保了，怎么还能为别人请求城邑！"鲍国说："我确实不如你，如果我的家族中有什么祸兆，我是不能事先预知的。现在你考虑深远，辞让了城邑，你一定会长久地立住脚的。"

里革论君之过

晋人杀厉公[①]，边人以告[②]，成公在朝[③]。公曰："臣杀其君，谁之过也？"大夫莫对，里革曰："君之过也。夫君人者，其威大矣。失威而至于杀，其过多矣。且夫君也者，将牧民而正其邪者也，若君纵私回而弃民事，民旁有慝无由省之，益邪多矣。若以邪临民，陷而不振，用善不肯专，则不能使，至于殄灭而莫之恤也，将安用之？桀奔南巢[4]，纣踣于京[5]，厉流于彘，幽灭于戏，皆是术也。夫君也者，民之川泽也。行而从之，美恶皆君之由，民何能为焉。”

【注释】①晋人：晋卿栾书、中行偃。厉公：晋厉公。②边人：驻守边境的官员、士兵等。③成公：鲁宣公的儿子。④南巢：古地名，在今安徽巢湖西南。因位于古代华夏族活动地区的南方，故名。⑤踣（bó）：倒毙，僵死，破灭。

【译文】晋国人栾书、中行偃杀死了晋厉公，鲁国边防的官员把这个消息汇报给朝廷，鲁成公正好在朝堂上。就问：“臣子杀了他的国君，是谁的错？”大夫们没有人回应，里革回答说：“这是国君的错。统治人民的人，他的威力是特别大的。如果没有了威力甚至于被杀死，他的错误一定太多了。更何况做国君的，应该是治理人民并纠正人民的邪恶，如果国君放任自己的私欲，放弃了人民的事情，就会有旁门左道的人、邪恶不正的人，国君却不能察明，邪恶就会越来越多。如果用邪恶治理人民，政事就越陷越深，就会一蹶不振，如果任用良善之人又不肯专一到底，就不能支配人民，直到被消灭了也没人体恤，要这样的国君有什么用？夏桀逃到南巢，商纣王毙于京都，周厉王被流放到彘地，周幽王亡于戏山，都是因为过错太多失去了威力。国君，是人民的川泽。国君前行人民跟从，好坏都由国君决定，人民怎么会无故弑君？”

季文子论妾马

季文子相宣、成[1]，无衣帛之妾，无食粟之马。仲孙它谏曰[2]："子为鲁上卿，相二君矣，妾不衣帛，马不食粟，人其以子为爱，且不华国乎！"文子曰："吾亦愿之。然吾观国人，其父兄之食粗而衣恶者犹多矣，吾是以不敢。人之父兄食粗衣恶，而我美妾与马，无乃非相人者乎！且吾闻以德荣为国华，不闻以妾与马。"

【注释】①季文子相宣、成：季文子担任鲁宣公和鲁成公两朝国相。宣：鲁宣公。成：鲁成公。②仲孙它：鲁国大夫，也叫子服它。孟献子的儿子。

【译文】季文子担任鲁宣公和鲁成公两朝国相，他的妾不穿丝帛，马不喂细粮。仲孙它劝谏他："您是鲁国的上卿，辅佐两朝国君，妾不穿丝帛，马不喂细粮，人们恐怕会以为您吝啬，况且也不能显示国家的荣华！"季文子说："我也愿意像你所说的那样啊。可是我看国人中，父兄吃粗粮，穿破衣的还很多，所以我不敢。别人的父兄吃粗粮穿破衣，我却让妾美让马肥，这不是国相该做的吧！况且我听说好的德行可以为国增光，没有听说过以妾和马来炫耀的。"

文子以告孟献子，献子囚之七日。自是，子服之妾衣不过七升之布[①]，马饩不过稂莠[②]。文子闻之，曰："过而能改者，民之上也。"使为上大夫。

【注释】①七升之布：粗布，幅含五百六十缕。②马饩（xì）：马的饲料。稂莠（láng yǒu）：妨害禾苗生长的杂草。稂：狼尾草，一种危害禾苗的恶草。莠：一年生草本植物，穗有毛，很像谷子，亦称"狗尾草"。

【译文】季文子把这件事告诉了仲孙它的父亲孟献子，孟献子把仲孙它关了七天。从这以后，仲孙它的妾穿的是粗布衣服，喂马的饲料也只是妨害禾苗生长的杂草。季文子知道后说："有错能改，是人上人。"于是推荐仲孙它为上大夫。

鲁语下

叔孙穆子聘于晋[1]

叔孙穆子聘于晋，晋悼公飨之，乐及《鹿鸣》之三[2]，而后拜乐三。晋侯使行人问焉[3]，曰："子以君命镇抚敝邑，不腆先君之礼[4]，以辱从者，不腆之乐以节之。吾子舍其大而加礼于其细，敢问何礼也？"

【注释】①叔孙穆子：鲁国大夫，名豹。聘：访问。②《鹿鸣》：《诗经·小雅》的篇名。共三章，指《鹿鸣》《四牡》《皇皇者华》。③行人：古指出行的人，出征的人，又作使者的通称。④不腆：不丰厚，不富足。古代用作谦词。

【译文】叔孙穆子到晋国访问，晋悼公设宴款待他，当乐师演奏到《鹿鸣》等三曲后，叔孙穆子才起身三次拜谢。悼公让使者问他，说："您奉君命来安抚我国，我国按照不丰厚的先君礼仪，承蒙您的到来接待您，用不盛大的音乐为您助兴。您舍弃前面演奏的大礼之曲不拜，却为后面次要的《鹿鸣》之三拜谢，请问这是什么礼节？"

对曰："寡君使豹来继先君之好，君以诸侯之故，贶使臣以大礼。夫先乐金奏《肆夏》、《樊遏》、《渠》[1]，天子所以飨元侯也[2]；夫歌《文王》、《大明》、《緜》[3]，则两君相见之乐也。皆昭令德以合好也，皆非使臣之所敢闻也。臣以为肄业及之[4]，故不敢拜。今伶箫咏歌及《鹿鸣》之三，君之所以贶使臣，臣敢不拜贶。夫《鹿鸣》，君之所以嘉先君之好也，敢不拜嘉。《四牡》，君之所以章使臣之勤也，敢不拜章。《皇皇者华》，君教使臣曰'每怀靡及'[5]，诹、谋、度、询，必咨于周。敢不拜教。臣闻之曰：'怀和为每怀，咨才为诹，咨事为谋[6]，咨义为度，咨亲为询，忠信为周。'君贶使臣以大礼，重之以六德，敢不重拜。"

【注释】①金奏：敲击钟镈以奏乐，常用以指庙堂音乐。泛指音乐或乐声。《肆夏》《樊遏》《渠》：指古代三夏曲，又称三夏。②元侯：诸侯之长，重臣大吏。③《文王》《大明》《緜》：指《大雅》前三篇的篇名。④肄（yì）业：修习学业。通常指没有毕业或尚未毕业而言。⑤每怀靡及：每每怀思人和的念想，常常好像达不到。⑥诹（zōu）：在一起商量事情，询问。

【译文】孙叔穆子回答道："我的国君派我来继承两国先君的友好关系，贵国国君出于对诸侯国的尊重，才赏赐我大礼。晋国乐官先敲击钟镈演奏《肆夏》《樊遏》《渠》三首乐曲，这是天子用来宴飨诸侯之长的礼乐；接着演唱《文王》《大明》《緜》三首诗，这是两国国君相见时用的礼乐。这些都是彰显君王的德行，以便两国更友好地合作，这些乐曲都不是我这种使臣身份的人敢听的。我以为是乐师修习学业时刚好演奏到这些曲子，所以不敢拜谢。现在伶官吹箫演唱《鹿鸣》三曲，这是国君赐给使臣的乐曲，我怎么敢不拜谢呢。《鹿鸣》，是国君用来赞许两国先君友好关系的诗乐，我怎么敢不拜谢这样的赞美。《四牡》，是国君用来表彰使臣勤于国事的诗乐，我怎么敢不拜谢这种表彰。《皇皇者华》，国君教导使臣'每每怀思人和的念想，常常好像达不到'，向贤才咨询、就某件事情咨询、咨询礼义、咨询于亲戚，一定要向忠诚守信的人咨询。我怎么敢不拜谢这种教诲。我听说：'每每怀思人和的念想叫每怀，向贤才咨询叫诹，咨询事情叫谋，咨询礼义叫度，咨问于亲戚叫询，忠诚守信叫周。'贵国国君赐我大礼，还教导我六德，我怎么能不重重地拜谢。"

叔孙穆子谏季武子为三军[1]

季武子为三军，叔孙穆子曰："不可。天子作师，公帅之，以征不德。元侯作师，卿帅之，以承天子。诸侯有卿无军，帅教卫以赞元侯。自伯、子、男有大夫无卿，帅赋以从诸侯。是以上能征下，下无奸慝。今我小侯也，处大国之间，缮贡赋以共从者，犹惧有讨。若为元侯之所，以怒大国，无乃不可乎？”弗从，遂作中军。自是齐、楚代讨于鲁，襄、昭皆如楚[2]。

【注释】①季武子：季文子的儿子，即季孙宿。春秋时鲁国正卿，公元前568年至535年执政。姬姓，名夙，谥武，史称“季武子”。②襄：指鲁襄公，鲁成公的儿子，名午。昭：指鲁昭公。

【译文】季武子想要建立三军，叔孙穆子说：“不可以。天子建立六军，由担任王室卿士的公统帅，用来征讨无德的诸侯。诸侯之长建立三军，由卿统帅，来顺从天子。一般的诸侯国有卿而没有军，统帅经过训练的卫士来辅助诸侯之长。自伯、子、男以下的小国有大夫而没有命卿，率领兵车甲士跟从诸侯作战。这样上才能征服下，下才不会有奸恶。如今我们鲁国是个小小的诸侯国，处在大国中间，整治好兵车甲士来供应大国，还怕被征讨。想要做诸侯之长权利范围内的事，一定会惹怒大国，只怕不行吧？”季武子不听劝。于是在原有两军的基础上又建立了中军。这以后齐、楚两国轮番攻打鲁国，鲁襄公、鲁昭公不得不去楚国表示臣服。

诸侯伐秦鲁人以莒人先济

诸侯伐秦，及泾莫济。晋叔向见叔孙穆子曰：“诸侯谓秦不恭而讨之，及泾而止，于秦何益？”穆子曰：“豹之业，及《匏有苦叶》矣[1]，不知其他。”叔向退，召舟虞与司马[2]，曰：“夫苦匏不材于人，共济而已。鲁叔孙赋《匏有苦叶》，必将涉矣。具舟除隧，不共有法。”是行也，鲁人以莒人先济，诸侯从之。

【注释】①匏（páo）：一年生草本植物。果实比葫芦大，对半剖开可做水瓢。②舟虞：古代掌管船只的官。司马：古代官名，古代中央政府中掌管军政和军赋的长官。汉大将军、将军、校尉之属官都有司马，专掌兵事。隋唐州府佐吏有司马一人，位在别驾、长史之下，掌兵事，或位置贬谪及闲散官员。

【译文】诸侯们讨伐秦国，到达泾水时却没有人先渡河。晋国大夫叔向去见鲁国的大夫叔孙穆子说：“诸侯认为秦国不恭敬而征讨它，到了泾水却都不前行，这对征讨秦国有什么益处？”叔孙穆子说：“我要做的事，就是研究《匏有苦叶》，不明白其他。”叔向回去后，召来掌管船只和军政的官员，说：“苦匏不能被人食用，只能渡河。鲁国的叔孙穆子读《匏有苦叶》，一定是要配上苦匏过河了。你们赶快准备船只，清理道路，否则要依法论处。”在这次行动中，鲁国指挥莒国的部队先过河，诸侯们跟在鲁国军队的后面。

襄公如楚

襄公如楚，及汉，闻康王卒[①]，欲还。叔仲昭伯曰[②]：“君之来也，非为一人也，为其名与其众也。今王死，其名未改，其众未败，何为还？”诸大夫皆欲还。子服惠伯曰[③]：“不知所为，姑从君乎！”叔仲曰：“子之来也，非欲安身也，为国家之利也，故不惮勤远而听于楚。非义楚也，畏其名与众也。夫义人者，固庆其喜而吊其忧，况畏而服焉？闻畏而往，闻丧而还，苟芈姓实嗣，其谁代之任丧？王太子又长矣，执政未改，予为先君来，死而去之，其谁曰不如先君？将为丧举，闻丧而还，其谁曰非侮也？事其君而任其政，其谁由己贰？求说其侮，而亟于前之人，其雠不滋大乎？说侮不懦，执政不贰，帅大雠以惮小国，其谁云待之？若从君而走患，则不如违君以避难。且夫君子计成而后行，二三子计乎？有御楚之术而有守国之备，则可也；若未有，不如往也。”乃遂行。

【注释】①康王：楚恭王的儿子，名昭，谥康。②叔仲昭伯：鲁国大夫。③子服惠伯：鲁国大夫。

【译文】鲁襄公去楚国，走到汉水，听说楚康王去世了，就想返回鲁国。大夫叔仲昭伯说：“您来楚国，并不是为了楚康王一个人，是慑于楚国大国盟主的名气和众多的甲兵。现在楚康王虽死，楚国大国盟主的地位并没有变，军队也没有衰败，我们为什么要返回呢？”众大夫也都想回去。大夫子服惠伯说：“我们也不知道怎么办，就听从国君的吧！”叔仲昭伯说：“你们这次来，不是为求个人安身的，而是为了国家的利益，所以才不怕路途遥远来听命于楚。你们来，不是因为楚国正义，是怕它的大国名气和众多的军队。楚国既然是正义之国，我们当然要祝贺其喜吊唁其丧，何况是因为畏惧而服从于楚国呢？我们因畏惧而来，听说楚康王丧生又要半路返回，如果楚国芈姓新君继位，谁会替他主办丧事？王太子已经长大，执政的人也没改变，我们因楚国先君前来，他一死就回去，谁说新君不如先君？我们即使在国内听到有丧事也应前去吊唁，现在听到丧事却要返回去，谁能说这不是侮辱楚国呢？楚国的臣子侍奉自己的新君就会负责楚国的政事，谁会愿意新君刚上任别国就怀有二心呢？楚国的君臣想除掉侮辱他们的国家，一定比以前还着急，这样我们两国的仇恨不就更大了吗？楚国为除掉侮辱他的国家就不会心慈手软，他们君臣一心，怀着大的仇恨恐吓我们，谁能抵御得了呢？你们如果听从国君的话，现在回去就会遭遇祸患，还不如违背国君的意愿躲避灾难。而且君子谋划成熟才付诸行动，你们都想好了吗？如果有抵御楚国的办法和保护国家的措施，就回去；如果没有，不如前往楚国。”于是大家继续前行。

反，及方城[①]，闻季武子袭卞[②]，公欲还，出楚师以伐鲁[③]。荣成伯曰[④]：“不可。君之于臣，其威大矣。不能令于国，而恃诸侯，诸侯其谁暱之？若得楚师以伐鲁，鲁既不违夙之取卞也，必用命焉，守必固矣。若楚之克鲁，诸姬不获窥焉[⑤]，而况君乎？彼无亦置其同类以服东夷，而大攘诸夏，将天下是王，而何德于君，其予君也？若不克鲁，君以蛮夷伐之，而又求入焉，必不获矣。不如予之。夙之事君也，不敢不悛。醉而怒，醒而喜，庸何伤？君其入也！”乃归。

【注释】①方城：山名，在楚国北部。②卞：鲁国的一座城。

③伐鲁：讨伐季武子。④荣成伯：鲁国大夫。⑤诸姬：姬姓的各诸侯。

【译文】从楚国返回鲁国的路上，到了方城山，听说季武子袭击了卞城，襄公想返回楚国，请求楚国出兵讨伐季武子。大夫荣成伯说："不可以。君对于臣，威力很大。国君不能在本国执行命令，却依靠别的诸侯国，哪个诸侯还会亲近您？如果您请到楚国的军队来讨伐季武子，鲁国人当时既然并不违逆季武子袭击卞城的举动，他们肯定会听从他的命令，卞城的防守一定很牢固。如果楚国打败季武子，姬姓的诸侯都见不到任何利益，何况国君您呢？楚国将会在鲁国安置他们的同姓，巩固东方沿海各族的统治，大肆侵夺中原各国，这样他们就能统治天下，国君何德何能，楚国会把卞城送给您？如果楚国没能打败季武子，您借用蛮夷的军队讨伐季武子不成功，又想返回鲁国的话，季武子一定不会获准。您还不如把卞城送给季武子。季武子事奉国君您，不敢不改过。一个人醉酒时也许会发怒，酒醒后就转怒为喜了，能有什么伤害呢？您还是回国吧！"于是襄公回到鲁国。

季冶致禄

襄公在楚，季武子取卞，使季冶逆[①]，追而予之玺书[②]，以告曰："卞人将畔，臣讨之，既得之矣。"公未言，荣成子曰[③]："子股肱鲁国，社稷之事，子实制之。唯子所利，何必卞？卞有罪而子征之，子之隶也，又何谒焉？"子冶归，致禄而不出[④]，曰："使予欺君，谓予能也，能而欺其君，敢享其禄而立其朝乎？"

【注释】①逆：迎接。②玺书：古代以泥封加印的文书，秦以后专指皇帝的诏书。③荣成子：即荣成伯。④致禄：给予俸禄，归还爵禄。即辞官。

【译文】鲁襄公在楚国期间，季武子占领了卞城，他派季冶去迎接襄公，又追上季冶交给一封盖了季武子印的信，信上说："卞城的人要叛变，我讨伐他们，已经占领了卞城。"襄公看完信还没说话，荣成伯就让季冶转告季武子说："你是鲁国最得力的大臣，国家的事，就由你定夺吧。你认为利于国家，就按照你的想法去做，何况一个卞城呢？卞城的人有罪，你去征讨，这是你份内的事，又何须陈词？"季冶回去后，辞官不出，说："派我欺骗国君，还认为我有才能。有才能却欺骗国君，谁还敢享受国君的俸禄为官于朝廷？"

叔孙穆子知楚公子围有篡国之心[1]

虢之会，楚公子围二人执戈先焉。蔡公孙归生与郑罕虎见叔孙穆子[2]，穆子曰："楚公子甚美，不大夫矣，抑君也。"郑子皮曰："有执戈之前，吾惑之。"蔡子家曰："楚，大国也；公子围，其令尹也。有执戈之前，不亦可乎？"穆子曰："不然。天子有虎贲[3]，习武训也；诸侯有旅贲[4]，御灾害也；大夫有贰车[5]，备承事也；士有陪乘，告奔走也。今大夫而设诸侯之服，有其心矣。若无其心，而敢设服以见诸侯之大夫乎？将不入矣。夫服，心之文也。如龟焉，灼其中，必文于外。若楚公子不为君，必死，不合诸侯矣。"公子围反，杀郏敖而代之[6]。

【注释】①楚公子围：即楚灵王，楚恭王的庶子，名围。虢地会盟的时候，他担任楚国的令尹。②蔡公孙归生：蔡国的公子公孙归生，字子家。郑罕虎：郑国的大夫，子罕的孙子，字子皮。③虎贲：王宫里面的勇士。④旅贲：保护诸侯出行的勇士。⑤贰车：副车。喻指副职。⑥郏（jiá）敖：楚康王的儿子。名麇，被公子围缢死。

【译文】诸侯在虢地会盟，楚国的公子围命令两个卫兵拿着戈在前边引路。蔡国的公孙归生和郑国的大夫罕虎遇见叔孙穆子，叔孙穆子说："楚公子围穿的服饰太华美了，不像大夫的品味，倒像是国君的。"罕虎说："看到拿着戈的卫兵在前面替公子围开道，我就觉得很困惑。"公孙归生说："楚国，是个大国；公子围，担任楚国的令尹。有拿着戈的卫兵在前面为他引路，不也可以吗？"叔孙穆子说："不是这样的。天子有勇士，他们习武练功，以保卫王室；诸侯有勇士，他们是用来防备灾祸的；大夫有副车，他们准备随时待命；士有跟车的随从，他们可以在奔走时出力。现在围身为大夫却穿着诸侯服饰，他有篡国的心啊。如果没有，怎么穿诸侯的服饰来见诸侯国的大夫呢？他不想再当楚国的大夫了。服饰，是内心的显现。好比龟甲，在里面烧它，外面就会有纹痕。如果公子围当不上国君，肯定会死，他不会再以大夫的身份和诸侯会合了。"公子围回国造反，杀了郏敖夺取了他的王位。

叔孙穆子不以货私免

虢之会，诸侯之大夫寻盟未退。季武子伐莒取郓，莒人告于会。楚人将以叔孙穆子为戮。晋乐王鲋求货于穆子[①]，曰：

“吾为子请于楚”。穆子不予。梁其踁谓穆子曰[②]：“有货，以卫身也。出货而可以免，子何爱焉？”穆子曰：“非女所知也。承君命以会大事，而国有罪，我以货私免，是我会吾私也。苟如是，则又可以出货而成私欲乎？虽可以免，吾其若诸侯之事何？夫必将或循之，曰：‘诸侯之卿有然者故也。’则我求安身而为诸侯法矣。君子是以患作。作而不衷，将或道之，是昭其不衷也。余非爱货，恶不衷也。且罪非我之由，为戮何害？”楚人乃赦之。

【注释】①乐王鲋：晋国大夫，也称乐恒子。②梁其踁：叔孙穆子的家臣。

【译文】在虢地的盟会上，各诸侯国的大夫们寻求友好盟约还没散会。鲁国的季武子就征讨莒国，占领了郓城，莒国向盟会各国控告。楚国想要杀死鲁国的使者叔孙穆子。晋国的大夫乐王鲋向叔孙穆子求取贿赂，说：“我能为你向楚国求情。”叔孙穆子不给。他的家臣梁其踁说：“积攒的财货，是用来保护自己的。拿出财货就可免去一死，你为什么吝惜呢？”叔孙穆子说：“不是你想的那样。我奉国君之命来参加诸侯会盟这种大事，现在国家有罪，我却贿赂财货私自免死，这就表明我来会盟是为了一己之私。如果我这样做了，不就是用财富谋求自己的私欲吗？虽然我可以免死，诸侯会盟的大事该怎么办？将来一定会有别人效法我，还会说‘某诸侯国的卿就是这样做的’。那么我求安身就是为诸侯树立了一个行贿的榜样。君子就怕行事不正，行事不正不忠心，别人就会说三道四，这是彰显自己的不忠不正啊。我不是吝惜财货，而是讨厌不忠不正。况且罪过并非由我而起，我就是被杀又有什么害处？”楚国人于是赦免了叔孙穆子。

穆子归，武子劳之，日中不出。其人曰[①]：“可以出矣。”穆子曰：“吾不难为戮，养吾栋也[②]。夫栋折而榱崩，吾惧压焉。故曰虽死于外，而庇宗于内，可也。今既免大耻，而不忍小忿，可以为能乎？”乃出见之。

【注释】①其人：家人。②养吾栋：保护鲁国的栋梁。

【译文】叔孙穆子回鲁国后，季武子前去犒劳，叔孙穆子到了中午还不肯出门见季武子。家人说：“你可以出去了。”叔孙穆子说：“我之所以对杀头都不犯难，是为了保住鲁国的栋梁。现在栋梁塌了、椽子断了，我怕被压。所以说即使我死在外面，却庇护了国内的宗族，是值得的。现在已经免掉了国家的耻辱，却不能忍受小小的忿恨，还称得上贤能吗？”于是就出门见季武子。

子服惠伯从季平子如晋[①]

平丘之会[②]，晋昭公使叔向辞昭公[③]，弗与盟。子服惠伯曰：“晋信蛮夷而弃兄弟，其执政贰也。贰心必失诸侯，岂唯鲁然？夫失其政者，必毒于人，鲁惧及焉，不可以不恭。必使上卿从之。”季平子曰：“然则意如乎！若我往，晋必患我，谁为之贰？”子服惠伯曰：“椒既言之矣，敢逃难乎？椒请从。”

【注释】①子服惠伯：鲁国大夫，名椒。季平子：名意如。鲁国上卿。②平丘：卫国的地名，在今河南境内。③晋昭公：姬姓，名夷。晋平公之子。春秋时期晋国国君（公元前531–公元前526在位）。执政期间晋国渐渐失去霸主地位。昭公：即鲁昭公。公元前560年至公元前510年，姬姓，名裯，一名稠、袑，鲁襄公之子，春秋时期鲁国第二十四任国君。

【译文】诸侯准备在平丘会盟，晋昭公派叔向告诉鲁昭公，不让鲁国参加盟会。鲁大夫子服惠伯说："晋国听信蛮夷的话而抛弃了兄弟鲁国，他们的执政者偏心呀。偏心必然会失信于诸侯，晋国难道只是失去鲁国的信任？国家的政策出了差错，一定会伤害其他国家，鲁国害怕被伤害，就不能对晋国不恭敬。一定派上卿去晋国请罪。"季平子说："如此说来就应该我去啦！如果我去，晋国一定会为难我，谁愿意跟我一起去呢？"子服惠伯说："我既然出了这主意，还敢躲灾避难吗？我跟随你一起吧。"

晋人执平子。子服惠伯见韩宣子曰[①]："夫盟，信之要也。晋为盟主，是主信也。若盟而弃鲁侯，信抑阙矣。昔栾氏之乱[②]，齐人间晋之祸，伐取朝歌。我先君襄公不敢宁处，使叔孙豹悉帅敝赋，踦跂毕行[③]，无有处人，以从军吏，次于雍渝，与邯郸胜击齐之左，掎止晏莱焉[④]，齐师退而后敢还。非以求远也，以鲁之密迩於齐[⑤]，而又小国也；齐朝驾则夕极于鲁国，不敢惮其患，而与晋共其忧，亦曰：'庶几有益于鲁国乎！'今信蛮夷而弃之，夫诸侯之勉于君者，将安劝矣？若弃鲁而苟固诸侯，群臣敢惮戮乎？诸侯之事晋者，鲁为勉矣。若以蛮夷之故弃之，其无乃得蛮夷而失诸侯之信乎？子计其利者，小国共命。”宣子说，乃归平子。

【注释】①韩宣子：晋国的卿，名起。②栾氏之乱：又叫栾盈之乱、栾祁之乱、叔祁之乱，指公元前550年晋国大夫栾盈被诬陷，不得已流亡齐国，后由齐国返回晋国发动叛乱，失败，家族被灭。③踦跂（qī qí）：形容走路很困难。踦：脚跛。跂：多生的脚趾。④掎止（jǐ zhǐ）：从后截获。⑤密迩：接近。

【译文】晋国人逮拘捕了季平子。子服惠伯去见韩宣子，说：“诸侯会盟，信义是最主要的。晋国作为盟主，是主持信义的。如果诸侯会盟却抛弃了鲁国，信义被压制，就会缺失。以前栾盈发动内乱，齐国乘着晋国的祸患，讨伐并占领了晋国的朝廷。我国先君鲁襄公不敢安居，派叔孙豹帅领全国的兵卒车辆，连走路困难的人都一起出动，没有一个呆在家里，全部随军出征，到了雍渝，我军与晋国大夫邯郸胜一起攻取齐国的左军，从后截获了齐国的大夫晏莱，齐军败退后鲁军才敢返回。我并不是为了讲鲁国曾经的功劳，是因为鲁国接近齐国，又是弱小国家；齐国早晨驾车晚上就能到达鲁国，可是鲁国不怕齐国祸乱鲁国，只是与晋国共患难，也就是说：‘只有晋国才能有益于鲁国！’现在晋国听信蛮夷而抛弃鲁国，对那些为晋国效力的诸侯，要怎么解释才能让他们安心呢？如果晋国抛弃了鲁国还能牢牢地团结诸侯各国，我们这些大臣怎么敢害怕被杀死？在事奉晋国的诸侯中，鲁国是很尽力的。如果晋国因为蛮夷的原因抛弃了鲁国，那不就是只得到蛮夷而失去各诸侯的信任了吗？你考虑一下其中的利害，我们鲁国一定恭敬从命。”韩宣子听了子服惠伯的话很开心，就放季平子回国了。

季桓子穿井获羊

季桓子穿井，获如土缶[①]，其中有羊焉。使问之仲尼曰：“吾穿井而获狗，何也？”对曰：“以丘之所闻，羊也。丘闻之：木石之怪曰夔、蝄蜽[②]，水之怪曰龙、罔象[③]，土之怪曰羵羊[④]。”

【注释】①土缶：一种瓦器。圆腹小口有盖，用以汲水或盛流质，也可用作打击乐器。②夔（kuí）：古代传说中的一种龙形异兽。蝄蜽（wǎng liǎng）：传说中山川的精怪。③罔象：亦作“罔像”。古代传说中的水怪。④羵（fén）羊：古代传说土中所生的精怪。

【译文】季桓子家中挖井，挖到了一个瓦器，里面有一只像羊一样的怪物。季桓子派人问孔夫子：“我家挖井获得一只狗，会怎样呢？”夫子回答说：“据我所知，你得到的应该是羊。我听说：木石中的怪物叫夔，也叫蝄蜽，水中的怪物叫龙，也叫罔象，土中的怪物叫羵羊。”

公父文伯之母对季康子问[①]

季康子问于公父文伯之母曰：“主亦有以语肥也。”对曰："吾能老而已，何以语子？"康子曰："虽然，肥愿有闻于主。"对曰："吾闻之先姑曰[②]：'君子能劳，后世有继。'"子夏闻之[③]，曰："善哉！商闻之曰：'古之嫁者，不及舅姑[④]，谓之不幸。'夫妇，学于舅姑者也。"

【注释】①公父文伯：姬姓，名歜，春秋时期鲁国三桓季悼子之孙，公父穆伯的儿子。季康子：即季孙肥，春秋时期鲁国的正卿。姬姓，季氏，名肥。谥康，史称季康子。公父文伯的母亲敬姜是季康子的叔祖母。②先姑：丈夫的亡母。③子夏：孔夫子的弟子。④舅姑：公婆。

【译文】季康子向公父文伯的母亲敬姜请教说："您有告诫我的话吗。"公父文伯的母亲回答说："我不过年老些罢了，有什么告诫的呢？"季康子说："即便是这样，我还是想听到您的教诲。"公父文伯的母亲回答说："我听我逝去的婆婆说：'君子能吃苦耐劳，才会后继有人。'"子夏听了后，说："真好！我听说：'古代出嫁的女子，公婆已去世的，是很不幸的。'为人妇，是该向公婆学习的。"

公父文伯饮南宫敬叔酒[①]

公父文伯饮南宫敬叔酒，以露睹父为客[②]。羞鳖焉，小。睹父怒，相延食鳖，辞曰："将使鳖长而后食之。"遂出。文伯之母闻之，怒曰："吾闻之先子曰[③]：'祭养尸[④]，飨养上宾。'

鳖于何有？而使夫人怒也[⑤]！”遂逐之。五日，鲁大夫辞而复之。

【注释】①南宫敬叔：姬姓，鲁国南宫氏，名说，谥敬，是孟僖子的儿子，孟懿子的弟弟。鲁国大夫。②露睹父：鲁国大夫。客：上宾。周朝众人饮酒时，尊一人为上宾。③先子：丈夫的亡父。④祭养尸：祭祀供奉时尊养尸。祭养：祭祀供奉以表亲养之恩。尸：古代祭祀时，代表死者受祭的人。⑤夫人：上宾。这里指露睹父。夫：旧时指成年男子。

【译文】公父文伯请南宫敬叔喝酒，尊鲁国大夫露睹父为上宾。在进献鳖这道菜时，鳖有点小。露睹父很气愤，来宾互相延请吃鳖的时候，他告辞说：“等鳖长大以后再来吃吧。”于是离开了宴席。公父文伯的母亲听说后，生气地对儿子说：“我听去世的公公说过：‘祭祀供奉时，要尊养代表死者受祭的人，宴请之时要礼敬上宾。’你就那么吝惜一只鳖吗？竟然让露睹父发怒！”于是把公父文伯撵出了家门。五天后，鲁国大夫前来说情，公父文伯的母亲才让公父文伯回家。

公父文伯之母论内朝与外朝

公父文伯之母如季氏，康子在其朝，与之言，弗应，从之及寝门，弗应而入。康子辞于朝而入见，曰：“肥也不得闻命，无乃罪乎？”曰：“子弗闻乎？天子及诸侯合民事于外朝，合神事于内朝；自卿以下，合官职于外朝，合家事于内朝；寝门之内，妇人治其业焉。上下同之。夫外朝，子将业君之官职焉；内朝，子将庀季氏之政焉，皆非吾所敢言也。”

【译文】公父文伯的母亲去季氏家，季康子正在朝堂上，同她打招呼，她不答应，季康子跟着她来到寝室门口，她还是不吱声直接进去了。季康子离开朝堂，进入寝室拜见公父文伯的母亲，说：“我没听到您的教诲，是得罪您了吗？”公父文伯的母亲回答说：“你没听说过吗？天子和诸侯在外朝处理百姓的事，在内朝处理祭神的事；卿以下的官员，在自己家的外朝处理官职的事，在自己家的内朝处理家族的事；寝室门以里，由妇女安排事情。君臣上下都这样做。外朝，你要事奉国君完成公事；内朝，你要在那里处理家事，这些都不是我敢说话的地方啊。”

公父文伯之母论劳逸

公父文伯退朝，朝其母，其母方绩。文伯曰：“以歜之家而主犹绩，惧忓季孙之怒也，其以歜为不能事主乎！”

【译文】公父文伯从朝廷办公后回家，去朝见他的母亲，他的母亲正绩麻。文伯说：“像我们这样的人家，还要您亲自绩麻，我怕触怒季孙，认为我没能好好孝敬您呢！”

其母叹曰："鲁其亡乎！使僮子备官而未之闻耶？居，吾语女。昔圣王之处民也，择瘠土而处之，劳其民而用之，故长王天下。夫民劳则思，思则善心生；逸则淫，淫则忘善，忘善则恶心生。沃土之民不材，逸也；瘠土之民莫不向义，劳也。是故天子大采朝日[①]，与三公、九卿祖识地德[②]；日中考政，与百官之政事，师尹维旅、牧、相宣序民事[③]；少采夕月[④]，与大史、司载纠虔天刑；日入监九御，使洁奉禘、郊之粢盛，而后即安。诸侯朝修天子之业命，昼考其国职，夕省其典刑，夜儆百工，使无慆淫，而后即安。卿大夫朝考其职，昼讲其庶政，夕序其业，夜庀其家事，而后即安。士朝受业，昼而讲贯，夕而习复，夜而计过无憾，而后即安。自庶人以下，明而动，晦而休，无日以怠。

【注释】①大采朝日：天子在春分那天穿着五彩礼服祭拜日神。大采：古代天子祭日所穿的礼服。朝日：天子朝拜日神的礼仪。周礼规定，天子要在春分那天拜祭日神。②祖识：熟习知悉。地德：大地的本性，大地的德化恩泽。③师尹：各属官之长。牧：古代治民之官。④少采夕月：天子在秋分那天穿着绣有黑白斧形花纹的礼服祭祀月神。少采：黼（fǔ）衣（绣有黑白斧形花纹的一种礼服）。夕月：古代帝王祭月的仪式。

【译文】他的母亲叹了口气说："鲁国大概要灭亡了吧！让你这样无知的童子去做官，你没有听说过做官的道理吗？你坐下，我来告诉你。以前圣王治理百姓的方法，挑选那些不肥沃的土地，让他们居住在那里，使他们时常劳苦，然后支配他们，因此就能长久地保有天下。由于人民劳苦就会去思考怎么节约和克制自己，常常思考就会产生善良的心理；没有事做就会放荡，一放荡就会忘掉善心，一忘掉善心，恶心也就产生了。居住在肥沃土地上的人，大半是不成才的，就是因为他们太安逸；贫瘠地方的人没有不向往义理的，就是因为勤劳的原因。因此，天子在春分那天穿着五彩衣服去祭日，并与三公九卿共同熟习大地的德化恩泽；中午，要考察国家的政治，以及百官所做的事务，各属官之长师尹、众士、治民之官州牧、国相，都要宣布政训使百姓有条不紊；秋分那天，天子穿着绣有黑白斧形花纹的礼服祭祀月神，并和掌管天文的太史、司载，恭恭敬敬地观察上天显示的吉凶景象；到了晚上，要监视九嫔女官，叫她们把禘祭、郊祭的物品收拾干净，把黍稷放在祭器里，然后才去睡觉。诸侯呢，早上要研究天子的命令和所应办理的事务，白天要考察国家大事，傍晚要熟习国家的常法，夜里要训诫手下百官，使他们不要怠惰放纵，然后才去睡觉。卿大夫呢，早上要考察他的职责，白天要处理各种事情，傍晚要整理他一天来所做的工作，夜里料理他的家务，然后才能去睡觉。士人呢，早晨接受学业，白天讲习，傍晚复习，夜里反省自己有没有过失，要是没有什么值得懊悔的事，然后才去睡觉。自庶人以下，天亮就起来工作，晚上休息，没有一天可以怠惰。

“王后亲织玄紞[①]，公侯之夫人加之以纮、綖[②]，卿之内子为大带[③]，命妇成祭服，列士之妻加之以朝服[④]，自庶士以下，皆衣其夫。社而赋事，蒸而献功，男女效绩，愆则有辟，古之制也。君子劳心，小人劳力，先王之训也。自上以下，谁敢淫心舍力？今我，寡也，尔又在下位，朝夕处事，犹恐忘先人之业。况有怠惰，其何以避辟！吾冀而朝夕修我曰：‘必无废先人。’尔今曰：‘胡不自安。’以是承君之官，余惧穆伯之绝嗣也。”

【注释】①玄紞（dǎn）：古代礼冠上系塞耳玉的丝带。②纮（hóng）：系于颌下的帽带。綖（yán）：古代覆盖在帽子上的一种装饰物。③大带：古代贵族礼服用带，有革带、大带之分。革带以系佩韨，大带加于革带之上。④列士：即元士。古称天子之上士。别于诸侯之士。

【译文】“就是皇后也要亲织礼冠上系塞耳玉的丝带，公侯的夫人，要加做系于颌下的帽带和覆盖在帽子上的装饰物，卿的妻子要做大带，大夫的妻子命妇要做祭服，元士的妻子再加做朝服，庶人以下的妻子，都要为她的丈夫做衣服。春祭要向神明祷告农事开始，冬祭要禀告农事成功，男男女女各自陈述功绩，要是有了过错，就要加以惩罚，这是古代的规章。君子劳心，小人劳力，这是先王的遗训。从上到下，哪一个敢心思放荡而不努力劳动呢？现在我是寡妇，你又处在下大夫的职位上，就是早晚工作，还怕忘掉祖宗的业绩，何况你已经有了松懈的念头，这样还如何能够逃避灾祸呢！我期望你每天要自勉说：‘一定不要荒废先人的事业。’你如今却说：‘为什么不自求安逸？’靠这样的思想担当国君的官职，我怕穆伯就要绝后了！”

仲尼闻之曰："弟子志之，季氏之妇不淫矣。"

【译文】孔夫子听到这事，说："学生们记下来，季氏的妇女真是勤劳而不放纵呀。"

公父文伯之母别于男女之礼

公父文伯之母，季康子之从祖叔母也。康子往焉，闵门与之言，皆不逾阈。祭悼子，康子与焉，酢不受[1]，彻俎不宴[2]，宗不具不绎，绎不尽饫则退[3]。仲尼闻之，以为别于男女之礼矣。

【注释】①酢（zuò）：客人用酒回敬主人。②俎（zǔ）：古代祭祀时放祭品的器物。③饫（yù）：古代家庭私宴的名称。

【译文】公父文伯的母亲，是季康子的堂祖叔母。季康子看望她，她就开着门和季康子说话，两人都不越过门槛。祭祀悼子时，季康子也去祭祀，公父文伯的母亲不亲手接季康子敬的酒，撤下祭祀的器物后，她也不和季康子在宴席上饮酒，主祭的人不到她就不祭祀，祭祀完毕吃一点就退席。孔夫子听说后，认为公父文伯的母亲懂得男女有别的礼节。

公父文伯之母欲室文伯

公父文伯之母欲室文伯，飨其宗老[①]，而为赋《绿衣》之三章[②]。老请守龟卜室之族。师亥闻之曰[③]："善哉！男女之飨，不及宗臣；宗室之谋，不过宗人。谋而不犯，微而昭矣。诗所以合意，歌所以咏诗也。今诗以合室，歌以咏之，度于法矣。"

【注释】①宗老：同族中的尊长。②《绿衣》之三章：吟唱《绿衣》的第三章。这里指《诗经·邶风·绿衣》的第三章："绿兮丝兮，女所治兮。我思古人，俾无訧兮！"公父文伯的母亲借此诗意，请求同族的尊长替她物色一个好儿媳。③师亥：鲁国的乐师。

【译文】公父文伯的母亲想给文伯娶妻，她宴请同族尊长，吟诵《绿衣》第三章。同族尊长通过龟卜了解女方家族的情况。乐师师亥听了这事说："很好！男婚女嫁举行宴会，不应该请宗族的臣子到场；可是公父文伯娶亲这样的宗族大事，只能请宗族的臣子商量。公父文伯的母亲这样筹划婚事不违背礼，她吟诵《绿衣》第三章隐微地表明对婚事的态度。诗是表明自己心意的，歌是用来吟唱诗句的。现在她通过赋诗促成儿子的婚事，通过吟诵诗歌表达它，是合乎礼的。"

公父文伯卒其母戒其妾

公父文伯卒，其母戒其妾曰："吾闻之：好内，女死之；好外，士死之。今吾子夭死，吾恶其以好内闻也。二三妇之辱共先者祀，请无瘠色[①]，无洵涕[②]，无掐膺[③]，无忧容，有降服，无加服。从礼而静，是昭吾子也。"仲尼闻之曰："女知莫若妇，男知莫若夫。公父氏之妇智也夫！欲明其子之令德。"

【注释】①瘠色：损其容貌。②洵涕：默默地流泪。③掐膺（tāo yīng）：捶胸，椎心。谓哀痛至极。

【译文】公父文伯去世，他的母亲告诫他的妾说："我听说，宠爱妻妾的人，妻妾愿意为他死；喜欢招贤纳士的人，贤士愿意为他死。现在我儿子早死，我讨厌他宠妻爱妾的名声。承蒙你们几个祭祀亡夫的时候，不要损伤容貌，不要默默流泪，不要捶胸痛哭，不要过于忧伤，丧服要降一级，不要加级。你们要遵从礼节静静祭祀，这样才能彰显我儿子的德行。"孔夫子听了这件事说："未婚女子的智慧不如已婚女子，未婚男子的智慧不如已婚男子。公父家的妇人很睿智啊！她是想彰显她儿子的德行。"

孔丘谓公父文伯之母知礼

公父文伯之母朝哭穆伯，而暮哭文伯。仲尼闻之曰："季氏之妇可谓知礼矣。爱而无私，上下有章。”

【译文】公父文伯的母亲早晨哭亡夫穆伯，晚上哭亡子文伯。孔夫子听后说：“季氏家的妇人是懂礼的。她连爱亲人都没有私情，处理上下关系合乎章法。”

孔丘论大骨

吴伐越，堕会稽，获骨焉，节专车。吴子使来好聘①，且问之仲尼，曰：“无以吾命。”宾发币于大夫，及仲尼，仲尼爵之。既彻俎而宴，客执骨而问曰：“敢问骨何为大？”仲尼曰：“丘闻之：昔禹致群神于会稽之山，防风氏后至②，禹杀而戮之，其骨节专车。此为大矣。”客曰：“敢问谁守为神？”仲尼曰：“山川之灵，足以纪纲天下者，其守为神；社稷之守者，为公侯。皆属于王者。”客曰：“防风何守也？”仲尼曰：“汪芒氏之君也，守封、嵎之山者也，为漆姓。在虞、夏、商为汪芒氏，于周为长狄，今为大人。”客曰：“人长之极几何？”仲尼曰：“僬侥氏长三尺③，短之至也。长者不过十之，数之极也。”

【注释】①吴子：吴王夫差。②防风氏：上古时期神话传说中人物，他是巨人族，有三丈三尺高，又称汪芒氏。③僬侥氏：古代西南少数民族名，传说中的矮人。

【译文】吴国讨伐越国，摧毁了会稽，获得一块大骨头，要用一辆专车才能装下它。吴王夫差派使者到鲁国访问，顺便询问孔夫子骨骼的事情，并且说："不要说这是我的命令。"吴国使者向大夫们赠送礼物，到了孔夫子时，孔夫子举杯表示感谢。撤下祭器开宴时，吴国使者拿着骨头问孔夫子道："请问啥样的骨头最大？"孔夫子说："我听说：过去大禹召集群神到会稽山，防风氏迟到，大禹杀了他，他的骨节就得用一辆车装。这是最大的骨头。"吴国使者问："请问守护谁才算得上神？"孔夫子说："山川的神灵，能够统领天下，这种守护称得上是神；守护社稷的，是公侯。他们都是王者。"吴国使者问："防风氏守护什么？"孔夫子说："防风氏是汪芒氏的君王，守护封山和嵎山，漆姓。在虞舜、夏、商时代叫汪芒氏，到了周朝改叫长狄，现在看来他们就是身材高大的人。"吴国使者又问："最高的人有多高？"孔夫子回答说："僬侥氏的身高只有三尺，是最矮的。最高的人不超过僬侥氏的十倍，已经最高了。"

孔丘论楛矢

仲尼在陈，有隼集于陈侯之庭而死[①]，楛矢贯之[②]，石砮其长尺有咫[③]。陈惠公使人以隼如仲尼之馆问之。仲尼曰："隼之来也远矣！此肃慎氏之矢也。昔武王克商，通道于九夷、百蛮，使各以其方贿来贡[④]，使无忘职业。于是肃慎氏贡楛矢、石砮其长尺有咫。先王欲昭其令德之致远也，以示后人，使永监焉，故铭其栝曰'肃慎氏之贡矢'，以分大姬[⑤]，配虞胡公而封诸陈。古者，分同姓以珍玉，展亲也；分异姓以远方之职贡，使无忘服也。故分陈以肃慎氏之贡。君若使有司求诸故府，其可得也。”使求，得之金椟，如之。

【注释】①隼（sǔn）：鸟类的一科，翅膀窄而尖，上嘴呈钩曲状，背青黑色，尾尖白色，腹部黄色。饲养驯熟后，可以帮助打猎。亦称“鹘”。②楛（hù）矢：用楛木做杆的箭。③石砮：石制的箭头。咫：中国古代长度单位（周代指八寸，合现市尺六寸二分二厘）。④方贿：土产，地方所有的财物。⑤大姬：周武王长女。周为姬姓，古时女子以姓行，大者，尊之之词。

【译文】孔夫子在陈国的时候，有一只隼坠落在陈侯的庭院死了。一支楛木做的箭射穿了它，石制的箭头有一尺八寸长。陈侯派人带着这只隼到孔夫子住的旅馆询问。孔夫子说：“这只隼身上的楛矢由来很远啊！这支箭是肃慎氏的。从前周武王攻克了商，开通了去南北各少数民族的道路，周武王命令他们各自带着土特产进贡周王室，让他们不要忘记各自的职责。于是肃慎氏就进贡楛矢，石制的箭头长一尺八寸。武王想要彰显自己的德行，让远方各族来依附，用来明示后人，让后人永远看到自己的威望，就在箭尾扣弦处刻上‘肃慎氏之贡矢’这几个字，然后送给他的长女，武王的长女嫁给虞胡公，武王封陈国给他。古时候，帝王把珍玉分给同姓，表示亲情；把远方的贡品分给异姓，让他们不忘服侍天子。所以武王就把肃慎氏的贡品分给了陈国。国君如果派专管去旧仓库寻找，可能还能找到肃慎氏的箭。”陈侯于是派人寻找，果然在用金绳捆束的木柜里发现了楛矢，真的像孔夫子说的那样。

闵马父笑子服景伯[①]

齐闾丘来盟[②]，子服景伯戒宰人曰："陷而入于恭。"闵马父笑，景伯问之，对曰："笑吾子之大也。昔正考父校商之名颂十二篇于周太师[③]，以《那》为首[④]，其辑之乱曰：'自古在昔，先民有作。温恭朝夕，执事有恪。'先圣王之传恭，犹不敢专，称曰'自古'，古曰'在昔'，昔曰'先民'。今吾子之戒吏人曰'陷而入于恭'，其满之甚也。周恭王能庇昭、穆之阙而为'恭'，楚恭王能知其过而为'恭'。今吾子之教官僚曰'陷而后恭'，道将何为？"

【注释】①闵马父：即闵马，别称闵子马、闵马父，是闵子的父亲，鲁国大夫。子服景伯：即子服何，鲁国大夫。②闾丘：名明，齐国大夫。③正考父：子姓，宋国大夫。孔夫子的七世祖。④《那》：即《商颂·那》，是《诗经·商颂》第一篇，全诗一章，共二十二句。《那》是祭祀祖先时的乐舞。

【译文】齐大夫闾丘明和鲁国结盟，子服景伯告诫他的官员说："你们有了失误，就表现得恭敬一些。"闵马父笑了，景伯问他原因，闵马父回答说："我笑你太自大了。从前正考父从周太师那儿校对商之名颂十二篇，首篇是《那》，《那》结尾处说：'很久以前，古人祭祀的时候，一早一晚都温和恭敬，执事者更要恭敬有加。'古代圣王教人恭敬，还不敢说恭敬是专属于己，声称是'自古'，称古代为‘在昔’，昔被称为‘先民’。如今你告诫官员说‘有了失误就表现得恭敬一些’，你真是太自大了。周恭王能掩盖周昭王、周穆王的过失而被称之为‘恭’，楚恭王能明白自己的过失而被称之为‘恭’。现在你教属下官员说‘有了失误就表现得恭敬一些’，如果没有失误，该将如何呢？”

孔丘非难季康子以田赋

季康子欲以田赋，使冉有访诸仲尼。仲尼不对，私于冉有曰：“求来！女不闻乎？先王制土[①]，籍田以力，而砥其远迩；赋里以入[②]，而量其有无；任力以夫，而议其老幼。于是乎有鳏、寡、孤、疾，有军旅之出则征之，无则已。其岁，收田一井，出稯禾、秉刍、缶米，不是过也[③]。先王以为足。若子季孙欲其法也，则有周公之籍矣；若欲犯法，则苟而赋，又何访焉！”

【注释】①制土：谓按土地肥硗而列其等差。②赋里：谓征收商业税。③稯（zōng）：古代计算禾束的单位，四十把为一稯。秉刍：十庾数量的草把。

【译文】季康子想按田亩数量征收田赋，派冉有咨询孔夫子。孔夫子没有正式回答，私下对冉有说：“冉求，你没听说吗？先王按土地的肥硗而列其等差，按力气的大小分配耕田，来征收税赋，按土地的远近调整田赋；按收入的多少征收商业税，估量财产的有无来调整税赋；按照男丁的数量分配劳役，还要考虑老人和小孩。于是就有了鳏、寡、孤、疾这四种人，国家有军旅之事才征召这四种人的赋税，无军旅之事就免征。有军旅之事这年，每一井田要出一稯粮、十庾数量的草把、一缶米，不超过这些数。先王认为这样就够了。如果季康子想按制度执行税法，周公的田赋法就可以；如果季康子要违背法规，就随意征收好了，咨询我有什么用呢！”

齐 语

管仲对桓公以霸术[1]

桓公自莒反于齐，使鲍叔为宰，辞曰："臣，君之庸臣也。君加惠于臣，使不冻馁，则是君之赐也。若必治国家者，则非臣之所能也。若必治国家者，则其管夷吾乎。臣之所不若夷吾者五：宽惠柔民，弗若也；治国家不失其柄，弗若也；忠信可结于百姓，弗若也；制礼义可法于四方，弗若也；执枹鼓立于军门，使百姓皆加勇焉，弗若也。"桓公曰："夫管夷吾射寡人中钩[2]，是以滨于死。"鲍叔对曰："夫为其君动也。君若宥而反之，夫犹是也。"桓公曰："若何？"鲍子对曰："请诸鲁。"桓公曰："施伯[3]，鲁君之谋臣也，夫知吾将用之，必不予我矣。若之何？"鲍子对曰："使人请诸鲁，曰：'寡君有不令之臣在君之国，欲以戮之于群臣，故请之。'则予我矣。"桓公使请诸鲁，如鲍叔之言。

【注释】①桓公：即齐桓公，春秋时齐国的国君。姜姓，名小白，襄公弟，姜太公吕尚的第十二代孙。周庄王五十一年，以襄公无道，出奔莒，其后襄公被杀，公子小白与公子纠争位，成功后乃归国即位，任管仲为相，尊周室，攘夷狄，九合诸侯，一匡天下，而为五霸之首。管仲亡后，怠忽政事，宠幸佞臣，霸业遂衰。在位四十二年。②夫管夷吾射寡人中钩：管仲曾用箭射中了我的衣服带钩。齐国爆发内乱。齐襄公被杀，逃亡在外的公子小白和公子纠，都想方设法回国，夺取国君的宝座。公子小白和鲍叔牙赶在公子纠前，管仲就亲自截击公子小白，等公子小白车马走近，就拿起弓箭来对准小白射了一箭，其实，管仲射中的只是公子小白的铜制衣带勾，小白装死，率先回齐国继承了王位。③施伯：姬姓，施氏，名尾。鲁国大夫。

【译文】齐桓公从莒国返回齐国继承王位，让鲍叔牙担任宰相，鲍叔牙推辞说："我只是您的一个平庸的大臣。您施惠于我，使我不挨饿受冻，这是国君您的恩赐。治理国家，不是我擅长的。能治国的，我看管仲可以。我不如管仲的地方有五个：宽大慈惠，安抚人民，我不如他；治理国家不违背准则，我不如他；忠实诚信，团结人民，我不如他；制定礼仪可以让四面八方效法，我不如他；拿着鼓槌在军门指挥，让百姓勇气倍增，我不如他。"桓公说："管仲曾用箭射中了我的衣服带钩，让我差点丧命。"鲍叔牙说："那是为他的主子效力。您如果原谅他，让他回国，他同样会为您效力。"桓公问："我该怎样做？" 鲍叔牙说："到鲁国请他。"桓公说："施伯是鲁君的谋臣，如果知道我任用管仲，肯定不会让他回来效力于我。该怎么办?”鲍叔牙回答说:“您派使者去鲁国,说:‘我们国君有个不听从命令的臣子在鲁国,想把他处死在群臣面前,所以请把他交还我国。’鲁国就会把他交给我国了。”于是桓公就按鲍叔牙所说,派人向鲁国请示。

庄公以问施伯,施伯对曰:“此非欲戮之也,欲用其政也。夫管子,天下之才也,所在之国,则必得志于天下。令彼在齐,则必长为鲁国忧矣。”庄公曰:“若何?”施伯对曰:“杀而以其尸授之。”庄公将杀管仲,齐使者请曰:“寡君欲亲以为戮,若不生得以戮于群臣,犹未得请也。请生之。”于是庄公使束缚以予齐使。齐使受之而退。

【译文】鲁庄公问施伯该怎么办。施伯说:“这不是想杀管仲,是想让他从政。管仲,天下公认的人才,他所效力的国家,一定会得志于天下。让他回齐国,一定会长久地成为鲁国的忧患。”庄公说:“该怎么办?”施伯说:“杀了他把尸体交给齐国。”庄公就要杀管仲,齐国使者请求说:“我们国君想亲自处死他,如果不能带着活着的管仲回国,并在众臣面前杀死他,就是我们的请示还不成功。请让他活着回去。”于是庄公派人把管仲捆绑起来,交给齐国使者,齐使带着管仲回国了。

比至,三衅[①]、三浴之。桓公亲逆之于郊,而与之坐而问焉,曰:“昔吾先君襄公,筑台以为高位,田、狩、罼、弋[②],不听国政,卑圣侮士,而唯女是崇。九妃、六嫔,陈妾数百,食必粱肉，衣必文绣。戎士冻馁，戎车待游车之裂，戎士待陈妾之余。优笑在前，贤材在后。是以国家不日引，不月长。恐宗庙之不扫除，社稷之不血食，敢问为此若何？”管子对曰：“昔吾先王昭王、穆王，世法文、武远绩以成名，合群叟，比校民之有道者，设象以为民纪，式权以相应，比缀以度，竱本肇末③，劝之以赏赐，纠之以刑罚，班序颠毛④，以为民纪统。”桓公曰：“为之若何？”管子对曰：“昔者，圣王之治天下也，参其国而伍其鄙，定民之居，成民之事，陵为之终，而慎用其六柄焉⑤。”

【注释】①衅：以香熏身。②罼（bì）：同“毕”捕捉禽兽的长柄网。用长柄网捕捉。弋：用带绳子的箭射鸟。③竱（zhuǎn）本肇末：向根本看齐，端正末梢。竱：等、齐。《说文解字·立部》：“竱，等也。”清代段玉裁注：“等者，齐简也，故凡齐皆曰等。”④班序颠毛：根据头发的黑白班列次序。颠毛：头发。⑤六柄：古代君主所持治国的六种权术。指生、杀、贫、富、贵、贱。

【译文】管仲快到齐国时，以香薰身三次、沐浴三次。齐桓公亲自到城郊迎接他，跟管仲坐在一起，问：“以前我们的先君襄公，修筑台榭来显示自己高高在上的王位，他成天打猎、围猎、捕猎、射猎，不处理国政，鄙视圣贤，侮辱士人，看重女色。九妃六嫔，陈列姬妾好几百人，吃的一定是精美的饭食，穿的一定是锦绣华美的衣服。兵士挨冻受饿，游玩的车残损后才改用军车，侍妾吃剩的粮食才补给士兵。言语动作滑稽可笑的俳优列位在前，贤德之才列位在后。国家不能日增、不能月长。这样下去恐怕连宗庙都无人打扫，社稷之神不能享受祭品。请问这样的情况该怎么解决？”管仲回答说：“过去周昭王、周穆王，世代效法周文王、周武王来成就美名，他们集聚众长者，选择人民中有德行的人，制定法令作为人民行为的准则，考虑人口的适度来变通法则，定夺人口的多少来组合人民，向根本看齐，端正末梢，用赏赐的办法引导民众，用刑罚的办法纠正错误，根据头发的黑白班列次序，以此作为治理百姓的纲纪。”桓公说：“该怎样做呢？”管仲回答说：“过去，圣王治理天下时，曾把都城分为三个区域，郊野之地分为五个区域，确定人民的居所，让人民完成自己的事业，设置墓地为他们送终，谨慎地运用生、杀、贫、富、贵、贱这六种权术。”

桓公曰：“成民之事若何？”管子对曰：“四民者，勿使杂处，杂处则其言哤，其事易。”公曰：“处士、农、工、商若何？”管子对曰：“昔圣王之处士也，使就闲燕；处工，就官府；处商，就市井；处农，就田野。

【译文】桓公问：“怎样让人民完成自己的事业呢？”管仲回答说：“士、农、工、商这四类人民，不要让他们混合居住，混合居住会使他们语言杂乱，做事不专心。”桓公问：“怎样安排士、农、工、商的住地？”管仲回答说：“过去圣王安排士人的住处，让他们靠近清静的地方；安排工匠的住处，让他们靠近官府；安排商人的住处，让他们靠近市场；安排农民的住处，让他们靠近田野。

“令夫士，群萃而州处，闲燕则父与父言义，子与子言孝，其事君者言敬，其幼者言弟。少而习焉，其心安焉，不见异物而迁焉。是故其父兄之教不肃而成，其子弟之学不劳而能。夫是，故士之子恒为士。

【译文】“让士人聚居在一起，清净时父辈之间谈论义，子辈之间谈论孝，侍奉国君的人谈论敬，年幼的人谈论悌。从小就受到士人生活的熏习，他们的心是安定的，不会见异思迁。所以父兄对子弟的教导不需严厉就能成功，子弟向父兄学习不用费心就能掌握要领。这样，士人的后代永远是士人。

“令夫工，群萃而州处，审其四时，辨其功苦，权节其用，论比协材，旦暮从事，施于四方，以饬其子弟，相语以事，相示以巧，相陈以功。少而习焉，其心安焉，不见异物而迁焉。是故其父兄之教不肃而成，其子弟之学不劳而能。夫是，故工之子恒为工。

【译文】“让那些工匠，聚居在一起，了解四季的不同之处，辨别材料质量的好坏，权衡材料的作用，谈论比较协调材料，他们从早到晚工作，供应产品到四方，年龄大的人教导子弟，工匠之间谈论工作，相互展示工作的技巧，互相谈论产品的功效。工匠的孩子从小就受到熏习，他们的心是安定的，不会见异思迁。所以父兄对子弟的教导不需严厉就能成功，子弟向父兄学习不用费心就能掌握要领。这样，工匠的儿子永远是工匠。

“令夫商，群萃而州处，察其四时，而监其乡之资，以知其市之贾，负、任、担、荷，服牛、轺马，以周四方，以其所有，易其所无，市贱鬻贵，旦暮从事于此，以饬其子弟，相语以利，相示以赖，相陈以知贾。少而习焉，其心安焉，不见异物而迁焉。是故其父兄之教不肃而成，其子弟之学不劳而能。夫是，故商之子恒为商。

【译文】“让那些商人，聚居在一起，观察四季的变化，考察他们家乡的资源，了解市场的价格，让他们背负、担任、肩挑、肩扛，役使牛、驾马车，供应商品到四方，用自己有的，交换自己没有的，贱买贵卖，从早到晚从事这些，让他们教导子弟，商人互相之间探讨取利的方法，相互展示自己的利益，互相交流市场价格。商人的孩子从小就受到熏习，他们的心是安定的，不会见异思迁。所以父兄对子弟的教导不需严厉就能成功，子弟向父兄学习不用费心就能掌握要领。这样，商人的儿子永远是商人。

“令夫农，群萃而州处，察其四时，权节其用，耒、耜、耞、芟[①]，及寒，击菒除田[②]，以待时耕；及耕，深耕而疾耰之[③]，以待时雨；时雨既至，挟其枪、刈、耨、镈[④]，以旦暮从事于田野。脱衣就功，首戴茅蒲[⑤]，身衣袯襫，沾体涂足，暴其发肤，尽其四支之敏，以从事于田野。少而习焉，其心安焉，不见异物而迁焉。是故其父兄之教不肃而成，其子弟之学不劳而能。夫是，故农之子恒为农，野处而不暱，其秀民之能为士者，必足赖也。有司见而不以告，其罪五。有司已于事而竣。”

【注释】①耒：古代指耕地用的农具。耜（sì）：耒下端铲土的部件。装在犁上，用以翻土。先以木为之，后改用金属。耞（jiā）：拍打谷物，使子粒脱落下来的农具，由一个长柄和一排竹条或木条构成。芟（shān）：镰刀。②击菒（gǎo）：掠去枯草。菒：枯草。③耰（yōu）：弄碎土块、平整土地的农具。④枪：两头尖的竹木片，供编篱笆用。刈（yì）：割草的农具。耨（nòu）：古代锄草的农具。镈（bó）：古代锄类农具。⑤茅蒲：斗笠，一种挡雨遮阳用的笠帽。

【译文】“让那些农民，聚居在一起，观察四季的变化，调节农具的作用，就像耒、耜、耞、芟等，还在寒冷的时候，就清除枯草整治田地，等待来年耕种；到了耕种的时候，仔细地耕作，弄碎土块，平整土地，等待应时的雨水；时雨一来，就带着枪、刈、耨、镈，从早到晚在田野劳动。他们脱掉上衣劳动，头戴斗笠，身穿蓑衣，身上淋雨，脚丫沾泥，暴露身体，发挥四肢的力气，他们在田野劳作。农民的孩子从小就受到熏习，他们的心是安定的，不会见异思迁。所以父兄对子弟的教导不需严厉就能成功，子弟向父兄学习不用费心就能掌握要领。这样，农民的儿子永远是农民。他们身处田野而不奸猾。其中优秀可以担当士的，肯定是值得信赖的。相关的官员知情而不汇报，按五种罪定论。直到有关部门做好工作才算称职。”

桓公曰：“定民之居若何？”管子对曰：“制国以为二十一乡。”桓公曰：“善。”管子于是制国以为二十一乡：工商之乡六；士乡十五。公帅五乡焉，国子帅五乡焉[1]，高子帅五乡焉[2]。参国起案，以为三官，臣立三宰[3]，工立三族，市立三乡，泽立三虞[4]，山立三衡[5]。

【注释】①国子：古代公卿大夫的子弟。②高子：齐国上卿。③三宰：三卿。④三虞：三位掌川泽之官。⑤三衡：三位掌管山林之官。

【译文】齐桓公问："怎样安排百姓的居处？"管仲说："把国都划成二十一个乡。"齐桓公说："好。"管仲于是把齐都划分为二十一个乡：其中六个是工商之乡；十五个是士乡，齐桓公亲自帅领五个乡，上卿国子亲自帅领五个乡，上卿高子亲自帅领五个乡。管仲划分国事以明确界限，他们设立士、工、商三官，在大臣中设立三位卿士，在工匠中设立三族之官，在商人中设立三乡之官，在川泽中设立三位虞官，在山林中设立三位衡官。

桓公曰："吾欲从事于诸侯，其可乎？"管子对曰："未可，国未安。"桓公曰："安国若何？"管子对曰："修旧法，择其善者而业用之；遂滋民，与无财，而敬百姓，则国安矣。"桓公曰："诺。"遂修旧法，择其善者而业用之；遂滋民，与无财，而敬百姓。国既安矣，桓公曰："国安矣，其可乎？"管子对曰："未可。君若正卒伍[1]，修甲兵，则大国亦将正卒伍，修甲兵，则难以速得志矣。君有攻伐之器，小国诸侯有守御之备，则难以速得志矣。君若欲速得志于天下诸侯，则事可以隐令，可以寄政[②]。”桓公曰：“为之若何？”管子对曰：“作内政而寄军令焉。”桓公曰：“善。”

【注释】①卒伍：古代军队编制，五人为伍，百人为卒。②寄政：把军事寄寓国政。

【译文】齐桓公问：“我想对诸侯采取行动，行吗？”管仲说：“不行，国家还没有安定。”齐桓公问：“怎样安定国家？”管仲说：“您要修订原有的法令，选择好的继续采用；您要施爱于人民，帮助没有财产的人，您要敬爱百姓，国家就会安定。”齐桓公说：“好。”于是齐桓公就修订原有的法令，选择好的继续采用；施爱于人民，帮助没有财产的人，敬爱百姓。齐国因此得到安定。齐桓公问：“国家安定了，可以对诸侯采取行动了吗？管仲说：“不行。”您如果整编军队，修治甲兵，那么其他大国也会整编军队，修治甲兵，您就难以快速地完成志向。您有攻伐的器具，小国诸侯有守御的装备，这样您就难以快速达到目的。您如果想迅速在天下诸侯间称霸，那么您可以秘密发布军令，可以寄军事于国政。”齐桓公问：“怎样做？”管仲回答说：“在处理政事时把军令隐含其中。”齐桓公说：“非常好。”

管子于是制国：“五家为轨，轨为之长；十轨为里，里有司；四里为连，连为之长；十连为乡，乡有良人焉。以为军令：五家为轨，故五人为伍，轨长帅之；十轨为里，故五十人为小戎，里有司帅之；四里为连，故二百人为卒，连长帅之；十连为乡，故二千人为旅，乡良人帅之；五乡一帅，故万人为一军，五乡之帅帅之。三军，故有中军之鼓，有国子之鼓，有高子之鼓。春以蒐振旅[①]，秋以狝治兵[②]。是故卒伍整于里，军旅整于郊。内教既成，令勿使迁徙。伍之人祭祀同福，死丧同恤，祸灾共之。人与人相畴，家与家相畴，世同居，少同游。故夜战声相闻，足以不乖；昼战目相见，足以相识。其欢欣足以相死。居同乐，行同和，死同哀。是故守则同固，战则同强。君有此士也三万人，以方行于天下，以诛无道，以屏周室，天下大国之君莫之能御。”

【注释】①蒐（sōu）：春天打猎。②狝（xiǎn）：古代指秋天打猎。

【译文】管仲于是制定国家政策：“五家是一轨，一轨选一个轨长；十轨是一里，里由有司管理；四里为一连，选一人作为连长；十连是一乡，乡有善良能干的人，选他为良人。同时颁布军中的法令：五家是一轨，所以五人为一伍，由轨长统领；十轨是一里，是五十个人的小戎，由里有司帅领；四里是一连，所以二百人是一卒，由连长统领；十连是一乡，二千人正好编一旅，由乡里善良能干的人统领；五乡是一帅，所以一万人是一军，由五乡的统帅带领。十五个乡正好是三军，所以有中军的旗鼓，有国子的旗鼓，有高子的旗鼓。春天以春猎的名义进行练兵，秋季以秋猎的名义治兵。所以在里整编卒伍，在郊区训练军旅。内部训练已成功，不要让军旅任意迁徙。同伍的人共祭祀同祈福，同生死共体恤，灾祸与共。人人相伴，家家相伴，世代同居，从小一起游玩。所以夜间作战能相互辨认声音，肯定不会误伤；白天作战能相互看见，肯定不会看错。

大家欢乐喜悦可以替对方死。大家一起居住共同欢乐，大家一起行动和睦相处，有一死亡共同哀伤。所以防守就会牢固，战斗就很刚强。您有这样三万人的军队，就能横行天下，就能诛杀没有道义的，就能保卫周王室，天下大国的君主没有谁能抵御。”

管仲佐桓公为政

正月之朝[1]，乡长复事。君亲问焉，曰：“于子之乡，有居处好学、慈孝于父母、聪慧质仁、发闻于乡里者，有则以告。有而不以告，谓之蔽明，其罪五。”有司已于事而竣。桓公又问焉，曰：“于子之乡，有拳勇股肱之力秀出于众者，有则以告。有而不以告，谓之蔽贤，其罪五。”有司已于事而竣。桓公又问焉，曰：“于子之乡，有不慈孝于父母、不长悌于乡里、骄躁淫暴、不用上令者，有则以告。有而不以告，谓之下比[2]，其罪五[3]。”有司已于事而竣。是故乡长退而修德进贤，桓公亲见之，遂使役官。

【注释】①正月之朝：正月的朝会。周礼规定，臣子每年正月初一都要朝见国君。②下比：庇护坏人。③罪五：五种刑罚。即墨、劓、刵、宫、大辟。

【译文】正月初一的朝会中，乡长汇报政事。桓公亲自询问，说：“在你的乡里，如果有在家里好好学习、孝顺父母、聪惠质仁、在乡里有好名声的人，就向我汇报。有这样的人却不汇报，叫隐藏贤明，就要根据五种刑罚来判罪。”专司汇报完毕就退下了。桓公又问其他人："在你的乡里，如果有勇敢强壮武力出众的优秀人才，就向我汇报。有这样的人却不汇报，叫隐藏贤才，就要根据五种刑罚来判罪。"专司汇报完毕就退下了。桓公又问其他人："在你的乡里，有不孝顺父母、不敬重兄长、骄躁淫暴、不听从上级命令的人，就向我汇报。有这样的人却不汇报，叫包庇坏人，就要根据五种刑罚来判罪。"专司汇报完毕就退下了。所以乡长们退下以后，都修养品德，推举贤能，桓公亲自接见贤能的人，给他们封官。

桓公令官长期而书伐，以告且选，选其官之贤者而复用之，曰："有人居我官，有功休德，惟慎端悫以待时[①]，使民以劝，绥谤言，足以补官之不善政。"桓公召而与之语，訾相其质[②]，足以比成事，诚可立而授之。设之以国家之患而不疚，退问之其乡，以观其所能而无大厉，升以为上卿之赞。谓之三选[③]。国子、高子退而修乡，乡退而修连，连退而修里，里退而修轨，轨退而修伍，伍退而修家。是故匹夫有善，可得而举也；匹夫有不善，可得而诛也。政既成，乡不越长，朝不越爵，罢士无伍[④]，罢女无家。夫是，故民皆勉为善。与其为善于乡也，不如为善于里；与其为善于里也，不如为善于家。是故士莫敢言一朝之便，皆有终岁之计；莫敢以终岁之议，皆有终身之功。

【注释】①端悫（què）：正直诚谨。②訾（zī）相：衡量省视。③三选：经过三次选拔。春秋时，管仲为齐桓公制定的选拔官吏的方法，即乡长推荐，官长选拔，国君面试。④罢（pí）士：无行的男子。

【译文】桓公命令长官每年纪载有功之人，以便报告上级备用挑选，然后选出贤能的官员向上推荐以备任用，荐举时说："有人在我那里做官，他功劳卓著，有高尚的美德，正直诚谨，办事能抓住时机，他劝慰百姓，制止诽谤性的言论，他足能弥补官府不善的政事。"桓公就召见被荐举的人，和他谈话，衡量审视他的品质，如果能够胜任他的职务，可以辅佐上级官员完成政事，桓公就授以官职委以重任。桓公还问一些国家可能遇到的疑难杂症，如果难不住他，再退而拷问乡里的事情，以此考察他的能力，如果没有大毛病，就提升他做上卿的副手，以上乡长荐举，官长选拔，国君亲自面试，叫作三选。上卿国子、高子退朝后就治理乡政，乡长退朝后就治理连政，连长退朝后就治理里政，里长退朝后就治理轨政，轨长退朝后就治理伍政，伍长退朝后就治理家政。因而百姓中但凡是优秀的，可得到举荐；但凡是拙劣的，要受到责罚。政令定下以后，乡里长幼有序从不逾越，朝中从不逾越爵位等级，无行的男人没资格入伍，无行的女人没资格嫁人。如此，百姓都互相勉励努力向善。所有的人都认为，在乡里做善事，不如到里中做善事；在里中做善事，不如在家中做善事。谁都不敢只图一时的方便，都有一年的打算；都不满足于一年的规划，都有终身立功的筹划。

桓公曰："伍鄙若何？"管子对曰："相地而衰征，则民不移；政不旅旧，则民不偷；山泽各致其时，则民不苟；陆、阜、陵、墐、井、田、畴均，则民不憾；无夺民时，则百姓富；牺牲不略，则牛羊遂。”

【译文】桓公问：“京城之外的伍鄙怎样整治？”管仲回答说：“按照土地的肥沃程度逐级降低征税的标准，百姓就不用迁徙；治国不抛弃先君的大臣，百姓就不会苟且；山泽按时令开放或封禁，百姓就不会随意砍伐渔猎；陆地、土山、山陵、沟上的路、井田、谷地、麻田平均分配，百姓就不会怨恨；不侵占农民务农的时间，百姓就能富裕；祭祀用的牺牲不过度掠夺，牛羊的队伍就会逐渐壮大。”

桓公曰：“定民之居若何？”管子对曰：“制鄙[①]。三十家为邑，邑有司；十邑为卒，卒有卒帅；十卒为乡，乡有乡帅；三乡为县，县有县帅；十县为属，属有大夫。五属，故立五大夫，各使治一属焉；立五正，各使听一属焉。是故正之政听属[②]，牧政听县[③]，下政听乡[④]。”桓公曰：“各保治尔所，无或淫怠而不听治者！”

【注释】①制鄙：治理国都以外行政区域的政务。即建立京城外五鄙住户的区划。②正之政：五正的职责。③牧政：即五属。④下政：古代县一级的官长。即县帅。

【译文】桓公问：“怎样安定百姓的住所？”管仲回答说：“建立京城外五鄙住户的区划。一邑是三十家，邑有专司；十邑是一卒，每卒都有一个统帅；十卒是一乡，每一乡都有一个统帅；三乡是一县，每一县都有一个统帅；十县是一属，每一属都有一个大夫领导。共有五个属，就设立五个大夫，他们各自治理一属；设立五正，让他们各自监督一属的政事。所以五正的职责就是督察五属的治理情况，五属的职责就是督察县帅的治理情况，县帅的职责就是督察乡帅的治理情况。”桓公说：“每个人保证治理好自己管辖的地方，不要有淫乱怠慢而不服从治理的人！”

桓公为政既成

正月之朝，五属大夫复事。桓公择是寡功者而谪之，曰：“制地、分民如一，何故独寡功？教不善则政不治，一再则宥，三则不赦。”桓公又亲问焉，曰：“于子之属，有居处为义好学、慈孝于父母、聪慧质仁、发闻于乡里者，有则以告。有而不以告，谓之蔽明，其罪五。”有司已于事而竣。桓公又问焉，曰：“于子之属，有拳勇股肱之力秀出于众者，有则以告。有而不以告，谓之蔽贤，其罪五。”有司已于事而竣。桓公又问焉，曰：“于子之属，有不慈孝于父母，不长悌于乡里、骄躁淫暴、不用上令者，有则以告。有而不以告，谓之下比，其罪五。”有司已于事而竣。五属大夫于是退而修属，属退而修县，县退而修乡，乡退而修卒，卒退而修邑，邑退而修家。是故匹夫有善，可得而举也；匹夫有不善，可得而诛也。政既成矣，以守则固，以征则强。

【译文】正月初一的朝会中，五属大夫向桓公汇报政事。桓公选择政绩差的官员批评说：“划定的地域、分配的百姓都一样，为什么只有你的政绩差？教导不好，政事就治理不好，一次两次可以宽恕，第三次就不能免除刑罚了。”桓公又亲口问，说：“在你的属里，如果有在家好好学习并且为人仗义、孝顺父母、聪惠质仁、在乡里有好名声的人，就向我汇报。有这样的人却不汇报，叫隐藏贤明，就要根据五罪来判刑。”专司汇报完毕就退下了。桓公又问其他人，说：“在你的属里，如果有勇敢强壮、武力出众的优秀人才，就向我汇报。有这样的人却不汇报，叫隐藏贤才，就要根据五罪来判刑。”专司汇报完毕就退下了。桓公又问其他人：“在你的属里，有不孝顺父母、不敬重兄长、骄躁淫暴、不听从上级命令的人，就向我汇报。有这样的人却不汇报，叫包庇坏人，就要根据五罪来判刑。”专司汇报完毕就退下了。五属大夫退朝后就修治自己属的政事，属大夫退朝后就修治县的政事，县帅退朝后就修治乡的政事，乡帅退朝后就修治卒的政事，卒帅退朝后就修治邑的政事，邑司退朝后就修治家的事物。因此百姓中但凡是优秀的，可以得到举荐；但凡是拙劣的，要受到责罚。政令定下以后，以此守国则固若金汤，以此征讨则强大无敌。

管仲教桓公亲邻国

桓公曰：“吾欲从事于诸侯，其可乎？”管子对曰：“未可。邻国未吾亲也。君欲从事于天下诸侯，则亲邻国。”桓公曰：“若何？”管子对曰：“审吾疆场，而反其侵地；正其封疆[①]，无受其资；而重为之皮币[②]，以骤聘眺于诸侯[③]，以安四邻，则四邻之国亲我矣。为游士八十人，奉之以车马、衣裘，多其资币，使周游于四方，以号召天下之贤士。皮币玩好，使民鬻之四方，以监其上下之所好，择其淫乱者而先征之。”

【注释】①正其封疆：修正邻国的疆界。②皮币：兽皮和束帛。古时作为馈赠或聘享的礼物。③眺：同覜（tiào），古代诸侯聘问相见之礼。

【译文】齐桓公说：“我想在各诸侯国称霸，可以吗？”管仲回答说：“不行。邻国并没有亲近我们。我们想在各诸侯国称霸，就要亲近邻国。”桓公说：“怎么亲近？”管仲回答说：“考察我国的疆界，归还从邻国侵占的土地，修正邻国的疆界，不接受邻国的资助；还要多多赠送邻国兽皮和束帛，以聘问相见之礼快速地访问各国诸侯，让四邻感到安定，这样四邻各国就会亲近我们。选派游说之士八十人，驾着马车、穿着衣裘，带着好多钱财，让他们周游四方，来召纳天下的贤士。兽皮和束帛古玩等物，让百姓贩卖到各处，来观察各国上下的喜好，选择淫乱的国家先征讨它。”

管仲教桓公足甲兵

桓公问曰：“夫军令则寄诸内政矣，齐国寡甲兵，为之若何？”管子对曰：“轻过而移诸甲兵。”桓公曰：“为之若何？”管子对曰：“制重罪赎以犀甲一戟[①]，轻罪赎以鞼盾一戟[②]，小罪谪以金分[③]，宥间罪。索讼者三禁而不可上下，坐成以束矢[4]。美金以铸剑戟，试诸狗马；恶金以铸鉏、夷、斤、斸，试诸壤土。”甲兵大足。

【注释】①重罪：严重的罪行。这里指死刑。②轻罪：比重罪轻的罪行，特指未被判死刑而监禁在国家监狱的罪犯。鞼（guì）盾：有纹的皮革制成的盾。③小罪：不入于五刑的轻微的罪。金分：罚金。④坐成：审定讼词。

【译文】齐桓公问："军令已经寄寓在政事中了，可是齐国缺少铠甲和兵器，该怎么办呢？"管仲回答说："罪犯想要减轻处罚，就要用铠甲和兵器来赎罪。"桓公说："怎样做？"管仲回答说："判死刑的重罪犯人，可以用一副犀牛皮制成的铠甲，和一支戟来赎罪，判轻罪的犯人，可以用一副有纹的皮革制成的盾，和一枝戟来赎罪，判轻微小罪的，谴责并让他缴纳数量不等的罚金，宽恕有犯罪嫌疑的犯人。要求诉讼的人，先禁闭三天，让他们对诉词不再左右摇摆。审定讼词后，要交一束箭才能审理。质优的金属来铸造剑戟，在狗马身上试验是否锐利；劣质的金属用来铸造鉏、夷、斤、斸，在土壤试验是否合适。"于是齐国的铠甲和武器非常充足。

桓公帅诸侯而朝天子

桓公曰："吾欲南伐，何主？"管子对曰："以鲁为主。反其侵地棠、潜，使海于有蔽，渠弭于有渚[1]，环山于有牢[2]。"桓公曰："吾欲西伐，何主？"管子对曰："以卫为主。反其侵地台、原、姑与漆里，使海于有蔽，渠弭于有渚，环山于有牢。”桓公曰：“吾欲北伐，何主？”管子对曰：“以燕为主。反其侵地柴夫、吠狗，使海于有蔽，渠弭于有渚，环山于有牢。”四邻大亲。既反侵地，正封疆，地南至于饷阴，西至于济，北至于河，东至于纪酅[③]，有革车八百乘。择天下之甚淫乱者而先征之。

【注释】①渠弭：小海。②有牢：有养牲畜的圈。③纪酅（xī）：纪国的酅城。

【译文】齐桓公说：“我准备向南方征讨，谁能作东道主？”管仲说：“鲁国可以作东道主。我们归还鲁国棠和潜这两个侵略地，让我们的军队能在海边有隐藏的地方，在海湾可以驻扎在水中的小洲，在环山的地方有养牲畜的圈，有牲畜肉可吃。”桓公说：“我准备向西方征讨，谁能作东道主？”管仲说：“卫国可以作东道主。我们归还卫国台、原、姑、漆里这四个侵略地，让我们的军队能在海边有隐藏的地方，在海湾可以驻扎在水中的小洲，在环山的地方有养牲畜的圈，有牲畜肉可吃。”桓公说：“我准备向北方征讨，谁能作东道主？”管仲说：“燕国可以作东道主。我们归还燕国柴夫和吠狗这两个侵略地，让我们的军队能在海边有隐藏的地方，在海湾可以驻扎在水中的小洲，在环山的地方有养牲畜的圈，有牲畜肉可吃。”于是齐国与四邻国都很亲近。齐国归还了以前侵略邻国的土地，纠正了新的疆界，齐国的国土南至饷阴，西达济水，北到黄河，东达纪国的酅城，拥有兵车八百乘。齐桓公选择天下最淫乱的国家帅先发起了进攻。

即位数年，东南多有淫乱者，莱、莒、徐夷、吴、越，一战帅服三十一国。遂南征伐楚，济汝[①]，逾方城[②]，望汶山，使贡丝于周而反。荆州诸侯莫敢不来服。遂北伐山戎，刜令支、斩孤竹而南归[③]。海滨诸侯莫敢不来服。与诸侯饰牲为载，以约誓于上下庶神，与诸侯戮力同心。西征攘白狄之地，至于西河，方舟设泭[④]，乘桴济河，至于石枕[⑤]。悬车束马，逾太行与辟耳之谿拘夏[⑥]，西服流沙、西吴。南城于周，反胙于绛[⑦]，岳滨诸侯莫敢不来服。而大朝诸侯于阳谷，兵车之属六，乘车之会三，诸侯甲不解累，兵不解翳，弢无弓，服无矢。隐武事，行文道，帅诸侯而朝天子。

【注释】①济汝：度过汝水。汝：即汝水。河川名，源出河南省嵩县高陵山，流经临汝、许昌、汝南、潢川、新蔡诸县，注入淮河。②方城：春秋时楚北的长城。由今之河南省方城县，循伏牛山，北至今邓县，为古九塞之一。③刜（fú）：铲除。令支：春秋时山戎属国。其地约在今河北滦县、迁安间。公元前664年为齐恒公所灭。孤竹：商周时国名。在今河北省卢龙县。④方舟：将船并连在一起。泭（fú）：筏子。⑤石枕：古地名。在晋国境内。⑥辟耳：古山名。一作卑耳，在今山西平陆西北。拘夏：辟耳山的溪谷。⑦反胙（zuò）于绛：帮助晋国国君夷吾在绛城即位。晋献公因受夫人骊姬蛊惑，把公子重耳和夷吾驱逐到国外，立骊姬的儿子奚齐为太子，奚齐即位后，被大夫里克杀死，卓子即位，又被里克杀死。齐桓公迎接公子夷吾回国即位，即晋惠公。胙：古同“祚”，指国君。

【译文】齐桓公即位几年来，东南方有很多淫乱的国家，如莱、莒、徐夷、吴、越等国，齐国一次战争就征服了三十一个国家。齐国又向南征讨楚国，渡过汝水，翻越方城，汶山在望，让楚国向周王朝进贡丝绸之后才返回。荆州一带的诸侯国都来表示降服。于是齐国又向北征讨山戎，铲除令支，击败孤竹返回南边。海边一带的诸侯国都来表示降服。齐国与这些诸侯国缔结了盟约，并把盟书放在祭祀的牺牲身上，对着盟约向上上下下众多的神灵发誓，愿永远和诸侯们齐心合力，团结一致。齐国又向西征讨，侵占了白狄的土地，到达西河，准备了连在一起的船只和筏子，乘筏渡河，直达晋国的石枕。齐国军队抬起兵车勒紧马缰绳，翻越了太行山和辟耳山的拘夏溪谷，向西征讨了流沙、西吴。向南为周王室建筑王城，讨伐晋乱，帮助晋惠公夷吾回到绛城继承君位，岳一带的诸侯都来表示臣服。齐桓公在阳谷大规模地会见诸侯，他组织过有六次展示兵车的会盟，三次乘坐车辆的和平会盟，诸侯们不用解开藏甲之器，不用打开藏兵器的袋子，弓袋子里不用装弓，箭袋子里不用装箭。齐国平息了诸侯国之间的打斗，推行文治之道，率领各诸侯国朝见周天子。

葵丘之会天子致胙于桓公

葵丘之会，天子使宰孔致胙于桓公，曰：“余一人之命有事于文、武[①]，使孔致胙。”且有后命曰：“以尔自卑劳，实谓尔伯舅，无下拜。”桓公召管子而谋，管子对曰：“为君不君，为臣不臣，乱之本也。”桓公惧，出见客曰：“天威不违颜咫尺，小白余敢承天子之命曰‘尔无下拜’，恐陨越于下[②]，以为天子羞。”遂下、拜、升、受命。赏服大辂[③]，龙旗九旒[④]，渠门赤旂，诸侯称顺焉。

【注释】①余一人：古代天子自称。也写作“予一人”。②陨越：喻败绩，失职。③大辂：古代君王乘坐的车子。④九旒（liú）：古代旌旗下边或边缘悬垂的九条丝织装饰品。

【译文】诸侯在葵丘会盟，周天子襄王派宰孔送祭肉给齐桓公，说：“我祭祀了文王、武王，让太宰孔送祭肉给你。”接着又命令说：由于你谦卑耐劳，加上我应该叫你伯舅，你在接受祭肉时不用下堂拜谢。”桓公召见管仲商量，管仲说：“作为国君却不讲究国君的威严，作为臣子却不讲究臣子的礼仪，这祸乱的根本。”桓公很害怕，出来接见太宰孔说：“天子的威严近在咫尺，我小白怎么敢接受天子‘你不必下来拜谢’的命令，恐怕会失职，给天子蒙羞。”于是齐桓公下堂、拜谢、升堂、接受赏赐。周天子赏给齐桓公大辂车供他使用，大辂车缀有九条装饰品的龙旗，还有渠门的赤色大旗，诸侯们都称赞齐桓公的举止顺应周礼。

桓公霸诸侯

桓公忧天下诸侯。鲁有夫人、庆父之乱[①]，二君弑死[②]，国绝无嗣。桓公闻之，使高子存之[③]。

【注释】①鲁有夫人、庆父之乱：鲁国有鲁庄公的夫人哀姜和鲁庄公的弟弟庆父发动内乱。哀姜和庆父通奸，公元前661年，鲁庄公死，庆父杀死太子般，后又杀死鲁闵公，发动内乱。②二君：指太子般、鲁闵公。③高子：这里指齐国上卿高奚敬仲。

【译文】齐桓公担心天下诸侯的事。鲁国有哀姜和庆父祸乱，两个国君太子般、鲁闵公都被杀死，国家陷入绝望的状态，没有可以继承的国君。桓公听说后，派高子立僖公为国君，使得鲁国保存下来。

狄人攻邢[①]，桓公筑夷仪以封之[②]，男女不淫，牛马选具。狄人攻卫，卫人出庐于曹[③]，桓公城楚丘以封之[④]。其畜散而无育，桓公与之系马三百。天下诸侯称仁焉。于是天下诸侯知桓公之非为己动也，是故诸侯归之。

【注释】①狄人攻邢：狄人攻打邢国。邢：古国名。姬姓。公元前11世纪周公之子所封的诸侯国。在今河北省邢台市境。②夷仪：中国古代地名，今山东省聊城西南。东周邢国之都。③出庐：离开家乡寄居。曹：卫国地名。④楚丘：卫地，在今河南省滑县东。

【译文】狄人攻打邢国，齐桓公就在夷仪修筑城堡，让邢国迁到那里，邢国的人民不再受狄人的奸淫掳掠，牛马得以齐全。狄人攻打卫国，卫国的百姓被迫离开家乡寄居在曹邑，齐桓公就在楚丘修筑城堡，让卫国的人民住在那里。他们的牲畜走失了，无法养育，桓公就送给他们三百匹良马。天下诸侯都称赞齐桓公仁德。于是天下诸侯都知道桓公并不是为了自己才有所作为，所以诸侯们都归附于他。

桓公知诸侯之归己也，故使轻其币而重其礼。故天下诸侯罢马以为币[①]，缕綦以为奉[②]，鹿皮四个；诸侯之使垂橐而入[③]，稛载而归[④]。故拘之以利，结之以信，示之以武，故天下小国诸侯既许桓公，莫之敢背，就其利而信其仁、畏其武。桓公知天下诸侯多与己也，故又大施忠焉。可为动者为之动，可为谋者为之谋，军谭、遂而不有也，诸侯称宽焉。通齐国之鱼盐于东莱，使关市几而不征[⑤]，以为诸侯利，诸侯称广焉。筑葵兹、晏、负夏、领釜丘，以御戎、狄之地，所以禁暴于诸侯也；筑五鹿、中牟、盖与、牡丘，以卫诸夏之地，所以示权于中国也。教大成，定三革[⑥]，隐五刃，朝服以济河而无怵惕焉，文事胜矣。是故大国惭愧，小国附协。唯能用管夷吾、宁戚、隰朋、宾胥无、鲍叔牙之属而伯功立。

【注释】①罢马：疲敝的马。②缕綦（qí）：用线织丝缕布帛。③垂橐（tuó）：提着空袋子。④稛（kǔn）载：以绳束财物，载置车上。亦指满载、重载。⑤关市：关隘与市场。古代指设在交通要道的集市。后来专指设在边境同外族或外国通商的市场。几而不征：查问而不征税。几，通“讥”。⑥三革：指甲、胄、盾，古时多用犀、兕、牛之皮革制成，故称。

【译文】齐桓公知道天下诸侯都归附自己，就让诸侯们带着微薄的礼物来，拿着贵重的礼物回。所以天下诸侯拜见时，用劣马做礼物，用线织丝缕布帛来供奉，四张鹿皮也可以作为拜见的礼物；诸侯的使者提着空袋子来，却满载而归。由于齐国用利益笼络诸侯，用信义结交诸侯，用武力震慑诸侯，所以天下的小诸侯一旦许诺臣服于齐桓公，就没有谁敢背信弃义，这是因为接受了他的好处，相信他的仁惠，害怕他的武力。桓公知道天下诸侯都赞许自己，所以又大加施展他的忠义。能够采取行动的就采取行动，能够为诸侯谋划就替诸侯谋划，他出兵灭了谭和遂两国却不占有它们，诸侯都称赞他宽宏大量。他把齐国的鱼盐输送到东莱，命令关隘与市场对过往的鱼盐只查问而不征税，他为诸侯谋福利，诸侯们都称颂他能广泛地布施恩惠。他在葵兹、晏、负夏、领釜丘修筑边要设施，抵御戎狄的入侵，以此阻止戎狄突袭诸侯；他下令修筑五鹿、中牟、盖与、牡丘的边塞设施，以此保卫诸夏的土地，他向中原各地显示了自己的权力。桓公的教化取得了很大的成效，他安放好甲胄盾，收藏好刀剑矛戟矢，他穿着朝服西渡黄河没有人恐惧警惕，这是以文治事取得的成就。所以大国都自惭形秽，小国都依附妥协。这是能够重用管仲、宁戚、隰朋、宾胥无、鲍叔牙这些人而让霸业取得成功。

晋语一

武公伐翼止栾共子无死[①]

武公伐翼，杀哀侯[②]，止栾共子曰："苟无死，吾以子见天子，令子为上卿，制晋国之政。"辞曰："成闻之：'民生于三，事之如一。'父生之，师教之，君食之。非父不生，非食不长，非教不知生之族也，故壹事之。唯其所在，则致死焉。报生以死，报赐以力，人之道也。臣敢以私利废人之道，君何以训矣？且君知成之从也，未知其待于曲沃也，从君而贰，君焉用之？"遂斗而死。

【注释】①武公：名姬称，曲沃桓叔成师之孙、曲沃庄伯鳝之子。公元前716年继承父亲的爵位成为曲沃的国君，在吞并晋国前称曲沃武公。翼：晋国的国都。栾共子：又称栾共叔、共叔成，春秋时期晋国曲沃人（今山西曲沃），晋哀侯大夫。当初，共叔成的父亲栾宾曾辅佐武公的祖父桓叔为曲沃伯，所以武公劝阻共叔成为哀侯而战死。②哀侯：即晋哀侯，名姬光，春秋时期诸侯国晋国第十五任国君，晋鄂侯之子，在位九年。哀侯八年（公元前710），晋入侵其都城以南的小邑陉廷，陉廷与曲沃武公在次年联兵伐晋，哀侯被俘。晋人立哀侯之子小子为君，是为晋小子侯。小子元年（公元前708），曲沃武公派自己的叔父姬韩万杀了晋哀侯。

【译文】武公讨伐翼城，杀死晋哀侯，阻止栾共子说："你如果不为晋侯尽忠而死，我带你拜见天子，让你担任上卿，执掌晋国国政。"栾共子辞谢说："我听说：'人生有三个恩人，报答他们就像对待一个人一样。'父母生育我们，师长教导我们，君主养活我们。没有父亲就不会生育我，没有食物就不能养活我，不受教诲就不知道生于宗族的重大责任，所以事奉他们要始终如一。只要是涉及他们的事，就要竭尽全力不怕死。以死报答他们的生育之恩，用力报答他们的赐予之恩，这是做人的道理。我怎敢凭一己私利抛弃做人的道理，你用什么训示别人呢？况且你只知道让我遵从你的意思，却不知道我如果到曲沃事奉国君，即便事奉国君却怀有二心，国君要这种二心之人有什么用？"于是栾共子抵抗至死。

史苏论献公伐骊戎胜而不吉①

献公卜伐骊戎，史苏占之，曰："胜而不吉。"公曰："何谓也？"对曰："遇兆，挟以衔骨，齿牙为猾②，戎、夏交捽③。交捽，是交胜也，臣故云。且惧有口，携民，国移心焉。"公曰：

“何口之有！口在寡人，寡人弗受，谁敢兴之？”对曰：“苟可以携，其入也必甘受，逞而不知，胡可壅也？”公弗听，遂伐骊戎，克之。获骊姬以归，有宠，立以为夫人。公饮大夫酒，令司正实爵与史苏[④]，曰：“饮而无肴。夫骊戎之役，女曰‘胜而不吉’，故赏女以爵，罚女以无肴。克国得妃，其有吉孰大焉！”史苏卒爵，再拜稽首曰：“兆有之，臣不敢蔽。蔽兆之纪，失臣之官，有二罪焉，何以事君？大罚将及，不唯无肴。抑君亦乐其吉而备其凶，凶之无有，备之何害？若其有凶，备之为瘳。臣之不信，国之福也，何敢惮罚。”

【注释】①史苏：晋献公时主管占卜的官，名苏。献公：即晋献公。姬姓。晋氏。名诡诸。曲沃人，晋武公之子，春秋时期晋国第十九任君主，在位二十六年。骊戎：古族名，古戎人的一支。国君姬姓。在今陕西省临潼一带。一说在今山西省析城、王屋两山之间。曾与秦的先世通婚。春秋初，晋献公伐之，得骊姬。后为晋国所并。②齿牙为猾：指谗言造成灾祸。猾：弄，拨弄。③交捽（zuó）：对抗，敌对。④司正：古代行乡饮酒礼或宾主宴会时的监礼者。

【译文】晋献公卜问征讨骊戎的事，史苏占卜后，说：“能取胜却不吉利。”献公问：“怎么讲？”史苏说：“遇见的兆象是，交汇之处夹着一块骨头，牙齿搅弄着它，指谗言造成灾祸，戎晋相互对抗。相互对抗，就是交替获胜，我才说能取胜却不吉利。况且占卜最怕遇到口舌，离间人民，国民移心。”献公说：“哪有什么口舌！有没有口舌都是我说了算，我不接受，谁敢发起事端？”史苏回答说：“如果有能够离间的人，他的话说出来您也会甘之如饴，就会接受他，让别人得逞而不自知，又怎么防范祸患呢？”献公不听，于是讨伐骊戎，打败了骊戎。俘虏骊姬并把她带回晋国，献公对骊姬很是宠爱，封骊姬为夫人。献公宴请大夫们喝酒，命令司正斟满一杯递给史苏，说：“只许饮酒不许吃菜。讨伐骊戎这一战，你说‘胜而不吉’，所以只赏你喝酒，罚你不吃菜。攻克敌国得到婚配，还有比这更大的吉利吗！”史苏喝完酒，低头拜了两拜说：“兆象上有这样的征兆，我不敢隐瞒。隐蔽兆象的记载，失去臣子做占卜官的职责，有这两种罪，我怎么能事奉国君？大的惩罚就会来临，不单单是没有下酒菜了。兴许国君是乐享吉兆而防备凶兆，凶兆没有，防备一下能有什么坏处？如果真的有凶事，防备之后国力是可以慢慢痊愈的。我占卜不准，是国家的福气，怎么敢怕受到惩罚。”

饮酒出，史苏告大夫曰：“有男戎必有女戎。若晋以男戎胜戎，而戎亦必以女戎胜晋，其若之何！”里克曰：“何如？”史苏曰：“昔夏桀伐有施，有施人以妹喜女焉[①]，妹喜有宠，于是乎与伊尹比而亡夏[②]。殷辛伐有苏[③]，有苏氏以妲己女焉，妲己有宠，于是乎与胶鬲比而亡殷[④]。周幽王伐有褒[⑤]，褒人以褒姒女焉[⑥]，褒姒有宠，生伯服，于是乎与虢石甫比，逐太子宜臼而立伯服。太子出奔申，申人、鄫人召西戎以伐周，周于是乎亡。今晋寡德而安俘女，又增其宠，虽当三季之王，不亦可乎？且其兆云：‘挟以衔骨，齿牙为猾。’我卜伐骊，龟往离散以应我。夫若是，贼之兆也，非吾宅也，离则有之。不跨其国，可谓挟乎？不得其君，能衔骨乎？若跨其国而得其君，虽逢齿牙，以猾其中，谁云不从？诸夏从戎，非败而何？从政者不可以不戒，亡无日矣！”

【注释】①有施：古国名，喜姓。妺喜：人名。夏桀的妃子。桀伐有施国，有施国以妺喜嫁之，貌美而无德行，桀很宠幸她，凡事言听计从，昏乱失道，最终导致夏朝灭亡。②伊尹：商汤大臣，名伊，一名挚，尹是官名。相传生于伊水，故名。是汤妻陪嫁的奴隶，后助汤伐夏桀，被尊为阿衡。③有苏：古国名。故址在今河北省沙河市西北。④胶鬲：商周时人，纣时因遭世乱，曾隐遁为商。⑤周幽王：帝号。姓姬。名宫涅，宣王子。他终日沉湎酒色，不理国事，废申后而立褒姒，又废太子宜臼改立伯服，申后不服，引犬戎进攻而杀于骊山之下，在位十一年，谥曰幽。⑥褒姒：人名。周幽王的宠妃。褒人所献，姓姒，故称为褒姒。褒姒生性不爱笑，幽王为取悦褒姒，举烽火召集诸侯，诸侯匆忙赶至，却发觉并非寇匪侵犯，只好狼狈退走。后来犬戎入寇，王举烽火示警，诸侯以为又是骗局而不愿前往，致使幽王被犬戎所弑，褒姒亦被劫掳。

【译文】饮完酒出来，史苏告诉大夫们说：“有男兵就有女兵。如果晋国凭着男兵的力量战胜了骊戎，骊戎一定会用女兵的力量战胜晋国，怎么办呢！”里克问：“女兵会怎样做？”史苏说：“以前夏桀讨伐有施国，有施人把美女妺喜进献给桀，妺喜受宠，于是就与伊尹一起使夏朝灭亡。殷辛讨伐有苏国，有苏人把美女妲己进献给殷辛，妲己受宠，于是妲己就与胶鬲一起使商朝灭亡。周幽王讨伐有褒国，有褒国人把美女褒姒进献给幽王，褒姒受宠，生了儿子伯服，于是褒姒就与虢石甫一起，驱逐太子宜臼，立伯服为太子。宜臼逃到了申国，申国人、鄫国人召集西戎一起讨伐周，周就灭亡了。现在晋君缺少德行却安抚俘虏的女人，还增加对她的宠爱，把他比作夏桀、殷辛、周幽王这三朝的君王，不也可以吗？况且兆象上说：'交汇之处夹着一块骨头，牙齿搅弄着它。'我占卜讨伐骊戎的战况，卦象显化的却是晋国的离散。如果真的是这样，就是败国的征兆，不但我们不能安居，国家分崩离析的情况也会发生。骊姬不从外面跨入晋国，能称得上是夹击吗？她没有得宠于国君，能说是衔骨吗？如果跨入晋国而且得宠于国君，齿牙相碰，并且互相搅弄，谁敢说不服从？晋国服从骊戎，不是失败又能是什么？从政的人不能不警戒，离亡国没几天了！"

郭偃曰[①]："夫三季王之亡也宜。民之主也，纵惑不疚，肆侈不违，流志而行，无所不疚，是以及亡而不获追鉴。今晋国之方[②]，偏侯也[③]。其土又小，大国在侧，虽欲纵惑，未获专也。大家、邻国将师保之[④]，多而骤立，不其集亡。虽骤立，不过五矣。且夫口，三五之门也[⑤]。是以谗口之乱，不过三五。且夫挟，小鲠也[⑥]。可以小戕，而不能丧国。当之者戕焉，于晋何害？虽谓之挟，而猾以齿牙，口弗堪也，其与几何？晋国惧则甚矣，亡犹未也。商之衰也，其铭有之曰：'嗛嗛之德[⑦]，不足就也，不可以矜，而只取忧也。嗛嗛之食，不足狃也[⑧]，不能为膏，而只罹咎也。'虽骊之乱，其罹咎而已，其何能服？吾闻以乱得聚者，非谋不卒时，非人不免难，非礼不终年，非义不尽齿[⑨]，非德不及世，非天不离数[⑩]。今不据其安，不可谓能谋；

行之以齿牙，不可谓得人；废国而向己，不可谓礼；不度而迂求，不可谓义；以宠贾怨[11]，不可谓德；少族而多敌，不可谓天。德义不行，礼义不则，弃人失谋，天亦不赞。吾观君夫人也，若为乱，其犹隶农也[12]。虽获沃田而勤易之，将不克飨，为人而已。”士蒍曰：“诫莫如豫，豫而后给。夫子诫之，抑二大夫之言其皆有焉[13]。”既，骊姬不克，晋正于秦，五立而后平。

【注释】①郭偃：晋国大夫。②晋国之方：晋国的地域。③偏侯：偏远地方的诸侯。④大家：上卿师保：古时任辅弼帝王和教导王室子弟的官，有师有保，统称“师保”。⑤三五之门：日月星三辰和金木水火土五行的门户。⑥小鲠：小鱼骨，小鱼骨卡在嗓子里。⑦嗛嗛（qiǎn）：微小的。⑧狃（niǔ）：贪图。⑨尽齿：尽其年寿。⑩离数：历代相承，经历久长。⑪贾怨：招致怨恨。⑫隶农：春秋时一种农业奴隶。也指佃农。⑬抑：文言发语词，无实意。

【译文】郭偃说：“夏桀、殷辛和周幽王三个君王的灭亡是应该的。他们作为人民的君主，放纵淫乱而不觉得内疚，肆意妄为，奢侈豪华，却毫不忌讳，他们放任意志，随心所欲，没有一处不内疚，所以亡了国也得不到后世的追念借鉴。现在晋国的地域，就是个偏远地方的小诸侯，土地不多，齐国、秦国就在旁边，即便想放纵淫乱，也不至于独断专行。卿大夫和邻国，会教导他保护他，即使晋国多次拥立新君，也不至于灭亡。虽然多次拥立新君，最多不会超过五次。卦象显示的口，是日月星三辰和金木水火土五行的门户。所以由谗言引发的惑乱，不超过三到五个国君。至于挟，就像小鱼骨卡在嗓子里。会造成小的伤害，但不可能亡国，仅仅是当事者受到伤害，对晋国有什么伤害？虽说是内外夹击，只是齿牙搅弄，口不能忍受，口舌又能有多长时间呢？晋国的恐惧是有的，但还不至于亡国。商朝衰亡，刻在钟鼎上的铭文这样写：'微小的德行，不值得让人归附，不可以自己夸奖自己，否则只会带来忧患。一点点食禄，不值得贪图，不能当成肥肉，否则只会遭遇灾祸。'如果骊姬挑起战乱，那也是她自己遭灾，谁会服从她？我听说通过战乱敛财聚众的人，如果没有好的谋略就不能长久，如果得不到民众就不能免除苦难，如果不合礼法就坚持不到最后，如果不合仁义就不能尽其年寿，如果无德就不能传位继嗣，如果没有老天的保佑就不能历世长久。现在骊姬并不是住在平安的地方，不算善于谋划；她做齿牙拨弄这种小事，不能算得到民众；她废黜国家继承人而为自己，不合乎礼；她不谋划而做迂腐的事，不合乎义；她仗着受宠而招至怨恨，不算是有德；她盟友少却树敌多，不能说得到天助。她不行道德正义，不效行礼法道义，背弃百姓，缺失谋略，上天也不会帮助她。我看国君夫人，如果在内惑乱，就会像农业奴隶一样。即使得到肥沃的良田辛勤地打理，也不能享受，替别人做事而已。"士蔿说："告诫不如预备，预备后就能应对。老师已经告诫过了，两位大夫的分析都很有道理。"过后，骊姬的计谋没能得逞，秦国匡正了晋国，立了五个国君然后平定下来。

史苏论骊姬必乱晋

献公伐骊戎，克之，灭骊子[①]，获骊姬以归，立以为夫人，生奚齐，其娣生卓子。骊姬请使申生主曲沃以速悬[②]，重耳处蒲城，夷吾处屈[3]，奚齐处绛，以儆无辱之故。公许之。

【注释】①骊子：骊戎国国君。②申生：春秋时晋献公太子。献公宠骊姬，姬谮申生，欲立其子奚齐，使申生居曲沃。骊姬复进谗，公将杀之。有劝之行，申生曰："不可，君谓我欲弑君也，天下岂有无父之国哉？吾何行如之？"乃自杀。③屈：晋国城邑。

【译文】晋献公讨伐骊戎国，征服了郦戎国，他杀了国君骊子，俘虏骊姬回来，封骊姬为夫人，骊姬生了儿子奚齐，她妹妹生了儿子卓子。骊姬让献公派太子申生到曲沃，让他快速远离京城，让重耳去蒲城，让夷吾去屈，奚齐居住在绛。她说这样做是为了戒备敌国，不让晋国受到侮辱。献公同意了。

史苏朝，告大夫曰："二三大夫其戒之乎，乱本生矣！日，君以骊姬为夫人，民之疾心固皆至矣。昔者之伐也，兴百姓以为百姓也，是以民能欣之，故莫不尽忠极劳以致死也。今君起百姓以自封也，民外不得其利，而内恶其贪，则上下既有判矣；然而又生男，其天道也？天强其毒，民疾其态，其乱生哉！吾闻君之好好而恶恶，乐乐而安安，是以能有常。伐木不自其本，必复生；塞水不自其源，必复流；灭祸不自其基，必复乱。今君灭其父而畜其子，祸之基也。畜其子，又从其欲，子思报父之耻而信其欲，虽好色，必恶心，不可谓好。好其色，必授之情。彼得其情以厚其欲，从其恶心，必败国且深乱。乱必自女戎，三代皆然。"骊姬果作难，杀太子而逐二公子。君子曰：

“知难本矣。”

【译文】史苏上朝，告诉大夫们说：“诸位大夫要戒备啊，惑乱的根产生了！前些日子，国君封骊姬为夫人，人民痛恨的心情本来就达到了极点。以前的明君发动战争，征用百姓也是为了百姓的利益，所以百姓很高兴地跟从，没有不尽忠尽力甚至战死的。现在国君征发百姓却是为了自求丰足，民众向外攻打得不到好处，对内又讨厌国君的贪得无厌，上下已经不是一条心了。可是骊姬又生了儿子，这是天意吗？上天加强了对晋国的伤害，人民痛恨这样的情况，祸乱就要发生了！我听说国君喜欢好的，讨厌坏的，和乐时享受快乐，平安时享受安宁，这样国家才能恒常持久。如果砍树不砍树根，必定会再萌生新芽；如果堵塞流水不堵源头，必定会重新流水；如果消除祸患不从根本入手，必定会再度祸乱。现今国君杀了骊姬的父亲留下骊姬，这是祸乱的根本。留下骊姬，又随顺她的欲望，她想报杀父之辱就会放纵自己的欲望。虽然她长得美，心肠却很坏，就不能算是真正的美。国君喜欢她的容貌，必定会答应她的请求。她得到了自己想要的就会加深自己的欲望，就会顺从自己的坏心肠，必定会使晋国衰败并且造成严重的内乱。内乱一定来自这个女人，夏、商、西周都是这样。”后来骊姬果然与人刁难，杀了太子申生，并驱逐了公子重耳和夷吾。君子说：“史苏知道灾难的根本啊。”

献公将黜太子申生而立奚齐

骊姬生奚齐，其娣生卓子。公将黜太子申生而立奚齐。里克、丕郑、荀息相见[①]，里克曰：“夫史苏之言将及矣！其若之何？”荀息曰：“吾闻事君者，竭力以役事，不闻违命。君立臣从，何贰之有？”丕郑曰：“吾闻事君者，从其义，不阿其惑。惑则误民，民误失德，是弃民也。民之有君，以治义也。义以生利，利以丰民，若之何其民之与处而弃之也？必立太子。”里克曰：“我不佞[②]，虽不识义，亦不阿惑，吾其静也。”三大夫乃别。

【注释】①荀息：姬姓，原氏，名黯，字息，晋国大夫。②不佞：不才，自谦之词。

【译文】骊姬生了儿子奚齐，她妹妹生了儿子卓子。晋献公将要废黜太子申生而立奚齐。里克、丕郑、荀息三人相见，里克说：“史苏的预言就要实现了！该怎么办？”荀息说：“我听说事奉国君的人，要尽心竭力地办事，没听说违抗君命的。国君制定的一切臣子都要服从，哪里会有二心呢？”丕郑说：“我听说事奉国君的人，服从他正确的，不曲从他迷乱的。国君迷乱就会耽搁人民，耽搁人民就会失去德行，就是抛弃人民。人民拥有国君，是让国君来管理礼义的。礼义是来产生利益的，利益是来丰富人民生活的，怎么能够与人民相处却要抛弃人民呢？一定要立申生为太子。”里克说："我不才，虽不懂义，也不会曲从于国君的迷乱，我就静静地看着。"三位大夫于是互相告别。

烝于武公，公称疾不与，使奚齐莅事[①]。猛足乃言于太子曰[②]："伯氏不出，奚齐在庙，子盍图乎！"太子曰："吾闻之羊舌大夫曰：'事君以敬，事父以孝。'受命不迁为敬，敬顺所安为孝。弃命不敬，作令不孝，又何图焉？且夫间父之爱而嘉其贶，有不忠焉；废人以自成，有不贞焉。孝、敬、忠、贞，君父之所安也。弃安而图，远于孝矣，吾其止也。"

【注释】①使奚齐莅事：献公让儿子奚齐处理冬祭公务。莅事：视事，处理公务。②猛足：太子申生的臣子。

【译文】冬天祭祀武宫，献公称病没参与，派奚齐处理祭祀的事。猛足对太子说："长子不出面，却让奚齐在祖庙处理祭祀的事，你怎么想！"太子说："我听羊舌大夫说：'事奉国君要恭敬，服侍父亲要孝顺。'接受国君的命令，身心不会有任何动摇，叫作恭敬，恭恭敬敬地顺从父亲安排的一切，叫作孝。弃置君命就是不敬，自作主张就是不孝，我能想什么？况且背离父亲的爱却赞美他的赏赐，就是不忠；废黜别人成全自己，就是不贞。孝、敬、忠、贞，就能让父亲心安。抛弃让父亲安心的，去图谋自己的，离孝就远了，我还是打住吧。"

献公伐翟柤[1]

献公田，见翟柤之氛，归寝不寐。郤叔虎朝[2]，公语之。对曰："床笫之不安邪？抑骊姬之不存侧邪？"公辞焉。出遇士蒍[3]，曰："今夕君寝不寐，必为翟柤也。夫翟柤之君，好专利而不忌，其臣竞谄以求媚，其进者壅塞，其退者拒违。其上贪以忍，其下偷以幸，有纵君而无谏臣，有冒上而无忠下。君臣上下各餍其私，以纵其回，民各有心而无所据依。以是处国，不亦难乎！君若伐之，可克也。吾不言，子必言之。"士蒍以告，公悦，乃伐翟柤。郤叔虎将乘城，其徒曰："弃政而役，非其任也。"郤叔虎曰："既无老谋，而又无壮事，何以事君？"被羽先升，遂克之。

【注释】①翟柤（zū）：国名。②郤叔虎：名豹。晋国郤氏家族成员，晋国大夫。③士蒍（wěi）：祁姓，士氏，名蒍。晋国大夫。

【译文】晋献公出去打猎，看到翟柤国有恶浊之气，他回到寝室睡不着觉。郤叔虎上朝，献公告诉了他睡不着。郤叔虎问："是床铺不舒服？还是骊姬不在您身旁呢？"献公说都不是。郤叔虎退朝出来遇见士蒍，说："今晚国君没睡好觉，一定是因为翟柤国的事。翟柤国的国君，喜欢独断专行，为了一己私利毫不顾忌，他的臣子竞争着奉承他逢迎他，那些靠近国君的人，都是阻塞国君正义的小人，那些远离国君的人，都是违抗邪恶的忠臣。在上位的国君贪婪残忍，在下位的臣子苟且偷生，心存侥幸，有放纵的国君没有直谏的大臣，有贪婪的君主没有忠心的大臣。君臣上下各自满足自己的私欲，放纵自己的邪恶，人民各怀心事却无依无靠。这样治国，不是很困难吗！国君如果讨伐它，能攻克。我不说，你一定要说。”士蔿把这些告诉了献公，献公很高兴，就讨伐翟柤国。郤叔虎准备登城，他的下属说：“你放弃政务去战斗，这不是你的职责。”郤叔虎说：“我既没有深远的谋略，又没有什么壮举，还能凭什么事奉国君？”他披着用鸟羽制成的旌旗率先登城，成功地打败了翟柤国。

优施教骊姬远太子[①]

公之优曰施，通于骊姬。骊姬问焉，曰：“吾欲作大事[②]，而难三公子之徒，如何？”对曰：“早处之，使知其极。夫人知极，鲜有慢心；虽其慢，乃易残也。”骊姬曰：“吾欲为难，安始而可？”优施曰：“必于申生。其为人也，小心精洁，而大志重，又不忍人。精洁易辱，重偾可疾[③]，不忍人，必自忍也。辱之近行。”骊姬曰：“重，无乃难迁乎？”优施曰：“知辱可辱，可辱迁重；若不知辱，亦必不知固秉常矣。今子内固而外宠，且善否莫不信。若外殚善而内辱之，无不迁矣。且吾闻之：甚精必愚。精为易辱，愚不知避难。虽欲无迁，其得之乎？”是故先施谗于申生。

【注释】①优：俳优。施：人名。②大事：指废除太子申生，立自己的儿子奚齐为太子这件事。③偾（fèn）：破坏，扑倒。

【译文】晋献公有个表演乐舞杂戏的艺人叫施，施与骊姬私通。骊姬问他："我想废除太子申生，立自己的儿子奚齐为太子，为难太子申生、公子重耳、公子夷吾这一众人，要怎么做？"施回答说："早早安排他们，让他们知道自己的地位已经到了极限。人要是知道自己的地位已经到了极限，就很少再有傲慢的心了；即使有傲慢的心，也很容易摧残。"骊姬又问："我想要为难他们，先从谁下手？"施回答说："一定从太子申生开始。申生为人小心谨慎，精致洁净，而且胸怀大志，沉稳负重，又不忍心伤害别人。精致洁净容易羞辱，稳重的人被扑倒得更快，不忍心害人的人，就只能自己忍辱负重。你可以对他最近的行为进行侮辱。"骊姬说："稳重，难道不是很难撼动吗？"施说："知道耻辱的人才可以羞辱他，可以羞辱他才可以撼动他；如果不知道耻辱，就一定不知道固守常规。现在夫人在内地位牢固，在外深受宠爱，你说好话还是坏话，国君没有不相信的。如果你在外面假装忌惮申生，私下里羞辱他，他不会不改变。况且我听说：过分精明的人一定也很愚笨。精明的人容易受辱，愚笨的人不懂得避难。即使想不撼动他，能做到吗？"于是骊姬就先对申生施以谗言。

骊姬赂二五[①]，使言于公曰："夫曲沃，君之宗也；蒲与二屈，君之疆也，不可以无主。宗邑无主，则民不威；疆埸无主，则启戎心。戎之生心，民慢其政，国之患也。若使太子主曲沃，而二公子主蒲与屈，乃可以威民而惧戎，且旌君伐。"使俱曰："狄之广莫，于晋为都。晋之启土，不亦宜乎？"公悦，乃城曲沃，太子处焉；又城蒲，公子重耳处焉；又城二屈，公子夷吾处焉。骊姬既远太子，乃生之言[②]，太子由是得罪。

【注释】①二五：晋献公的臣子梁五、东关五。②生之言：胡编乱造大说瞎话。

【译文】骊姬贿赂梁五和东关五，让他们进言献公说："曲沃，是您的宗庙重地；蒲城和二屈，是您的边疆重地，不能没有主管。宗邑没有主管，人民就不会害怕；疆场没有主管，就会激发戎狄的野心。戎狄有了野心，民众怠慢朝政，这是国家的祸患啊。如果让太子申生主管曲沃，让公子重耳和夷吾主管蒲城和二屈，就可以在人民当中施威，让戎狄害怕，并且表彰了您的丰功伟绩。"骊姬又指使他们一同对献公说："戎狄之地广阔无垠，把它囊括在晋国之内。晋国开发了土地，不也很合适吗？"献公很高兴，就在曲沃筑城，让太子申生驻扎在那里；又修筑了蒲城，让公子重耳驻扎在那里；又修筑了二屈，让公子夷吾驻扎在那里。骊姬已经让太子远离了国都，就胡编滥造大说瞎话，太子申生因此获罪。

献公作二军以伐霍

十六年，公作二军，公将上军，太子申生将下军，以伐霍[①]。师未出，士蔿言于诸大夫曰："夫太子，君之贰也，恭以俟嗣，何官之有？今君分之土而官之，是左之也。吾将谏以观之。”乃言于公曰：“夫太子，君之贰也，而帅下军，无乃不可乎？”公曰：“下军，上军之贰也。寡人在上，申生在下，不亦可乎？”士蔿对曰：“下不可以贰上[②]。”公曰：“何故？”对曰：“贰若体焉，上下左右，以相心目，用而不倦，身之利也。上贰代举[③]，下贰代履[④]，周旋变动，以役心目，故能治事，以制百物。若下摄上，与上摄下，周旋不动，以违心目，其反为物用也，何事能治？故古之为军也，军有左右，阙从补之，成而不知，是以寡败。若以下贰上，阙而不变，败弗能补也。变非声章，弗能移也。声章过数则有衅，有衅则敌入，敌入而凶，救则不暇，谁能退敌？敌之如志，国之忧也，可以陵小，难以征国。君其图之！”公曰：“寡人有子而制焉，非子之忧也。”对曰：“太子，国之栋也，栋成乃制之，不亦危乎！”公曰：“轻其所任，虽危何害？”

【注释】①霍：古国名。周武王弟叔处的封地，故城在今山西省霍州西南。②下不可以贰上：下不能作上的副手。③上贰代举：上身的左右手交替举用。④下贰代履：下身的左右脚交替迈步。

【译文】晋献公十六年，晋献公组建二军，献公统帅上军，太子申生统帅下军，去讨伐霍国。军队还没出发，士蔿对各位大夫说：“太子，是国君的副职，要恭敬地等着继承君位，怎么会有官职？现在国君给他封了土地，给他安排了职位，这是把他当外人看。我要进谏国君看看国君的态度。”士蔿就对献公说：“太子，是国君的副职，却去统帅下军，怕是不行吧？”献公说：“下军，是上军的副职。我统帅上军，申生统帅下军，不可以吗？”士蔿说：“下军不能做上军的副职。”献公问：“为什么？”士蔿回答说：“主和副的关系就像人的身体一样，分成上下左右，来辅助心和眼，才能使用而不疲倦，这样做有利于身体。上身的左右手交替举用，下身的左右脚交替迈步，循环变化，来役使于心和眼，人才能做事，才能统治万物。如果下身统摄上肢，或者上肢统摄下肢，就不能循环运动，违逆了身体与心眼的协调，那人就要被万物所用，什么事情能做成？所以古代设立军队，有左军右军，缺了就补上，队列成型后敌方不能辨别，所以很少战败。如果用下军作为上军的副职，出现缺口不能变动，失败了也没办法补救。没有相应的旗鼓指挥，军队不能变动。旗鼓超过了规定的数目就会出现漏洞，有了漏洞敌军就会乘机入侵，敌军入侵凶多吉少，挽救都来不及，谁还能击退敌军？敌军得志，国家的忧虑啊，下军作为上军的副手，只能侵凌小国，难以征服大国。请国君好好思考！”献公说：“我的儿子，我为他编制下军，不用你操心。”士蔿说：“太子，是国家的栋梁，栋梁已成，却给他安排带兵的差事，不很危险吗！”献公说：“减轻他的重担，危险一点又有什么害处？”

士蔿出，语人曰：“太子不得立矣。改其制而不患其难，轻其任而不忧其危，君有异心，又焉得立？行之克也，将以害之；若其不克，其因以罪之。虽克与否，无以避罪。与其勤而不入，不如逃之，君得其欲，太子远死，且有令名，为吴太伯[①]，不亦可乎？”太子闻之，曰：“子舆之为我谋，忠矣。然吾闻之：为人子者，患不从，不患无名；为人臣者，患不勤，不患无禄。今我不才而得勤与从，又何求焉？焉能及吴太伯乎？”太子遂行，克霍而反，谗言弥兴。

【注释】①吴太伯：周古公亶父的长子，仲雍、季历之兄。太王欲传位季历之子姬昌，太伯乃与仲雍出逃至荆蛮。后因以称出亡而让君位与弟者。

【译文】士蔿出来，对各大夫说：“太子不可能被立为新君了。国君轻易地改变了太子的职位，又不担忧他有危险，国君有了异心，太子又怎能继位？他这次讨伐霍若能成功，太子就会得民心，遭谗言而被害；如果不能成功，也会因此获罪。成功或不成功，太子都难逃罪责。与其辛勤劳作还不能让国君满意，还不如逃离，国君遂了自己的心，太子也能免除一死，还能留下美名，做吴太伯这样的人，不也可以？”太子听后说：“你替我谋划，忠心可表。可是我听说：做儿子的，最怕不听从父亲，不怕没有好名声；做臣子的，怕不辛勤事奉国君，不怕没有俸禄。如今我虽不才，却还能尽心尽力跟随君父出征，还要求什么呢？又怎么能比得上吴太伯呢？”太子于是率军打仗，攻克了霍国回来，诽谤他的谗言更多了。

优施教骊姬谮申生

优施教骊姬夜半而泣谓公曰：“吾闻申生甚好仁而强，甚宽惠而慈于民，皆有所行之。今谓君惑于我，必乱国，无乃以国故而行强于君。君未终命而不殁，君其若之何？盍杀我，无以一妾乱百姓。”公曰：“夫岂惠其民而不惠于其父乎？”骊姬曰："妾亦惧矣。吾闻之外人之言曰：为仁与为国不同。为仁者，爱亲之谓仁；为国者，利国之谓仁。故长民者无亲，众以为亲。苟利众而百姓和，岂能惮君？以众故不敢爱亲，众况厚之，彼将恶始而美终，以晚盖者也[①]。凡民利是生，杀君而厚利众，众孰沮之？杀亲无恶于人，人孰去之？苟交利而得宠，志行而众悦，欲其甚矣，孰不惑焉？虽欲爱君，惑不释也。今夫以君为纣，若纣有良子，而先丧纣，无章其恶而厚其败。钧之死也，无必假手于武王，而其世不废，祀至于今，吾岂知纣之善否哉？君欲勿恤，其可乎？若大难至而恤之，其何及矣！"公惧曰："若何而可？"骊姬曰："君盍老而授之政。彼得政而行其欲，得其所索，乃其释君。且君其图之，自桓叔以来[②]，孰能爱亲？唯无亲，故能兼翼。"公曰："不可与政。我以武与威，是以临诸侯。未殁而亡政，不可谓武；有子而弗胜，不可谓威。我授之政，诸侯必绝；能绝于我，必能害我。失政而害国，不可忍也。尔勿忧，吾将图之。"

【注释】①晚盖：谓以后善掩前恶。②桓叔：名成师，谥号桓。晋穆侯之子，晋文侯之弟，春秋时期晋国曲沃封君。是晋献公的曾祖父。

【译文】优施让骊姬半夜哭着对献公说："我听说申生侠义好仁，势力强大，特别是对百姓宽厚仁慈，这都是有目的的行为。而今他说国君被我迷惑，一定会让国家动乱，我怕他会以国家为借口对你强制采取行动。你还健在，你身为国君的使命还未完成，你准备怎么对付他呢？何不杀了我，不要为了一个姬妾扰乱百姓。”献公问：“他难道是只爱百姓不爱父亲？”骊姬说：“我也是害怕。我听别人说：对人仁义和对国仁义不同。对人仁义的人，敬爱自己的亲人叫作仁；而对国仁义的人，做对国家有利的事叫作仁。所以百姓的长官没有私亲，而以百姓为亲。如果是为了利益众生让百姓和乐，他还会忌惮国君？为了众多百姓的缘故而不爱私亲，百姓会更加推崇他，他将会以作恶开始，以善行告终，用后面的善行掩盖前面的罪行。但凡对人民有利，能让人民更好地生存，杀了国君而给人民带来厚利，谁还会败坏他呢？杀了父亲却没有对别人施坏，谁会远离他呢？如果能为人谋利而得宠于人，自己的志向能够实行，大家也很开心，寄寓他的希望会更大，谁能不被他所迷惑？即使别人也想爱国君，可是解脱不了迷惑啊。现在且把您比作纣王，如果纣王有个好儿子，把纣王先杀死，就不会彰显纣王的罪恶而加深纣王的败绩。横竖是死，就不必借周武王的手了，如果那个时候商不会灭亡，商朝人的祭祀还能延续到现在，我们岂能知道纣王是善是恶？您不忧虑，能行吗？如果大难来临才忧虑，就来不及了！”献公害怕地问：“怎样做才行？”骊姬说：“您就说自己年纪大了，把国政交给申生。申生掌握了政权，就会按自己所想行事，得到了他索取的，就会对您放松警惕。您自己考虑考虑，自桓叔以来，谁爱自己的亲人？只有桓叔不爱私亲，才能兼并了翼地。”献公说：“不能让他参与国政。我凭着武力和威力，才能驾驭诸侯。我还没死就丢掉政权，不算威武；有儿子却不能制服儿子，不算威严。我交出国政，诸侯肯定会和我们断绝关系；诸侯能和我们断绝关系，就一定能祸害我们。失去国政而且害了国家，我不能容忍。你不要担心，我会想办法对付他。”

骊姬曰：“以皋落狄之朝夕苛我边鄙[①]，使无日以牧田野，君之仓廪固不实，又恐削封疆。君盍使之伐狄，以观其果于众也，与众之信辑睦焉。若不胜狄，虽济其罪，可也；若胜狄，则善用众矣，求必益广，乃可厚图也。且夫胜狄，诸侯惊惧，吾边鄙不儆，仓廪盈，四邻服，封疆信，君得其赖，又知可否，其利多矣。君其图之！”公悦。是故使申生伐东山，衣之偏裻之衣[②]，佩之以金玦[③]。仆人赞闻之，曰：“太子殆哉！君赐之奇，奇生怪，怪生无常，无常不立。使之出征，先以观之，故告之以离心，而示之以坚忍之权，则必恶其心而害其身矣。恶其心，必内险之；害其身，必外危之。危自中起，难哉！且是衣也，狂夫阻之衣也。其言曰：‘尽敌而反。’虽尽敌，其若内谗何！”申生胜狄而反，谗言作于中。君子曰：“知微。”

【注释】①皋落狄：春秋时期北方的少数民族，狄人的一支。②偏裻（dú）：即偏衣。裻，衣背缝。以衣背缝为界，衣服两半的颜色不同。③金玦：指有缺口的黄金环。

【译文】骊姬说：“皋落狄不分早晚骚扰我国边远之地，使得边远之地的人民，没有一天能够在田野放牧，您的仓库本来就不充实，又担心皋落狄削减我国的疆域。您何不让申生讨伐皋落狄，顺便观察他在人们面前是不是果敢出众，与民众是否和睦相处。如果他不能战胜皋落狄，虽然是去救济百姓但也构成罪名，可以治罪；如果太子战胜皋落狄，那就是他善于用兵，他索求的一定更多，我们就得好好想办法对付他。况且战胜皋落狄，诸侯各国会害怕，我们对边境也不必那么警惕，国库因此盈满，四邻因此顺服，疆域因此更加明确，您有了可以依赖的这些，又知道申生是正确还是错误，好处多了。您何不规划一下！”献公听了很开心。就派申生讨伐东山，让他穿着一件两半颜色不同的衣服，佩戴着有缺口的黄金环。申生的仆人赞听到后说：“太子危险了！国君赐给他奇异的服装，奇生怪，怪生反常，反常就不能立为国君。国君派他出征，先观察他能不能带兵，用奇装异服表示太子离心离德，用坚忍的金玦暗示权变，这一定是国君有厌恶太子的心，想残害太子之身。国君有厌恶太子的心，就必定在内心想让太子身处险恶；加害太子的身体，就必定在外面使太子处于危难之中。危害来自内部，难啊！况且这衣服，连无知愚昧的人都不穿。国君说：‘消灭了敌人就回来。’即便消灭了敌人，内部的谗言又会怎样！”申生凯旋归来，谗言从内里流出。君子说：“赞能从微小处明白一切”

申生伐东山

十七年冬[①]，公使太子伐东山。里克谏曰：“臣闻皋落氏将战，君其释申生也！”公曰：“行也！”里克对曰：“非故也。君行，太子居，以监国也；君行，太子从，以抚军也。今君居，太子行，未有此也。”公曰：“非子之所知也。寡人闻之，立太子之道三：身钧以年，年同以爱，爱疑决之以卜筮。子无谋吾父子之间，吾以此观之。”公不说。里克退，见太子。太子曰：“君赐我以偏衣、金玦，何也？”里克曰：“孺子惧乎？衣躬之偏，而握金玦，令不偷矣。孺子何惧！夫为人子者，惧不孝，不惧不得。且吾闻之曰：‘敬贤于请[2]。’孺子勉之乎！”君子曰：“善处父子之间矣。”

【注释】①十七年：指晋献公十七年（公元前660）。②敬贤于请：恭敬胜过请求。

【译文】晋献公十七年冬，晋献公派太子申生讨伐东山。里克劝谏说：“我听说皋落狄人准备作战，您还是放过申生吧！”献公说：“让他去吧！”里克说：“这是过去没有的事。国君出征，太子留守，是为了监护国家；国君出征，太子同行，是为了安抚军心。现在您留守国内，让太子出征，没有这样的情况。”献公说：“不是你知道的那样。我听说，立太子的原则有三：身份一样，年龄大的立为太子，同龄人，根据国君的喜爱程度来决定，对更喜爱谁还犹豫不决，就卜卦来决定。你不要担心我们的父子关系，我要通过这次讨伐东山考察太子的能力。”献公很不开心。里克退下后，遇见太子。太子问：“国君赐给我不同颜色的衣服、有缺口的黄金环，为什么？”里克说：“太子你害怕吗？国君让你穿不同颜色的衣服，佩戴有缺口的黄金环，是让你的行动不要瞒着别人。你有什么害怕的！做儿子的，就怕不孝顺父母，不怕得不到国君的位子。况且我听说：‘恭敬胜过请求。’你好好努力吧！”君子说：“里克善于处理父子之间的关系。”

太子遂行，狐突御戎[1]，先友为右，衣偏衣而佩金玦。出而告先友曰："君与我此，何也？"先友曰："中分而金玦之权，在此行也。孺子勉之乎！"狐突叹曰："以尨衣纯，而玦之以金铣者[②]，寒之甚矣，胡可恃也？虽勉之，狄可尽乎？"先友曰："衣躬之偏，握兵之要，在此行也，勉之而已矣。偏躬无慝，兵要远灾，亲以无灾，又何患焉？"至于稷桑，狄人出逆，申生欲战。狐突谏曰："不可。突闻之：国君好艾[③]，大夫殆；好内，嫡子殆，社稷危。若惠于父而远于死，惠于众而利社稷，其可以图之乎？况其危身于狄以起谗于内也？"申生曰："不可。君之使我，非欢也，抑欲测吾心也。是故赐我奇服，而告我权。又有甘言焉。言之大甘，其中必苦。谮在中矣，君故生心。虽蝎谮[④]，焉避之？不若战也。不战而反，我罪滋厚；我战死，犹有令名焉。"果败狄于稷桑而反。谗言益起，狐突杜门不出。君子曰："善深谋也。"

【注释】①狐突：晋国大夫，狐偃的父亲，晋文公的外祖父。②金铣：金中的上品。③好艾：犹宠臣。④蝎谮：指从内部产生的谗言。

【译文】于是，太子出发了，狐突驾着兵车，先友拿着兵器立在战车右边，担任车右，太子穿着两种不同颜色的戎衣，佩戴着有缺口的黄金环。出征路上问先友说："国君给我这些东西，是什么意思？"先友答道："在这次战役中，衣服中分而金环缺口，意味着你分得了一半君权，其余的就用金玦来决断。你好好努力吧！"狐突感叹地说："拿杂色的衣服让纯正的太子穿，拿着有缺口的金子来配金子中的上品，寒凉到家了，还有什么能依赖他？即便太子好好努力，皋落狄人能消灭干净吗？”先友说：“穿着两种不同颜色的戎衣，手握重要的兵权，在这次战争中，好好做就可以了。身穿两种不同颜色的戎衣并没有害处，掌握兵权可以远离灾害，亲人让你远离灾害，有什么担忧的呢？”晋军到了稷桑，狄人迎战，申生想要进攻。狐突劝谏说：“不行。我听说：国君喜欢宠臣，大夫就危险；国君贪恋妻妾，嫡长子就危险，国家也就危险了。如果你顺从父亲，就能远离死亡，如果你顺从人民，就有利于国家，你可以考虑一下吗？况且你在狄人这边只身犯险，在国内又有了针对你的谗言？”申生说：“不可以。国君调遣我，不是喜欢我，只是想揣摩我的心思。所以才赐给我两种不同颜色的戎衣，又赐予我兵权，还说了些好话。话语太甜，里面必苦。诬陷我的话出自宫里，国君对我生了戒心。即便是内部有了谗言，我怎能逃避得了？不如就在这里同狄人作战。不战而回，我的罪更大；我要是战死，还有一个孝敬的好名声。”申生果然在稷桑打败了狄人，然后返回国家。谗言更多了，狐突闭门不出。君子说：“狐突善于深谋远虑。”

晋语二

骊姬谮杀太子申生

反自稷桑，处五年，骊姬谓公曰："吾闻申生之谋愈深。日，吾固告君曰得众，众不利，焉能胜狄？今矜狄之善，其志益广。狐突不顺，故不出。吾闻之，申生甚好信而强，又失言于众矣，虽欲有退，众将责焉。言不可食，众不可弭，是以深谋。君若不图，难将至矣！"公曰："吾不忘也，抑未有以致罪焉。"

【译文】太子申生从稷桑返回晋国，过了五年，骊姬对献公说："我听说申生对您的谋划更深重了。前段日子，我就告诉您说申生深得民心。人民如果不是为了得利，跟狄人的战争，怎能获胜？如今他自己夸耀，讨伐狄人善于用兵，他侵权的志向越来越大。

狐突因为不顺从太子的意志，所以待在家里不出来。我听说，申生特别讲信用，争强好胜，他在人民面前说要夺得晋国，结果失言，虽然申生有退战之心，人民也会责备他。他说过了就不会食言，众人的责备又不能制止，所以他会更进一步地谋划。国君如果想不出对策，灾难就要来了！”献公说：“我没忘，只是还没有治罪的理由。”

骊姬告优施曰：“君既许我杀太子而立奚齐矣，吾难里克，奈何！”优施曰：“吾来里克，一日而已。子为我具特羊之飨，吾以从之饮酒。我优也，言无邮。”骊姬许诺，乃具，使优施饮里克酒。中饮，优施起舞，谓里克妻曰：“主孟啖我，我教兹暇豫事君①。”乃歌曰：“暇豫之吾吾②，不如鸟乌③。人皆集于苑，己独集于枯。”里克笑曰：“何谓苑，何谓枯？”优施曰：“其母为夫人，其子为君，可不谓苑乎？其母既死，其子又有谤，可不谓枯乎？枯且有伤。”

【注释】①暇豫：休闲安逸。②吾吾：疏远的样子。③鸟乌：乌鸦。

【译文】骊姬告诉优施说：“国君已经答应我，杀死太子改立奚齐，我担心里克很难对付，怎么办！”优施说：“我会让里克站到我们这一边，一天就可以。你为我准备一只羊的酒席，我带着它陪他喝酒。我是个能说笑逗唱的俳优，说过分的话也没关系。”骊姬答应了，于是准备了酒席，让优施带到里克家喝酒。喝到一半，优施起舞，对里克的妻子说：“孟夫人请我吃饭，我教里克休闲安逸地事奉国君。”优施就唱歌：“休闲安逸却又疏远的样子，还不如乌鸦。别人都去了草木茂盛的树林，自己却留在枯树枝头。”里克笑着问：“什么叫草木茂盛的树林？什么叫枯树枝头？”优施说：“母亲是国君的夫人，儿子就是下一任国君，难道不叫草木茂盛的树林？母亲已死，儿子又被诽谤，难道不叫枯树枝头？这枯树枝头已经受到伤害。”

优施出，里克辟奠①，不飧而寝。夜半，召优施，曰：“曩而言戏乎②？抑有所闻之乎？”曰：“然。君既许骊姬杀太子而立奚齐，谋既成矣。”里克曰：“吾秉君以杀太子，吾不忍。通复故交，吾不敢。中立其免乎？”优施曰：“免。”

【注释】①辟奠：泛指撤去酒食。②曩（nǎng）：以前，以往，刚才。

【译文】优施走后，里克撤去酒菜，没吃饭就睡觉了。半夜，他找来优施，问：“你刚才是在说笑话？还是听到了什么？”优施说：“是真的。国君已经答应骊姬杀死太子申生改立奚齐为太子，已经谋划定了。”里克说：“如果要我秉承国君的意愿杀死太子，我不忍心。让我给太子通风报信，和太子恢复以前的交往，我不敢。我保持中立能够幸免于难吗？”优施说：“能免。”

旦而里克见丕郑，曰：“夫史苏之言将及矣！优施告我，君谋成矣，将立奚齐。”丕郑曰：“子谓何？”曰：“吾对以中立。”丕郑曰：“惜也！不如曰不信以疏之①，亦固太子以携之[②]，多为之故，以变其志，志少疏，乃可间也。今子曰中立，况固其谋也，彼有成矣，难以得间。”里克曰：“往言不可及也，且人中心唯无忌之，何可败也！子将何如？”丕郑曰：“我无心[③]。是故事君者，君为我心，制不在我。”里克曰：“弑君以为廉，长廉以骄心，因骄以制人家，吾不敢。抑挠志以从君，为废人以自利也，利方以求成人，吾不能。将伏也！”明日，称疾不朝。三旬，难乃成。

【注释】①不如曰不信以疏之：不如对优施说我们不相信他说的话，来延缓骊姬的阴谋。②亦固太子以携之：也能巩固太子的地位，分散骊姬一众人。③我无心：我没有心思想这件事。

【译文】早晨，里克去见丕郑，说：“史苏的预言快要来了！优施告诉我，国君的计划已经制定，打算立奚齐为太子。”丕郑问：“你怎么说？”里克说：“我说我将保持中立。”丕郑说：“可惜了！不如说你不相信优施的话，来延缓骊姬的阴谋，也能巩固太子的地位，分散骊姬一众，多制造一些事故，来改变他们谋害太子的志向，她谋害太子的意志，就能够稍微迟缓一点，就可以离间他们了。现在你说保持中立，越发巩固了他们的阴谋，他们胸有成竹，就难离间了。”里克说：“说过的话无法挽回了，况且骊姬的心里没有丝毫顾忌，她们怎么能失败！你准备怎么做？”丕郑说：“我没有心思想这件事。因为事奉国君的人，国君的心思就是我的心思，决定权不在我。”里克说：“抹杀国君杀掉太子而立奚齐的意愿，还把这些当作是正直的行为，滋长这种所谓的正直，就会产生骄傲的心理，靠这种骄傲的心态，裁制人家父子之间的关系，我不敢。但是压制自己，阻止自己的意志顺从国君，废了太子为自己谋私利，利用手段成全奚齐，我不能。我还是隐退吧！”第二天，里克称病不上朝。一个月后，灾难发生了。

骊姬以君命命申生曰："今夕君梦齐姜[1]，必速祠而归福[2]。”申生许诺，乃祭于曲沃，归福于绛。公田，骊姬受福[3]，乃寘鸩于酒[4]，寘堇于肉[5]。公至，召申生献，公祭之地，地坟。申生恐而出。骊姬与犬肉，犬斃；饮小臣酒，亦斃。公命杀杜原款[6]。申生奔新城。

【注释】①齐姜：太子申生死去的母亲。②归福：献上祭祀时所用的牲肉。③受福：接受天地神明的降福。④寘（zhì）：同“置”，放置。⑤堇：中药乌头，有毒。⑥杜原款：晋国大夫，太子的太傅。

【译文】骊姬以国君的名义命令申生说："今晚国君梦见你母亲齐姜，你一定要快快去祭祀她，然后把祭祀的酒肉献上来。”申生答应了，就去曲沃的祖庙祭祀母亲，返回绛城，申生把祭祀的酒肉进献到宫中。献公正外出打猎，骊姬接受天地神明的降福，把鸩毒放入酒中，把毒乌头放入肉中。献公回来，叫申生献上祭祀的酒肉，献公把酒洒在地上祭地，地面凸起一个小土包。申生害怕地跑了出去。 骊姬把祭肉扔给狗吃，狗死了；让卑微的小吏喝祭酒，小吏也死了。献公命令杀死申生的太傅杜原款。申生逃回曲沃。

杜原款将死，使小臣圉告于申生，曰："款也不才，寡智不敏，不能教导，以至于死。不能深知君之心度，弃宠求广土而窜伏焉；小心狷介[1]，不敢行也。是以言至而无所讼之也，故陷于大难，乃逮于谗。然款也不敢爱死，唯与谗人钧是恶也[2]。吾闻君子不去情，不反谗[3]，谗行身死可也，犹有令名焉[4]。死不迁情，强也。守情说父，孝也。杀身以成志，仁也。死不忘君，敬也。孺子勉之！死必遗爱，死民之思，不亦可乎？”申生许诺。

【注释】①狷（juàn）介：正直孤傲，洁身自好。②谗人：进谗言之人。这里指骊姬。③不反谗：对谗言不辩解。④令名：好名声。

【译文】杜原款就要死了，他让一个名叫圉的小吏转告申生，说：“我不才，智谋少，不敏捷，不能好好教导你，以至于让你面临死亡。我不能洞察国君的心意，没让你放弃太子之位，跑到别国隐藏起来；我这个人小心谨慎，正直孤傲，不敢跟你同行。所以听到关于你的谗言，没有为你辩解，才使你陷入大难，让这些谗言残害了你。我杜原款并不爱惜自己的生命，不惜一死，只是不想落得跟坏人一起陷害你的恶名。我听说君子不丢掉忠正的感情，对谗言不辩解，遭受谗言身死其中也可以，还会留下好名声。至死不改变忠心之情，是坚强。守护亲情让父亲开心，是孝顺。身死可以成全父亲的大志，是仁德。至死不忘记国君，是恭敬。你好好努力吧！死，也要留下爱，死，也要让百姓怀念，不也可以吗？”申生答应了。

人谓申生曰：“非子之罪，何不去乎？”申生曰：“不可。

去而罪释，必归于君，是怨君也。章父之恶，取笑诸侯，吾谁乡而入？内困于父母，外困于诸侯，是重困也。弃君去罪，是逃死也。吾闻之：‘仁不怨君，智不重困，勇不逃死。’若罪不释，去而必重。去而罪重，不智。逃死而怨君，不仁。有罪不死，无勇。去而厚怨，恶不可重，死不可避，吾将伏以俟命。”

【译文】有人对申生说：“不是你的错，为什么不远离晋国？”申生说：“不行。离开晋国虽能解脱罪名，责任一定会归到国君身上，表明我在怨恨国君。彰显父君的恶名，让诸侯国取笑，我能去哪儿呢？在国内，被父母围困，在国外，被诸侯围困，这是双重的困苦啊。背弃国君解脱罪名，是逃离死亡。我听说：‘仁义的人不怨恨国君，智慧的人不遇双重的困境，勇敢的人不逃离死亡。’如果罪名不能免除，出逃必然使罪加重。出逃而罪重，不明智。逃离死亡而怨恨国君，不仁义。有罪名不敢就死，不勇敢。出离晋国会加重怨恨，我的罪恶不能再加重了。免不了一死，我就留在这里待命吧。

骊姬见申生而哭之，曰：“有父忍之[①]，况国人乎？忍父而求好人，人孰好之？杀父以求利人，人孰利之？皆民之所恶也，难以长生！”骊姬退，申生乃雉经于新城之庙[②]。将死，乃使猛足言于狐突曰：“申生有罪，不听伯氏，以至于死。申生不敢爱其死，虽然，吾君老矣，国家多难，伯氏不出，奈吾君何？伯氏苟出而图吾君，申生受赐以至于死，虽死何悔！”是以谥为共君。

【注释】①忍之：忍心谋杀国君。②雉经：自缢。

【译文】骊姬去见申生，哭着说："对父亲都忍心谋杀，更何况国人？忍心谋杀父亲还想当个好人，谁会认为你好？杀父为国人谋福利，谁会认为有利？你所做的，都是百姓厌恶的，怎么能活长久！"骊姬走后，申生就在新城的祖庙自缢而亡。申生快死的时候，让猛足对狐突说："申生有罪，不听你的话，以至走到死这一步。我不敢怜惜自己的死，虽然这样，我们国君老了，国家多灾多难，你不出来，我们国君该怎么办？如果你肯出来，帮助国君图谋大业，我申生不过是接受国君的恩赐而死，死了，又有什么后悔的！"所以他的谥号叫共君。

骊姬既杀太子申生，又谮二公子曰："重耳、夷吾与知共君之事。"公令阉楚刺重耳①，重耳逃于狄；令贾华刺夷吾②，夷吾逃于梁③。尽逐群公子，乃立奚齐焉。始为令，国无公族焉④。

【注释】①阉楚：即阉人伯楚。②贾华：晋国大夫。③梁：古国名。嬴姓。④公族：诸侯或君王的同族。

【译文】骊姬已经杀了太子申生，又诬陷两位公子说："重耳、夷吾都参与了申生的阴谋。"献公就派阉人伯楚刺杀重耳，重耳逃跑到狄戎；又派大夫贾华刺杀夷吾，夷吾逃跑到梁国。献公驱逐了所有的儿子，立奚齐为太子。开始制定法令，晋国不允许有国君的同族。

公子重耳夷吾出奔

二十二年[1]，公子重耳出亡，及柏谷[2]，卜适齐、楚。狐偃曰[3]：“无卜焉。夫齐、楚道远而望大，不可以困往。道远难通，望大难走，困往多悔。困且多悔，不可以走望。若以偃之虑，其狄乎！夫狄近晋而不通，愚陋而多怨，走之易达。不通可以窜恶[4]，多怨可与共忧。今若休忧于狄，以观晋国，且以监诸侯之为，其无不成。”乃遂之狄。

【注释】①二十二年：晋献公二十二年（公元前655）。②柏谷：古地名。在今河南省灵宝市西南朱阳镇。有柏谷水经此。春秋晋公子重耳出奔到此始决定入翟。③狐偃：字子犯。狐突的儿子，晋文公的舅舅。④窜恶：隐藏恶。

【译文】晋献公二十二年，公子重耳逃离晋国，来到柏谷，准备占卜去齐国还是去楚国。狐偃说：“不用占卜。齐、楚两个国家道路遥远，那里的人欲望太大，我们不可以在困难的时候去那里。道路遥远难以到达，欲望太大难以往来，在困难的时候去那里会有诸多悔意。既然困难且有诸多悔意，不可以指望齐楚两国。如果按照我的谋虑，我们应该去的是狄国吧！狄国靠近晋国，还和晋国没有往来交接，狄国愚昧落后见识短，对晋国多有抱怨，去狄国容易到达。两国不交往还可以帮我们窜伏避恶，对晋国多抱怨，还可以与他们共忧患。现在我们如果能让狄国免除忧患，从这里观察晋国的局势，并且能够监督诸侯国的行动，没有不成功的事。”于是重耳就到达了狄国。

处一年，公子夷吾亦出奔，曰：“盍从吾兄窜于狄乎？”冀芮曰[①]：“不可。后出同走，不免于罪。且夫偕出偕入难，聚居异情恶，不若走梁。梁近于秦，秦亲吾君。吾君老矣，子往，骊姬惧，必援于秦。以吾存也，且必告悔，是吾免也。”乃遂之梁。居二年，骊姬使奄楚以环释言[②]。四年，复为君。

【注释】①冀芮：晋国大夫。②奄楚：即阉楚，阉人楚。

【译文】过了一年，公子夷吾也要逃亡，说：“何不跟着我哥逃窜到狄国？”冀芮说：“不可以。你后来逃亡，却跟他奔走在同一个国家，不能免除合谋之罪。再说一起出一起入也很难，生活在一起，情况却不一样，会生仇怨，不如去梁国。梁国亲近秦国，秦国亲近我们国君。我们国君年纪大了，你去，骊姬会害怕，必定会向秦国请求援助。因为我们呆在梁国，她必定表示她很后悔，这样我们就能免罪。”于是夷吾跑到了梁国。在梁国居住了两年，骊姬派阉人楚送来玉环自行解释。过了四年，夷吾回了国，当了国君。

虢将亡舟之侨以其族适晋[①]

虢公梦在庙[②]，有神人面白毛虎爪，执钺立于西阿[③]，公惧而走。神曰：“无走！帝命曰：‘使晋袭于尔门’。”公拜稽首，觉，召史嚚占之[4]，对曰："如君之言，则蓐收也[5]，天之刑神也，天事官成。"公使囚之，且使国人贺梦。舟之侨告诸其族曰："众谓虢亡不久，吾乃今知之。君不度而贺大国之袭，于已也何瘳[6]？吾闻之曰：'大国道，小国袭焉曰服。小国傲，大国袭焉曰诛。'民疾君之侈也，是以遂于逆命。今嘉其梦，侈必展，是天夺之鉴而益其疾也。民疾其态，天又诳之；大国来诛，出令而逆；宗国既卑，诸侯远已。内外无亲，其谁云救之？吾不忍俟也！"将行，以其族适晋。六年，虢乃亡。

【注释】①虢：虢国。舟之侨：虢国大夫。②虢公：虢国国君。③钺：古代兵器，青铜制，像斧，比斧大，圆刃可砍劈，商及西周盛行。又有玉石制的，供礼仪、殡葬用。④史嚚（yín）：虢国太史嚚。⑤蓐收：古代掌理西方的神，相传为少皞氏之子，名该，负责掌管秋天。西方于五行中属金，故又为主金之神。⑥瘳（chōu）：损害，减损。

【译文】虢公梦见在庙里，有一个神人，脸上长着白毛，身上长着老虎爪，手里拿着钺站在西边的屋檐下。虢公感到很害怕，要逃走。神说："不要跑！天帝命令你：'让晋国侵入你的国门。'"虢公叩头跪拜。醒来，召太史嚚占卜这个梦，太史嚚回答说："按照您描述的，这个神是蓐收神，他是天上主管刑罚的神，上天要做的事情都由天官完成。"虢公下令把太史嚚囚禁起来，并让全国人民祝贺他的梦。舟之侨告诉他的族人说："大家都说虢国离灭亡不会太久，我今天才知道。虢公不考虑事情的轻重，却让全国人民祝贺晋国的侵入，对他自己来说，难道能减轻损害？我听说：‘大国仁道，小国沿袭大国之道叫臣服。小国傲慢，大国侵入叫责罚。’人民痛恨国君的邪行，就会违逆他的命令。现在国君庆贺他自己的梦，他的邪行必然会进一步发展，这是上天夺走他的宝鉴，增加他的病情。民众讨厌他的这种态度，上天又迷惑他；大国来责罚他，发出命令人民违逆他；他在同宗族的诸侯国中已经很卑微了，其他诸侯国又疏远他。内外都没有亲近的人，有谁说想要救助他？我不忍心等下去了！”就出走了，舟之侨带领他的族人去了晋国。过了六年，虢国就灭亡了。

宫之奇知虞将亡[①]

伐虢之役[②]，师出于虞。宫之奇谏而不听，出，谓其子曰："虞将亡矣！唯忠信者能留外寇而不害。除暗以应外谓之忠，定身以行事谓之信。今君施其所恶于人，暗不除矣；以贿灭亲，身不定矣。夫国非忠不立，非信不固。既不忠信，而留外寇，寇知其衅而归图焉。已自拔其本矣，何以能久？吾不去，惧及焉。"以其孥适西山[③]，三月，虞乃亡。

【注释】①宫之奇：虞国大夫。虞：中国周代诸侯国名，在今山西省平陆县东北。②伐虢之役：指晋献公讨伐虢国的战役。③西山：虞国西面的山。

【译文】晋国讨伐虢国这一仗，军队要经过虞国。宫之奇劝谏，不要让晋军从虞国的路上走，虞公不听，宫之奇退出，对他的儿子说："虞国就要亡国了！唯有忠义诚信的人，才能让入侵的外敌停留而不会受到伤害。清除自己的阴暗，应对外来的一切，叫作忠，安定自己的身心，坦坦荡荡做事，叫作信。现在国君对别人做自己讨厌的事，阴暗没有除去啊；凭着晋国的一点贿赂，就湮灭了自己的亲情，身心不安定啊。一个国家，没有忠就不能立足，没有信，就不会牢固。又不讲忠信，又要让入侵的外敌停留，入侵的外敌知道了我们的弱点，在返回的路上就会图谋我们。已经自己拔掉了立国的根本，国家怎么能长久？我不离开，恐怕来不及了。"宫之奇带着他的妻子儿女逃往西山，过了三个月，虞国就灭亡了。

献公问卜偃攻虢何月

献公问于卜偃曰："攻虢何月也？"对曰："童谣有之曰：'丙之晨，龙尾伏辰①，均服振振②，取虢之旂。鹑之贲贲③，天策焞焞④，火中成军⑤，虢公其奔！'火中而旦，其九月十月之交乎？"

【注释】①龙尾：星宿名。即箕宿，二十八宿之一。居东方苍龙七宿之末，故称。伏辰：谓星宿隐伏在日月交会处。亦以指隐伏的星辰。②振振：美盛的样子。③鹑：星宿名，南方朱鸟七宿的总称，这里指七星之一的鹑火星。贲贲：勇猛跳行的样子。④天策：星宿名。焞焞：光暗弱貌。⑤成军：出师成功。

【译文】晋献公让郭偃占卜，晋献公问道："进攻虢国应该在几月？"郭偃回答说："童谣有这样的话：'丙子日的早晨，龙尾星隐伏在日月交会处，兵士穿着军服雄壮威武，去夺取虢国的国旗。鹑火星勇猛跳行，天策星暗淡不明，在鹑火星勇猛跳行中，出师成功，虢公将会仓皇逃奔。’鹑火星出现在南方的早晨，应该是在九月和十月交接的时候吧？”

宰周公论齐侯好示[1]

葵丘之会，献公将如会，遇宰周公，曰：“君可无会也。夫齐侯好示，务施与力而不务德，故轻致诸侯而重遣之，使至者劝而叛者慕。怀之以典言，薄其要结而厚德之，以示之信。三属诸侯[2]，存亡国三[3]，以示之施。是以北伐山戎，南伐楚，西为此会也。譬之如室，既镇其甍矣，又何加焉？吾闻之，惠难遍也，施难报也。不遍不报，卒于怨雠。夫齐侯将施惠如出责，是之不果奉，而暇晋是皇，虽后之会，将在东矣。君无惧矣，其有勤也！”公乃还。

【注释】①宰周公：名孔。周王室卿士。齐侯：指齐桓公。好示：好显示自己。②三属：三度会盟。③存亡国三：让鲁国、卫国、邢国这三个快要灭亡的国家复国。

【译文】葵丘盟会的时候，晋献公准备如期赴会，遇见宰周公，宰周公说：“您可以不去盟会。齐桓公好显示自己，他致力于施行武力而不追求品德，所以诸侯拿着一些薄礼，就会满载而归，齐桓公让到会的诸侯受到勉励，让背叛的诸侯羡慕。他用合于礼法的言辞，让众多的诸侯降顺，他减少结盟程序，施予诸侯深厚的恩泽，来显示他的诚信。他三度会盟，让三个快要灭亡的国家得以保存，来显示他的乐善好施。所以他向北讨伐山戎，向南攻打楚国，在西边举办这次会盟。好像一件屋子，已经压上了屋顶，还有什么可加的呢？我听说，恩惠难以普及，施恩难以得到回报。不能普及，就不能得到回报，最终会结下怨仇。齐桓公布施恩惠好像放债给别人，这是没有结果的奉承，他没有空闲匡正晋国，之后的会盟，将会在东边举行。你不用害怕，将来有你尽力的时候！”献公于是就返回晋国了。

宰周公论晋侯将死

宰孔谓其御曰：“晋侯将死矣！景霍以为城，而汾、河、涑、浍以为渠[①]，戎、狄之民实环之。汪是土也，苟违其违[②]，谁能惧之！今晋侯不量齐德之丰否，不度诸侯之势，释其闭修[③]，而轻于行道，失其心矣。君子失心，鲜不夭昏[④]。”是岁也，献公卒。八年，为淮之会。桓公在殡[⑤]，宋人伐之。

【注释】①景霍：晋国的山名。涑（sù）：水名，在山西境内。浍（huì）：水名，源出山西省翼城县东，西流经曲沃县、侯马市注入汾河。②苟违其违：如果能去掉违背道义的事。③闭修：谓修明政治，自守其国。④夭昏：狂惑而早死。⑤在殡：尚未下葬。

【译文】宰孔跟他的赶车人说：“晋侯快死了！晋国用景霍山

做城墙，用汾河、黄河、涑水和浍水做护城河，戎、狄的人民实实地环绕在它的周围。有如此深广的土地，如果能除去违背道义的事，晋国还能害怕谁！现在晋侯不度量齐侯德行丰厚与否，不权衡各诸侯的势力，舍弃了修明政治，自守其国，还轻视行仁德之道，这就失去人心了。君子失去人心，很少不狂惑而早死的。”这一年，献公死了。葵丘盟会后的第八年，齐桓公又发起了淮地会盟。齐桓公死后还未下葬，宋国就来讨伐齐国。

里克杀奚齐而秦立惠公

二十六年[①]，献公卒。里克将杀奚齐，先告荀息曰：“三公子之徒将杀孺子，子将如何？”荀息曰：“死吾君而杀其孤，吾有死而已，吾蔑从之矣[②]！”里克曰：“子死，孺子立，不亦可乎？子死，孺子废，焉用死？”荀息曰：“昔君问臣事君于我，我对以忠贞。君曰：‘何谓也？’我对曰：‘可以利公室，力有所能，无不为，忠也。葬死者，养生者，死人复生不悔，生人不媿[③]，贞也。’吾言既往矣，岂能欲行吾言而又爱吾身乎？虽死，焉避之？”

【注释】①二十六年：晋献公二十六年（公元前651）。②蔑从：轻视这种做法。蔑：轻视。③不媿（kuì）：不惭愧。

【译文】二十六年，晋献公死。里克想要杀奚齐，先问荀息说：“申生、重耳、夷吾三位公子的徒党就要杀奚齐，你打算怎么办？”

荀息说："我们的国君刚死，就要杀他的遗孤，我轻视这种做法，还不如死去！"里克说："你死，奚齐被立为国君，不也可以？你死，奚齐被废掉，你死有什么用？"荀息说："以前先君问我大臣事奉国君的事，我说要忠贞。先君问：'什么是忠贞？'我回答说：'对王室有利的事，只要是力所能及的，我都要去做，这叫作忠。埋葬去世的人，奉养活着的人，即便是死而复生的人，也对我的所作无怨无悔，对活着的人，不感到惭愧，叫作贞。'我的话已经说过，又怎么能既践行我的承诺，又吝惜我的生命？即便是死，又怎么会躲避？"

里克告丕郑曰："三公子之徒将杀孺子，子将何如？"丕郑曰："荀息谓何？"对曰："荀息曰'死之'。"丕郑曰："子勉之。夫二国士之所图[①]，无不遂也。我为子行之。子帅七舆大夫以待我[②]。我使狄以动之，援秦以摇之。立其薄者可以得重赂，厚者可使无入。国，谁之国也！"里克曰："不可。克闻之，夫义者，利之足也；贪者，怨之本也。废义则利不立，厚贪则怨生。夫孺子岂获罪于民？将以骊姬之惑蛊君而诬国人，谗群公子而夺之利，使君迷乱，信而亡之，杀无罪以为诸侯笑，使百姓莫不有藏恶于其心中，恐其如壅大川，溃而不可救御也。是故将杀奚齐而立公子之在外者，以定民弭忧，于诸侯且为援，庶几曰诸侯义而抚之，百姓欣而奉之，国可以固。今杀君而赖其富，贪且反义。贪则民怨，反义则富不为赖。赖富而民怨，乱国而身殆，惧为诸侯载，不可常也。"丕郑许诺。于是杀奚齐、卓子及骊姬，而请君于秦。

【注释】①国士：一国中才能最优秀、最勇敢、最有力量的人。这里是丕郑比喻自己和里克。②七舆大夫：主管诸侯副车的七大夫。这里指申生手下的七位大夫。

【译文】里克又问丕郑说：“申生、重耳、夷吾三位公子的徒党就要杀奚齐，你打算怎么办？”丕郑问：“荀息怎么看？”里克说：“荀息说‘他会为奚齐死’。”丕郑说：“你好好干吧。两个最优秀、最勇敢、最有能力的人图谋的事，没有不成功的。我帮助你，咱两一起行动。你带着主管诸侯副车的七位大夫等着我。我让狄国的重耳行动起来，并且寻求秦国的援助，以此撼动奚齐的地位。拥立血缘关系疏远的公子做国君，我们可以得到很多报酬，血缘关系近的公子，我们就不让他回来。晋国，能是谁的晋国！”里克说：“不可以。我听说，利，立足于义；贪，怨的根本。废弃义，利无法立足，太贪婪，怨就会萌生。奚齐难道是得罪了人民吗？是因为骊姬蛊惑国君并且欺骗了国人，她陷害群公子，夺走他们的权利，至使国君迷乱，相信了她的话，让群公子四处流亡，杀死无罪的申生，被各诸侯国嘲笑，百姓们没有一个不是把厌恶藏在心里，恐怕就像堵塞了的大河，水一旦决堤就不可阻止。所以我将杀死奚齐，拥立流亡在外的公子，是为了安定民心，平息忧患，并且向诸侯请求援助，差不多可以这样说，诸侯认为这是义举，就会安抚新君，百姓高兴，就会事奉新君，国家就能巩固。现在杀了新君来取得财富，这是贪图利益，违反了道义。贪图利益民众就会怨恨，违反道义，取得财富也没有好处。为了没有好处的财富，而让民众厌恶，国家会发生动乱，自身也会危险，还怕被诸侯载入史册，你所说的不能长久啊。”丕郑同意了。于是杀了奚齐、卓子和骊姬，请求秦国为晋国立一个国君。

既杀奚齐，荀息将死之。人曰：“不如立其弟而辅之。”荀息立卓子。里克又杀卓子，荀息死之。君子曰：“不食其言矣。”

【译文】奚齐已经被杀，荀息准备去死。有人说：“不如立奚齐的弟弟卓子，你去辅佐他。”荀息就立卓子为国君。里克又杀死卓子，荀息为卓子而死。君子说：“荀息没有食言。”

既杀奚齐、卓子，里克及丕郑使屠岸夷告公子重耳于狄[①]，曰：“国乱民扰，得国在乱，治民在扰，子盍入乎？吾请为子鉥[②]。”重耳告舅犯曰：“里克欲纳我。”舅犯曰：“不可。夫坚树在始，始不固本，终必槁落。夫长国者，唯知哀乐喜怒之节，是以导民。不哀丧而求国，难；因乱以入，殆。以丧得国，则必乐丧，乐丧必哀生。因乱以入，则必喜乱，喜乱必怠德。是哀乐喜怒之节易也，何以导民？民不我导，谁长？”重耳曰：“非丧谁代？非乱谁纳我？”舅犯曰：“偃也闻之，丧乱有小大。大丧大乱之剡也[③]，不可犯也。父母死为大丧，谗在兄弟为大乱。今适当之，是故难。”公子重耳出见使者，曰：“子惠顾亡人重耳，父生不得供备洒扫之臣，死又不敢莅丧以重其罪，且辱大夫，敢辞。夫固国者，在亲众而善邻，在因民而顺之。苟众所利，邻国所立，大夫其从之，重耳不敢违。”

【注释】①屠岸夷：晋国大夫。②鉥（shù）：引导，导。③剡（yǎn）：尖，尖锐。

【译文】奚齐和卓子已经被杀，里克和丕郑派屠岸夷到狄国告诉公子重耳说：“国家发生暴乱，人民被侵扰，在动乱的时候得到国家，在人民受到侵扰的时候治理人民，你为什么不回来呢？我们请求为你的回来作引导。”重耳告诉舅舅子犯说：“里克想要接纳我。”子犯说：“不可以。想让树木坚固在于植树的最初，最初不固本强基，终究会枯槁凋落。掌握国家政权的人，必须要知道喜怒哀乐的节度，用来教导民众。服丧期间不哀伤却想坐拥国家，难成大业啊；因为国家乱作一团想乘虚而入，很危险。因为丧事而得到国家，一定会因为丧事而快乐，以国丧为快乐，必定会产生哀伤。因为内乱而返回国家，就会把内乱当作喜事，把内乱当作喜事，必定会败坏道德。这是改变了喜怒哀乐的真正节度，怎么来教导人民？教导不了人民，做谁的长官？”重耳说：“如果不是国丧，谁会代替国君？如果不是内乱，谁会接纳我？”舅舅子犯说：“我听说，丧乱有大有小。大丧大乱的锐利，是不能冒犯的。父母死是大丧，兄弟之间有谗言是大乱。现在你就身处这样的大乱大丧，所以很困难。”于是公子重耳出来见使者，说：“感谢你惠心照顾我这个流亡在外的人，父亲活着的时候，我不能尽洒扫的义务，父亲死了以后，又不能回去亲自操办丧事，这更加重了我的罪，而且玷辱了大夫们，请允许我推辞这件事。能让国家安定的人，在于亲近民众，善于处理邻国的关系，在于能体察民情来顺应民心。如果能满足民众的利益，邻国也愿意拥立，大夫们也都跟从我，我才不敢违背。”

吕甥及郤称亦使蒲城午告公子夷吾于梁[①]，曰：“子厚赂秦人以求入，吾主子[②]。”夷吾告冀芮曰：“吕甥欲纳我。”冀芮曰：“子勉之。国乱民扰，大夫无常，不可失也。非乱何入？非危何安？幸苟君之子，唯其索之也。方乱以扰，孰适御我？大夫无常，苟众所置，孰能勿从？子盍尽国以赂外内，无爱虚以求入，既入而后图聚。”公子夷吾出见使者，再拜稽首许诺。

【注释】①吕甥：晋国大夫。郤称：晋国大夫。吕甥、郤称两人都是公子夷吾的同党。蒲城午：晋国大夫。②吾主子：我们在国内操纵。主子：操纵、主使的人。

【译文】吕甥和郤称也派蒲城午去梁国告诉公子夷吾，说：“你重重地贿赂秦国，请求他们帮你回国继位，我们在国内操纵接应。”夷吾告诉冀芮说：“吕甥想要接纳我。”冀芮说：“你好好做吧。国家内乱，人民被侵扰，大夫们也失去常态，机不可失。不是内乱怎么能回去？不是人民有危险，怎么能接任国君安抚人民？幸好你是国君的儿子，他们才找到了你。正好碰上国家内乱人民被侵扰，谁会过来拒绝我们？大夫们失去常态，如果大家立你为国君，谁能不服从？你何不尽晋国所能，贿赂国内外用得上的人，不要怜惜空虚了的国库，只求能返回国家，回国后再谋划积聚钱财。”于是公子夷吾出来接见使者，叩头至地跪拜了两拜，答应回国。

吕甥出告大夫曰："君死，自立则不敢，久则恐诸侯之谋，径召君于外也，则民各有心，恐厚乱，盍请君于秦乎？"大夫许诺。乃使梁由靡告于秦穆公曰[①]："天降祸于晋国，谗言繁兴，延及寡君之绍续昆裔[②]，隐悼播越[③]，托在草莽，未有所依。又重之以寡君之不禄[④]，丧乱并臻。以君之灵，鬼神降衷，罪人克伏其辜，群臣莫敢宁处，将待君命。君若惠顾社稷，不忘先君之好，辱收其逋迁裔胄而建立之，以主其祭祀，且镇抚其国家及其民人，虽四邻诸侯之闻之也，其谁不儆惧于君之威，而欣喜于君之德？终君之重爱，受君之重贶，而群臣受其大德，晋国其谁非君之群隶臣也？"

【注释】①梁由靡：晋国大夫。②绍续：承嗣。昆裔：后嗣，子孙后代。③隐悼：沉痛悼念。播越：逃亡，流离失所。④不禄：泛指死亡。

【译文】吕甥出去告诉大夫们说："国君已死，我们也不敢自己立一个新君，时间长了又怕诸侯谋划，直接从国外召回一位国君，又怕人民各怀心思，怕加重国家的内乱，我们为什么不请求秦国帮助我们立一个新君？"大夫们同意了。于是就派梁由靡告诉秦穆公说："上天降祸乱到晋国，谗言兴起甚多，波及到先君的承嗣后代。他们沉痛悼念先君，流离失所，逃亡到国外落后愚昧之地，无依无靠。又加上先君去世，使国丧和内乱同时来临。托您的灵明，鬼神降下善心，让罪人遭到了报应。群臣们不敢安宁地生活，都在等待您的命令。您如果能惠心地照顾晋国，不忘记先君的好，请屈尊收留一位流亡在外的国君的后裔，并帮助他继承君位，让他主持晋国的祭祀，镇抚国家和人民，即使四方的邻国诸侯听说了这件事，谁能不惧怕您的威武，又欣赏您的品德？去世的国君承蒙您的厚爱，得到您厚重的赏赐，群臣也感受到了您的恩德，晋国有谁不愿意成为，您能役使的奴隶，有谁不想成为，替您效命的大臣呢？”

秦穆公许诺。反使者，乃召大夫子明及公孙枝[①]，曰：“夫晋国之乱，吾谁使先，若夫二公子而立之？以为朝夕之急。”大夫子明曰：“君使絷也[②]。絷敏且知礼，敬以知微。敏能窜谋[③]，知礼可使；敬不坠命，微知可否。君其使之。”

【注释】①子明：指秦国大夫孟明视。公孙枝：秦国大夫。②絷（zhí）：即秦国公子絷，嬴姓赵氏，名絷，字子显。③窜谋：暗中谋划。

【译文】秦穆公答应了梁由靡，让他返回晋国，召见大夫孟明视和公孙枝，问：“晋国内乱，我先选谁，在重耳和夷吾两位公子当中，立哪一位作为新君？来解决晋国迫在眉睫的问题。”大夫孟明视说：“您让絷去处理这件事吧。絷聪敏过人详知礼数，能恭敬待人，能观察入微。聪敏过人能暗中谋划，详知礼数可以派作使者；能恭敬待人不会毁坏君命，能观察入微就能知道谁适合做国君。您派他去吧。”

乃使公子絷吊公子重耳于狄，曰：“寡君使絷吊公子之忧，又重之以丧。寡人闻之，得国常于丧，失国常于丧。时不可失，丧不可久，公子其图之！”重耳告舅犯。舅犯曰：“不可。亡人无亲，信仁以为亲，是故置之者不殆。父死在堂而求利，人孰仁我？人实有之，我以徼幸，人孰信我？不仁不信，将何以长利？”公子重耳出见使者，曰：“君惠吊亡臣，又重有命。重耳身亡，父死不得与于哭泣之位，又何敢有他志以辱君义？”再拜不稽首，起而哭，退而不私。

【译文】秦穆公于是就派公子絷去狄国慰问重耳，说：“国君派我吊唁你逃亡的忧虑，以及问候你失去父亲的痛苦。我听说：取得国家常常在办理国丧的时候，失去国家也常常在办理国丧的时候。机不可失，失去国家也不会太久，请公子好好谋划这件事！”重耳把这些话告诉舅舅子犯。子犯说：“不行。流亡在外哪会有人亲近，只有诚信仁义，人们才会亲近，这样的人被拥立为国君才不危险。父亲死了，棺材还停在厅堂上，就求取个人的利益，谁会认为我们是仁人？任何一位公子都有做国君的权利，我们侥幸获得，哪个人会信任我们？不是仁人不讲诚信，如何谋取长远的利益？”公子重耳就出来见公子絷说：“你惠顾这里慰问我这个流亡在外的人，又赋予我重大的使命。重耳流亡在外，父亲去世都不能站在哭泣的位置，又怎么敢有其他想法辱没你的情谊呢？”说完拜了两拜，没有叩头至地，然后站起来哭泣，退下以后，不再私访公子絷。

公子絷退，吊公子夷吾于梁，如吊公子重耳之命。夷吾告冀芮曰：“秦人勤我矣[①]！”冀芮曰：“公子勉之。亡人无狷洁[2]，狷洁不行。重赂配德[3]，公子尽之，无爱财！人实有之，我以徼幸，不亦可乎？”公子夷吾出见使者，再拜稽首，起而不哭，退而私于公子絷曰：“中大夫里克与我矣，吾命之以汾阳之田百万。丕郑与我矣，吾命之以负蔡之田七十万。君苟辅我，蔑天命矣！亡人苟入扫宗庙，定社稷，亡人何国之与有？君实有郡县，且入河外列城五。岂谓君无有，亦为君之东游津梁之上[4]，无有难急也。亡人之所怀挟缨纕[5]，以望君之尘垢者。黄金四十镒[6]，白玉之珩六双[7]，不敢当公子，请纳之左右。”

【注释】①勤：帮助。②狷洁：洁身自好。③重赂配德：用丰厚的财物行贿，去答谢向你布施恩德的人。④津梁：渡口桥梁。⑤缨纕（xiāng）：马的颈带与腹带。⑥镒（yì）：量词。古代计算重量的单位。以二十两或二十四两为一镒。⑦珩：佩玉上面的横玉，形状像磬。

【译文】公子絷离开狄国，到了梁国，又慰问公子夷吾，跟慰问重耳一样的内容，赋予夷吾同样的使命。夷吾告诉冀芮说：“秦国要帮助我了！”冀芮说：“公子好好努力吧。流亡在外的人不要讲求洁身自好，洁身自好成不了大事，应该用丰厚的财物行贿，去答谢向你布施恩德的人，你尽你所能去办理，不要吝惜财物！任何一位公子都有做国君的权利，我们侥幸取得君位，不也能行吗？”于是公子夷吾出来见公子絷，拜了两拜，叩头至地，站立起来不再哭泣，退下以后又私访公子絷说：“中大夫里克也赞同我做国君，我许诺给他汾阳一方的田地百万亩。丕郑也赞同我做国君，我许诺给他负蔡一带的七十万亩田地。秦君要是能辅助我，我就不需要天命了！我一个流亡在外的人，如果能回去清扫宗庙，安国定邦，我还谈什么国土的有无？我们晋国，就是秦君实实在在的郡县，再加上我会赠送黄河以外的五座城池。这能说是因为秦君没有土地才赠送的吗？而是为了秦君东游到黄河渡口的桥梁之上，不会再有什么危难急困的事。我这个流亡在外的人，愿意牵马扬鞭，看着秦君车马飞奔而步尘之后。另外送上黄金四十镒、白玉制作的珩玉六双，不敢奉送公子，请让你的随从收下它。”

公子絷返，致命穆公。穆公曰：“吾与公子重耳，重耳仁。再拜不稽首，不没为后也。起而哭，爱其父也。退而不私，不没于利也。”公子絷曰：“君之言过矣。君若求置晋君而载之，置仁不亦可乎？君若求置晋君以成名于天下，则不如置不仁以猾其中，且可以进退。臣闻之曰：‘仁有置，武有置。仁置德，武置服。’”是故先置公子夷吾，实为惠公。

【译文】公子絷返回秦国，向秦穆公复命。穆公说：“我赞同公子重耳，重耳仁德。他只是拜了两拜，却不叩头至地，是不贪图国君的君位。站起来哭泣，是敬爱他的父亲。退下以后没有私自拜访公子絷，是不贪图私利。”公子絷说：“国君的话错了。您立晋君，如果是为了成全晋国，立一个仁德的公子不也可以？您立晋君，如果是为了成就秦国在天下的好名声，就不如立一个不仁不义的公子来扰乱晋国，我们就能在这件事上，进退自如。我听说：‘有为了显示仁德，而帮助别国立国君的，有为了显示威武，而帮助别国立国君的。想要显示仁德，就要立有德的人当国君，想要显示威武，就要立唯命是听的人当国君。’”所以秦国就先帮助晋国立公子夷吾为国君，这就是晋惠公。

冀芮答秦穆公问

穆公问冀芮曰：“公子谁恃于晋？”对曰：“臣闻之，亡人无党，有党必有雠。夷吾之少也，不好弄戏，不过所复，怒不及色，及其长也弗改。故出亡无怨于国，而众安之。不然，夷吾不佞，其谁能恃乎？”君子曰：“善以微劝也。”

【译文】秦穆公问冀芮说：“公子夷吾在晋国依靠谁？”冀芮回答说：“我听说，流亡在外的人没有徒党，有徒党就一定有仇人。夷吾小时候，不喜欢游戏玩耍，报复别人一点也不过分，即便发怒也不会表现出来，直到他长大，也没有改变。所以逃出流亡后，国人对他没有什么怨恨，民众认为他是能让人放心的人。要不然，夷吾没有才能，谁能依靠他呢？”君子说：“冀芮善于在细微处劝谏。”

晋语三

惠公入而背外内之赂

惠公入而背外内之赂。舆人诵之曰[①]："佞之见佞，果丧其田。诈之见诈，果丧其赂。得国而狃，终逢其咎。丧田不惩，祸乱其兴。"既里、丕死，祸，公陨于韩[②]。郭偃曰："善哉！夫众口祸福之门。是以君子省众而动，监戒而谋，谋度而行，故无不济。内谋外度，考省不倦，日考而习，戒备毕矣。"

【注释】①舆人：众人。②公陨于韩：晋惠公在韩地兵败，从此一落千丈。公元前645年，秦晋两国在韩原开战，晋君大败，晋惠公被俘虏。

【译文】晋惠公回国后，背弃了先前承诺的对国内外的贿赂。多数人讽刺说："善辩的碰见善辩的，果然丧失了田地。欺诈的碰见欺诈的，果然丧失了原有的贿赂。因贪心而取得国家的人，最终也会遭受灾难。丧失了田地而不去惩罚恶人，祸乱就要兴起。”不久后，里克、丕郑被晋惠公杀死；祸事临头，晋惠公也在韩地兵败，从此一落千丈。大夫郭偃感叹说：“好啊！众人的嘴是祸福的门。所以君子要觉知民众的意愿后才能行动，鉴察往事，警戒将来才能谋划，谋划的事情度量后才能实行，所以没有达不成的。谋划于内而度量于外，孜孜不倦地思考省察，每天研究，时时学习，戒备之道就全在这里了。”

惠公改葬共世子[①]

惠公即位，出共世子而改葬之，臭达于外。国人诵之曰：“贞之无报也。孰是人斯，而有是臭也？贞为不听，信为不诚。国斯无刑，偷居幸生。不更厥贞，大命其倾。威兮怀兮，各聚尔有，以待所归兮。猗兮违兮，心之哀兮。岁之二七，其靡有征兮。若狄公子[②]，吾是之依兮。镇抚国家，为王妃兮。”郭偃曰：“甚哉，善之难也！君改葬共君以为荣也，而恶滋章。夫人美于中，必播于外，而越于民，民实戴之。恶亦如之。故行不可不慎也。必或知之，十四年，君之冢嗣其替乎[③]？其数告于民矣。公子重耳其入乎？其魄兆于民矣。若入，必伯诸侯以见天子，其光耿于民矣。数，言之纪也；魄，意之术也；光，明之曜也。纪言以叙之，述意以导之，明曜以昭之。不至何待？欲先导者行乎，将至矣！”

【注释】①改葬：按世子之礼改葬。申生死了以后，晋献公没按太子之礼埋葬申生。共世子：指太子申生。②狄公子：身在狄国的公子重耳。③君之冢嗣其替乎：国君的嫡长子被替换掉。这是指晋惠公的儿子晋怀公被杀。冢嗣：嫡长子。

【译文】晋惠公即位后，挖出太子申生的尸体以世子之礼改葬，臭气传到外面。国人嘲讽着唱道："按正式的礼节改葬，却得不到回报。是谁让死人有这么臭的气味呢？想按正式的礼节改葬却没人听从，虽想表现出信义却表现出不真诚。国家没有这样的刑法，偷来君位就能侥幸生存。不改变他令人闭气的国政，晋国的大命就会覆倾。畏惧伪君怀念仁君，各自积聚自己的心愿，等着重耳归来。想依靠仁君想离开伪君，心里觉得很悲哀。十四年以后，伪君没有在位的征兆，就要灭亡。那边狄国的公子重耳啊，我们想要依傍他。快回来镇抚国家啊，作天子最好的辅助。"大夫郭偃说："厉害了，好事难做啊！国君改葬申生，想借此显示自己的荣耀，却使自己的罪名更加显著。一个人心怀美好，肯定会表现在外，并且在民间传颂，人民就会爱戴他。一个人内心丑恶也是如此。所以一个人行动不能不慎重啊。一定有人知道，十四年后国君的嫡长子已经被替换掉了吗？这个数在民间已经互相转告了。公子重耳会回来吗？民众已经看到征兆了。他如果回来，一定会称霸诸侯带领诸侯拜见天子，他的光辉普照于民。数字，是预言的记录；征兆，是民意的申述，光明，是睿智的闪耀。以记录预言的形式来表述，以阐发民意的形式为先导，以睿智的闪耀来昭彰。重耳不赶快回国还等待什么？想要作人民的先导，可以行动了，他快回来了！"

惠公悔杀里克

惠公既杀里克而悔之，曰："芮也，使寡人过杀我社稷之镇。"郭偃闻之，曰："不谋而谏者，冀芮也。不图而杀者，君也。不谋而谏，不忠。不图而杀，不祥。不忠，受君之罚。不祥，罹天之祸。受君之罚，死戮。罹天之祸，无后。志道者勿忘，将及矣！"及文公入，秦人杀冀芮而施之。

【译文】晋惠公已经杀了里克，又感到很后悔，说："冀芮，是你让我犯错，杀了国家的重臣。"郭偃听到后，说："不为国家谋算而劝谏杀死里克的，是冀芮。不经过筹划就杀死里克的，是国君。不为国家谋算而劝谏，是不忠。不经过筹划就杀人，是不祥。不忠，要受到国君的惩罚。不祥，将遭受天降的祸患。受到国君惩罚，死了也会被羞辱。遭受天降的祸患，没有后代子孙。明辨是非的人不要忘记，灾难将要来了！"等到晋文公回国，秦国人杀了冀芮，并陈尸示众。

惠公杀丕郑

惠公既即位，乃背秦赂。使丕郑聘于秦，且谢之。而杀里克，曰："子杀二君与一大夫，为子君者，不亦难乎？"

【译文】晋惠公即位以后，就违背了增送城池给秦国的承诺。他派丕郑到秦国聘问，向秦君致以歉意。他还杀死了里克，并振振有词："你杀了奚齐和夷吾两个国君，还杀死大夫荀息，做你的国君，不也太难了吗？"

丕郑如秦谢缓赂，乃谓穆公曰："君厚问以召吕甥、郤称、冀芮而止之，以师奉公子重耳，臣之属内作，晋君必出。"穆公使泠至报问[①]，且召三大夫[②]。郑也与客将行事，冀芮曰："郑之使薄而报厚，其言我与秦也，必使诱我。弗杀，必作难。"是故杀丕郑及七舆大夫：共华、贾华、叔坚、骓歂、累虎、特宫、山祁，皆里、丕之党也。丕豹出奔秦[③]。

【注释】①泠至：秦国大夫。②三大夫：指吕甥、郤称、冀芮。③丕豹：丕郑的儿子。

【译文】丕郑到秦国致歉，关于延缓赠送城池的事，他对秦穆公说："您用厚礼慰问晋国，把吕甥、郤称、冀芮召到秦国留住他们，派部队护送公子重耳回国，我的下属在国内运作，晋惠公一定会逃离晋国。"穆公就派泠至回报晋国的聘问，同时召集吕甥、郤称和冀芮三位大夫。丕郑和秦国使臣泠至将按计划行事，冀芮对惠公说："丕郑出使秦国的礼品薄寡，秦国回赠的礼品丰厚，一定是他在秦国说了我们，一定会让秦国引诱我们。不杀丕郑，肯定会发生灾难。"所以晋惠公就杀了丕郑和七舆大夫：共华、贾华、叔坚、骓歂、累虎、特宫、山祁。这些人都是里克、丕郑的徒党。丕郑的儿子丕豹逃跑到秦国。

丕郑之自秦反也，闻里克死，见共华曰："可以入乎？"共华曰："二三子皆在而不及[①]，子使于秦，可哉！"丕郑入，君杀之。共赐谓共华曰："子行乎？其及也！"共华曰："夫子之入，吾谋也，将待也。"赐曰："孰知之？"共华曰："不可。知而背之不信，谋而困人不智，困而不死无勇。任大恶三[②]，行将安入？子其行矣，我姑待死。"

【注释】①二三子：指共华、贾华、叔坚、骓歂、累虎、特宫、山祁七舆大夫。②任大恶三：我担任着不信、无勇、不智这三大恶行。

【译文】丕郑从秦国返回时，听说里克被杀死，见到共华说："我可以回国吗？"共华说："我们七个在国内都没有被牵涉，你是奉命出使秦国的，能回来！"丕郑一回国，晋惠公就杀了他。共赐对共华说："你要逃跑吗？快要牵涉到你了！"共华说："丕郑回来，是我的谋略，我就等待着处分吧。"共赐说："谁能知道是你出的主意？"共华说："不可以。知道这件事却违背良心逃跑，是不仗义，谋划不周让人遭了灾难，是不明智，让别人陷入困境自己却不去死，是不勇。我担任着这三样恶行，又能去什么地方安居？你赶快走吧，我暂且在这里等着死亡。"

丕郑之子曰豹，出奔秦，谓穆公曰："晋君大失其众，背君赂，杀里克，而忌处者，众固不说。今又杀臣之父及七舆大夫，此其党半国矣。君若伐之，其君必出。"穆公曰："失众安能杀人？且夫祸唯无毙，足者不处，处者不足，胜败若化。以祸为违，孰能出君？尔俟我！”

【译文】丕郑的儿子丕豹，出逃奔向秦国，对秦穆公说：“晋君大大地失去了民心，他背叛您不送给您城池，杀死里克，他猜忌自己周围的人，大家本来就不乐意。现在他又杀死我的父亲和七舆大夫，他的徒党在国内可达一半了。您如果讨伐晋国，晋君一定会逃离晋国。”穆公说：“他失去民众怎么还能杀人？再说他们的祸患还没到被处死的地步，该被处死的人不会呆在晋国，呆在晋国的人，是不该被处死的人，胜败转化无常啊。有祸患的人都逃离了晋国，谁还能赶走晋君呢？你等着我想别的办法吧！”

秦荐晋饥晋不予秦籴

晋饥，乞籴于秦。丕豹曰：“晋君无礼于君，众莫不知。往年有难[①]，今又荐饥[②]。已失人，又失天，其有殃也多矣。君其伐之，勿予籴！”公曰：“寡人其君是恶，其民何罪？天殃流行，国家代有。补乏荐饥，道也，不可以废道于天下。”谓公孙枝曰：“予之乎？”公孙枝曰：“君有施于晋君，晋君无施于其众。今旱而听于君，其天道也。君若弗予，而天予之。苟众不说，其君之不报也则有辞矣。不若予之，以说其众。众说，必咎于其君。其君不听，然后诛焉。虽欲御我，谁与？”是故泛舟于河，归籴于晋。

【注释】①往年有难：指晋惠公杀死丕郑、里克和七舆大夫。②荐饥：连着闹饥荒。

【译文】晋国闹饥荒，向秦国乞求买进粮食。丕豹说："晋君对您无礼，没有人不知道。往年晋国有灾难，现在又连着闹饥荒。晋君已失人心，又失天意，他遭的殃可够多的。您趁机征讨他，不卖粮食给他！"秦穆公说："我是讨厌晋君，可他的百姓有什么罪过？天灾流行，各国都会交替出现。补给缺乏，救济饥荒，正义之道，不可以在天下废了正道。"穆公问公孙枝："给粮食吗？"公孙枝说："您曾经施恩于晋君，晋君却没对他的民众施恩。现在因天旱无收而求助于您，是天意吧。您若不给予帮助，上天也会帮助他。如果晋国民众也因此而不开心，晋君不回馈我们城池就会有理由了。不如卖粮食给他们，让晋国民众高兴。民众高兴了，就一定会责备他们的国君。晋君如果不听话，我们就可征讨他了。虽然，他也很想抵御我们，但谁会赞同他？"所以秦国就在黄河渡船，把粮食运到晋国。

秦饥，公令河上输之粟。虢射曰[①]："弗予赂地而予之籴，无损于怨而厚于寇，不若勿予。"公曰："然。"庆郑曰[②]："不可。已赖其地，而又爱其实，忘善而背德，虽我必击之。弗予，必击我。"公曰："非郑之所知也。"遂不予。

【注释】①虢射：晋国大夫。②庆郑：晋国大夫。

【译文】秦国也闹饥荒，晋惠公命令走黄河水路给秦国运输粮食。虢射说："不赠送秦国城池，却送给秦国粮食，这不会减损他们对晋国的怨恨，反而会增加他们侵略的野心，不如不卖给。”惠公说：“好吧。”庆郑劝谏说：“不行啊。在给秦国的土地上已经耍赖了，又吝惜那点粮食，忘记了秦国的好处，背弃了秦国的恩德，如果是我，一定会来攻击。如果我们不给秦国粮食，秦国一定会攻击我们。”惠公说：“不是你想的那样。”就没卖给秦国粮食。

秦侵晋止惠公于秦

六年[①]，秦岁定[②]，帅师侵晋，至于韩。公谓庆郑曰：“秦寇深矣，奈何？”庆郑曰：“君深其怨，能浅其寇乎？非郑之所知也，君其讯射也[③]。”公曰：“舅所病也？”卜右，庆郑吉。公曰：“郑也不逊。”以家仆徒为右[④]，步扬御戎[⑤]；梁由靡御韩简[⑥]，虢射为右，以承公。

【注释】①六年：晋惠公六年（公元前645）。②秦岁定：秦国年收成安定。③讯射：询问虢射。虢射，晋国大夫。④家仆徒：晋国大夫。⑤步扬：晋国大夫。⑥韩简：晋国大夫。晋大夫韩万之孙。

【译文】晋惠公六年，秦国年收成安定，秦穆公率领军队出击攻打晋国，打到韩原。晋惠公对庆郑说：“秦寇已经深入国土，该怎么办？”庆郑回答说：“秦国怨恨你已经很深了，能阻止秦军不深入我国？这不是我能知道的，国君还是去问虢射吧。”惠公说：“你是对我不满吗？”占卜车右的卦象，庆郑得了吉卦。惠公说：“庆郑对我不柔顺。”就让家仆徒做车右，步扬为他驾兵车；梁由靡为韩简驾兵车，虢射做韩简的车右，此车接应惠公。

公御秦师，令韩简视师[①]，曰："师少于我，斗士众。"公曰："何故？"简曰："以君之出也处己，入也烦己，饥食其籴，三施而无报，故来。今又击之，秦莫不愠，晋莫不怠，斗士是故众。"公曰："然今我不击，归必狃[②]。一夫不可狃，而况国乎！"公令韩简挑战，曰："昔君之惠也，寡人未之敢忘。寡人有众，能合之弗能离也。君若还，寡人之愿也。君若不还，寡人将无所避。"穆公衡雕戈出见使者，曰："昔君之未入，寡人之忧也。君入而列未成，寡人未敢忘。今君既定而列成，君其整列，寡人将亲见。"

【注释】①视师：督率军旅。②归必狃（niǔ）：秦国回去也会贪图晋国。狃：贪图。

【译文】惠公抵御秦军，派韩简督率军旅，韩简说："敌军在数量上比我们少，英勇战斗的人却很多。"惠公问："为什么？"韩简回答说："因为你流亡在外时依靠过秦国，回到晋国也劳烦过秦国，闹饥荒时吃过从秦国买回去的粮食，秦国三次施恩于我们，却没有得到任何回报，所以秦国才来。现在你又要攻击他们，秦国没有人不恼怒的，晋军不懈怠战事，秦军英勇战斗的人更多。"惠公说："如果我现在不出击，回去后秦国也一定贪图晋国。一个人尚且不能让人图谋，何况整个国家！"惠公命令韩简挑战秦军，说："以前秦君的恩惠，我从来不敢忘记。我有众多的士兵，我能聚集他们一起不会离散。秦君如果能退兵返回，也是我的意愿。秦君如果不退兵返回去，我将不会退避。"穆公横握一只雕花的战戈出见韩简，说："以前你们国君流亡在外不能回国，我很忧虑。你们国君回国后地位还不稳定，我不敢忘记。现在他君位稳定，军队已成，让他整队列兵，我要亲自上战场与他交战。”

客还[①]，公孙枝进谏曰：“昔君之不纳公子重耳而纳晋君，是君之不置德而置服也。置而不遂，击而不胜，其若为诸侯笑何？君盍待之乎？”穆公曰：“然。昔吾之不纳公子重耳而纳晋君，是吾不置德而置服也。然公子重耳实不肯，吾又奚言哉？杀其内主[②]，背其外赂，彼塞我施，若无天乎？若有天，吾必胜之。”君揖大夫就车，君鼓而进之。晋师溃，戎马泞而止。公号庆郑曰：“载我！”庆郑曰：“忘善而背德，又废吉卜，何我之载？郑之车不足以辱君避也！”梁由靡御韩简，辂秦公，将止之，庆郑曰：“释来救君！”亦不克救，遂止于秦。

【注释】①客还：韩简离开。②内主：指在国内策应的里克、丕郑。

【译文】韩简离开后，公孙枝进谏穆公说：“以前你不接纳公子重耳却接纳晋君，是你不愿立有德的人愿意立臣服你的人。立了他却不能遂您的心，如果攻击又不能取胜，这不是要遭到诸侯的嘲笑吗？国君为什么不等着晋国自己内乱而亡呢？”穆公说：“是啊。过去我不接纳公子重耳却接纳晋君，是我不愿立有德的人而想立臣服我的人。然而事实上重耳也不肯做国君，我还能说什么？晋君杀死在内支援他的丕郑和里克，在外背弃了赠送给我城池的承诺，他堵塞自己的前途，我却施加恩惠给他，还有没有天理？假如有天理的话，我一定能战胜他。”穆公拱手作揖请大夫们上了战车，亲自击鼓进攻。晋军一败涂地，战马陷入泥泞止步不能前行。惠公呼叫庆郑说："过来载我！"庆郑说："你忘记良善违背恩德，又把占卜的吉卦丢弃，为什么让我载你？我庆郑的战车不能屈辱国君来躲灾避难！"梁由靡驾着韩简的战车，迎上秦穆公，将要捉拿他，庆郑说："放了他快来救国君！"韩简也没救得了晋君，晋惠公于是被秦军擒获。

穆公归，至于王城[①]，合大夫而谋曰："杀晋君与逐出之，与以归之、与复之，孰利？"公子絷曰："杀之利。逐之恐构诸侯，以归则国家多慝，复之则君臣合作，恐为君忧，不若杀之。"公孙枝曰："不可。耻大国之士于中原[②]，又杀其君以重之，子思报父之仇，臣思报君之雠，虽微秦国，天下孰弗患？"公子絷曰："吾岂将徒杀之？吾将以公子重耳代之。晋君之无道莫不闻，公子重耳之仁莫不知。战胜大国，武也。杀无道而立有道，仁也。胜无后害，智也。"公孙枝曰："耻一国之士，又曰余纳有道以临女，无乃不可乎？若不可，必为诸侯笑。战而取笑诸侯，不可谓武。杀其弟而立其兄，兄德我而忘其亲，不可谓仁。若弗忘，是再施不遂也，不可谓智。"君曰："然则若何？"公孙枝曰："不若以归，以要晋国之成，复其君而质其嫡子，使子父代处秦，国可以无害。"是故归惠公而质子圉[③]，秦始知河东之政[④]。

【注释】①王城：地名。春秋时大荔戎都故址，在今陕西省大荔县东。②中原：战场。③子圉（yǔ）：即晋怀公，晋惠公的儿子。④河东：晋国黄河东一带的部分地区。

【译文】秦穆公战胜而归，到了王城，集合大夫们商量说："杀死晋君还是驱逐晋君，把他带回秦国，还是放他回国恢复他国君的地位，哪个更有利？"公子絷说："杀了晋君，更有利。放逐他恐怕对诸侯造成不利，让他回去国家会多灾害，恢复他的君位，晋国君臣就会合作，恐怕要成为您的忧患，不如把他杀死。"公孙枝说："不行。我们在战场上让晋国的将士蒙受耻辱，又杀掉他们的国君来加重这种耻辱，儿子要报杀父之仇，大臣想报杀君之仇，这样不单单是秦国，天下哪个诸侯不以此为患呢？"公子絷说："我难道只是白白杀了晋君？我要让公子重耳代为国君。晋君的无道没有人不听说，公子重耳的仁德没有谁不知晓。战胜大国，这是威武。杀无道的国君立有道的国君，这是仁义。战胜而不留后患，这是智慧。"公孙枝说："侮辱了一国的将士，又说我要立有道的国君来统治你们，恐怕不行吧？如果没实行下去，一定会被诸侯耻笑。战胜却被诸侯耻笑，不能算是威武。杀死弟弟立他的兄长，兄长对我们感恩戴德却忘记他的亲人，不能算是仁。如果不忘记亲人，就是我们再次施恩而没成功，不能算是智慧。"穆公问："既然这样，该怎么办呢？"公孙枝说："不如放他回国，以此和晋国缔结和约，恢复他国君的地位，但让他的太子做人质，让他们父子交替呆在秦国，秦国就没有灾害了。"于是就让惠公回晋国，留下子圉在秦国做人质，秦国开始掌管河东一带的政事。

吕甥逆惠公于秦

公在秦三月，闻秦将成[①]，乃使郤乞告吕甥[②]。吕甥教之言，令国人于朝曰："君使乞告二三子曰：'秦将归寡人，寡人不足以辱社稷，二三子其改置以代圉也。'"且赏以悦众，众皆哭，焉作辕田[③]。

【注释】①闻秦将成：听说秦国要跟晋国讲和。②郤乞：晋国大夫。③辕田：更易土地分配的方法。

【译文】晋惠公在秦国被扣押了三个月，听说秦国要跟晋国讲和，就派郤乞回去告诉了吕甥。吕甥教了郤乞一些话，让国人聚集在朝廷前，说："国君派我回来告诉大家：'秦国就要放我回来，我有太多的不足辱没了国家，大家改立一个新的公子代替子圉吧。'"又赏赐了土地让大家高兴，大家都感动地哭了，于是晋国就更改土地分配的方法。

吕甥致众而告之曰："吾君惭焉其亡之不恤，而群臣是忧，不亦惠乎？君犹在外，若何？"众曰："何为而可？"吕甥曰："以韩之病，兵甲尽矣。若征缮以辅孺子[①]，以为君援，虽四邻之闻之也，丧君有君，群臣辑睦，兵甲益多，好我者劝，恶我者惧，庶有益乎？"众皆说，焉作州兵[②]。

【注释】①征缮：征收税赋，整顿武装设备。孺子：嫡长子。②州兵：由各州自行组成的地方军队。

【译文】吕甥召集众臣并告诉他们说："我们国君很是惭愧，因为他流亡在外而不能体恤国人，他以群臣的忧虑为忧虑，不也很仁惠吗？国君还在国外，该怎么办？"众大臣说："怎么做才可以呢？"吕甥说："韩原一战全军溃败，晋国的武器装备都没了。如果我们增收赋税，整顿武装设备来辅佐太子，并作为国君的援助，即使四方的邻国听到了，知道我们失去国君还有新的国君，群臣和睦，武器装备更多，对我们友好的国家就会劝勉我们，讨厌我们的国家就会害怕我们，也许还会有益处呢？"大家都很高兴，于是晋国就由各州自行组成地方军队来改革军力。

吕甥逆君于秦，穆公讯之曰："晋国和乎？"对曰："不和。"公曰："何故？"对曰："其小人不念其君之罪，而悼其父兄子弟之死丧者，不惮征缮以立孺子，曰：'必报雠，吾宁事齐、楚，齐、楚又交辅之[①]。'其君子思其君，且知其罪，曰：'必事秦，有死无他。'故不和。比其和之而来，故久。"公曰："而无来，吾固将归君。国谓君何？"对曰："小人曰不免，君子则否。"公曰："何故？"对曰："小人忌而不思，愿从其君而与报秦，是故云。其君子则否，曰：'吾君之入也，君之惠也。能纳之，能执之，则能释之。德莫厚焉，惠莫大焉。纳而不遂，废而不起，以德为怨，君其不然？'"秦君曰："然。"乃改馆晋君，馈七牢焉[②]。

【注释】①交辅：在左右辅助。②七牢：牛、羊、豕三牲各七。古代天子馈赐诸侯的礼品。

【译文】吕甥到秦国迎接惠公，秦穆公问他说："晋国上下能和睦相处吗？"吕甥回答说："不能和睦相处。"穆公问："为什么？"回答说："小人不念及国君的罪过，只悼念死去的父兄子弟，他们不怕增收赋税，整顿武装设备拥立子圉为国君，说：'一定要报仇，我们宁可事奉齐国和楚国，让齐国和楚国在左右辅助我们。'君子即便思念自己的国君，也知道他的过错，说：'一定要事奉秦国，就是死也不能有他心。'所以上下不和。等到大家彼此和睦相处了才来迎接国君，所以时间过了很久。"穆公说："你不来，我本来也要让晋君回国。晋国的人认为晋君会怎样？"吕甥回答说："小人认为国君不能幸免于难，君子认为不会有什么事。"穆公问："为何？"回答说："小人忌恨秦国，不考虑自己国君的过错，愿意跟从新君一起报复秦国，所以才会这么说。君子不这样认为，他们说：'我们国君能回国做国君，是秦君您的恩惠。能够接纳他，能够俘获他，就能放了他。德行没有再比这厚实的了，恩惠没有再比这更大的了。接纳他却不成全他，或者废了他不再起用他，将恩德化为怨恨，秦君不会这样吧？'"秦穆公说："你说的是对的。"于是为晋君改换馆舍，又按诸侯之礼，赠送牛、羊、豕三牲各七来款待晋君。

惠公斩庆郑

惠公未至，蛾析谓庆郑曰[①]："君之止[②]，子之罪也。今君将来，子何俟？”庆郑曰：“郑也闻之曰：‘军败，死之；将止，死之。’二者不行，又重之以误人，而丧其君，有大罪三，将安适？君若来，将待刑以快君志；君若不来，将独伐秦。不得君，必死之。此所以待也。臣得其志[3]，而使君瞢，是犯也。君行犯，犹失其国，而况臣乎？”

【注释】①蛾析：晋国大夫。②君之止：国君被秦虏走。③得其志：遂了自己的私心。

【译文】晋惠公还没归国，蛾析对庆郑说：“国君被秦虏走，是你的过错。如今国君就要回来了，你还等什么？”庆郑说：“我听说：‘军队战败，要为战斗而死；主将被俘获，也要为此而死。’这两样我都没去行使，又加上误了梁由靡俘虏秦国国君的机会，致使国君被俘，我有这样三大罪证，能到哪去？国君若能回来，我将等待受罚，让国君开心；国君如果不能回来，我将独自出兵攻打秦国。不能救回国君，就去赴死。这也是我等待的原因。如果我遂了自己的私心，而让国君晦暗无光，这是违反国君的行为。国君的所作所为违背了人民的意愿，还会失去国家，何况是臣子呢？”

公至于绛郊，闻庆郑止，使家仆徒召之，曰：“郑也有罪，犹在乎？”庆郑曰：“臣怨君始入而报德，不降；降而听谏，不战；战而用良，不败。既败而诛，又失有罪，不可以封国。臣是以待即刑[1]，以成君政。”君曰：“刑之！”庆郑曰：“下有直言，臣之行也；上有直刑[2]，君之明也。臣行君明，国之利也。

君虽弗刑，必自杀也。”蛾析曰：“臣闻奔刑之臣，不若赦之以报雠。君盍赦之，以报于秦？”梁由靡曰：“不可。我能行之，秦岂不能？且战不胜，而报之以贼，不武；出战不克，入处不安，不智；成而反之，不信；失刑乱政，不威。出不能用，入不能治，败国且杀孺子，不若刑之。”君曰：“斩郑，无使自杀！”家仆徒曰：“有君不忌，有臣死刑，其闻贤于刑之。”梁由靡曰：“夫君政刑，是以治民。不闻命而擅进退，犯政也；快意而丧君，犯刑也。郑也贼而乱国，不可失也！且战而自退，退而自杀，臣得其志，君失其刑，后不可用也。”君令司马说刑之③。司马说进三军之士而数庆郑曰：“夫韩之誓曰：失次犯令④，死；将止不面夷⑤，死；伪言误众，死。今郑失次犯令，而罪一也；郑擅进退，而罪二也；女误梁由靡，使失秦公，而罪三也；君亲止，女不面夷，而罪四也；郑也就刑！”庆郑曰：“说！三军之士皆在，有人能坐待刑，而不能面夷？趣行事乎！”丁丑，斩庆郑，乃入绛。

【注释】①即刑：就刑，谓处死。②直刑：公正的刑罚。③司马说：名字叫说的掌管军政和军赋的官。④失次犯令：错乱军队次序触犯军令。⑤面夷：谓使颜面受伤。晋国国君被俘，将士要自动割伤脸。

【译文】惠公到了绛城郊外，听说庆郑被抓住，就让家仆徒把他叫来，问庆郑说：“你犯了大错，还在这干什么？”庆郑说：“我恼怒国君您，当初回国时如果报答秦国的恩德，不至于让国力下降；

国力下降后如果能听从劝谏，也不至于发生战乱；战乱发生如果能选用良将，也不会战败。既然战败就要责罚有罪的人，如果让有罪的人逃跑，不能封土立国。所以我呆在这里等待行刑，以成就国君的政令。”惠公说：“杀了他！”庆郑说：“下位的臣子能直言劝谏，是臣子该做的事情；上位的国君有公正的刑罚，是国君明智的表现。臣子做臣子该做的，国君明智通达，对国家有利。国君假使不杀我，我也必定自杀。”蛾析说：“我听说主动投向刑罚的臣子，不如赦免他，让他去报仇。国君何不赦免他，叫他去报秦国的仇呢？”梁由靡说：“不行。我们能这样，秦国就不能这样做吗？况且战争没能取胜，而用不正派的手段去报仇，不威武；在外战争不能克敌，在内整治不能安稳，不明智；跟秦国议和却又反悔，不诚信；失掉刑法扰乱政令，不威严。对外不能胜利，对内不能治理，败坏国家德行，太子也会遭杀，不如行刑。”惠公说：“杀了庆郑，不要让他自杀！”家仆徒说：“国君不忌恨个人恩怨，臣子主动赴死就刑，人们听闻这样的事会比杀了庆郑更好。”梁由靡说：“国君执行的政令刑法，是用来治理民众的。不听从政令却擅自进退，就是背逆政治条令；自己开心却丧失了国君，就是违犯刑法。庆郑伤害、祸乱了国家，不能放过他！况且在战场上自己退后，败下阵来就要自杀，臣子可以按自己的想法做事，国君却失去了刑法的意义，以后就不能动用刑法了。”惠公命令司马说行刑。司马说召集三军将士，数落庆郑说：“韩原之战全军发誓说：错乱军队次序、触犯军令的，死；主将被抓，将士脸上不自动割伤的，死；说假话贻误大众的，死。如今庆郑错乱次序、触犯军令，第一条罪；庆郑擅自进退，第二条罪；误导梁由靡，让秦君逃跑，第三条罪；国君被俘获，你不自动割面，第四条罪；庆郑，接受刑罚吧！”庆郑说：“司马说！三军将士都在这里，我能坐着等待就死，就不能割破脸？快点行刑吧！”丁丑日，处斩庆郑，惠公才回到绛城。

十五年[①]，惠公卒，怀公立，秦乃召重耳于楚而纳之。晋人杀怀公于高梁[②]，而授重耳，实为文公。

【注释】①十五年：晋惠公十五年（公元前637）。②高梁：晋国地名。在今山西临汾市东北。

【译文】晋惠公十五年（公元前637），惠公去世，晋怀公即位，秦人于是接纳重耳，从楚国召来他。晋人在高梁杀了怀公，授君位与重耳，就是晋文公。

晋语四

重耳自狄适齐

文公在狄十二年。狐偃曰："日，吾来此也，非以狄为荣，可以成事也。吾曰：'奔而易达，困而有资，休以择利，可以戾也。'今戾久矣，戾久将底。底著滞淫，谁能兴之？盍速行乎！吾不适齐、楚，避其远也。蓄力一纪[①]，可以远矣。齐侯长矣，而欲亲晋。管仲殁矣，多谗在侧。谋而无正，衷而思始。夫必追择前言，求善以终，餍迩逐远，远人入服，不为邮矣。会其季年可也[②]，兹可以亲。"皆以为然。

【注释】①一纪：岁星（木星）绕地球一周约需十二年，故古称十二年为一纪。②季年：晚年。

【译文】晋公子重耳在狄呆了十二年。狐偃说："起初，我们到狄地，不是因为狄是安乐之地，而是成就大事之地。我曾经说：'由晋国出奔狄地容易到达，困难之时能得到资产，休整之时能够选择有利的时机，才可以到达这里。'现在到这里很久了，住久了意志就走到末端了。意志走向末端就会长期旷废，谁还能为了大业而崛起？我们何不赶快远行？我们不到齐、楚两国，是为了躲避路途遥远。如今我们积蓄力量十二年了，可以远走高飞了。齐桓公年岁已老，想亲近晋国。管仲死后，桓公身边多是奸佞二臣。谋划也没有人来校正，桓公心里就会思念最开始的情形。因此他一定会追忆并选择以前管仲说过的话，求得善终，齐国已经很满意与邻近国家的关系，就会谋划远处的交往，我们从很远的地方去归附，没有什么过错。正好碰上桓公晚年的时候，可以去，我们正好可以亲近他。"大家都认同狐偃说的话。

乃行，过五鹿[①]，乞食于野人[②]。野人举块以与之，公子怒，将鞭之。子犯曰："天赐也。民以土服，又何求焉！天事必象，十有二年，必获此土。二三子志之。岁在寿星及鹑尾[③]，其有此土乎！天以命矣，复于寿星[④]，必获诸侯。天之道也，由是始之。有此，其以戊申乎！所以申土也。"再拜稽首，受而载之。遂适齐。

【注释】①五鹿：地名。在今河南濮阳附近。②野人：田野之民，农人。③岁在寿星及鹑尾：当岁星运转到寿星和鹑尾的时候。岁：岁星。④复于寿星：岁星再次经过寿星时。

【译文】于是重耳他们就向齐国出发，经过五鹿时，向田地农夫讨饭吃。农夫举起地里的泥土送给他们，重耳发怒，就要鞭打农夫。子犯说："这是上天赐给我们的啊。民众送土表示归服，又有什么可求的呢！上天定下的事一定会有某种象征，十二年后，重耳一定会获得这片土地。诸位都要记住。当岁星运转到寿星和鹑尾的时候，我们将会拥有这片土地！天象已经告诉我们了，岁星再次经过寿星时，我们一定能获得诸侯的拥护。天道运转，就从这里开始。拥有这块土地，应该是戊申日！戊申，就是延伸土地。"重耳拜了两拜叩头至地，收下泥土装在车上。然后踏上去齐国的路。

齐姜劝重耳勿怀安

齐侯妻之，甚善焉。有马二十乘，将死于齐而已矣。曰："民生安乐，谁知其他？"

【译文】齐桓公把女儿嫁给重耳，待重耳特别好。重耳有马八十匹，他打算老死在齐国了。他说："人生就是求个安享快乐，谁还知道别的呢？"

桓公卒，孝公即位[①]。诸侯叛齐。子犯知齐之不可以动，而知文公之安齐而有终焉之志也，欲行，而患之，与从者谋于桑下。蚕妾在焉[②]，莫知其在也。妾告姜氏[③]，姜氏杀之，而言于公子曰："从者将以子行，其闻之者吾以除之矣。子必从之，不可以贰，贰无成命。《诗》云：'上帝临女，无贰尔心[④]。'先王其知之矣，贰将可乎？子去晋难而极于此，自子之行，晋无宁岁，民无成君。天未丧晋，无异公子，有晋国者，非子而谁？子其勉之！上帝临子，贰必有咎。”

【注释】①孝公：即齐孝公。姜姓，吕氏，名昭。②蚕妾：古代育蚕女奴。后亦泛指育蚕妇女。③姜氏：重耳的妻子。④上帝临女，无贰尔心：上天一直看着你，你千万不要三心二意。

【译文】齐桓公死，孝公即位。诸侯都背叛了齐国。子犯知道不可打动齐国，也知道重耳安住齐国有终老一生的意向，想要走，又怕重耳不肯，就和一路跟随重耳的人在桑树下谋划。养蚕的女奴在那里采桑叶，没有人知道她在那里。养蚕的女奴把听到的都告诉了姜氏，姜氏把她杀死，然后对重耳说：“你的随从想带你离开这里，偷听到的人被我杀了。你必须听从他们，不能有贰心，有贰心便成就不了天命。《诗经》讲：‘上天一直看着你，你千万不要三心二意。’先王大概知道这些，怎么可以有贰心？你逃离晋国的灾难来到这里，自你离开，晋国没有安宁的年月，人民没有稳定的国君。上天没有让晋国丧失，晋献公也没有其他儿子，能拥有晋国的，不是你是谁？你好好努力吧！上天看着你，有贰心一定有灾祸。”

公子曰：“吾不动矣，必死于此。”姜曰：“不然。《周诗》曰[①]：‘莘莘征夫，每怀靡及。’夙夜征行，不遑启处[②]，犹惧无及。况其顺身纵欲怀安，将何及矣！人不求及，其能及乎？日月不处，人谁获安？西方之书有之曰：‘怀与安，实疚大事。’《郑诗》云[③]：'仲可怀也，人之多言。亦可畏也。'昔管敬仲有言，小妾闻之，曰：'畏威知疾，民之上也。从怀如流，民之下也。见怀思威，民之中也。畏威如疾，乃能威民。威在民上，弗畏有刑。从怀如流，去威远矣，故谓之下。其在辟也，吾从中也。《郑诗》之言，吾其从之。'此大夫管仲之所以纪纲齐国，裨辅先君而成霸者也[④]。子而弃之，不亦难乎？齐国之政败矣，晋之无道久矣，从者之谋忠矣，时日及矣，公子几矣。君国可以济百姓，而释之者，非人也。败不可处，时不可失，忠不可弃，怀不可从，子必速行。吾闻晋之始封也，岁在大火，阏伯之星也[⑤]，实纪商人。商之飨国三十一王。《瞽史之纪》曰：'唐叔之世，将如商数。'今未半也。乱不长世，公子唯子，子必有晋。若何怀安？"公子弗听。

【注释】①《周诗》：指《诗经·小雅·皇皇者华》。②不遑启处：没有闲暇的时间过安宁的日子，指忙于应付繁重或紧急的事务。③《郑诗》：指《诗经·郑风·将仲子》。④裨辅：辅佐。⑤阏伯之星：即阏伯星。位于东方，传说为高辛氏长子阏伯所化。也称为商星。

【译文】公子说："我不想挪动，一定要老死在这里。"姜氏说："不是这样的。《诗经·小雅·皇皇者华》上说：'那么多远行的人，每每怀念着还没有办完的事。'早晚出行，没有闲暇的时间过安宁的日子，还怕来不及完成。更何况那些随顺自己的心意、放纵欲望、贪恋安逸的人，怎么能达到自己的目标？人不追求及时完成，又怎么能及时达到自己的目标？日月都在不停地运转，谁能真正获得安逸？西方的书这样讲：‘怀恋家的温暖，贪图安逸，实在是妨害大事啊！’《诗经·郑风·将仲子》讲：‘仲子哥实在是让我牵挂，但是外人的谗毁，也很可怕。’以前管仲说过的话，我也曾听过。他说：‘害怕天威就像害怕疾病一样，这是上等人。随心所欲跟从大流的，这是下等人。见到自己中意的，就能想到天威无边的惩罚，这是中等人。畏惧天威如同畏惧疾病一样，才能在人民面前树威立德。有威望才能立于人民的上位，不畏惧天威就会受到处罚。随心所欲跟从大流，离威望就很远了，所以说是最下等人。借用以上比喻的，我愿意选个中等人。《诗经·郑风·将仲子》所讲，我会遵守跟从。’这是大夫管仲治理齐国、辅佐先君成就霸业的思想精髓。你如果要放弃它，不也太难了吗？齐国的国政已经败坏了，晋君无道也已经很久了，跟随你的人一直为你谋划，忠心啊，成大业的时候到了，公子拥立晋国的日子差不多了。你掌握国政可以救济百姓，放弃了这个机会，不是人啊。齐国国政溃败不能呆下去了，时机不可错失，对你忠心耿耿的人不可放弃，贪图安逸的心不可以放纵，你必须快快行动。我听说，晋国最开始受封，岁星处在大火星的位置，也就是阏伯星，它实在是代表殷商命运的星宿。商代受飨天下，一共有三十一位王。《瞽史之纪》讲：‘唐叔的后世子孙，如同商朝国君的数目。’现在还不到一半。乱世不会长久，公子中只有你一个了，你一定会坐拥晋国。为什么还要贪恋这点小小的安逸呢？”公子不听劝。

齐姜与子犯谋遣重耳

姜与子犯谋，醉而载之以行。醒，以戈逐子犯，曰："若无所济，吾食舅氏之肉，其知餍乎！"舅犯走，且对曰："若无所济，余未知死所，谁能与豺狼争食？若克有成，公子无亦晋之柔嘉，是以甘食。偃之肉腥臊，将焉用之？"遂行。

【译文】姜氏和子犯谋划，将重耳灌醉，用车拉着他离开。重耳酒醒，手里拿着戈驱逐子犯，说："如果不能成功，我就吃了舅舅你的肉，能满足我吗？"子犯躲到一边，回答说："如果不能成功，我都不知道死在哪个地方，谁还会跟豺狼抢吃我的肉呢？假如能够成功，公子不也拥有晋国的美食了吗，会是你喜欢吃的。我狐偃的肉腥臊恶臭，怎么能吃呢？"于是，他们就一起上路了。

卫文公不礼重耳①

过卫，卫文公有邢、狄之虞②，不能礼焉。宁庄子言于公曰③："夫礼，国之纪也；亲，民之结也；善，德之建也。国无纪不可以终，民无结不可以固，德无建不可以立。此三者，君之所慎也。今君弃之，无乃不可乎！晋公子善人也，而卫亲也，君不礼焉，弃三德矣。臣故云，君其图之。康叔④，文之昭也；唐叔⑤，武之穆也。周之大功在武，天祚将在武族。苟姬未绝周室，而俾守天聚者，必武族也。武族唯晋实昌，晋胤公子实德。晋仍无道，天祚有德，晋之守祀，必公子也。若复而修其德，镇抚其民，必获诸侯，以讨无礼。君弗蚤图，卫而在讨。小人是惧，敢不尽心。”公弗听。

【注释】①卫文公：姬姓，卫氏，初名辟疆，后改名毁，卫国国君，公元前659年至公元前635年在位。②邢、狄：邢国、狄国。③宁庄子：卫国正卿，名速。④康叔：周朝卫国的先祖，周文王的儿子。⑤唐叔：周朝晋国的先祖，周武王的儿子。

【译文】重耳经过卫国，卫文公因邢人、狄人侵犯卫国有所忧虑，没有礼貌地接待。宁庄子对卫文公说：“礼，是国家的纲领；亲，是人民团结的标志；善，是德行的基础。国家没有纲领不能久远，人民不团结就不能牢固，不善就不会立德。这三样，是国君应该慎重的。现在国君丢弃它们，恐怕不行吧！晋公子重耳是良善之人，又是卫国的亲戚，国君不礼貌地接待，就是丢弃了礼、亲、善这三样美德。我才会说，国君好好想想。卫康叔，是彰显周文王德泽的儿子；晋唐叔，是周武王恭敬温和的儿子。武王为建立周朝立下了大功，上天将会赐福武王一族。如果姬姓的周朝尚未绝灭，那么守护上天赐予的财富和人民，一定是周武王一族。周武王一族中，只有晋国最昌盛，晋国的后代，重耳最有德行。晋国现在仍然无道，上天会赐福给有德的人，晋国能守祭祀的，必定是公子。如果重耳恢复国力，修身立德，镇抚人民，必定获得诸侯的拥戴，去征讨无礼的国家。国君如果不早谋划，卫国就会在征讨之列。小人我因此很害怕，怎能不尽心尽力告诉你呢？”卫文公不听劝。

曹共公不礼重耳而观其骈肋[1]

自卫过曹，曹共公亦不礼焉，闻其骈肋，欲观其状，止其舍，谍其将浴，设微薄而观之。僖负羁之妻言于负羁曰[2]："吾观晋公子贤人也，其从者皆国相也，以相一人，必得晋国。得晋国而讨无礼，曹其首诛也。子盍蚤自贰焉？"僖负羁馈飧，置璧焉。公子受飧反璧。

【注释】①曹共公：姬姓，名襄。春秋时期曹国第十六位国君。骈（pián）肋：肋骨连成一片。骈：肋骨并长一起。②僖负羁：曹国大夫。

【译文】重耳他们从卫国路过曹国，曹共公也很不礼貌，他听说重耳的肋骨连成一片，想要看看肋骨的样子，就把重耳他们安排在馆舍，秘密打听到重耳将要洗澡，就准备了很薄的帘幕悄悄观看。僖负羁的妻子对僖负羁说："我看晋公子是个贤德的人，跟从他的人都是国相级别的，那么多能人辅佐晋公子一人，一定能得到晋国。他得到晋国然后讨伐对他无礼的国家，曹国是他第一个要征讨的。你何不早一点表示自己与国君的不同呢？"僖负羁就赠送食物给重耳，食物里放了一块玉璧。重耳收下食物，退还了玉璧。

负羁言于曹伯曰："夫晋公子在此，君之匹也，不亦礼焉？"曹伯曰："诸侯之亡公子其多矣，谁不过此！亡者皆无礼者也，余焉能尽礼焉！”对曰：“臣闻之：爱亲明贤，政之干也。礼宾矜穷，礼之宗也。礼以纪政，国之常也。失常不立，君所知也。国君无亲，以国为亲。先君叔振[①]，出自文王，晋祖唐叔，出自武王，文、武之功，实建诸姬。故二王之嗣，世不废亲。今君弃之，不爱亲也。晋公子生十七年而亡，卿材三人从之，可谓贤矣，而君蔑之，是不明贤也。谓晋公子之亡，不可不怜也。比之宾客，不可不礼也。失此二者，是不礼宾，不怜穷也。守天之聚，将施于宜。宜而不施，聚必有阙。玉帛酒食，犹粪土也，爱粪土以毁三常[②]，失位而阙聚，是之不难，无乃不可乎？君其图之。”公弗听。

【注释】①叔振：曹国的始封君叔振铎。②三常：指治国理政的三大纲要。

【译文】僖负羁对曹伯说：“晋公子在这里，地位能和国君您匹配，不应该礼貌地对待吗？”曹伯说：“各诸侯国流亡在外的公子太多了，谁不路过这里！流亡在外的人都没有礼貌，我怎么能都礼貌地对待呢！”僖负羁说：“我听说：关爱亲人，敬重贤人，是处理政事的主干。礼貌待客，怜悯穷困的人，是礼的根本。用礼来做国政的纲领，是国家的恒常之道。失去恒常之道，国将不立，君主也知道这些道理。国君没有私亲，以国家为亲。我们的先君叔振，是周文王的儿子，晋国的祖先唐叔，是周武王的儿子，周文王、周武王的功德，是建立了诸多姬姓封国。所以文王、武王的后代，世世代代都不抛弃亲人。现在国君抛弃了祖训，是不爱亲人。晋公子在十七岁时就流亡在外，有卿相之能的三人跟从他，可以说是贤德了，可是国君污蔑他，是不敬重贤德之人。对于晋公子的流亡，不能不可怜。即便把他比作宾客，也不能不礼貌对待。失去这两项，是不礼貌待客，不可怜贫穷啊。守着上天赐予的财富，应该施行于适宜的地方。适宜施行却不去施行，聚敛的财物一定会缺失。玉帛酒食，犹如粪土，爱惜粪土而毁损治理国政的三大纲要，失去身份地位，缺失财富民众，这样做却不会有灾难，恐怕不是吧？国君您要好好考虑啊！”曹共公不听从。

宋襄公赠重耳以马二十乘[1]

公子过宋，与司马公孙固相善[2]，公孙固言于襄公曰：“晋公子亡，长幼矣，而好善不厌，父事狐偃，师事赵衰[3]，而长事贾佗[4]。狐偃其舅也，而惠以有谋。赵衰其先君之戎御赵夙之弟也，而文以忠贞。贾佗公族也，而多识以恭敬。此三人者，实左右之。公子居则下之，动则咨焉，成幼而不倦，殆有礼矣。树于有礼，必有艾。《商颂》曰[5]：‘汤降不迟，圣敬日跻。’降，有礼之谓也。君其图之。”襄公从之，赠以马二十乘。

【注释】①宋襄公：春秋时宋国的君主。名兹父，宋桓公之子。好言仁义，继齐桓公为盟主，为春秋五霸之一，与楚战于泓，受伤而卒。在位十四年，谥襄。②司马公孙固：子姓，名固，又称大司马固，宋庄公的孙子，宋襄公的堂兄弟，宋国大司马。③赵衰：即赵成子。嬴姓，赵氏，字子余，谥号“成季”。亦称孟子余。晋文公的贤士。④贾佗：姬姓，贾氏，名佗，晋文公的贤士。⑤《商颂》：即《诗经·商颂·长发》。

【译文】重耳经过宋国，跟司马公孙固关系不错。公孙固对宋襄公说：“晋公子逃亡在外十几年，由小孩长成大人了，他喜欢做善事，从不厌倦，他对待狐偃就像事奉父亲一样，对待赵衰就像事奉老师一样，对待贾佗就像事奉兄长一样。狐偃是他的舅舅，仁惠而有谋略。赵衰是为他父君赶车的赵夙的弟弟，文彩飞扬忠贞不二。贾佗是晋国的公族，见识多恭敬有礼。这三个人，一直是他的左膀右臂。公子平时对他们谦卑敬重，一有事就要向他们咨询，从幼时开始就从不厌倦，可以说非常有礼了。从礼这方面栽培道德，一定能得到回报。《诗经·商颂·长发》讲：‘商汤积极地礼贤敬人，圣业日渐上升。’礼贤敬人，就是有礼。国君您好好思考吧。”宋襄公认同公孙固的话，赠送重耳二十乘车马。

郑文公不礼重耳[①]

公子过郑，郑文公亦不礼焉。叔詹谏曰[②]：“臣闻之：亲有天，用前训，礼兄弟，资穷困，天所福也。今晋公子有三祚焉，天将启之。同姓不婚，恶不殖也。狐氏出自唐叔[③]。狐姬[④]，伯行之子也，实生重耳。成而隽才，离违而得所，久约而无衅，一也。同出九人，唯重耳在，离外之患，而晋国不靖，二也。晋侯日载其怨，外内弃之，重耳日载其德，狐、赵谋之，三也。在

《周颂》曰[⑤]：'天作高山，大王荒之[⑥]。'荒，大之也。大天所作，可谓亲有天矣。晋、郑兄弟也，吾先君武公与晋文侯戮力一心[⑦]，股肱周室，夹辅平王，平王劳而德之，而赐之盟质，曰：'世相起也。'若亲有天，获三祚者，可谓大天。若用前训，文侯之功，武公之业，可谓前训。若礼兄弟，晋、郑之亲，王之遗命，可谓兄弟。若资穷困，亡在长幼，还轸诸侯，可谓穷困。弃此四者，以徼天祸，无乃不可乎？君其图之。"弗听。

【注释】①郑文公：姬姓，郑氏，名踕，郑厉公之子，春秋时期郑国第10任国君（公元前672—公元前628）。②叔詹：郑国大夫。③狐氏：晋文公的外祖父，字伯行。④狐姬：晋文公的母亲。⑤《周颂》：即《诗经·周颂·天作》。⑥大王：指周文王祖父古公亶父。⑦武公：即郑武公，郑桓公的儿子。晋文侯：晋国国君，名仇。

【译文】重耳路过郑国，郑文公也不以礼相待。叔詹劝谏说："我听说：亲近上天保佑的人，应用先君的训示，对兄弟礼貌有加，资助穷困的人，上天会降福。现今晋公子的福气有三样，上天将会启发他。同姓的男女不能结婚，这是害怕不能生育。狐氏来自唐叔这一支。狐姬，是伯行的孩子，生下重耳。重耳长大，才能过人，虽然离开国家，却举止得当，长久贫困却没有过失，此其一。同生兄弟九人，只有重耳活着，虽有离家在外的忧患，可晋国内部一直不安宁，此其二。晋侯每天承载着人民的抱怨，国内国外都丢弃了他，重耳天天承载着恩德，狐偃、赵衰替他谋划，此其三。《诗经·周颂·天作》讲：'高耸的岐山浑然天成，创业的大王扩大经营。'荒，扩大的意思。扩大浑然天成的，可以说是亲近上天保佑的了。晋、郑是兄弟之国，我们的先王武公和晋文侯曾合力同心，一左一右辅佐周室，辅佐周平王，平王慰劳他们的恩德，赐给他们盟誓的信约，说：'世世代代互相扶持。'如果说亲近上天保佑的人，获得三种福相的重耳，可以说是上天大力保佑的人了。如果遵循先王的训示，晋文侯的功绩，郑武公的事业，可以说是前训。如果用兄弟之礼对待，以晋、郑两国的血亲关系，加上周平王的遗命，可以说是兄弟了。若论资助贫穷困顿，重耳从小到大逃亡在外，出奔各个诸侯国，可谓穷困潦到。抛弃了这四样，求来天祸，恐怕不好吧？国君您要好好考虑考虑啊。"郑文公不听从。

叔詹曰："若不礼焉，则请杀之。谚曰：'黍稷无成，不能为荣。黍不为黍，不能蕃庑。稷不为稷，不能蕃殖。所生不疑，唯德之基。'"公弗听。

【译文】叔詹说："如果不能以礼对待，就请杀死他。谚语说：'黍稷长不成，就不能开花。黍不能成为黍，就不能茂盛。稷不能成为稷，就不能繁殖。种什么就会生什么，毫无疑问，只有德行才是基础。'"郑文公不听从。

楚成王以周礼享重耳[①]

遂如楚，楚成王以周礼享之，九献[②]，庭实旅百[③]。公子欲辞，子犯曰："天命也，君其飨之。亡人而国荐之，非敌而君设之，非天，谁启之心！"既飨，楚子问于公子曰："子若克复晋国，何以报我？”公子再拜稽首对曰：“子女玉帛，则君有之。羽旄齿革，则君地生焉。其波及晋国者，君之余也，又何以报？”王曰：“虽然，不穀愿闻之[4]。”对曰：“若以君之灵，得复晋国，晋、楚治兵，会于中原，其避君三舍。若不获命，其左执鞭弭[5]，右属櫜鞬[6]，以与君周旋。”

【注释】①楚成王：芈姓，熊氏，春秋时期楚国国君，公元前671年至公元前626年在位。②九献：周朝帝王宴请上宾的礼节，献酒九次。③旅百：形容陈列物品之多。④不穀：古代君侯自称不善的谦词。⑤鞭弭：马鞭和弓。⑥櫜鞬（gāo jiān）：装武器的袋子。

【译文】重耳他们到了楚国，楚成王用周王室对待诸侯的礼节款待他们，楚成王九次进酒，院子里陈列很多礼品。重耳想要推辞，舅舅子犯说：“这是上天的命令，您还是享受吧。一个流亡在外的人，竟然用国君的礼节进献，地位不匹配，却设置对待国君的礼节对待你，如果不是上天安排，是谁启发了楚成王这样的用心！”宴会完毕，楚成王问重耳说：“如果你能攻克晋国当上国君，用什么报答我？”重耳拜了两拜叩头至地说：“美女、宝玉和丝帛，您都拥有。鸟羽、旄牛尾、象牙和皮革，国君的土地上都生产。那些辗转到晋国的，是国君剩余的，我能用什么来报答您呢？”楚成王说：“即便这样，我还是想听听。”重耳回答说：“如果托您的福，我能回到晋国，那么有一天晋、楚两国交战，在战场相会，我会后退九十里，如果还不能获得您退兵的命令，那我只好左手拿着马鞭和弓，右手拿着装武器的袋子，和您周旋。”

令尹子玉曰[1]："请杀晋公子。弗杀，而反晋国，必惧楚师。"王曰："不可。楚师之惧，我不修也。我之不德，杀之何为！天之祚楚，谁能惧之？楚不可祚，冀州之土[2]，其无令君乎？且晋公子敏而有文，约而不谄，三材待之，天祚之矣。天之所兴，谁能废之？"子玉曰："然则请止狐偃。"王曰："不可。《曹诗》曰[3]：'彼己之子，不遂其媾。'邮之也。夫邮而效之，邮又甚焉。效邮，非礼也。"于是怀公自秦逃归。秦伯召公子于楚，楚子厚币以送公子于秦。

【注释】①令尹：春秋战国时楚国执政官名，相当于宰相。子玉：即成得臣，他是若敖氏后裔。②冀州：古九州之一，包括现在河北省、山西省、河南省黄河以北和辽宁省辽河以西的地区。③《曹诗》：即《诗经·曹风·候人》。

【译文】令尹子玉说："我请求杀死晋公子。如果不杀，他返回晋国，必定让楚军害怕。"楚成王说："不可以。楚军害怕，是我们自己不修德。我们自己没有德行，杀了他能作什么！上天保佑楚国，谁能让楚国惧怕？上天不保佑楚国，冀州的国土，就不会出现别的国君？况且晋公子敦敏通达、文采飞扬，在贫困中不谄媚，三位卿相之才陪伴着他，这是上天在保佑他。上天让他兴起，谁能废了他？"子玉说："那就把狐偃扣押。"楚成王说："不可以。《诗经·曹风·候人》讲：'那个人啊，不能遂了你的心享受你的厚爱。'这是讲一个人的过失。明知是罪过还要效仿，罪过就加重了。仿效有罪过的，不合礼啊。"这个时候怀公从秦国跑回晋国。秦伯派人到楚国召唤公子重耳，楚成王用厚礼送重耳到了秦国。

重耳婚媾怀嬴[①]

秦伯归女五人[②]，怀嬴与焉。公子使奉匜沃盥[③]，既而挥之。嬴怒曰："秦、晋匹也，何以卑我？"公子惧，降服囚命。秦伯见公子曰："寡人之適，此为才。子圉之辱，备嫔嫱焉。欲以成婚，而惧离其恶名。非此，则无故。不敢以礼致之[④]，欢之故也。公子有辱，寡人之罪也。唯命是听。"

【注释】①婚媾：婚姻，嫁娶。怀嬴：秦穆公的女儿，最初嫁给晋怀公子圉，后嫁给晋文公重耳。②归女五人：挑了五个女子嫁给重耳。归：古代称女子出嫁。③奉匜（yí）沃盥：端着匜浇水洗手。匜：盥洗器具。沃盥：浇水洗手。④不敢以礼致之：不敢用婚配的正礼把她许配于你。

【译文】秦穆公挑了五个女子嫁给重耳，女儿怀嬴也在其中。有一次，重耳叫怀嬴端着匜给他浇水洗手，洗完就挥手示意她离开。怀嬴生气地说："秦、晋是能互相匹配的国家，为什么下看我？"重耳害怕了，便脱去上衣，自行拘囚，以待处置。秦穆公见重耳时，说："我嫁给你的这五个女子，怀嬴是最有才的。子圉在秦国作人质时，她是他的姬妾。现在想让她和公子结婚，又怕公子遭受不好的名声。除了这些，没有其他。我不敢用婚配的正礼把她许配于你，是喜欢她的原因。公子受到侮辱，是我的罪过。一切都听公子的。"

公子欲辞，司空季子曰[①]："同姓为兄弟。黄帝之子二十五人，其同姓者二人而已，唯青阳与夷鼓皆为己姓[②]。青阳，方雷氏之甥也[③]。夷鼓，彤鱼氏之甥也[④]。其同生而异姓者，四母之子别为十二姓。凡黄帝之子，二十五宗，其得姓者十四人，为十二姓。姬、酉、祁、己、滕、箴、任、荀、僖、姞、儇、依是也。唯青阳与苍林氏同于黄帝，故皆为姬姓。同德之难也如是。昔少典娶于有蟜氏[⑤]，生黄帝、炎帝。黄帝以姬水成，炎帝以姜水成。成而异德，故黄帝为姬，炎帝为姜，二帝用师以相济也，异德之故也。异姓则异德，异德则异类。异类虽近，男女相及，以生民也，同姓则同德，同德则同心，同心则同志。同志虽远，男女不相及，畏黩敬也。黩则生怨，怨乱毓灾，灾毓灭姓。是故娶妻避其同姓，畏乱灾也。故异德合姓，同德合义。义以导利，利以阜姓。姓利相更，成而不迁，乃能摄固，保其土房。今子于子圉，道路之人也，取其所弃，以济大事，不亦可乎？"

【注释】①司空季子：即胥臣，字季子，任晋国司空，又称臼季、司空季子。②青阳：即少皞氏。夷鼓：姬姓，也做夷彭，为鼓姓始祖。③方雷氏：黄帝次妃，生青阳，即少昊帝。甥：同"生"。④彤鱼：古国名。⑤少典：汉族先祖之一，也称有熊氏，黄帝和炎帝的父亲。

【译文】重耳想要推辞，司空季子说："同姓的才算是兄弟。黄帝的儿子共二十五个，同姓的只有两人，只有青阳与夷鼓是己姓。青阳，是方雷氏的外甥。夷鼓，是彤鱼氏的外甥。其他一父所生而姓氏不同的，四个母亲的儿子分别有十二个姓。黄帝的儿子，一共有二十五个。以德居官得姓的有十四人，有十二个姓，姬、酉、祁、己、滕、箴、任、荀、僖、姞、儇和依。只有青阳与苍林氏跟了黄帝的姓，都姓姬。德行一样就是这么困难。从前少典娶了有蟜氏，生了黄帝和炎帝。黄帝傍着姬水生长成人，炎帝傍着姜水生长成人。长大以后德行却大不同，所以黄帝姓姬，炎帝姓姜，两帝刀兵相见互相排挤，是德行不同的原因。姓不同德行就不同，德行不同类别就不同。类别不同却是近亲，男女互相嫁娶成婚，生育儿女。能够同姓德行就相同，德行相同心性就相同，心性相同志趣就相同。志趣相同即便血亲关系遥远，男女也不能结婚，怕玷污了尊敬之情。玷污就会生怨，怨恨纷乱就会孕生灾祸，灾祸孕生就会灭绝姓氏。所以娶妻要避免同姓，是害怕灾乱孕生。所以德行不同姓氏不同可以结合，德行相同就以德义结亲。以义结亲可以生利，利能让同姓厚富。姓和利相互延续，相辅相成而不离散，就能永久巩固，保护土地和住所。如今你和子圉，形同陌路，娶他抛弃的女子，成就国家大事，不也可以？”

公子谓子犯曰：“何如？”对曰：“将夺其国，何有于妻，唯秦所命从也。”谓子馀曰：“何如？”对曰：“《礼志》有之曰：‘将有请于人，必先有入焉。欲人之爱已也，必先爱人。欲人之从已也，必先从人。无德于人，而求用于人，罪也。’今将婚媾以从秦，受好以爱之，听从以德之，惧其未可也，又何疑焉？”乃归女而纳币，且逆之。

【译文】重耳问子犯："该怎么办？"子犯回答说："你将来是要夺取他国家的，拥有他的妻子有何不可？但凡是秦王的命令听从就可以。"重耳又问赵衰："你觉得该怎么做？"赵衰回答说："《礼志》讲：'将有求于别人，一定先答应别人的请求。想要人爱己，一定先爱人。想要别人服从自己，一定先服从别人。对人没有德行，却要求别人对自己有用，罪过啊。'你现在就和怀嬴结婚服从秦国，接受他们的好意对她加以爱护，听从秦国来报答他们对你的恩德，怕的是不能这样做，又有什么疑虑呢？"于是重耳先让怀嬴回去，再向秦国下聘订婚，并且亲自迎娶怀嬴。

秦伯享重耳以国君之礼

他日，秦伯将享公子，公子使子犯从。子犯曰："吾不如衰之文也，请使衰从。"乃使子馀从。秦伯享公子如享国君之礼，子馀相如宾。卒事，秦伯谓其大夫曰："为礼而不终，耻也。中不胜貌，耻也。华而不实，耻也。不度而施，耻也。施而不济，耻也。耻门不闭，不可以封。非此，用师则无所矣。二三子敬乎！"

【译文】有一天，秦穆公设宴接待重耳，重耳派子犯跟从。子犯说："我的文采不如赵衰，请让赵衰跟您去吧。"于是，重耳就派赵衰跟随。秦穆公宴请重耳用的是对待国君的礼仪，赵衰做宾相，按照宾礼执行。宴会完毕，秦穆公对大夫们说："实施礼仪却不能从一而终，是耻辱。内心所想和外在表现不能相称，是耻辱。外表华美内里空洞，是耻辱。不去揣度自己的德行却去实施，是耻辱。施德却没能成功，是耻辱。羞耻之门不关闭，不可以立国。不这样，即使拥立士兵也会一事无成。你们要恭敬地对待啊！”

明日宴，秦伯赋《采菽》[1]，子馀使公子降拜。秦伯降辞。子馀曰：“君以天子之命服命重耳，重耳敢有安志，敢不降拜？”成拜卒登，子馀使公子赋《黍苗》[2]。子余曰：“重耳之仰君也，若黍苗之仰阴雨也。若君实庇荫膏泽之，使能成嘉谷，荐在宗庙，君之力也。君若昭先君之荣，东行济河，整师以复强周室，重耳之望也。重耳若获集德而归载，使主晋民，成封国，其何实不从。君若恣志以用重耳，四方诸侯，其谁不惕惕以从命！”秦伯叹曰：“是子将有焉，岂专在寡人乎！”秦伯赋《鸠飞》[3]，公子赋《河水》[4]。秦伯赋《六月》[5]，子馀使公子降拜。秦伯降辞。子馀曰：“君称所以佐天子匡王国者以命重耳，重耳敢有惰心，敢不从德。”

【注释】①《采菽》：喻夺取政权。语本《诗·小雅·小宛》：“中原有菽，庶民采之。”郑玄笺：“藿生原中，非有主也，以喻王位无常家也，勤于德者则得之。”②《黍苗》：《诗经·小雅》中的篇名。共五章。首章二句为：“芃芃黍苗，阴雨膏之。”③《鸠飞》：《诗·小雅·小宛》的首章。④《河水》：指《诗·小雅·沔水》。⑤《六月》：指《诗·小雅·六月》。

【译文】第二天的宴会上，秦穆公诵诗《采菽》，赵衰让重耳下堂礼拜。秦穆公也下堂辞谢。赵衰说："国君您用天子赐诸侯命服之诗乐接待重耳，重耳怎敢有安逸的闲志，怎敢不下堂礼拜？"完成了拜谢礼才又上堂，赵衰让重耳诵诗《黍苗》。赵衰说："重耳敬国君，就像禾苗敬仰阴雨天一样。如果国君能够庇护润泽重耳，让他长成优良的谷粒，进献给宗庙，这就是国君的力量啊。国君如果能昭彰先君的荣耀，向东横渡黄河，整顿军师让周王室恢复原有的强大，这是重耳的心愿。重耳如果能获得为君施德教于民，回归晋国祭祀宗庙，成为晋国人民的国君，成功立国，他什么都会听从您。您如果能放心大胆地任用重耳，四面的诸侯，谁能不小心谨慎听您的呢？"秦穆公感叹地说："重耳能拥有这些，难道仅仅是我的帮助吗？"秦穆公诵《鸠飞》，表达了自己对重耳的同情之意，重耳诵《河水》，表达了自己对秦君的依附之意。秦穆公诵《六月》，赵衰让重耳下堂礼拜。秦穆公也下堂辞谢。赵衰说："您称颂《六月》，意欲让重耳辅佐周天子，匡正诸侯国，重耳怎敢怠慢，怎敢不听从有德之人的教导？"

重耳亲筮得晋国

公子亲筮之，曰："尚有晋国。"得贞《屯》、悔《豫》[①]，皆八也。筮史占之，皆曰："不吉。闭而不通，爻无为也。"司空季子曰："吉。是在《周易》[②]，皆利建侯。不有晋国，以辅王室，安能建侯？我命筮曰'尚有晋国'，筮告我曰'利建侯'，得国之务也，吉孰大焉！震，车也；坎，水也；坤，土也；屯，厚也；豫，乐也。车班外内，顺以训之，泉原以资之，土厚而乐其实。不有晋国，何以当之？震，雷也，车也；坎，劳也，水也，众也。主雷与车，而尚水与众。车有震，武也。众而顺，文也。文武具，厚之至也。故曰《屯》。其繇曰：'元亨利贞，勿用有攸往，利建侯。'主震雷，长也，故曰元。众而顺，嘉也，故曰亨。内有震雷，故曰利贞。车上水下，必伯。小事不济，壅也。故曰勿用有攸往，一夫之行也。众顺而有武威，故曰'利建侯'。坤，母也；震，长男也。母老子强，故曰《豫》。其繇曰：'利建侯行师。'居乐、出威之谓也。是二者，得国之卦也。"

【注释】①得贞《屯》、悔《豫》：内卦是屯卦，外卦是豫卦，震在《屯》属贞，在《豫》属悔。②《周易》：周朝时期，有三易，即《连山易》《归藏易》《周易》，这里指用《周易》占卜。

【译文】重耳亲自用蓍草占卜，卦象显示："盼望得到晋国。"内卦是屯卦，外卦是豫卦，震在《屯》属贞，在《豫》属悔，两个阴爻都是八，不动之爻。筮史占卜后，都说："不吉利。闭塞不通，没有作为。"司空季子说："吉利。这在《周易》来讲，二卦都显示对于建立侯国很有利。不能拥有晋国，辅佐周王室，怎么能建立侯国？卦象显示'尚有晋国'，是说'利于建立侯国'，一定会得到晋国，能有再比这更大的吉利吗！震，代表车；坎，代表水；坤，代表土；屯，代表厚实；豫，代表快乐。车班列内外两卦，坤代表土，解释为顺利，坎代表水，源泉的助力，这就代表土地厚实而乐享果实。如果不能拥有晋国，怎么和这些卦象相呼应？震，代表雷声，车声；坎，有劳众，水众。内主雷声和车声，外崇尚水众和劳众。车声震耳欲耷，威武。人多而顺服，文盛。文武皆具，厚实到了鼎盛，所以称为《屯》。卦兆辞说：'元亨利贞，勿用有攸往，利建侯。'震卦主震雷，生长的意思，所以说是'元'。人多而顺服，是吉庆，所以说是'亨'。内有震雷，所以说是'利贞'。车在上，水在下，必定称霸诸侯。小事不能成，是因为雍堵，所以说不要行动，是指一个人。众人顺服而且武威，所以说'利建侯'。坤卦，代表母亲；震卦，代表排行最大的儿子。母亲衰老，儿子强壮，所以称《豫》。它的卦兆辞说：'利建侯行师。'就是说居时安乐，出行威武。这两卦，都是能得到国家的卦。"

秦伯纳重耳于晋

十月[①]，惠公卒。十二月，秦伯纳公子。及河，子犯授公子载璧[②]，曰："臣从君还轸[③]，巡于天下，怨其多矣。臣犹知之，而况君乎？不忍其死，请由此亡。"公子曰："所不与舅氏同心者，有如河水。"沈璧以质。

【注释】①十月：公元前637年十月。②载璧：祭祀所用的璧。③还轸（zhěn）：谓乘车周历各国。

【译文】十月，晋惠公逝世。十二月，秦穆公送重耳回晋国。走到黄河边上，子犯交给重耳祭祀用的璧，说："我跟随您乘车周历各国，巡回天下，我惹的仇恨太多了。我自己也明白，何况是您？我不忍心就这样死去，请允许我从这里开始流亡吧。"重耳说："如果我不能跟舅舅一条心，就让黄河水作证！"重耳把祭祀的璧沉进黄河，来表达自己的凭信。

董因迎公于河[1]，公问焉，曰："吾其济乎？"对曰："岁在大梁[2]，将集天行。元年始受[3]，实沈之星也[4]。实沈之墟，晋人是居，所以兴也。今君当之，无不济矣。君之行也，岁在大火[5]。大火，阏伯之星也，是谓大辰。辰以成善，后稷是相，唐叔以封。《瞽史记》曰：'嗣续其祖，如谷之滋，必有晋国。'臣筮之，得《泰》之八[6]。曰：是谓天地配亨，小往大来。今及之矣，何不济之有？且以辰出而以参入，皆晋祥也，而天之大纪也。济且秉成，必霸诸侯。子孙赖之，君无惧矣。"

【注释】①董因：晋国大夫。②岁在大梁：岁星出现在大梁星这边。大梁：星次名。③元年：指晋文公即位的第一年。④实沈：星次名。⑤大火：即大火星。⑥得《泰》之八：得到的是《泰》卦八这个不动爻。《泰》，即泰卦，乾卦在下坤卦在上。

【译文】董因在黄河边上迎接重耳，重耳问："我能有所成就吗？"董因说："岁星出现在大梁星这边，您将担任天命。您即位的第一年就会接受天命，太岁星会运行到实沈星那边。实沈的废址，就是晋国人居住的地方，也是晋国兴盛的原因。现今正好应在您这里，没有不成功的事。您逃亡的时候，岁星在大火星那边。大火星，就是阏伯星，也叫大辰。辰星代表农事吉祥，能成善道，后稷就是根据辰星成就了农业，唐叔也是辰星那年受封得到晋国。《瞽史记》讲：'后代子嗣接续先祖的基业，就像谷子滋润生长，您一定能拥有晋国。'我占卜，得到的是《泰》卦八这个不动爻。卦象表示：这是天地二气相互交通，小的走大的来。现在就是这个时候，还有什么不能成功？况且您出离的时候岁星在大辰那边，您回国的时候岁星在参星那边，都是晋国吉祥的标志，这是上天大的记载。稳操胜券并且主和，您一定会称霸诸侯。子孙都会依赖您，您没有什么可恐惧的。

公子济河，召令狐、臼衰、桑泉[①]，皆降。晋人惧，怀公奔高梁。吕甥、冀芮帅师，甲午，军于庐柳[②]。秦伯使公子絷如师，师退，次于郇[③]。辛丑，狐偃及秦、晋大夫盟于郇。壬寅，公入于晋师。甲辰，秦伯还。丙午，入于曲沃。丁未，入绛，即位于武宫，戊申，刺怀公于高梁。

【注释】①令狐：晋国地名，故城在今山西省临猗县一带。臼衰：晋国地名，在解州西北，今运城市。桑泉：晋国地名，今山西运城临猗县一带。②庐柳：晋国城邑，在今山西省临猗县西北。③郇（xún）：周代诸侯国名，在今山西省临猗县西南。

【译文】重耳渡过黄河，召集令狐、臼衰、桑泉三个城邑的主管，他们都投降了。晋人害怕了，怀公出奔到高梁。吕甥、冀芮统领军队出兵，甲午日，吕甥、冀芮统领的军队驻扎在庐柳。秦穆公派公子絷找晋军谈和，晋军退兵，驻扎在郇地。辛丑日，狐偃和秦、晋两国的大夫在郇地订立盟约。壬寅日，重耳驻入晋军。甲辰日，秦穆公返还秦国。丙午日，重耳进入曲沃。丁未日，重耳进驻绛城，即位于晋武公庙。戊申日，晋怀公在高梁遭到刺杀。

寺人勃鞮求见文公[1]

初，献公使寺人勃鞮伐公于蒲城，文公逾垣[2]，勃鞮斩其祛[3]。及入，勃鞮求见，公辞焉，曰："骊姬之谗，尔射余于屏内，困余于蒲城，斩余衣祛。又为惠公从余于渭滨，命曰三日，若宿而至。若干二命，以求杀余。余于伯楚屡困，何旧怨也？退而思之，异日见我。"对曰："吾以君为已知之矣，故入；犹未知之也，又将出矣。事君不贰是谓臣，好恶不易是谓君。君君臣臣，是谓明训。明训能终，民之主也。二君之世，蒲人、狄人，余何有焉？除君之恶，唯力所及，何贰之有？今君即位，其无蒲、狄乎？伊尹放太甲而卒以为明王，管仲贼桓公而卒以为侯伯[4]。乾时之役，申孙之矢集于桓钩[5]，钩近于祛，而无怨言，佐相以终，克成令名。今君之德宇，何不宽裕也？恶其所好，其能久矣？君实不能明训，而弃民主。余，罪戾之人也，又何患焉？且不见我，君其无悔乎！"

【注释】①寺人勃鞮（dī）：即阉人伯楚。寺人：古代宫中的近侍小臣，多以阉人充任。②逾垣：翻越墙头。③祛（qū）：袖口。④管仲贼桓公：管仲的箭射中了桓公的衣带钩。⑤申孙：箭名。

【译文】当初，晋献公派阉臣勃鞮到蒲城征讨公子重耳，重耳跳墙逃跑，被阉臣勃鞮斩断衣袖。重耳回国当上国君，阉臣勃鞮求见，晋文公拒绝了，说："骊姬进献谗言，你在屏风里射杀我，又把我围困在蒲城，还斩断我的衣袖。你又为了惠公跟踪我到渭水之滨，惠公命令你三天内赶到，你隔了一夜就赶到了。你两次领命，就是求得杀死我。我屡次因你陷入困顿，我们有什么旧的冤仇吗？你回去考虑考虑，改天再来见我。”阉臣勃鞮说：“我认为国君已经晓得大义，才返回晋国；原来您还是不晓得，又要出离了。事奉君主不有贰心，才称得上是大臣；不因好坏就改变对人对事的态度，才称得上君主。国君做好国君，大臣做好大臣，这是明训。明训能够从一而终，是人民的好国君。献公、惠公执政的时候，您是蒲人、狄人，对我来说又算什么？我除去国君厌恶的，只有力所能及，能有什么贰心？现在君王即位，就没有蒲、狄这样厌恶的人吗？伊尹放逐太甲，最终让他成了贤明的国君，管仲伤害桓公而最终让桓公做了诸侯的霸主。乾时之战，管仲的申孙之箭射中了桓公的衣带钩，衣带钩比袖口更接近要害，可是桓公毫无怨言，让他辅佐自己作为相国直到老死，成就了桓公的好名声。现在君王的心胸为什么如此不宽厚呢？厌恶对您真正好的人，政权怎么能够长久？您实在是不能明白祖训，放弃了为民之主的道义。我只是个罪恶之人，又害怕什么？国君不见我，难道就不后悔吗？”

于是吕甥、冀芮畏逼，悔纳文公，谋作乱，将以己丑焚公宫，公出救火而遂杀之。伯楚知之，故求见公。公遽出见之，曰：“岂不如女言，然是吾恶心也，吾请去之。”伯楚以吕、郤之谋告公。公惧，乘驲自下[1]，脱会秦伯于王城[2]，告之乱故。及己丑，公宫火，二子求公不获[3]，遂如河上，秦伯诱而杀之。

【注释】①乘驲(rì)：乘着驿站的快马。驲：古代驿站专用的车，后亦指驿马。②脱会秦伯于王城：逃离到秦国都城会见秦穆公。③二子：指吕甥、冀芮。

【译文】这时吕甥、冀芮害怕被逼迫，后悔接纳文公回来，就谋划作乱，准备在己丑日焚烧文公的宫殿，等到文公出来救火的时候杀掉文公。阉臣勃鞮知道这件事，所以才求见文公。文公马上出来接见阉臣勃鞮，说："如果不能像你说的那样做，就是我心存怨恨了，请让我去掉这些不纯净的心思。"阉臣勃鞮就把吕甥、郤芮的计划告诉了文公。文公很害怕，乘着驿站的快马从小路跑出，逃到秦国都城会见秦穆公，告诉吕甥、冀芮作乱的事情。到了己丑日，文公宫殿果然着火，吕甥、冀芮寻找文公没有成功，就到了黄河边上，秦穆公诱杀了他们。

文公遽见竖头须[①]

文公之出也，竖头须，守藏者也[②]，不从。公入，乃求见，公辞焉以沐。谓谒者曰[③]："沐则心覆，心覆则图反，宜吾不得见也。从者为羁绁之仆[④]，居者为社稷之守，何必罪居者！国君而仇匹夫，惧者众矣。"谒者以告，公遽见之。

【注释】①竖：旧称未成年的童仆、小臣，引申为卑贱的。头须：小臣的名字。②守藏：贮藏保管。③谒者：官名。始置于春秋、战国时，秦汉因之。掌宾赞受事，即为天子传达。南朝梁置谒者台，掌朝觐宾飨及奉诏出使。陈及隋皆因之。唐改为通事舍人。④羁绁

(xiè):马络头和马缰绳。亦泛指驭马或缚系禽兽的绳索。

【译文】晋文公逃离在外的时候,小臣头须是贮藏保管的人,没有跟随文公。文公返回晋国,他请求拜见,文公推辞说正在洗头发。头须对通报与接待宾客的近侍说:“洗头发的时候心就会翻过来,心翻过来,考虑的问题就会反过来,我不能被国君接见正合时宜。跟随文公逃亡的是驭马牵缰的仆人,留守在国内的是守护社稷的卫士,何必要责怪留在国内的人呢?国君跟普通人结仇,害怕的人就太多了。”传话的谒者把头须的话转告给文公,文公马上接见了他。

文公修内政纳襄王

元年春,公及夫人嬴氏至自王城。秦伯纳卫三千人,实纪纲之仆。公属百官,赋职任功,弃责薄敛[①],施舍分寡。救乏振滞[②],匡困资无[③]。轻关易道[④],通商宽农。懋穑劝分[⑤],省用足财,利器明德[⑥],以厚民性。举善援能,官方定物,正名育类。昭旧族,爱亲戚,明贤良,尊贵宠,赏功劳,事耇老,礼宾旅,友故旧。胥、籍、狐、箕、栾、郤、柏、先、羊舌、董、韩,实掌近官[⑦]。诸姬之良,掌其中官[⑧]。异姓之能,掌其远官[⑨]。公食贡,大夫食邑,士食田,庶人食力,工商食官,皂隶食职,官宰食加。政平民阜,财用不匮。

【注释】①弃责:废除旧债。薄敛:减轻赋税。②振滞:举拔久未起用的贤者。③匡困：救济贫困。④易道：互相改变处境。⑤劝分：劝导人们有无相济。⑥利器：有效的工具，精良的工具。⑦近官：朝官，帝王亲近的臣。⑧中官：宫内、朝内之官。⑨远官：边远地方的官。

【译文】晋文公元年春天，文公和夫人怀嬴从秦国的都城回到晋国。秦穆公送出卫兵三千人，他们都是能领导仆人的统领。文公聚积百官，赋予官职，启用功臣，废弃旧的债务，减轻赋税，免除徭役，分财物给孤寡的人。文公救助困难的人，举拔久未起用的贤者，救济贫困，资助无财的人。减轻关税，互相改变处境，开通商业，宽慰农民。鼓励农业发展，劝导人民有无相济，节约费用充足财物，使工具更加精良，让人民敬德修业，来厚实人民淳朴的性情。推举良善，荐用有才能的人，制定官员的规章制度，依法办事，确立官级职位，培养不同类别的人。昭彰功勋卓著的旧族，关爱亲戚，昭明贤良，尊重高贵宠幸之臣，犒赏有功德的人，事奉老人，礼貌接待宾客，友善亲近故友。胥、籍、狐、箕、栾、郤、柏、先、羊舌、董、韩这十一族姓，都担任帝王亲近的官员。各位姬姓的良善之人，担任宫内之官。异姓中有能力的人，在边远的地方担任官职。王公享受贡赋，大夫享受采邑的食用，士人享受禄田的补给，一般平民靠自己的能力，百工商人享受官府发放的钱财，皂隶按其职务领取钱粮，家臣的食用来自加田。政治平定，百姓生活丰足，财用不缺乏。

冬，襄王避昭叔之难[①]，居于郑地汜[②]。使来告难，亦使告于秦。子犯曰："民亲而未知义也，君盍纳王以教之义。若不纳，秦将纳之，则失周矣，何以求诸侯？不能修身而又不能宗人，人将焉依？继文之业，定武之功，启土安疆，于此乎在矣！君其务之。”公说，乃行赂于草中之戎与丽土之狄[3]，以启东道。

【注释】①昭叔之难：昭叔是周襄王的弟弟，昭叔和周襄王的王后狄隗私通，周襄王废掉王后狄隗，昭叔带领狄人讨伐周襄王，周襄王逃往郑国。②汜（sì）：郑国地名，在今河南襄城南。③草中之戎与丽土之狄：这是晋国东面两个戎狄小国家。

【译文】晋文公元年冬天，周襄王躲避昭叔之难，居住在郑国的汜地，他派人到晋国告知自己的危急情况，也让人告诉了秦国。子犯说：“百姓现在对君王您很亲切，但还不明白义，国君何不送周襄王回去，以此来教育百姓什么是义。如果不送，秦国就会送襄王回去，这样就失去了尊敬周天子的机会，我们用什么求得各诸侯的拥戴呢？不能修治德行，又不能敬尊周天子，别人凭什么依附我们？继承晋文侯的事业，安定晋武公的威仪，开启国土，安定疆域，就在这次了！国君努力做吧。”文公很开心，就赠送财物给草中之戎和丽土之狄，打开了向东前进的道路。

文公出阳人

二年春[1]，公以二军下[2]，次于阳樊[3]。右师取昭叔于温[4]，杀之于隰城[5]。左师迎王于郑。王入于成周，遂定之于郏[6]。王飨醴，命公胙侑[7]。公请隧，弗许。曰：“王章也，不可以二王，无若政何。”赐公南阳阳樊、温、原、州、陉、絺、组、攒茅之田。阳人不服，公围之，将残其民，仓葛呼曰：“君补王阙[⑧]，以顺礼也。阳人未狎君德，而未敢承命。君将残之，无乃非礼乎！阳人有夏、商之嗣典，有周室之师旅，樊仲之官守焉[⑨]，其非官守，则皆王之父兄甥舅也。君定王室而残其姻族，民将焉放？敢私布于吏，唯君图之！”公曰：“是君子之言也。”乃出阳人。

【注释】①二年：即晋文公二年（公元前635）。②二军：即左军和右军。③阳樊：周城邑，在今河南济源。④温：周城邑，在今河南温县。⑤隰城：周朝城邑，在今河南省。⑥郏（jiá）：周朝都城。故地在今河南省洛阳市。⑦胙侑（yòu）：赐以祭肉，赠以束帛，表示亲近。⑧王阙：君王的过失。⑨樊仲：即仲山甫，周宣王的臣子。

【译文】晋文公二年（公元前635）春，文公派左、右二军向东出征，驻扎在阳樊。右军在温地俘获了昭叔，在隰城杀了他。左军到郏国迎接周襄王。周襄王重新回到了周东都，在郏城安定下来。襄王用甜酒美食款待晋文公，赐给文公祭肉、束帛。文公请求死后用天子的葬礼，襄王没有答应。说：“这是天子特有的礼仪，国家不能有两个天子，否则无法施政。”周襄王赐给文公南阳的阳樊、温、原、州、陉、絺、组、攒茅等八地的田地。阳樊人不服顺，文公派军队包围了阳樊，准备残害那里的民众，仓葛呼喊道：“你辅助周襄王弥补周的过失，就是为了顺应周礼。阳樊人不习惯你的德政，才不敢受命。你就要残害他们，这不是不顺应周礼吗？阳樊人有夏、商的后嗣和遗留下来的典章制度，有周王室的众属吏，仲山甫的后人镇守，即使不是臣下官吏，也都是周王室的父兄甥舅辈。你安定周王室却残害和他有姻亲关系的各家族及其成员，民众将会归附哪里？我敢私下陈述此情于军吏，只是希望国君能够考虑！”晋文公说：“是君子的言论。”于是就释放阳樊的民众。

文公伐原[①]

文公伐原，令以三日之粮。三日而原不降，公令疏军而去之。谍出曰：“原不过一二日矣！”军吏以告，公曰：“得原而失信，何以使人？夫信，民之所庇也，不可失。”乃去之，及孟门[②]，而原请降。

【注释】①原：周朝时的小国家。在今河南济源。②孟门：古山名。在今河南辉县西。周朝时原国的一个地方，后成为晋国要隘。

【译文】晋文公征讨原国，命令军队携带三天的干粮。打了三天，原国仍拒不降服，文公下令疏散军队撤离了那里。暗中窥探军情的人出来说：“原国距离投降不过一两天的时间！”军吏把这些告诉了晋文公，文公说：“获得原国却失信于人，凭什么指使人民呢？信，是民众依赖的，不可失去。”于是晋军离开了原国，走到孟门，原国就请求投降。

文公救宋败楚于城濮

文公立四年，楚成王伐宋，公率齐、秦伐曹、卫以救宋。宋人使门尹班告急于晋[1]，公告大夫曰："宋人告急，舍之则宋绝。告楚则不许我。我欲击楚，齐、秦不欲，其若之何？"先轸曰[2]："不若使齐、秦主楚怨。"公曰："可乎？"先轸曰："使宋舍我而赂齐、秦，藉之告楚。我分曹、卫之地以赐宋人。楚爱曹、卫，必不许齐、秦。齐、秦不得其请，必属怨焉，然后用之，蔑不欲矣。"公说，是故以曹田、卫田赐宋人。

【注释】①门尹班：宋国大夫。②先轸：晋国中军主将。原邑人，因采邑在原邑，又称原轸。先轸辅佐晋文公、晋襄公。

【译文】晋文公四年（公元前633），楚成王讨伐宋国，文公统领齐军、秦军讨伐曹、卫两国，来救助宋国。宋人派门尹班告急于晋国，晋文公告诉大夫们说："宋人告急，如果舍弃宋国，宋国就会跟我国绝交。让楚国退兵，楚国又不赞同。我想攻击楚国，齐、秦又不同意，你们看怎么办？"先轸说："不如让齐、秦两国主动和楚国结怨。"文公说："可以吗？"先轸说："让宋国舍弃我国，去贿赂齐国和秦国，借着齐、秦两国请求楚国退兵。我们赐曹、卫二国的土地给宋国。楚国爱惜曹国和卫国，必定不承诺齐国和秦国。齐、秦得不到请求，一定会和楚国结怨，然后我们再用齐、秦两国的军队攻打楚国，没有不愿意的。"晋文公很开心，因此就把曹田、卫田赐予宋国。

令尹子玉使宛春来告曰[①]："请复卫侯而封曹[②]，臣亦释宋之围。"舅犯愠曰："子玉无礼哉！君取一，臣取二，必击之。"先轸曰："子与之。我不许曹、卫之请，是不许释宋也。宋众无乃强乎！是楚一言而有三施，子一言而有三怨。怨已多矣，难以击人。不若私许复曹、卫以携之，执宛春以怒楚，既战而后图之。"公说，是故拘宛春于卫。

【注释】①宛春：楚国大夫。②封曹：把封地还给曹国。

【译文】楚国的令尹子玉派宛春来告诉晋国，说："请你们恢复卫侯国君之位，把封地还给曹国，我也会消除对宋国的包围。"文公的舅舅子犯愤怒地说："子玉很是无礼！晋君只取得一个好处，子玉却谋求两个好处，一定要攻击他。"先轸说："您就答应他的要求吧。我们不承诺曹、卫两国的请求，就是不承诺消除楚国对宋国的包围。宋国的士兵就会竭力！这样，楚国一句话就给了三国恩惠，我们一句话却遭到三国埋怨。晋国结怨多了，就很难攻打下去。不如私下许诺曹、卫两国的要求，离间他们和楚国的关系，然后拘捕宛春再激怒楚国，等战争打响再谋划。"晋文公很开心，于是把宛春拘留在卫国。

子玉释宋围，从晋师。楚既陈，晋师退舍[①]，军吏请曰："以君避臣[②]，辱也。且楚师老矣，必败。何故退？"子犯曰："二三子忘在楚乎[③]？偃也闻之：战斗，直为壮，曲为老。未报楚惠而抗宋，我曲楚直，其众莫不生气，不可谓老。若我以君避臣，而不去，彼亦曲矣。”退三舍避楚。楚众欲止，子玉不肯，至于城濮，果战，楚众大败。君子曰：“善以德劝。”

【注释】①晋师退舍：晋军退后三十里。②以君避臣：身为国君却避开大臣。③二三子忘在楚乎：你们忘了晋文公流亡在楚国的许诺了吗？

【译文】子玉消除了宋国的包围，追逐晋军。楚军摆好战阵，晋国军队退后三十里，军吏请求说：“身为国君却避开大臣，耻辱啊。况且楚军很困乏了，必定失败，为什么要退后呢？”子犯说：“你们忘了晋文公流亡在楚国的许诺了吗？狐偃听说：两军战斗，理直则士气壮大，理曲则士气困乏。我们没有报答楚国的恩惠，就来救助宋国，我们理曲楚国理直，楚国民众没有不生气的，他们不可能困乏。如果我们国君礼让退避臣子，楚军还不离去，他们也就理曲了。”于是晋军就退后九十里，避让楚军。楚众想要停止争斗，子玉不肯。到了城濮，果然开战了，楚军大败。君子说：“子犯善于用德行来劝勉啊！”

郑叔詹据鼎耳而疾号[①]

文公诛观状以伐郑[②]，反其陴[③]。郑人以名宝行成，公弗许，曰：“予我詹而师还。”詹请往，郑伯弗许，詹固请曰：“一臣可以赦百姓而定社稷，君何爱于巨也？”郑人以詹予晋，晋人将烹之。詹曰：“臣愿获尽辞而死，固所愿也。”公听其辞。詹曰：“天降郑祸，使淫观状，弃礼违亲。臣曰：‘不可。夫晋公子贤明，其左右皆卿才，若复其国，而得志于诸侯，祸无赦矣。’今祸及矣。尊明胜患，智也。杀身赎国，忠也。”乃就烹，据鼎耳而疾号曰：“自今以往，知忠以事君者，与詹同。”乃命弗杀，厚为之礼而归之。郑人以詹伯为将军。

【注释】①叔詹：郑国大夫。②文公诛观状以伐郑：晋文公讨伐偷看他肋骨的曹共公。这是指晋文公流亡到郑国的时候，曹共公偷看骈肋一事。③陴（pī）：城上的矮墙。亦称“女墙”，俗称“城垛子”。

【译文】晋文公讨伐偷看他肋骨的曹共公，然后又讨伐郑国，晋军推翻了城上的女墙。郑国带着名贵的宝物来谈和，晋文公不许诺，说：“交出叔詹，我就回师。”叔詹请求前去晋军营地，郑伯不同意，叔詹坚定地请求说：“我一个人就可以赦免百姓，安定社稷，国君因何怜惜臣呢？”郑国把叔詹交给了晋国，晋人就要煮叔詹。叔詹说：“我想把话说完再死，这本来就是我的愿望。”晋文公就听他说话。叔詹说：“上天降临祸患给郑国，是因为曹共公偷看肋骨的事也迷惑了郑国，使得郑国背弃了礼仪，违背了亲人。我当时劝谏说：‘不可以。晋公子贤明，他的左右都是能胜任卿相的人才，如果他能够复国，并且得志称霸于诸侯，郑国的灾难就无法得到赦免。’现在大祸来了。我尊重贤明，抑制灾难，这是明智之举。我杀身成仁救赎国家，这是忠心的表现。”说罢就去行刑，他抓住鼎耳大声喊叫：“从今往后，人们就会知道忠心事奉国君的人，和我叔詹一样的下场。”晋文公就下令不杀，赠送厚礼，让他回了郑国。郑伯让叔詹当了将军。

箕郑对文公问[1]

晋饥，公问于箕郑曰："救饥何以？"对曰："信。"公曰："安信？"对曰："信于君心，信于名，信于令，信于事。"公曰："然则若何？"对曰："信于君心，则美恶不逾；信于名，则上下不干；信于令，则时无废功；信于事，则民从事有业。于是乎民知君心，贫而不惧，藏出如入，何匮之有？"公使为箕。及清原之蒐[2]，使佐新上军。

【注释】①箕郑：晋国大夫。②清原之蒐（sōu）：在清原举行大阅兵。清原：晋地名。在今山西稷山东南。蒐：检阅，军事演习。

【译文】晋国发生饥荒，文公问箕郑："怎么挽救饥荒？"箕郑回答说："信义。"文公问："怎样才能做到信义？"箕郑说："信义体现在国君心中，体现在名份与地位上，体现在政令的实施上，体现在办理事情上。"文公说："做到信义会怎样？"箕郑回答说："信义体现在国君心中，美好和丑恶就不会逾越；体现在名份与地位上，上级与下级就互不干扰；体现在政令的实施上，老百姓时时刻刻都不会做无用功；体现在办理事情上，老百姓做自己的事情并会业有所成。能达到这样，百姓知了国君心里所想，就是贫穷也不会害怕，富有的人拿出储藏的送给别人，就像拿回自己家一样，怎么会有欠缺？"文公便派箕郑到箕地管理。到了清原阅兵的时候，让他出任新上军的副帅。

文公任贤与赵衰举贤

文公问元帅于赵衰，对曰："郤縠可，行年五十矣，守学弥惇。夫先王之法志，德义之府也。夫德义，生民之本也。能惇笃者，不忘百姓也。请使郤縠。"公从之。公使赵衰为卿，辞曰："栾枝贞慎，先轸有谋，胥臣多闻[①]，皆可以为辅佐，臣弗若也。"乃使栾枝将下军，先轸佐之。取五鹿，先轸之谋也。郤縠卒，使先轸代之。胥臣佐下军。公使原季为卿，辞曰："夫三德者，偃之出也。以德纪民，其章大矣，不可废也。"使狐偃为卿，辞曰："毛之智[②]，贤于臣，其齿又长。毛也不在位，不敢闻命。"乃使狐毛将上军，狐偃佐之。狐毛卒，使赵衰代之，辞曰："城濮之役，先且居之佐军也善[③]，军伐有赏，善君有赏，能其官有赏。且居有三赏，不可废也。且臣之伦，箕郑、胥婴、先都在[④]。"乃使先且居将上军。公曰："赵衰三让。其所让，皆社稷之卫也。废让，是废德也。"以赵衰之故，蒐于清原，作五军。使赵衰将新上军，箕郑佐之；胥婴将新下军，先都佐之。子犯卒，蒲城伯请佐，公曰："夫赵衰三让不失义。让，推贤也。义，广德也。德广贤至，又何患矣。请令衰也从子。"乃使赵衰佐新上军。

【注释】①胥臣：晋国大夫，即司空季子。②毛：指狐毛，狐偃的哥哥。③先且居：先轸的儿子，封于蒲城，称蒲城伯。晋国大夫。

④胥婴、先都：这两人都是晋国大夫。

【译文】晋文公问赵衰，谁能胜任元帅一职，赵衰回答说：“郤縠能行，他已经五十岁了，还坚持学习，他的学识更加笃厚。先王制定的法令典籍，是德行和信义的宝库。德行和信义，是人民生存的根本。能做到淳厚笃实，他是不会忘记百姓的。请让郤縠担任元帅。”文公听从了赵衰的意见。文公让赵衰为卿，赵衰辞谢说：“栾枝贞坚而谨慎，先轸有谋有略，胥臣见多识广，这几个人都能辅佐您，我不如他们。”于是文公让栾枝帅领下军，先轸做副将辅佐他。攻取五鹿，是先轸谋划的。郤縠死，文公让先轸代替他任职元帅。胥臣担任下军副将辅佐下军。文公又让赵衰做下卿，赵衰辞谢说：“我们之前做的三件有德行的事，都是狐偃出的计谋。用德行作为人民的纲纪，效果明显，不可废弃了这些制度。”文公就让狐偃做下卿，狐偃辞谢说：“哥哥狐毛的智慧，比我强，年龄也比我大。狐毛如果不任职，我不敢听从您的命令。”文公于是让狐毛统领上军，狐偃作副将辅佐他。狐毛死，文公让赵衰代替，赵衰辞谢说：“城濮之战，先且居辅佐军队，做得非常好，军队出征讨伐有奖赏，善于事奉国君有奖赏，能做好他的官有奖赏。先且居有这三赏，不可以废弃。而且我这一辈，箕郑、胥婴、先都，都不在上位。”文公就让先且居统领上军。文公说：“赵衰三次谦让。这种谦让，是为了保卫国家。废除这样的谦让之道，是废除了真正的德行。”就因为赵衰的谦让，晋文公得到了很多人才，能够在清原阅兵，建立五军。晋文公让赵衰做新上军的统帅，箕郑辅佐他；胥婴做新下军的统帅，先都辅佐他。子犯死，先且居请求任命辅佐上军的人选，文公说：“赵衰三次谦让而不失信义。谦让，是为了推举贤人。义，是增加更广的德行。德行深广贤才来临，又有什么担忧的呢？请让赵衰跟随你辅佐你吧。”于是让赵衰辅佐新上军。

文公学读书于臼季

文公学读书于臼季，三日，曰：“吾不能行也咫，闻则多矣。”对曰：“然而多闻以待能者，不犹愈也？”

【译文】晋文公跟臼季（胥臣）学习读书，学了三天，文公说：“我一点都不能按照书上所说的去做，但听到的道理却多了。”臼季回答说：“既然学了很多道理，等待贤能的人来践行，不也胜过不学习道理吗？”

郭偃论治国之难易

文公问于郭偃曰：“始也，吾以治国为易，今也难。”对曰：“君以为易，其难也将至矣。君以为难，其易也将至焉。”

【译文】文公问郭偃说：“起初，我以为治国很容易，现在却感到很难。”郭偃回答说：“国君您认为容易，困难就会来临。国君认为困难，容易就会来临。”

胥臣论教诲之力

文公问于胥臣曰："我欲使阳处父傅讙也而教诲之，其能善之乎？"对曰："是在讙也。蘧蒢不可使俯[①]，戚施不可使仰[②]，僬侥不可使举[③]，侏儒不可使援，蒙瞍不可使视[④]，嚚瘖不可使言[⑤]，聋聩不可使听，童昏不可使谋[⑥]。质将善而贤良赞之，则济可竢。若有违质，教将不入，其何善之为！臣闻昔者大任娠文王不变，少溲于豕牢[⑦]，而得文王不加疾焉。文王在母不忧，在傅弗勤，处师弗烦，事王不怒，孝友二虢[⑧]，而惠慈二蔡，刑于大姒，比于诸弟。《诗》云：'刑于寡妻，至于兄弟，以御于家邦。'于是乎用四方之贤良。及其即位也，询于八虞，而谘于二虢，度于闳夭而谋于南宫，诹于蔡、原而访于辛、尹，重之以周、邵、毕、荣，亿宁百神[⑨]，而柔和万民。故《诗》云[⑩]：'惠于宗公，神罔时恫。'若是，则文王非专教诲之力也。"公曰："然则教无益乎？"对曰："胡为文，益其质。故人生而学，非学不入。"公曰："奈夫八疾何！"对曰："官师之所材也，戚施直镈[⑪]，蘧蒢蒙璆，侏儒扶卢[⑫]，蒙瞍修声，聋聩司火。童昏、嚚瘖、僬侥，官师之所不材也，以实裔土。夫教者，因体能质而利之者也。若川然有原，以卬浦而后大。"

【注释】①蘧蒢（qú chú）：身有残疾不能俯视的人。②戚施：背曲而不能仰的人。③僬侥：古代传说中的矮人。④蒙瞍：盲人。

⑤嚚瘖（yín yīn）：哑巴。⑥童昏：年幼无知者，后用以比喻愚昧无知的人。⑦少溲：小便。豕牢：厕所。⑧孝友：对兄弟友爱。⑨亿宁：安宁。⑩《诗》：指《诗经·大雅·思齐》。⑪直镈：主持敲钟。⑫扶卢：古代杂技的一种。攀缘矛戟之柄为戏。

【译文】晋文公问胥臣说："我想让阳处傅做讙的老师来教导他，他能做好这件事吗？"胥臣回答说："这就看讙的了。身有残疾不能俯视的人不能让他俯身，背曲不能仰的人怎能让他仰头，不能让矮人举重，不能让侏儒爬高，不能让盲人看东西，不能让哑巴说话，不能让聋子听声，不能让愚昧无知的人出谋划策。如果天生就优秀，又有贤良的人指导，就能够成才。如果资质不好，教诲也听不进去，怎么能让他变成良善呢？我听说，以前太任怀文王的时候身体没有什么变化，她在厕所小便的时候，生下文王，没有增加一点痛苦。文王在母亲太任的肚中就不让母亲担忧，师傅教导时，不让师傅费心，跟老师相处不让老师烦闷，事奉国君不让国君恼怒，文王对弟弟虢仲和虢叔很是友爱，对儿子蔡叔和管叔仁惠而慈爱，为自己的妻子太姒树立榜样，和同宗兄弟很是亲近。《诗经·大雅·思齐》讲：'文王给自己的妻子太姒做榜样，推及于兄弟，因此来治理整个家族和国家。'所以他就能任用四方的贤良。等文王即位以后，有事就向掌管山泽的八个官员询问，就和虢仲、虢叔两兄弟商量，就让闳夭推测、让南宫括谋划，和蔡公、原公一起商量事情，访问辛甲、尹佚并听从他们的意见，再加上周文公、邵康公、毕公和荣公的辅助，让各种神灵安宁，让亿万民众欢乐。所以《诗经·大雅·思齐》讲：'文王孝顺宗庙里的祖宗，祖宗的神灵不会怨恨。'这样一想，周文王的成功就不只是教诲的力量了。"晋文公说："这样说来，教育不是就没有好处了吗？"胥臣说："为什么要增加学识呢，就是为了让资质更好。所以人生来就要学习，不学习就不能进入正道。"文公说："先前讲的八种残疾人怎么办？"胥臣说："这就要看官吏之长怎么安排了，背驼的让他主持敲钟，身有残疾不能俯视的，让他戴上玉磬击打磬，让侏儒耍杂技，让盲人修正乐声，让聋子烧火。愚昧无知的人、哑巴、小矮人，这些官吏之长不能教化的，就让他们充实荒瘠边远的地区。教育，就是顺应学者的能力和资质，然后加以引导。就好像河川必有源头一样，仰仗着源头，交汇江河与支流，让它成为大海。"

文公称霸

文公即位二年[①]，欲用其民，子犯曰："民未知义，盍纳天子以示之义？"乃纳襄王于周。公曰："可矣乎？"对曰："民未知信，盍伐原以示之信？"乃伐原。曰："可矣乎？"对曰："民未知礼，盍大蒐，备师尚礼以示之[②]。"乃大蒐于被庐[③]，作三军[④]。使郤縠将中军，以为大政，郤溱佐之[⑤]。子犯曰："可矣。"遂伐曹、卫，出谷戍，释宋围，败楚师于城濮，于是乎遂伯。

【注释】①文公即位二年：即公元前635年。②备师尚礼：整顿军师，崇尚礼仪。③被庐：晋地名。④三军：即上军、中军、下军。⑤郤溱（zhēn）：晋国第一任中军副将。

【译文】晋文公即位的第二年（公元前635），就想让他的百姓参与战争，舅舅子犯说："人民还不了解义，为何不护送周天子回到周王城，来明示您的大义呢？"于是就护送周襄王返回周王城。文公说："可以让百姓参与战争了吧？"子犯回答说："人民还不了解信用，为什么不讨伐原国，来明示您的信用呢？"于是文公就讨伐原国。文公说："可以让百姓参与战争了吧？"子犯回答说："人民还不了解礼，为什么不来一次大阅兵，整顿军师，崇尚礼义，来明示礼。"于是文公在被庐大阅兵，创立了三军。让郤縠统领中军，掌管正卿之职务，郤溱辅佐他。子犯说："可以让百姓出征了。"文公就讨伐曹国、卫国，赶走驻守在谷地的楚军，解除了宋国围困，在城濮打败楚师，于是晋国就在各诸侯国称霸。

晋语五

臼季举冀缺[①]

臼季使，舍于冀野[②]。冀缺薅[③]，其妻馌之[④]，敬，相待如宾。从而问之，冀芮之子也，与之归，既复命，而进之曰："臣得贤人，敢以告。"文公曰："其父有罪，可乎？"对曰："国之良也，灭其前恶，是故舜之刑也殛鲧，其举也兴禹。今君之所闻也。齐桓公亲举管敬子，其贼也。"公曰："子何以知其贤也？"对曰："臣见其不忘敬也。夫敬，德之恪也。恪于德以临事，其何不济！"公见之，使为下军大夫。

【注释】①冀缺：冀芮的儿子。②冀野：冀地的郊区。③薅（hāo）：拔除田草。④馌（yè）：给在田间耕作的人送饭。

【译文】臼季奉命出使，在冀地郊区住宿。冀缺锄草，他的妻子送饭给他，很是恭敬，夫妻俩人相敬如宾。臼季上前问询，才知道冀缺是冀芮的儿子，就带着他回到都城。臼季回复了自己的使命，就举荐说："我获得一个贤能之人，现在大胆地告诉您。"文公说："他的父亲有罪，能行吗？"臼季回答说："如果他能做国家的良善之人，就应不计前嫌。所以舜行刑诛杀了鲧，又因为别人举荐，任用了禹。这些您也听说过。齐桓公亲自任用了被举荐的管仲，那是杀害过他的仇敌。"文公问道："你怎么知道冀缺是个贤才？"臼季回答说："我看到他们夫妇不忘记恭敬。恭敬，是恪守德行的体现，在行事的时候恪守德行，做什么事情能不成功？"文公召见冀缺，让他做下军大夫。

甯嬴氏论貌与言[1]

阳处父如卫[2]，反，过甯[3]，舍于逆旅甯嬴氏。嬴谓其妻曰："吾求君子久矣，今乃得之。"举而从之，阳子道与之语，及山而还。其妻曰："子得所求而不从之，何其怀也！"曰："吾见其貌而欲之，闻其言而恶之。夫貌，情之华也；言，貌之机也。身为情，成于中。言，身之文也。言文而发之，合而后行，离则有衅。今阳子之貌济，其言匮，非其实也。若中不济，而外强之，其卒将复，中以外易矣。若内外类，而言反之，渎其信也。夫言以昭信，奉之如机，历时而发之，胡可渎也！今阳子之情譓矣，以济盖也，且刚而主能，不本而犯，怨之所聚也。吾惧未获其利而及其难，是故去之。"期年，乃有贾季之难[4]，阳子死之。

【注释】①甯嬴氏：馆舍的老板。②阳处父：晋国大夫。③甯：晋国地名。在今河南省。④贾季之难：公元前621年，晋国在夷地阅兵，贾季担任中军统领，赵盾辅佐贾季，担任副统领。阳处父建议晋君让赵盾担任中军统领，贾季辅佐赵盾，担任副统领。贾季怀恨在心，派人杀死阳处父。贾季：狐偃的儿子，即狐射姑。

【译文】阳处父出使卫国，返回时，经过甯地，在甯嬴氏的馆舍住宿。甯嬴氏对妻子说："我寻求有德君子已经很久了，今天才遇见。"他站起来就跟着阳处父走了，阳处父和他说了一番话，甯嬴氏跟着到了温山就返回来了。他的妻子说："你找到了要寻找的人，却不跟从他，你就这样怀念家里吗？"甯嬴氏回答说："我看到他的外貌就想跟他去，听到他说话又很讨厌他。外貌，是人情感的华采；言辞，是外貌的文采。人发出来的感情，是在心中成形的。言辞，是身体的文采。言辞作为文采表达出来，符合性情、外貌才能行事，互相离合就会有裂痕。现在阳子外貌不错，言辞匮乏，这是内外不合，不实在。如果内里不足，在外表上装得很强足，最后也会回归到不圆满，因为内里和外表不统一。如果内里和外表类似，而言语却与之相反，这是亵渎了诚信啊！言辞就是用来昭彰诚信的，应当奉它如枢机，时机成熟了才说出来，怎么能够亵渎呢？现在阳处父之情看上去可以辨察，因为他的外貌的华美，掩盖了他内在的缺憾，而且他刚愎自用，以为自己很有才能，他不以仁义为本，总是触犯别人，这是聚集怨恨啊！我害怕跟着他得不到好处，反而会触及灾难，所以才会离开他。"一年后，就有了贾季之难，阳处父就死在贾季的手里。

赵宣子论比与党[1]

赵宣子言韩献子于灵公[2]，以为司马。河曲之役[3]，赵孟使人以其乘车干行，献子执而戮之。众咸曰："韩厥必不没矣。其主朝升之，而暮戮其车，其谁安之！"宣子召而礼之，曰："吾闻事君者比而不党。夫周以举义，比也；举以其私，党也。夫军事无犯，犯而不隐，义也。吾言女于君，惧女不能也。举而不能，党孰大焉！事君而党，吾何以从政？吾故以是观女。女勉之。苟从是行也，临长晋国者，非女其谁？"皆告诸大夫曰："二三子可以贺我矣！吾举厥也而中，吾乃今知免于罪矣。"

【注释】①赵宣子：即赵盾，谥宣，赵衰的儿子。晋国正卿。②韩献子：姬姓，韩氏，名厥，谥献，故称韩献子。最初是赵氏家臣，后任晋国大夫。灵公：即晋灵公。姬姓，名夷皋，晋文公之孙，晋襄公之子，春秋时期晋国国君。③河曲之役：因为晋军袭击了护送晋公子雍回国的秦国人，公元前615年，秦国和晋国在河曲一带打仗。

【译文】赵宣子跟晋灵公举荐韩献子，灵公让他作司马。河曲之战中，赵宣子派人驾着他的兵车去干扰军队的行动，韩献子抓住赶车的人，并且杀死他。众人都说："韩厥一定没有好下场。他的主人早晨才提升了他，他晚上就杀了主人的车夫，谁能对他安心？”赵宣子召见了韩献子，很礼貌地对待他，说：“我听说事奉国君的人关系亲近却不结党营私。因为忠信于人，才举荐信义之人，这是关系亲近；举荐人才是因为私交，这是结党营私。军令是不能触犯的，触犯了军令而不隐瞒，这叫作义。我在国君面前推荐你，怕你能力不够。推荐的人能力不够，有比这还大的结党吗？事奉国君却私自结党，我将靠什么从政呢？所以我用这件事来考察你。你好好干吧。你就这样去行事，将来统帅晋国的，除了你还会有谁？”赵宣子告诉大夫们说：“你们可以祝贺我了！我推荐韩厥是正确的，我今天开始就知道我能够免罪了。”

赵宣子请师伐宋

宋人弑昭公[①]，赵宣子请师于灵公以伐宋，公曰：“非晋国之急也。”对曰：“大者天地，其次君臣，所以为明训也。今宋人弑其君，是反天地而逆民则也，天必诛焉。晋为盟主，而不修天罚，将惧及焉。”公许之。乃发令于太庙，召军吏而戒乐正，令三军之钟鼓必备。赵同曰[②]：“国有大役，不镇抚民而备钟鼓，何也？”宣子曰：“大罪伐之，小罪惮之。侵袭之事，陵也。是故伐备钟鼓，声其罪也；战以錞于、丁宁，儆其民也。袭侵密声，为蹔事也[③]。今宋人弑其君，罪莫大焉！明声之，犹恐其不闻也。吾备钟鼓，为君故也。”乃使旁告于诸侯，治兵振旅，鸣钟鼓，以至于宋。

【注释】①昭公：即宋昭公。子姓，宋氏，名杵臼，宋成公之子，公元前619年至公元前611年在位。②赵同：赵盾的弟弟，晋国大夫。③蹔（zàn）事：突然发生的事。

【译文】宋国人杀死宋昭公，赵宣子向晋灵公请求派兵征伐宋国，灵公说："这不是晋国的急难。"赵宣子回答说："天地为大，君臣第二，这是很明确的训文。如今宋人杀死自己的国君，这是违背天地和为人的法则，上天一定会惩罚他。晋国是盟主，如果不执行上天对宋人的惩罚，恐怕灾难就会到来。"灵公许诺。于是就在太庙里发号施令，召集军吏告诫乐官，命令三军准备钟鼓。赵同问："国家有大战，不安抚人民却准备钟鼓，为什么？"赵宣子回答说："大国的罪行就去讨伐他，小国的罪行就吓唬吓唬他。偷袭入侵这样的事，是侵犯他人。所以要讨伐他就准备钟鼓，声张它的罪行；打仗要用錞于和丁宁两种乐器，来警告他的民众。偷袭入侵是悄无声息的，是让对方暂时没防备，突然发生的事。现如今宋人杀死自己的国君，没有比这更大的罪了！明明白白地声讨它，还怕他们不听。我军准备钟鼓，是尊重君臣应实行的准则。"赵宣子就派别人告诉各诸侯，整顿士气，振奋军心，敲钟击鼓，到了宋国。

灵公使鉏麑杀赵宣子[①]

灵公虐，赵宣子骤谏，公患之，使鉏麑贼之。晨往，则寝门辟矣[②]，盛服将朝，早而假寐。麑退，叹而言曰："赵孟敬哉！夫不忘恭敬，社稷之镇也。贼国之镇不忠，受命而废之不信，享一名于此，不如死。"触庭之槐而死。灵公将杀赵盾，不克。赵穿攻公于桃园[3]，逆公子黑臀而立之[4]，实为成公。

【注释】①鉏麑（chú ní）：晋国的大力士。②寝门：古礼天子五门，诸侯三门，大夫二门。最内之门曰寝门，即路门。后泛指内室之门。③赵穿：赵盾的同族兄弟。晋国大夫。④黑臀：即晋成公。晋文公之子，晋襄公异母弟，晋灵公的叔叔。

【译文】晋灵公残虐，赵宣子多次进谏，灵公把这当成了忧患，就让鉏麑刺杀赵宣子。鉏麑早晨去赵府，看见内室的门开着，赵盾穿着朝服，端正整齐，准备上朝，因为时间太早，坐着打盹。鉏麑退出来，慨叹道："赵盾很恭敬啊！不忘恭敬，是镇守国家之才啊。刺杀镇国之才，太不忠了；接受了国君的命令却又背弃，是不讲信用。背负着这两个罪名中的一个，都生不如死。"于是，他一头撞在院子里的槐树上，死了。灵公还想杀赵盾，又没成功。赵穿在桃园攻击杀死晋灵公，迎接晋文公的儿子黑臀，立他为国君，就是晋成公。

范武子退朝告老[1]

郤献子聘于齐[2]，齐顷公使妇人观而笑之[3]。郤献子怒，归，请伐齐。范武子退自朝，曰："燮乎[4]，吾闻之，干人之怒，必获毒焉。夫郤子之怒甚矣，不逞于齐，必发诸晋国。不得政，何以逞怒？余将致政焉，以成其怒，无以内易外也。尔勉从二三子，以承君命，唯敬。"乃老。

【注释】①范武子：晋国正卿。②郤献子：即郤克。晋卿。③齐顷公：齐国国君。姜姓，吕氏，名无野，齐惠公之子。④燮（xiè）：范武子的儿子范文子，又叫范燮。

【译文】郤献子聘问齐国，齐顷公让女人观看他，嘲笑他。郤献子很气愤，回了晋国，请求讨伐齐国。范武子从朝中退下，回到家里，对他的儿子说："燮，我听说，触犯别人的恼怒，一定会获得荼毒。郤子的怒气太大，他讨伐齐国不能得逞，一定会在国内发泄。他不能掌握国政，怎么发泄他的怒火？我准备将执政的权柄归还，成全郤子发泄怒火，不要用内部的矛盾来代替外部的矛盾。你好好跟从其他大臣，奉行国君的命令，只有恭敬。"于是范武子告老还家了。

范武子杖文子

范文子暮退于朝。武子曰："何暮也？"对曰："有秦客廋辞于朝[①]，大夫莫之能对也，吾知三焉。"武子怒曰："大夫非不能也，让父兄也。尔童子，而三掩人于朝。吾不在晋国，亡无日矣。"击之以杖，折委笄[②]。

【注释】①廋辞：隐语，谜语。②委笄：委貌冠上的簪子。

【译文】范文子晚上退朝回家。范武子问："为什么这么晚？"文子说："有位来自秦国的客人在朝堂猜谜，大夫中没有一个能应对，我知道三个。"武子恼怒地说："大夫们不是不能，而是礼让父兄之辈。你个小孩子，在朝堂三次掩盖别人的优点。我如果不在晋国，我们家早就灭亡了！”说完就拿手杖打文子，把委貌冠上的簪子都打断了。

郤献子分谤

靡笄之役[①]，韩献子将斩人。郤献子驾，将救之，至，则既斩之矣。郤献子请以徇[②]，其仆曰：“子不将救之乎？”献子曰：“敢不分谤乎！”

【注释】①靡笄之役：公元前589年，齐国与晋国在靡笄打仗，齐军战败。靡笄：山名。②徇：对众宣示。

【译文】靡笄一战，韩献子要处斩犯人。郤献子驾车前去，想要救被处斩的人，赶去的时候，已经被斩杀了。郤献子请求对众宣示，他的仆人说：“你不是想救他吗？”郤献子说：“我怎么能不分担些诽谤呢？”

张侯御郤献子[①]

靡笄之役，郤献子伤，曰：“余病喙。”张侯御，曰：“三军之心，在此车也。其耳目在于旗鼓。车无退表，鼓无退声，军事集焉。吾子忍之，不可以言病。受命于庙，受脤于社，甲胄而效死，戎之政也。病未若死，祗以解志。”乃左并辔，右援桴而鼓之，马逸不能止，三军从之。齐师大败，逐之，三周华不注之山[2]。

【注释】①张侯：即解张。晋国大夫。②华不注：山名。在今山东省。

【译文】靡笄一战，郤献子受伤，说："我很痛苦，感到气短。"张侯驾车，说："三军将士的心，都在这辆车上。他们的耳朵听着车上的战鼓声，眼睛看着车上的战旗。只要车上不挥动撤离的旗，不敲退后的鼓，战斗就成功了。你忍一会儿，不要说痛苦。我们在祖庙接受命令，在土地神前接受了祭肉，身穿戎甲为国效命，这是兵戎的大政。你的病还不至于死，叫苦连天只会松懈我们的斗志。"于是张侯左手拉着马缰绳，右手拿着鼓槌敲打战鼓，战马不停地奔跑，三军将士在后面跟从。齐军大败，晋军追赶，围绕华不注山跑了三圈。

师胜而范文子后入

靡笄之役，郤献子师胜而返，范文子后入。武子曰："燮乎，女亦知吾望尔也乎？"对曰："夫师，郤子之师也，其事臧。若先，则恐国人之属耳目于我也，故不敢。"武子曰："吾知免矣。"

【译文】靡笄之战，郤献子带领的军队胜利班师，范文子最后回来。范武子说："燮，你也知道我盼望着你吗？"文子回答说："军队，是郤献子统领的军队，这次打了胜仗。假如我抢先回来，就怕国人只会关注我，我不敢啊。”武子说：“我知道你能够免除祸患了。”

郤献子等各推功于上

靡笄之役，郤献子见，公曰：“子之力也夫！”对曰：“克也以君命命三军之士，三军之士用命，克也何力之有焉？”范文子见，公曰：“子之力也夫！”对曰：“燮也受命于中军，以命上军之士，上军之士用命，燮也何力之有焉？”栾武子见，公曰：“子之力也夫！”对曰：“书也受命于上军，以命下军之士，下军之士用命，书也何力之有焉？”

【译文】靡笄战役之后，郤献子拜见晋成公，晋成公说：“你的功劳啊！”郤献子说：“郤克听命于国君率领三军将士，三军将士听命行事，我有什么功劳？”范文子拜见晋成公。晋成公说：“你的功劳啊！”文子说：“范燮听命于中军，来指挥上军的将士，上军将士听命行事，我有什么功劳？”栾武子拜见晋成公。晋成公说：“你的功劳啊！”武子说：“栾书听命于上军，来指挥下军将士，下军将士听命行事，我有什么功劳？”

苗棼皇谓郤献子为不知礼[①]

靡笄之役也，郤献子伐齐。齐侯来[②]，献之以得殒命之礼，曰："寡君使克也，不腆弊邑之礼，为君之辱，敢归诸下执政，以整御人。"苗棼皇曰："郤子勇而不知礼，矜其伐而耻国君，其与几何！"

【注释】①苗棼皇：晋国大夫。②齐侯：齐顷公。

【译文】靡笄一战，郤献子征讨齐国获胜。齐顷公朝见，郤献子用对待被俘国君的礼节接待齐侯，说："我们国君让我送上我们国家不算丰厚的礼物，承蒙你屈辱来晋，烦请你送给齐国各位执政者，来整治你宫中嘲笑我的女人。"苗棼皇说："郤子很勇敢却不懂礼，自夸战功还羞辱齐君，对自己有什么帮助？"

车者论梁山崩[①]

梁山崩，以传召伯宗[②]，遇大车当道而覆，立而辟之，曰："避传[③]。"对曰："传为速也，若俟吾避，则加迟矣，不如捷而行。"伯宗喜，问其居，曰："绛人也。"伯宗曰："何闻？"曰："梁山崩而以传召伯宗。"伯宗问曰："乃将若何？"对曰："山有朽壤而崩，将若何？夫国主山川，故川涸山崩，君为之降服、出次，乘缦、不举，策于上帝，国三日哭，以礼焉。虽伯宗亦如是而已，其若之何？"问其名，不告；请以见，不许。伯宗及绛，以告，而从之。

【注释】①梁山：晋国山名。②伯宗：孙伯纠的儿子。晋国大夫。③避传：避开驿站传车。

【译文】梁山崩裂，晋君用驿站准备的传车召见伯宗，在路上遇见一辆牛车翻了，伯宗站起身来要牛车避开，说："躲开驿站的传车。"车夫说："驿站的传车要的就是速度，等我的牛车躲开了，就更加慢了，不如从旁边走更快一点。"伯宗很开心，问车夫在哪居住，车夫说："我是绛城人。"伯宗问："在绛城听到了什么？"车夫回答说："梁山崩裂，国君用驿站的传车召见伯宗。"伯宗问道："该怎么处理好呢？"车夫回答说："梁山因为有腐土才会崩塌，能怎么办？国家以山川为主，所以河水干涸山体坍塌，国君要身穿素服，到郊外居住、乘坐没有彩色花纹的车子、不饮酒作乐，在简策写下文章祷告上天，国人哭三日，行礼祭祀山川之神。即便是伯宗也只能这样，还能怎样？"伯宗问他的名字，车夫不告诉；请车夫一起去见晋君，他也不许诺。伯宗到了绛城，把车夫的话告诉了晋君，晋君听从了这个办法。

伯宗妻谓民不戴其上难必及

伯宗朝，以喜归，其妻曰："子貌有喜，何也？"曰："吾言于朝，诸大夫皆谓我智似阳子。"对曰："阳子华而不实，主言而无谋，是以难及其身。子何喜焉？"伯宗曰："吾饮诸大夫酒，而与之语，尔试听之。"曰："诺。"既饮，其妻曰："诸大夫莫子若也。然而民不能戴其上久矣，难必及子乎！盍亟索士整庇州犁焉[①]。"得毕阳[②]。及栾弗忌之难，诸大夫害伯宗，将谋而杀之。毕阳实送州犁于荆。

【注释】①州犁：伯宗的儿子伯州犁。②毕阳：晋国贤士。

【译文】伯宗退朝，面带喜色回到家里。他的妻子问："你喜形于色，有什么事？"伯宗说："我在朝堂讲话，大夫们都说我的智商像阳处父。"妻子说："阳处父华而不实，善于言论而无谋略，所以危难才到了他身上。你开心什么？"伯宗说："我要请大夫们一起喝酒，和他们交谈，你试着听听。"妻子说："可以。"饮酒结束，他的妻子说："那些大夫们确实不如你。但是人们很久不能拥戴贤才了，灾难必定会找到你！何不赶快去找寻贤士教导保护儿子伯州犁呢？"伯宗找到了毕阳。等到栾弗忌遇难，那些大夫们忌恨伯宗，谋议将他杀死了。毕阳护送伯州犁到了楚国。

晋语六

赵文子冠[1]

赵文子冠，见栾武子，武子曰："美哉！昔吾逮事庄主[2]，华则荣矣，实之不知，请务实乎。"

【注释】①赵文子：即赵武，赵盾的孙子。②庄主：即赵朔，赵文子的父亲。

【译文】赵文子举行冠礼后，拜见栾武子，武子说："漂亮！以前我赶上侍奉你父亲赵庄子，他华美而有活力，却华而不实，请你务必讲求实际。"

见中行宣子[1]，宣子曰："美哉！惜也，吾老矣！"

【注释】①中行宣子：即晋国大夫荀庚。

【译文】赵文子拜见中行宣子，宣子说："成年美好啊！可惜，我老了！"

见范文子，文子曰："而今可以戒矣，夫贤者宠至而益戒，不足者为宠骄。故兴王赏谏臣，逸王罚之。吾闻古之王者，政德既成，又听于民，于是乎使工诵谏于朝[1]，在列者献诗使勿兜，风听胪言于市[2]，辨祆祥于谣[3]，考百事于朝，问谤誉于路，有邪而正之，尽戒之术也。先王疾是骄也。

【注释】①诵谏：诵读前代箴谏之语。②胪言：传言，流言，群体之言。③祆祥：指显示灾异的凶兆。

【译文】赵文子拜见范文子，文子说："如今你就要提高警惕啦，贤能的人受宠就会更加戒备，智慧不足的人因为得宠就会骄傲。所以兴邦的君王会奖励进谏的大臣，贪图安逸的君王会责罚贤臣。我听说古时候的帝王，德政取得成功，还会听取民众的建议，于是就让乐师在朝堂上诵读前代劝谏的话语，在位的官员献诗进谏，不让自己受到蒙蔽，在集市上收听商旅的传言，在民谣中辨别灾异的凶兆，在朝堂上考问百官职事，在道路上过问诽谤和赞誉，有邪恶的就纠正，这些都是戒备的方法。先王痛恨的就是骄傲。"

见郤驹伯[1]，驹伯曰："美哉！然而壮不若老者多矣。"

【注释】①郤驹伯：即郤锜，郤克的儿子。

【译文】赵文子拜见郤驹伯，驹伯说："成年美好啊！可是青壮年比不上老人的地方多得去了。"

见韩献子，献子曰："戒之，此谓成人。成人在始与善，始与善，善进善，不善蔑由至矣；始与不善，不善进不善，善亦蔑由至矣。如草木之产也，各以其物。人之有冠，犹宫室之有墙屋也，粪除而已，又何加焉。"

【译文】赵文子拜见韩献子，献子说："戒备一点吧，这就代表你成人了。成人在于起点，起点是善的，从善到善，不善的一切就会泯灭；起点不善，从不善到不善，善良的一切就会泯灭。如同草木的生长，都是同类的物就会聚积在一起。人一旦举行了冠礼，就好像宫室里面有了围墙屋顶，只要保持清洁就可以，又有什么比这更重要的呢？"

见智武子[①]，武子曰："吾子勉之，成、宣之后而老为大夫[②]，非耻乎！成子之文，宣子之忠，其可忘乎！夫成子导前志以佐先君，导法而卒以政，可不谓文乎！夫宣子尽谏于襄、灵，以谏取恶，不惮死进，可不谓忠乎！吾子勉之，有宣子之忠，而纳之以成子之文，事君必济。"

【注释】①智武子：姬姓，智氏，名罃，字子羽，谥号武，史称智武子。晋国卿士。②成：即赵衰，赵文子的曾祖父。宣：即赵盾，赵文子的祖父。

【译文】赵文子拜见智武子，武子说："你好好努力，你作为赵衰、赵盾的后代，长大成人就能做大夫，不羞耻！赵衰的文采，赵盾的忠义，能忘记吗？赵衰通达前人的意志辅佐先君，通达法典而成就德政，难道不能说是文吗？赵盾尽心尽力劝谏襄公、灵公，因为劝谏而被痛恨，他不惧怕，冒死进谏，难道不是忠义吗？你好好努力，有了赵衰的忠义，加上赵盾的文采，你事奉君王一定成功。"

见苦成叔子，叔子曰："抑年少而执官者众，吾安容子。"

【译文】赵文子拜见苦成叔子，叔子说："现今年少就当官的人很多，我该把你安排到哪里呢？"

见温季子[①]，季子曰："谁之不如，可以求之。"

【注释】①温季子：即晋卿郤至。

【译文】赵文子拜见温季子，温季子说："你比不上谁，就要甘心位列谁的后面。"

见张老而语之[①]，张老曰："善矣，从栾伯之言，可以滋；范叔之教，可以大；韩子之戒，可以成。物备矣，志在子。若夫三郤，亡人之言也，何称述焉！智子之道善矣，是先主覆露子也[②]。"

【注释】①张老：即张孟。晋国大夫。②覆露：荫庇，养育。

【译文】赵文子拜见张老，并把各位大夫说的话告诉张老，张老说："好呀，听从栾武子的话，可以增长见识；范文子的教导，可以扩大视野；韩献子的诫言，可以助你成功。帮助你成器的条件具备了，就看你的意愿了。至于郤驹伯、苦成叔子、温季子三郤说的话，是让人失去自我的话，没有必要称道！智子说的好，这都是你的先主在荫庇你啊！"

范文子不欲伐郑

厉公将伐郑[①]，范文子不欲，曰："若以吾意，诸侯皆叛，则晋可为也。唯有诸侯，故扰扰焉。凡诸侯，难之本也。得郑忧滋长，焉用郑！"郤至曰："然则王者多忧乎？"文子曰："我王者也乎哉？夫王者成其德，而远人以其方贿归之，故无忧。今我寡德而求王者之功，故多忧。子见无土而欲富者，乐乎哉？"

【注释】①厉公：即晋厉公，晋景公的儿子，春秋时期晋国第27任国君。

【译文】晋厉公想要征讨郑国，范文子不想发动兵力，说："如果按着我的意思，诸侯都背叛晋国，晋国就能采取行动。因为我们目前还拥有一些诸侯，才形成现在的纷纷扰扰。这些想搞事情的诸侯，是灾难的根本。我们得到郑国，忧患就会滋长，哪里用得着对郑国出兵？"郤至说："如果这样，王者就有很多忧患吗？"范文子说："我们晋君是称霸天下的王者吗？称霸天下的王者是成就自己的德政，远方的诸侯会带着本地的财物归依他，所以没有忧患。现在我们晋国德行缺失，却想要成就王者的功绩，因此忧患很多。你看那些没有土地却想富庶的人，他们能拥有快乐吗？"

晋败楚师于鄢陵[①]

厉公六年[②]，伐郑，且使苦成叔及栾黡兴齐、鲁之师[③]。楚恭王帅东夷救郑[④]。楚半阵，公使击之。栾书曰："君使黡也兴齐、鲁之师，请俟之。"郤至曰："不可。楚师将退，我击之，必以胜归。夫阵不违忌，一间也；夫南夷与楚来而不与阵，二间也；夫楚与郑阵而不与整，三间也；且其士卒在阵而哗，四间也；夫众闻哗则必惧，五间也。郑将顾楚，楚将顾夷，莫有斗心，不可失也。"公说。于是败楚师于鄢陵，栾书是以怨郤至。

【注释】①鄢（yān）陵：地名，即今河南鄢陵。②厉公六年：即晋厉公六年（公元前575）。③栾黡（yǎn）：即栾桓子，名黡，栾书的儿子。④楚恭王：楚国国君。

【译文】晋厉公六年（公元前575），晋国征伐郑国，并且派苦成叔和栾黡分别到齐国、鲁国请求出征。楚恭王带领东夷人救助郑国。楚军摆好一半阵势，晋厉公下令出击。栾书说："国君已派栾黡和苦成叔到齐、鲁两国搬兵，请等他们。"郤至说："不可以。楚军正要撤退，我们正好进攻，一定能胜利而归。楚军布阵不避讳月食，这是一个能利用的空隙；南夷和楚军一起出征，却不列阵，这是第二个能利用的空隙；楚军和郑军一起列阵，却很不整齐，这是第三个能利用的空隙；况且他们的士兵在阵营喧哗，这是第四个能利用的空隙；众将士听到喧哗一定害怕，这是第五个能利用的空隙。郑军要顾及楚军，楚军要顾及东夷军，都没有战斗的心思，机不可失。”厉公很开心。于是在鄢陵打败楚军，栾书因此怨恨郤至。

郤至勇而知礼

鄢之战，郤至以韎韦之跗注[①]，三逐楚恭王卒，见王必下奔退战。王使工尹襄问之以弓[②]，曰："方事之殷也，有韎韦之跗注，君子也，属见不穀而下，无乃伤乎？"郤至甲胄而见客，免胄而听命，曰："君之外臣至，以寡君之灵，间蒙甲胄，不敢当拜君命之辱，为使者故，敢三肃之。"君子曰：勇以知礼。

【注释】①韎（mò）韦：柔软的双层皮革，用来保护膝盖。跗（fū）注：古代一种军服。②工尹襄：工尹，官名，春秋楚设置，掌管百工及官营手工业。襄：人名。

【译文】鄢陵一战，郤至穿着柔软的双层皮革制作的军服，三次追逐楚恭王的士卒，郤至看见楚恭王，一定会跳下战车奔跑着撤出战斗。楚恭王让工尹襄赠送郤至一张弓，说："正打得激烈的时候，有一个穿着柔软双层皮革制作成军服的人，一定是个君子，他遇见我就下车奔跑，难道是受伤了吗？”郤至身穿凯甲佩戴头盔来见客人，他摘下头盔听从命令，说：“楚君的外邦大臣郤至，托晋君的福，在打仗期间披甲戴胄，承蒙国君大恩，不敢下拜接受君命。为了感谢为此而来的使者，我行三个肃拜之礼表示我的谢意。”君子说：郤至勇敢也知礼！

范文子论内睦而后图外

鄢之役，晋人欲争郑，范文子不欲，曰：“吾闻之，为人臣者，能内睦而后图外，不睦内而图外，必有内争，盍姑谋睦乎！考讯其阜以出，则怨靖。”

【译文】鄢陵一战，晋国想通过战争让郑国归依，范文子不同意，说：“我听说，为人臣，能让内部和睦相处再向外谋划，内部不能和睦相处就去向外谋划，一定会有内部斗争，何不姑且谋划，让国内能够和睦相处！考问一下民情，然后再决定出不出兵，那样，怨愤就会平定。”

范文子论外患与内忧

鄢之役，晋伐郑，荆救之。大夫欲战，范文子不欲，曰：“吾闻之，君人者刑其民[①]，成，而后振武于外，是以内和而外威。今吾司寇之刀锯日弊[②]，而斧钺不行[③]。内犹有不刑，而况外乎？夫战，刑也，刑之过也。过由大，而怨由细，故以惠诛怨，以忍去过。细无怨而大不过，而后可以武，刑外之不服者。今吾刑外乎大人，而忍于小民，将谁行武？武不行而胜，幸也。幸以为政，必有内忧。且唯圣人能无外患，又无内忧，讵非圣人[4]，必偏而后可。偏而在外，犹可救也，疾自中起，是难。盍姑释荆与郑以为外患乎。”

【注释】①君人者：即国君。②刀锯：古代的刑具。刀以割，锯以刖。③斧钺：斧和钺，古代兵器，用于斩刑。借指重刑。④讵（jù）：岂，难道。

【译文】鄢陵一战，晋国讨伐郑国，楚国救助郑国。大夫们想要出战，范文子不同意，他说：“我听说，国君要通过刑罚来治理人民，成功了，然后再对外显扬武力，因此就能对内和睦相处，对外威力无比。如今掌管司法和纠察的长官用于小刑的刀锯，天天都在使用已经很旧了，而用于重刑的斧和钺并不使用。晋国内部还有不能正确行刑的，何况外部？战斗，就是一种刑罚，是用来惩治有错误的人。错误是由大臣造成，幽怨由小民造成，所以要凭借恩惠消除小民的幽怨，靠着狠心除掉大臣的错误。小民不怨恨，大臣不犯错，然后可以对外动武，去惩罚国外不服从的国家。现今我们施慧于大臣，却狠心对待小民，还想对谁显示威力呢？威力不及却打胜仗，侥幸而已。侥幸从政，必定会有内忧。况且只有圣人才能做到无外患，无内忧，如果不是圣人，一定要偏于一头才可以。偏于对外，还能补救，如果疾病从国内而起，就困难了。何不暂先放弃楚国和郑国，让它们成为我国的外患呢？”

范文子论胜楚必有内忧

鄢之役，晋伐郑，荆救之。栾武子将上军，范文子将下军。栾武子欲战，范文子不欲，曰："吾闻之，唯厚德者能受多福，无德而服者众，必自伤也。称晋之德，诸侯皆叛，国可以少安。唯有诸侯，故扰扰焉，凡诸侯，难之本也。且唯圣人能无外患又无内忧，讵非圣人，不有外患，必有内忧，盍姑释荆与郑以为外患乎！诸臣之内相与，必将辑睦。今我战又胜荆与郑，吾君将伐智而多力[①]，怠教而重敛，大其私昵而益妇人田，不夺诸大夫田，则焉取以益此？诸臣之委室而徒退者，将与几人？战若不胜，则晋国之福也；战若胜，乱地之秩者也[②]，其产将害大，盍姑无战乎！"

【注释】①伐智：夸耀自己的才智。多力:谓矜夸战功。②乱地：分配土地的正常秩序就被打乱了。

【译文】鄢陵一战，晋国征伐郑国，楚国救助郑国。栾武子帅领上军，范文子帅领下军。栾武子就要开战，范文子不同意，说："我听说，只有厚德之人能享受多福，无德而臣服的人却很多，必定会伤害自己。定夺现在晋国的德行，如果诸侯都反叛，晋国可以有稍许安宁。正因为有诸侯服从，才会纷纷扰扰，这些服从的诸侯，都是灾难的根本。况且只有圣人才能做到无外患，无内忧，如果不是圣人，没有外患，定有内忧，何不暂先放弃楚国和郑国，让它们成为晋国的外患呢？大臣之间相互亲附，一定会和睦。现今我们鄢陵一役战胜了楚国和郑国，我们国君就会自夸智慧和战功，就会怠慢教育、加强敛税，增加宠信俸禄，增加妇人田地，如果不掠夺众大夫的田地，能从哪掠取而增加这些支出呢？众大臣自动交出田地，徒手而归家的，能有几个人？这一仗，如果不能获胜，那是晋国的福气；胜利了，分配土地的正常秩序就被打乱了，产生的危害就很大了，何不暂且不打呢！”

栾武子曰：“昔韩之役，惠公不复舍[①]；邲之役[②]，三军不振旅[③]；箕之役[④]，先轸不复命：晋国固有大耻三。今我任晋国之政，不毁晋耻，又以违蛮夷重之，虽有后患，非吾所知也。”

【注释】①惠公不复舍：晋惠公被俘虏不能回自己的王宫。②邲之役：指公元前597年晋国和楚国在邲地发生的战争。晋国败。③振旅：整顿班师。④箕之役：指公元前627年晋国和狄国在箕地发生的战争。晋国胜，大将先轸死。

【译文】栾武子说：“曾经的韩原之战，惠公被秦国俘虏不能回到自己的王宫；邲地一战，晋国三军战败，不能整顿班师；箕地一战，先轸不能活着复命：这是晋国原有的三大耻辱。如今我主持晋国政事，不能雪洗晋耻，还要躲开楚国这样的蛮夷加重晋国的耻辱，即便真有后患，也不是我想知道的。”

范文子曰：“择福莫若重，择祸莫若轻，福无所用轻，祸无所用重，晋国故有大耻，与其君臣不相听以为诸侯笑也，盍姑以违蛮夷为耻乎？”

【译文】范文子说：“选择福气没有不挑选最重的，选择祸患没有不挑选最轻的，福气不能选轻的，祸患不能选重的，晋国本来就有大的耻辱，与其君臣互相不听从而沦为诸侯的笑柄，何不暂且以躲避蛮夷为耻呢？”

栾武子不听，遂与荆人战于鄢陵，大胜之。于是乎君伐智而多力，怠教而重敛，大其私昵，杀三郤而尸诸朝[①]，纳其室以分妇人，于是乎国人不蠲[②]，遂弑诸翼，葬于翼东门之外，以车一乘。厉公之所以死者，唯无德而功烈多，服者众也。

【注释】①三郤：指郤至、郤犨、郤锜。②不蠲（juān）：不以为洁。

【译文】栾武子不听，就与楚人大战于鄢陵，大胜楚。于是国君自夸智慧和武力，怠慢教育、加强敛税，增加宠信的俸禄，杀了郤至、郤犨、郤锜并把尸体陈列在朝堂，收纳他们的家室，分财物给自己宫里的女人。于是国人都不满意这样的不洁之君，就在翼城杀死晋厉公，葬在翼城东门外，只用一辆车套着四匹马陪葬。晋厉公被杀死的原因，就是因为他无德却战功较多，臣服的诸侯众多。

范文子论德为福之基

鄢之役，荆压晋军，军吏患之，将谋。范匄自公族趋过之①，曰："夷灶堙井，非退而何？"范文子执戈逐之，曰："国之存亡，天命也，童子何知焉？且不及而言，奸也，必为戮。"苗贲皇曰："善逃难哉！"既退荆师于鄢，将谷②，范文子立于戎马之前，曰："君幼弱，诸臣不佞，吾何福以及此！吾闻之，'天道无亲，唯德是授。'吾庸知天之不授晋且以劝楚乎，君与二三臣其戒之！夫德，福之基也，无德而福隆，犹无基而厚墉也，其坏也无日矣。"

【注释】①范匄（gài）：范文子的儿子，也叫范宣子。②将谷：准备吃饭。

【译文】鄢陵一战，楚军逼近晋军，晋军将士都很忧心，准备谋划策略。范匄以公族大夫的身份疾步近前，说："我们把炉灶夷为平地，把水井填平，不是撤退是什么？"范文子拿着戈追逐范匄，说："国家的存亡是天命，你个小孩子知道什么？再说这里还轮不到你说话却插话，你这是作乱，一定要被杀死的。"苗贲皇说："范文子善于躲避祸患啊！"不久，晋军在鄢陵战败楚军，准备吃饭，范文子站在国君的马车前，说："国君幼小，众大臣不才，我们有什么福气能打胜这一战呢？我听说：'天意不亲近任何一个人，只赐福给有德行的人。'我们怎么知道这不是先赐福给晋国，以此来鼓励楚国呢？国君和各位臣子要戒备啊！德，是福的基础，没有德而福气隆盛，就好像没有地基，却筑起了厚重的墙，毁坏没有几天了。”

范文子论私难必作

反自鄢，范文子谓其宗、祝曰：“君骄泰而有烈[①]，夫以德胜者犹惧失之，而况骄泰乎？君多私，今以胜归，私必昭。昭私，难必作，吾恐及焉。凡吾宗、祝，为我祈死，先难为免。”七年夏[②]，范文子卒。冬，难作，始于三郤，卒于公。

【注释】①骄泰：骄恣放纵。②七年夏：晋厉公七年（公元前574）夏天。

【译文】从鄢陵回到晋国，范文子对族里的宗人、祝史说：“国君骄恣放纵却立了战功，那些靠德行获胜的人还怕迷失，更何况骄恣放纵的人？国君私宠太多，如今战胜回来，这种私心一定会彰显。彰显私心，灾难必定会发生，我害怕会波及到我。凡是我的宗人、祝史，请你们在神灵面前祈祷，让我快死，以免先遭受灾难。”晋厉公七年夏天，范文子死。那年冬天，灾难发生，起于三郤被杀，终于厉公被杀。

栾书发郤至之罪

既战，获王子发鉤[1]。栾书谓王子发鉤曰："子告君曰：'郤至使人劝王战，及齐、鲁之未至也。且夫战也，微郤至王必不免。'吾归子。"发告鉤君，君告栾书，栾书曰："臣固闻之，郤至欲为难，使苦成叔缓齐、鲁之师，已劝君战，战败，将纳孙周，事不成，故免楚王。然战而擅舍国君，而受其问，不亦大罪乎？且今君若使之于周，必见孙周。"君曰："诺。"栾书使人谓孙周曰："郤至将往，必见之！"郤至聘于周，公使觇之[2]，见孙周[3]。是故使胥之昧与夷羊五刺郤至、苦成叔及郤锜[4]，郤锜谓郤至曰："君不道于我，我欲以吾宗与吾党夹而攻之，虽死必败，君必危，其可乎？"郤至曰："不可。至闻之，武人不乱，智人不诈，仁人不党。夫利君之富，富以聚党，利党以危君，君之杀我也后矣。且众何罪，均之死也，不若听君之命。"是故皆自杀。既刺三郤，栾书弑厉公，乃纳孙周而立之，实为悼公。

【注释】①发鉤：楚国公子，名茷。鉤：同"钩"。②觇（chān）：偷偷地察看。③孙周：即晋悼公。晋襄公的曾孙，名周。④胥之昧：即胥童。晋厉公的宠信。夷羊五：晋厉公的宠信。

【译文】鄢陵之战打响，晋军俘虏了楚国王子发鉤。栾书对王子发鉤讲："你去告诉晋国国君说：'郤至派人劝楚王与晋国作战，他要趁着齐军、鲁军没来就要开战。而且在开战的时候，如果不是郤至，楚王一定不能免去被俘获的结果。’按我说的去做，我就让你回去。”发鉤就告诉了晋厉公，晋厉公告诉了栾书，栾书说：“我听说这件事很久了，郤至想要发难，让苦成叔故意延迟邀请齐国、鲁国出兵作战的时间，自己却劝国君作战，如果晋国战败，他就接纳孙周作国君，如果事情不成功，就故意放跑楚王。然而在战事中擅自放跑楚王，还接受楚王的慰问，不也是大罪？况且现在您如果派他出使周，他一定会见孙周。”晋君说：“好的。”栾书派人对孙周说：“郤至就要去周，你一定要见他！”郤至到周聘问，晋厉公派人偷偷地察看，郤至真的去见孙周。所以，晋厉公让胥之昧和夷羊五刺杀郤至、苦成叔和郤锜，郤锜对郤至说：“国君对我们无道，我想带领我的宗人和同党夹击他，即便是我们战死了，国家也会因此衰败，国君一定很危险。这样能行吗？”郤至说：“不可以。我听说，真正的武士不作乱，真正的智者不奸诈，真正的仁者不结党。国君给我们利益让我们富庶，我们却靠着这点财富来结党营私，利用同党危害国君，国君杀我们也算是够晚了。况且大家有什么罪，横竖都是死，不如听从国君的命令而死。”所以三郤都自杀而死。晋厉公已经杀了三郤，栾书又杀死晋厉公，就接纳孙周，立孙周为新君，就是晋悼公。

长鱼矫胁栾中行[①]

长鱼矫既杀三郤，乃胁栾、中行而言于公曰：“不杀此二子者，忧必及君。”公曰：“一旦而尸三卿，不可益也。”对曰：

“臣闻之，乱在内为宄[②]，在外为奸，御宄以德，御奸以刑。今治政而内乱，不可谓德。除鲠而避强，不可谓刑。德刑不立，奸宄并至，臣脆弱，不能忍俟也。”乃奔狄。三月，厉公弑。

【注释】①长鱼矫：晋厉公的宠臣。②宄（guǐ）：奸邪，作乱。

【译文】长鱼矫已经杀死三郤，又劫持了栾书、中行偃，对晋厉公说：“不杀了这两人，忧惧一定殃及国君。”厉公说：“一天之内就要了三位卿士的命，不可以再多了。”长鱼矫说：“我听说，动乱在内叫作宄，在外叫作奸，防御内部动乱要用德，防御外部动乱要靠刑。现今您治理国政却导致内乱，不算是德。除去祸害却躲开强暴的人，不算是刑。德和刑不能建立，内乱外乱一并来临，我很脆弱，不能忍受也不能再等了。”于是出奔到了狄国。三个月后，晋厉公被杀。

韩献子不从栾中行召

栾武子、中行献子围公于匠丽氏[①]，乃召韩献子，献子辞曰：“弑君以求威，非吾所能为也。威行为不仁，事废为不智，享一利亦得一恶，非所务也。昔者吾蓄于赵氏，赵孟姬之谗[②]，吾能违兵。人有言曰：‘杀老牛莫之敢尸。’而况君乎？二三子不能事君，安用厥也！”中行偃欲伐之，栾书曰：“不可。其身果而辞顺。顺无不行，果无不彻，犯顺不祥，伐果不克，夫以果戾顺行，民不犯也，吾虽欲攻之，其能乎！”乃止。

【注释】①匠丽氏：晋厉公的嬖臣。②赵孟姬之谗：指赵孟姬向晋景公进谗言，杀死赵同、赵括一事。赵孟姬：晋景公的姐姐，赵朔的妻子。

【译文】栾武子、中行献子把晋厉公围困在匠丽氏家，然后召唤韩献子，韩献子推辞说："杀国君来求得威力，不是我能做的。施展威力是不仁，事情被废掉不算智慧，享受了利益，却得到了恶名，这不是我能做的。以前我被赵盾养大，赵孟姬谗害赵氏，我都能放下武器不参与战斗。人们这样讲：'想要杀掉一头老牛，没有人敢出来主持。'更何况是国君？你们不能事奉国君，怎么用得着我韩厥！"中行偃想杀韩厥，栾书说："不可以。韩厥果敢利落，说话顺乎大理。顺乎大理没有办不成的事，果敢利落没有不通达的。触犯了顺理不吉祥，杀伐果敢利落的人不能成功，他果敢利落，顺理而行，民众不会触犯他，我们虽然想攻打，能成功吗！"于是就停止了对韩献子的攻击。

晋语七

栾武子立悼公

既弑厉公，栾武子使智武子、彘恭子如周迎悼公[①]。庚午，大夫逆于清原。公言于诸大夫曰："孤始愿不及此，孤之及此，天也。抑人之有元君，将禀命焉。若禀而弃之，是焚谷也；其禀而不材，是谷不成也。谷之不成，孤之咎也；成而焚之，二三子之虐也。孤欲长处其愿，出令将不敢不成，二三子为令之不从，故求元君而访焉。孤之不元，废也，其谁怨？元而以虐奉之，二三子之制也。若欲奉元以济大义，将在今日；若欲暴虐以离百姓，反易民常，亦在今日。图之进退，愿由今日。"大夫对曰："君镇抚群臣而大庇荫之，无乃不堪君训而陷于大戮，以烦刑、史[②]，辱君之允令，敢不承业。"乃盟而入。

【注释】①彘恭子：即士鲂，谥恭。②以烦刑、史：还得劳烦掌管司法的法官、记录史事的史官。刑：掌管司法的法官。史：记录史事的史官。

【译文】已经杀了晋厉公，栾武子派智武子、彘恭子去周室迎接悼公。庚午日，各大夫在清原迎接。晋悼公对各大夫说："我最初的愿望不是这样的，我走到这个地步，是天命。不过是人民想要拥立有道的明君，我来禀受天命。如果禀受天命却又弃置天命，就像是焚烧谷子；如果禀受天命而不成才，就像谷子不成熟。谷子不成熟，是我的过错；谷子成熟却烧掉它，是你们暴虐了。我想长久地成就我的愿望，发出的命令就不敢不成熟，你们发出的命令有不听从的，就要求助于有道的明君谋划商议。我要是无道，就废弃我，能怨谁？如果是有道明君，你们却虐待他，这就是你们专制了。如果想事奉有道明君来达成大义，就在今天；如果要暴虐对待有道明君，让百姓流离失所，违反民众常道，也在今天。你们权衡一下，是进还是退，希望都在今天决定。"大夫们回答说："国君安抚我们这些大臣，大力庇护我们，只怕我们不能胜任国君的训示，让自己陷入被杀的死罪，还得劳烦掌管司法的法官、记录史事的史官，辱没国君的信令，怎敢不尊命行事？"于是，悼公和群臣就盟发誓言，进入京城。

辛巳[①]，朝于武宫。定百事，立百官，育门子[②]，选贤良，兴旧族[③]，出滞赏[④]，毕故刑[⑤]，赦囚系，宥闲罪[⑥]，荐积德，逮鳏寡，振废淹[⑦]，养老幼，恤孤疾，年过七十，公亲见之，称曰王父，敢不承。

【注释】①辛巳：正月十六。②门子：卿大夫的儿子。③旧族：指旧臣子孙。④滞赏：指应赏而长久未赏的人。⑤故刑：过去判刑而今仍在服劳役的人。⑥闲罪：嫌疑的罪犯。⑦废淹：指被废黜已久的贤者。

【译文】辛巳日，晋悼公在武公庙上朝。商定各种大事，设立各种官吏，培育卿大夫的儿子，选拔贤良，推举有旧臣子孙，补偿应该奖赏却长久没有奖赏的人，终止过去判刑而今仍在服劳役的人，赦免囚犯，宽恕嫌疑的犯罪，推举积德的人，顾及鳏夫寡妇，兴起被废黜已久的贤者，抚养老人和小孩，体恤孤儿残疾，超过七十的老人，悼公亲自拜见，尊称他们为王父，表明自己不敢不接受老人的训示。

悼公即位

二月乙酉[①]，公即位。使吕宣子将下军[②]，曰："邲之役，吕锜佐智庄子于上军[③]，获楚公子穀臣与连尹襄老[④]，以免子羽。鄢之役，亲射楚王而败楚师，以定晋国而无后，其子孙不可不崇也。"使彘恭子将新军，曰："武子之季、文子之母弟也。武子宣法以定晋国，至于今是用。文子勤身以定诸侯，至于今是赖。夫二子之德，其可忘乎！"故以彘季屏其宗。使令狐文子佐之[⑤]，曰："昔克潞之役，秦来图败晋功，魏颗以其身却退秦师于辅氏[⑥]，亲止杜回，其勋铭于景钟。至于今不育，其子不可不兴也。"

【注释】①乙酉：指初一。②吕宣子：姬姓，吕氏（魏氏旁支），名相，谥号曰“宣”，故史称吕宣子，因吕氏出自魏氏，故以大宗本家氏号，亦称魏相。③吕锜：姬姓，魏氏，名锜，谥号曰“武”，采邑于厨、吕，故称吕锜，史称厨武子。智庄子：荀首，晋国次卿，荀息之孙、逝敖幼子。④公子穀臣：是楚庄王之子，晋国的战俘。⑤令狐文子：姬姓，令狐氏，名颗，因令狐氏出于魏氏，故多称魏颗，史称令狐文子。⑥辅氏：晋国地名，在今陕西大荔。

【译文】二月乙酉日，悼公即位。让吕宣子统帅下军，说：“邲一战，吕锜辅佐智庄子率领上军，俘虏了楚国公子穀臣，射死连尹襄老，才让子羽幸免于难。鄢陵一战，吕锜亲力亲为，射中楚恭王的眼睛，击败楚军，让晋国得以安定，却没有让他的后代尊贵显赫，他的子孙不能不崇尚。”让彘恭子统帅新军，说：“他是范武子的小儿子，范文子的同母兄弟。范武子宣明法令使晋国安定，直到现在还在任用。范文子劳身劳力，安定诸侯，直到现在还依赖他的成绩。范文子、范武子的德行，能忘记吗？”所以让彘季保护他的宗族。让令狐文子辅佐彘恭子，说：“以前攻克潞国之战，秦军过来谋划着打败晋国军功，魏颗亲自在辅氏打退秦军，亲自俘获了大力士杜回，他的勋绩刻在景公钟上。直到现在他的后代子孙都得不到培育，他的儿子不能不起用。”

君知士贞子之帅志博闻而宣惠于教也[1]，使为太傅。知右行辛之能以数宣物定功也[2]，使为元司空。知栾纠之能御以和于政也，使为戎御。知荀宾之有力而不暴也，使为戎右。

【注释】①士贞子：晋悼公时任太傅。②右行辛：晋国大夫贾辛。

【译文】晋悼公知道士贞子能够遵循书志，学识广，见闻多，普施仁爱于教化，就让他担任太傅。知道右行辛能靠计数，宣说事理，建立功业，就让他担任司空。明白栾纠能够驾驭兵车来协和军政，就让他驾驭晋君兵车。知道荀宾有力气而不残暴，就让他担任车右。

栾伯请公族大夫，公曰："荀家惇惠，荀会文敏，黡也果敢，无忌镇静，使兹四人者为之。夫膏粱之性难正也，故使惇惠者教之，使文敏者导之，使果敢者谂之，使镇静者修之。惇惠者教之，则遍而不倦；文敏者导之，则婉而入；果敢者谂之，则过不隐；镇静者修之，则壹。"使兹四人者为公族大夫。

【译文】栾伯请求晋悼公设立公族大夫，悼公说："荀家敦厚仁惠，荀会文思敏捷，栾黡果敢，无忌镇定沉稳，派这四个人担当。富贵人家子弟恶习太多难以纠正，就让敦厚仁惠的人教化他们，让文思敏捷的人引导志向，让果敢的人告诫他们，让镇定沉稳的人培养习性。让敦厚仁惠的人教化他们，就会考虑事情比较全面而不疲倦；让文思敏捷的人引导志向，就会委婉绵长深入到心；让果敢的人告诫他们，就会有了过错而不隐藏；由镇定沉稳的人培养习性，就会专一不变。"晋悼公就让这四个人担任公族大夫。

公知祁奚之果而不淫也[①]，使为元尉。知羊舌职之聪敏肃给也，使佐之。知魏绛之勇而不乱也，使为元司马。知张老之智而不诈也，使为元候。知铎遏寇之恭敬而信强也[②]，使为舆尉。知籍偃之惇帅旧职而恭给也，使为舆司马。知程郑端而不淫，且好谏而不隐也，使为赞仆[③]。

【注释】①祁奚：姬姓，祁氏，名奚，字黄羊。②铎遏寇：晋国大夫，任舆尉，上军尉。③赞仆：乘马御，掌管车马。

【译文】晋悼公知道祁奚果敢而不放纵，让他担任中军尉。知道羊舌职聪敏过人奉公尽职，让他辅佐祁奚。知道魏绛勇敢而不作乱，让他担任中军司马。知道张老明智而不奸诈，让他担任重臣大吏。知道铎遏寇恭敬有信而又坚强，让他担任上军尉。知道籍偃勉力遵循旧日的典章制度而恭敬敏捷，让他担任舆司马。知道程郑端庄不淫乱，并且喜欢进谏而不隐藏，让他担任赞仆。

悼公始合诸侯

始合诸侯于虚朾以救宋，使张老延君誉于四方，且观道逆者。吕宣子卒，公以赵文子为文也，而能恤大事，使佐新军。三年[①]，公始合诸侯。四年，诸侯会于鸡丘[②]，于是乎布命、结援、修好、申盟而还。令狐文子卒，公以魏绛为不犯，使佐新军。使张老为司马，使范献子为候奄。公誉达于戎。五年，诸戎来请服，使魏庄子盟之，于是乎始复霸。

【注释】①三年：指公元前571年。②鸡丘：晋国地名，在今邯郸一带。

【译文】晋悼公第一次在虚朾集合诸侯救助宋国。他让张老到四方各诸侯国宣扬国君的雅誉，并且观察谁是有道者，谁是违逆者。吕宣子死，悼公认为赵文子有文德，还能够体恤国家大事，让他辅佐新军。悼公三年，悼公开始集合诸侯。悼公四年，各诸侯国到鸡丘会盟，于是就颁布命令，结交外援，修正旧有的友好关系，申令盟约，然后返回。令狐文子死，悼公认为魏绛不触犯军规，让他辅佐新军。让张老担任司马，让范献子为候奄。悼公的美誉传到了边远的戎族部落。悼公五年，戎族各部来晋国请求降服，悼公让魏庄子和他们盟誓，于是晋国开始恢复诸侯霸主的地位。

四年，会诸侯于鸡丘，魏绛为中军司马，公子扬干乱行于曲梁[①]，魏绛斩其仆。公谓羊舌赤曰[②]："寡人属诸侯，魏绛戮寡人之弟，为我勿失。"赤对曰："臣闻绛之志，有事不避难，有罪不避刑，其将来辞。"言终，魏绛至，授仆人书而伏剑。士鲂、张老交止之。仆人授公，公读书曰："臣诛于扬干，不忘其死。日君乏使，使臣狃中军之司马。臣闻师众以顺为武，军事有死无犯为敬，君合诸侯，臣敢不敬，君不说，请死之。"公跣而出，曰："寡人之言，兄弟之礼也。子之诛，军旅之事也，请无重寡人之过。"反役，与之礼食，令之佐新军。

【注释】①曲梁：晋国地名，在山西潞城北。②羊舌赤：羊舌职的儿子。

【译文】晋悼公四年，悼公召集诸侯在鸡丘会盟，魏绛担任中军司马，悼公的弟弟扬干在曲梁扰乱了行军的队列，魏绛斩杀了他的车夫。悼公对羊舌赤说："我会合诸侯，魏绛却侮辱我弟弟，替我抓住他，不要让他跑了。"羊舌职回答说："我听说魏绛的志向是，碰到事情不躲灾避难，犯了错不躲避刑罚，他肯定会过来向您述说原委。"说完，魏绛就到了，他把书信交给传递命令的官，就准备自杀。士鲂和张老从两旁阻止他。传递命令的官把信交给了悼公，悼公读信，信上说："我责罚扬干，没有忘记这是犯了死罪。日前君王缺乏使唤的人，让我任职于中军司马。我听说军队以服从军令为英武，在军事上即便是死也不触犯军法才值得尊敬。国君召集诸侯，我怎敢不尊敬？君主不高兴，我请求死去。"悼公光着脚跑出来，说："我的话，是因为兄弟之间的礼。你责罚扬干，是军队的正事，请您不要加重我的罪过了。"诸侯会盟回国后，悼公设礼食之宴招待魏绛，命令他辅佐新军。

祁奚荐子午以自代[①]

祁奚辞于军尉，公问焉，曰："孰可？"对曰："臣之子午可。人有言曰：'择臣莫若君，择子莫若父。'午之少也，婉以从令，游有乡，处有所，好学而不戏。其壮也，强志而用命，守业而不淫。其冠也，和安而好敬，柔惠小物，而镇定大事，有直质而无流心，非义不变，非上不举。若临大事，其可以贤于臣。臣请荐所能择而君比义焉。"公使祁午为军尉，殁平公[②]，军无秕政[③]。

【注释】①午：即祁午。祁奚的儿子。②平公：即晋平公。晋悼公的儿子。③秕政：指不良的政治措施。

【译文】祁奚请求辞掉军尉一职，晋悼公问他说："谁能代替你？"祁奚回答说："我的儿子祁午能代替我。人们说：'选择大臣没有比国君更合适的，选择儿子没有比父母更合适的。'祁午还是个小孩的时候，和顺听话，外出游玩也会告知我们他的去向，偶尔有事不回家也会告知我们居住的地方，喜好学习，不喜欢嘲弄别人。长大成人后，胸有大志而谨遵父母的命令，信守学业而不淫乱。举行弱冠之礼以后，和气安乐，喜好恭敬，面临小事柔和仁惠，面临大事镇定不乱，有正直朴实的资质，无游移放纵的心性，不义之事不能改变他，没有长辈的命令不乱动。如果碰到大事，他能做得比我更好。我请求举荐我所能选择的人才，由国君考核决定是否公正合宜。"悼公便让祁午担任军尉。一直到晋平公死，军队中都没有败坏的军政。

魏绛谏悼公伐诸戎

五年[①]，无终子嘉父使孟乐因魏庄子纳虎豹之皮以和诸戎[②]。公曰："戎、狄无亲而好得，不若伐之。"魏绛曰："劳师于戎，而失诸华，虽有功，犹得兽而失人也，安用之？且夫戎、狄荐处，贵货而易土。予之货而获其土，其利一也；边鄙耕农不儆，其利二也；戎、狄事晋，四邻莫不震动，其利三也。君其图之！”公说，故使魏绛抚诸戎，于是乎遂伯。

【注释】①五年：晋悼公五年（公元前569）。②无终：即无终国，邻近晋国的戎国。嘉父：无终国国君的名字。孟乐：无终国臣子。

【译文】晋悼公五年，无终国国君嘉父让孟乐因为魏绛的关系进献虎豹皮，来和好晋国与各戎族部落的关系。悼公说：“戎、狄不顾念亲情，又贪得无厌，不如征伐他们。”魏绛说：“劳师动众于戎国，就会失去中原各诸侯，即使成功，犹如得到野兽失掉了人，有什么用处？而且戎人、狄人逐草而居，重视货物而轻慢土地。就给他们货物，得到他们的土地，这是第一种利益；边境那边耕种的农夫不再戒备，这是第二种利益；戎人、狄人奉事晋国，四邻诸侯无不震动，这是第三种利益。望国君谋虑！”悼公很开心，就让魏绛安抚各戎族部落，于是就在诸侯之间称霸。

悼公使韩穆子掌公族大夫

韩献子老，使公族穆子受事于朝[①]。辞曰：“厉公之乱，无忌备公族，不能死。臣闻之曰：‘无功庸者[②]，不敢居高位。’今无忌，智不能匡君，使至于难，仁不能救，勇不能死，敢辱君朝以忝韩宗，请退也。”固辞不立。悼公闻之，曰：“难虽不能死君而能让，不可不赏也。”使掌公族大夫。

【注释】①穆子：韩献子的长子，名无忌。②功庸：功劳，业绩。

【译文】韩献子年纪大了，晋悼公让公族穆子在朝中接受职务。穆子辞让说："厉公被杀时，我作为同姓公族，没能相随死去。我听说：'没有功劳的人，不敢身居上位。'如今无忌，在智慧上不能匡正国君，让他遭受灾难，在仁德上不能救助国君，在勇气上不能身死沙场，怎敢侮辱国君朝廷，并有愧于韩氏宗族，请准许我推辞。"他坚定辞让不去任职。悼公听了这些，说："遇到灾难虽然不能为国君死，却能谦虚礼让，不能不赏。"于是让他管理公族大夫。

悼公使魏绛佐新军

悼公使张老为卿，辞曰："臣不如魏绛。夫绛之智能治大官，其仁可以利公室不忘，其勇不疚于刑，其学不废其先人之职，若在卿位，外内必平。且鸡丘之会，其官不犯而辞顺，不可不赏也。"公五命之，固辞，乃使为司马。使魏绛佐新军。

【译文】晋悼公让张老担任卿，张老辞让说："我不如魏绛。魏绛的智慧能担任卿职，他的仁惠可以不忘国家利益，他的英勇无愧于刑法，他勤而好学，不废弃先人的职事。如果他能担任卿，国内国外必定和平。况且鸡丘会盟，他居官不触犯刑法，而且说辞顺应礼，不能不赏。"晋悼公五次任命张老担任卿，他都坚决地辞谢，就让他担任中军司马。让魏绛辅佐新军。

悼公赐魏绛女乐歌钟

十二年[①]，公伐郑，军于萧鱼[②]。郑伯嘉来纳女、工、妾三十人，女乐二八[③]，歌钟二肆，及宝镈，辂车十五乘。公锡魏绛女乐一八、歌钟一肆，曰："子教寡人和诸戎、狄而正诸华，于今八年，七合诸侯，寡人无不得志，请与子共乐之。"魏绛辞曰："夫和戎、狄，君之幸也。八年之中，七合诸侯，君之灵也。二三子之劳也，臣焉得之？"公曰："微子，寡人无以待戎，无以济河，二三子何劳焉！子其受之。"君子曰："能志善也。"

【注释】①十二年：晋悼公十二年（公元前562）。②萧鱼：郑国地名，在河南许昌。③女乐：歌舞伎。

【译文】晋悼公十二年（公元前562），悼公攻打郑国，驻扎在萧鱼。郑伯嘉送来美女、乐师、妾三十人，歌舞伎十六人，编钟二列，以及贵重的小钟，天子的乘车十五辆。悼公赏赐魏绛歌舞伎八人、编钟一列，说："您教导我同戎、狄各部落讲和，匡正中原诸侯各国，直到现在八年了，我们七次聚合诸侯，我没有不得志的，请让我与您共同享乐。"魏绛推辞说："同戎、狄各部落讲和，是国君的幸事。八年之间，七次聚合诸侯，是国君的福气及各大臣的功劳，我怎么能获得这些？"悼公说："要不是你，我不会接待戎、狄，也不会渡过黄河，其他大臣有何功劳？请你接纳这些馈赠。"君子说："悼公记得别人的好。"

司马侯荐叔向[1]

悼公与司马侯升台而望曰："乐夫！"对曰："临下之乐则乐矣，德义之乐则未也。"公曰："何谓德义？"对曰："诸侯之为，日在君侧，以其善行，以其恶戒，可谓德义矣。"公曰："孰能？"对曰："羊舌肸习于春秋。"乃召叔向使傅太子彪[2]。

【注释】①司马侯：晋国大夫，向晋悼公推荐羊舌肸。②太子彪：即后来的晋平公。

【译文】晋悼公和司马侯登台远望，说："快乐啊！"司马侯说："站在高台从高望下的快乐是很快乐，德义的快乐还没得到。"悼公问："什么是德义？"司马侯说："研究诸侯的行为，天天都在国君的身旁，认为妥善就执行，认为可恶就戒除，这就是德义。"悼公问道："谁有这样的才能？"司马侯说："羊舌肸熟悉史书。"于是悼公就召见叔向，叫他教导太子彪。

晋语八

阳毕教平公灭栾氏

平公六年[①]，箕遗及黄渊、嘉父作乱[②]，不克而死。公遂逐群贼，谓阳毕曰[③]："自穆侯以至于今[④]，乱兵不辍，民志不厌，祸败无已。离民且速寇，恐及吾身，若之何？"阳毕对曰："本根犹树，枝叶益长，本根益茂，是以难已也。今若大其柯，去其枝叶，绝其本根，可以少间。"

【注释】①平公六年：晋平公六年（公元前552）。②箕遗及黄渊、嘉父：三人都是晋国大夫。③阳毕：春秋中期晋国人，晋平公时大夫，主张歼灭晋国下军佐栾盈。④穆侯：姬姓，名费王，晋国的第九任统治者。

【译文】晋平公六年（公元前552），箕遗、黄渊、嘉父造反，还没攻克就被杀死。晋平公就追赶他们的徒党，对阳毕说："从穆侯到现今，叛乱的士兵没有停止，民心得不到满足，祸败从不间断。人民离散而且招致敌寇，这些灾祸恐怕要危及我身，怎么办？"阳毕回答说："祸乱的根本还在，枝叶长得越大，根本就更加繁茂，所以祸乱难以停止。现今如果加长斧柄，砍去枝叶，断掉它的根本，就能够有少许的止息。"

公曰："子实图之。"对曰："图在明训，明训在威权，威权在君。君抡贤人之后有常位于国者而立之，亦抡逞志亏君以乱国者之后而去之，是遂威而远权。民畏其威，而怀其德，莫能勿从。若从，则民心皆可畜。畜其心而知其欲恶，人孰偷生？若不偷生，则莫思乱矣。且夫栾氏之诬晋国久也，栾书实覆宗[①]，弑厉公以厚其家，若灭栾氏，则民威矣。今吾若起瑕、原、韩、魏之后而赏立之[②]，则民怀矣。威与怀各当其所，则国安矣，君治而国安，欲作乱者谁与？"

【注释】①栾书实覆宗：指栾书杀死晋厉公，灭了晋国三郤等人。②瑕：即瑕嘉。原：即原轸。韩：即韩万。魏：即毕万。

【译文】晋平公说："你切切实实地计划一下。"阳毕回答说："计划这件事在于有明确的训示，明确的训示在于有威权的人，威权的人就是国君。国君选择贤人的后代在国家有世袭权利的人，让他们在朝廷做官，并且选择那些遂了心意、感到快意、亏欠国君的后代，贬去他们的官位，这样就有威望，让政权长远。人民敬畏国君的威权，怀念国君的美德，没有人不服从的。如果都服从了，那么民心就可以慢慢培养。培养人民的心志并且知道他们的好恶，那么谁会苟且偷生？如果不苟且偷生，就不会思考着造反了。况且栾氏欺骗晋国很久了，栾书着实败坏了他的宗族，他杀死厉公，让自己的家族更加富厚，如果歼灭了栾氏家族，那人民就知道国君的威力了。现今如果起用瑕嘉、原轸、韩万、毕万的后人，奖赏他们，赐他们官位，那么百姓就会感恩怀念国君。威力与感怀各得其所，那国家就安稳了，您治理国家安稳和平，想造反，谁会参与？”

君曰：“栾书立吾先君，栾盈不获罪，如何？”阳毕曰：“夫正国者，不可以昵于权，行权不可以隐于私。暱于权，则民不导；行权隐于私，则政不行。政不行，何以导民？民之不导，亦无君也，则其为暱与隐也，复害矣，且勤身。君其图之！若爱栾盈，则明逐群贼，而以国伦数而遣之，厚箴戒图以待之。彼若求逞志而报于君，罪孰大焉，灭之犹少。彼若不敢而远逃，乃厚其外交而勉之，以报其德，不亦可乎？”

【译文】平公说：“栾书拥立我的先君，栾盈不曾犯罪，怎么做？”阳毕说：“治国者，不能只想着权宜之计，行使权力不能为了私心而有所隐藏。只想着权宜之计，人民就不能被教导；行使权力为了私心而有所隐藏，政令就行不通。政令行不通，靠什么教导人民？人民不被教导，就好像没有国君。所以只想着权宜之计，或为了私心而有所隐藏，反过来又害了国家，而且辛苦了国君。国君好好谋划吧！如果怜惜栾盈，那就明令驱逐这一群乱臣贼子，再用治国的伦常细数他们的罪过并加以驱遣，多多地规劝、警戒栾盈并考虑如何防备。他如果遂了自己的心志，只图自己快意，报复国君，哪种罪行能大过他这样的，毁灭了他们还嫌少。如果他不敢图谋而是向远方逃窜，就可以多多赠送礼品给他逃去的国家，让他们多多劝勉栾盈，来报答他的祖德，不也可以吗？”

公许诺，尽逐群贼而使祁午及阳毕适曲沃逐栾盈[1]，栾盈出奔楚。遂令于国人曰：“自文公以来，有力于先君而子孙不立者，将授立之，得之者赏。”居三年，栾盈昼入，为贼于绛[2]。范宣子以公入于襄公之宫[3]，栾盈不克，出奔曲沃，遂刺栾盈，灭栾氏。是以没平公之身无内乱也。

【注释】①曲沃：此曲沃为栾盈封邑，在今河南陕县西南，并非山西之曲沃。②居三年，栾盈昼入，为贼于绛：此事发生在公元前550年。栾盈逃奔楚国一年之后，又逃奔齐国，后来在齐庄公的支持下，返回曲沃，并进入绛都作乱。③入于襄公之宫：晋襄公宗庙建筑非常牢固，因此平公入襄公宗庙避难。

【译文】平公同意了，驱逐群贼，并且让祁午和阳毕到曲沃逐出栾盈，栾盈出逃到楚国。平公就命令国人说：“自晋文公以来，但凡有功于先君，而他的子孙没有当官的，将授予爵位并且封官，知道这种情况的给予奖赏。”三年后，栾盈白天入攻晋国，在绛城祸害。范宣子带着平公躲进襄公的祀庙，栾盈没有攻克，出逃曲沃，晋军于是杀死栾盈，灭了栾氏一族。所以直到平公去世，晋国没有内乱。

辛俞从栾氏出奔

栾怀子之出[①]，执政使栾子之臣勿从[②]，从栾氏者为大戮施[③]。栾氏之臣辛俞行，吏执之，献诸公。公曰："国有大令，何故犯之？"对曰："臣顺之也，岂敢犯之？执政曰'无从栾氏而从君'，是明令必从君也。臣闻之曰：'三世事家，君之；再世以下，主之。'事君以死，事主以勤，君之明令也。自臣之祖，以无大援于晋国，世隶于栾氏，于今三世矣，臣故不敢不君。今执政曰'不从君者为大戮'，臣敢忘其死而叛其君，以烦司寇。"公说，固止之，不可。厚赂之，辞曰："臣尝陈辞矣，心以守志，辞以行之，所以事君也。若受君赐，是堕其前言。君问而陈辞，未退而逆之，何以事君？'君知其不可得也，乃遣之。

【注释】①栾怀子：指栾盈。②执政：指晋国正卿范宣子。③大戮：谓杀而陈尸示众，亦作"大僇"，大耻辱。

【译文】栾盈被驱逐，掌管政令的范宣子命令栾氏的臣属不能跟从，跟从栾氏的一律处死并且陈尸示众。栾盈的臣下辛俞跟着栾盈出行，官吏抓住他，送到晋平公那里。平公说："国家有重大法令，为什么触犯？"辛俞回答说："我是顺从法令，怎么敢触犯？范宣子说过'不要顺从栾盈，要顺从国君'，这是明确的规定，一定要顺从国君。我听说：'三世事奉大夫一家，事奉大夫就像事奉国君，两世以下事奉大夫一家，事奉大夫就像事奉主人。’事奉国君随时都准备着去死，事奉主人要勤勤恳恳，这是国君的明令。自我祖辈开始，因为在晋国没有大靠，世代隶属于栾氏，到现在三世了，我因此不敢不以事君的方式来事奉栾氏。正掌管政令的范宣子说‘不跟随国君的要处死’，我怎敢忘掉死而叛逆我的家主，让司法官烦心？”平公听了很开心，坚决阻止他，辛俞不听从。平公就赠送厚礼给他，辛俞推辞说：“我已经陈述了自己的想法，心是来守着意志的，说过了就要做，所以才能事奉君主。如果接受了国君的赏赐，就是毁坏我以前说过的话。您问我，我就这样述说，尚未告退就违逆了它，靠什么事奉君主？”平公知道不能留下辛俞，就打发他走了。

叔向母谓羊舌氏必灭

叔鱼生①，其母视之，曰：“是虎目而豕喙，鸢肩而牛腹，谿壑可盈，是不可餍也，必以贿死。”遂不视。杨食我生②，叔向之母闻之，往，及堂，闻其号也，乃还，曰：“其声，豺狼之声，终灭羊舌氏之宗者，必是子也。”

【注释】①叔鱼：即羊舌鲋，一名叔鲋，字叔鱼。晋国大夫。②食我：叔向之子伯石。

【译文】叔鱼出生，他的母亲看了看，说：“这孩子长了一双虎眼、猪嘴，老鹰肩、牛肚，溪涧尚能盈满，他的欲望却没有满足的时候，一定会因为贿赂而死。”于是就不想好好看待。杨食我出生，叔向的母亲听说，就去看望，走到堂前，听到孩子的哭声，就回去了，说："他的哭声，像豺狼的呼号声，最后灭掉羊舌氏宗族的，肯定是这个孩子。"

叔孙穆子论死而不朽

鲁襄公使叔孙穆子来聘，范宣子问焉，曰："人有言曰'死而不朽'，何谓也？"穆子未对。宣子曰："昔匄之祖，自虞以上为陶唐氏①，在夏为御龙氏②，在商为豕韦氏③，在周为唐、杜氏。周卑，晋继之，为范氏，其此之谓也？"对曰："以豹所闻，此之谓世禄，非不朽也。鲁先大夫臧文仲，其身殁矣，其言立于后世，此之谓死而不朽。"

【注释】①陶唐氏：唐尧治地，位于平阳（今山西临汾西南），尧乃其领袖。②御龙氏：夏时刘累学御龙以事孔甲，赐御龙氏。③豕韦氏：彭姓。为商汤所灭。故地在今河南省滑县。

【译文】鲁襄公让叔孙穆子到晋国聘问，范宣子问他，说："人们常说'死而不朽'，是什么意思？"穆子没有回答。范宣子说："以前我的先祖，在虞舜以上是陶唐氏，在夏朝的时候是御龙氏，在商朝的时候是豕韦氏，在周朝是唐、杜氏。周王室衰微，晋国继承了盟主地位，叫范氏。这就是所说的'死而不朽'？"穆子回答说："据我所闻，这叫作世代享有爵禄，不是不朽。鲁国以前的大夫臧文仲，他身死已久，他说的话立标于后代，这才叫作'死而不朽'。"

范宣子与和大夫争田

范宣子与和大夫争田，久而无成。宣子欲攻之，问于伯华[①]。伯华曰：“外有军，内有事。赤也，外事也，不敢侵官。且吾子之心有出焉，可征讯也。”问于孙林甫[②]，孙林甫曰：“旅人，所以事子也，唯事是待。”问于张老，张老曰：“老也以军事承子，非戎，则非吾所知也。”问于祁奚，祁奚曰：“公族之不恭，公室之有回，内事之邪，大夫之贪，是吾罪也。若以君官从子之私，惧子之应且憎也。”问于籍偃[③]，籍偃曰：“偃也以斧钺从于张孟，日听命焉，若夫子之命也，何二之有？释夫子而举，是反吾子也。”问于叔鱼，叔鱼曰：“待吾为子杀之。”

【注释】①伯华：中军尉羊舌赤。②孙林甫：卫大夫孙文子。③籍偃：即籍游，籍季之子，籍谈之父。春秋时期晋国大夫。

【译文】范宣子同和邑大夫争夺田地的界线，很久不能成功。宣子准备攻击他，就这事咨询伯华。伯华说：“外有军事行动，内有政治行动。我是处理对外的军事行动的，不敢侵扰其他官员的事。如果你的心事是外出攻打，可以召问我。”范宣子向孙林甫咨询，孙林甫说：“我是旅居之人，就是事奉你的，只等着替你办事。”咨询于张老，张老说：“我是在军事上承事你的，不是军事方面的事，不是我知道的。”咨询于祁奚，祁奚说：“公族内部不恭敬，公室中有违背正理的现象，朝廷内有邪曲的事，大夫贪图财物，是我的罪。如果以国君官员的身份为你处理私事，就怕你看似答应，实际厌憎我。”咨询于籍偃，籍偃说：“我是拿着斧钺跟从张老，每天都听命于他，如果是张老的命令，哪有二话？不经张老同意而有所举动，这是我违背了您的政令。”范宣子向叔鱼咨询，叔鱼说：“等我替您杀了和邑大夫。”

叔向闻之，见宣子曰：“闻子与和未宁，遍问于大夫，又无决，盍访之訾祏。訾祏实直而博[1]，直能端辨之，博能上下比之，且吾子之家老也。吾闻国家有大事，必顺于典刑，而访谘于耉老，而后行之。”司马侯见，曰：“吾闻子有和之怒，吾以为不信。诸侯皆有二心，是之不忧，而怒和大夫，非子之任也。”祁午见，曰：“晋为诸侯盟主，子为正卿，若能靖端诸侯，使服听命于晋，晋国其谁不为子从，何必和？盍密和，和大以平小乎！”

【注释】①訾祏（shí）：春秋时期晋国大夫。他既正直，又有渊博的知识。

【译文】叔向听说这件事，去见范宣子说：“听说您跟和邑大夫的事不能宁息，向大夫们咨询了个遍，还是没能解决，何不向訾祏咨询。訾祏是实实在在的正直，而且博学多闻，正直就能端端正正分辨对错，博学多闻就能上下对比，况且他是你家臣里年纪最大的。我听说国家有大事，一定要顺应常法，并且要咨询年高有德的贤人，然后再行动。”司马侯拜见宣子，说：“我听说您有和邑大夫之怒，我觉得我不能相信。各诸侯国都有二心，您不忧戚这事，却恼怒和邑大夫，这不是您的职分。”祁午拜见，说：“晋国是诸侯盟主，您是正卿，如果能让诸侯顺服听命，让他们臣服听命于晋国，晋国谁敢不服从您，何止是和邑大夫？为什么不同他亲近和睦，以大德平小怨呢？”

宣子问于訾祏，訾祏对曰：“昔隰叔子违周难于晋国，生子舆为理，以正于朝，朝无奸官；为司空，以正于国，国无败绩。世及武子，佐文、襄为诸侯，诸侯无二心。及为卿，以辅成、景，军无败政。及为成师，居太傅[①]，端刑法，缉训典，国无奸民，后之人可则，是以受随、范[②]。及文子成晋、荆之盟，丰兄弟之国，使无有间隙，是以受郇、栎。今吾子嗣位，于朝无奸行，于国无邪民，于是无四方之患，而无外内之忧，赖三子之功而飨其禄位。今既无事矣，而非和，于是加宠，将何治为？”宣子说，乃益和田而与之和。

【注释】①为成师，居太傅：公元前593年春季，士会率领军队消灭了赤狄的甲氏、留吁、铎辰。三月，晋国向周定王进献俘虏的狄人。晋景公在向周定王请示后，把礼服赐给士会，命令他担任中军将并兼任太傅。②受随、范：接受随、范二邑的封赏。

【译文】宣子向訾祏咨询，訾祏回答说：“从前，隰叔子逃避周难来到晋国，生下子舆，子舆担任法官，治理朝政，朝廷没有奸伪的官；后来担任司空，治理国家，国家没有败落的成绩。传到范武子，辅佐文公、襄公称霸诸侯，诸侯没有异心。等担任了卿，辅佐成公、景公，军中没有朽败的政事。等到担任景公的老师，官居太傅，端正刑法，整理先王的训典，国家没有奸诈的百姓，后人完全可以效法，所以接受国君奖赏的随、范二地。到了范文子，成就了晋、楚会盟，丰厚了兄弟之国，使得各诸侯国没有矛盾，所以接受国君封给的郇、栎二邑。现在你继承了官位，朝中没有奸猾的举动，国内没有邪祟的百姓，因此没有来自四方的祸患，没有外内之忧，这全是依赖三位先祖的功劳享受着俸禄爵位。现在既然康泰无事，您却与和邑大夫争田，如果此时国君加倍宠信你，你准备怎么治理政事？”宣子听了很开心，于是就多加了些田地给和大夫，并且与之和好。

訾祏死范宣子勉范献子[①]

訾祏死，范宣子谓献子曰：“鞅乎！昔者吾有訾祏也，吾朝夕顾焉，以相晋国，且为吾家。今吾观女也，专则不能，谋则无与也，将若之何？”对曰：“鞅也，居处恭，不敢安易，敬学而好仁，和于政而好其道，谋于众不以贾好，私志虽衷，不敢谓是也，必长者之由。”宣子曰：“可以免身。”

【注释】①献子：祁姓，范氏，讳鞅，谥献，名范鞅，又曰士鞅，史称范献子。士匄之子，春秋后期晋国卓越的政治家、外交家。

【译文】訾祏死了以后，范宣子对范献子说："范鞅啊，以前訾祏在的时候，我早晚都光顾他那里，来辅佐晋国，并且也为了我们范氏之家。现今我看你，独自办事能力不够，让人参谋又没有合意的人，你将来怎么办？"献子说："我范鞅，平日的仪容举止恭敬有礼，不敢安逸怠惰，敬重有学问的，结交仁人志士，执掌政事以和为贵，遵循正道，和大家一起谋划，不是为了求取大家的好感，自己的意愿虽然发自内心，但不敢自以为是，一定要听从长者的建议。"宣子说："这样就可以免除自身的祸患了。"

师旷论乐

平公说新声，师旷曰[①]："公室其将卑乎！君之明兆于衰矣。夫乐以开山川之风也，以耀德于广远也。风德以广之，风山川以远之，风物以听之，修诗以咏之，修礼以节之。夫德广远而有时节，是以远服而迩不迁。"

【注释】①师旷：字子野，平阳（今山东省新泰市南师店）人，先秦著名音乐大师，古人称为乐圣，晋悼公、晋平公时大臣。曾任太宰，宫廷掌乐太师。

【译文】晋平公喜欢一种新生音乐，师旷说："晋王室估计要衰败了！国君已经明显地现出衰亡的征兆了。音乐是开通各山川之风的，将明耀的德行传播到广大深远的地方。讽诵德行加以推广，流动传播到各个山川，仁风化育，万物倾听，修饰诗词来咏诵它，修整礼仪来节制它。耀德传扬遥远又广阔，而能作之有时，动之有节，所以远处的人来臣服，近处的人永不迁徙。”

叔向谏杀竖襄

平公射鴳[①]，不死，使竖襄搏之，失。公怒，拘将杀之。叔向闻之，夕，君告之。叔向曰：“君必杀之。昔吾先君唐叔射兕于徒林，殪[②]，以为大甲，以封于晋。今君嗣吾先君唐叔，射鴳不死，搏之不得，是扬吾君之耻者也。君其必速杀之，勿令远闻。”君忸怩[③]，乃趣赦之。

【注释】①鴳（yàn）：一种小型的鸟。②殪（yì）：杀。③忸怩（niǔ ní）：惭愧难为情或不大方的样子。

【译文】晋平公射一种叫鴳的小鸟，没射死，命令竖襄去抓，结果让鸟跑了。平公很生气，拘捕竖襄，准备杀死他。叔向听说这件事，晚上拜见平公，平公告诉了叔向事情的来龙去脉。叔向说：“国君必须杀死他。先前我们国君唐叔在徒林射犀牛，一箭要命，用犀牛皮制了一副大铠甲，以其才艺而被封为晋君。如今您继承了先君唐叔，射鴳不能射死，捉拿也没有得手，这是显扬我们国君的耻辱。国君必须快快杀死他，不要让这件事声名远播。”平公感到惭愧，就催促赦免了竖襄。

叔向论比而不别

叔向见司马侯之子，抚而泣之，曰："自此其父之死，吾蔑与比而事君矣！昔者此其父始之，我终之，我始之，夫子终之，无不可。"籍偃在侧，曰："君子有比乎？"叔向曰："君子比而不别。比德以赞事，比也；引党以封己，利己而忘君，别也。"

【译文】 叔向见到司马侯的儿子，抚摸着他哭泣，说："自从这个孩子的父亲死后，我就没有能比肩合作来事奉国君的人了！以前这孩子的父亲开始替国君谋划，我跟在后面完成；我最初替国君谋划，这孩子的父亲跟在后面完成，没有不成功的。"籍偃在一旁，说："君子也会比肩而行？"叔向说："君子比肩而不分别。比肩德行，来互帮互助，这就叫作比。结党营私来厚己，只为自己的利益而忘记国君，这就是别。"

叔向与子朱不心竞而力争

秦景公使其弟鍼来求成[①]，叔向命召行人子员[②]，行人子朱曰："朱也在此。"叔向曰："召子员。"子朱曰："朱也当御。"叔向曰："肸也欲子员之对客也。"子朱怒曰："皆君之臣也，班爵同，何以黜朱也？"抚剑就之。叔向曰："秦、晋不和久矣，今日之事幸而集，子孙飨之。不集，三军之士暴骨。夫子员导宾主之言无私，子常易之。奸以事君者，吾所能御也。”拂衣从之，人救之。平公闻之曰：“晋其庶乎！吾臣之所争者大。”师旷侍，曰：“公室惧卑，其臣不心竞而力争。”

【注释】①秦景公：嬴姓，名石。春秋时期秦国国君，公元前576年至公元前537年在位。秦景公治理秦国长达三十九年，将秦国势力不断推向中原。鍼，秦景公同母胞弟，字伯车。②行人：职官名，掌朝覲聘问，接待宾客之事。

【译文】秦景公让他的弟弟鍼到晋国求和，叔向命令把接待宾客的子员召来。同是接待宾客的子朱说：“我子朱就在这里。”叔向说：“召子员来。”子朱说：“今天是我子朱值班。”叔向说：“我想让子员待客。”子朱愤怒地说：“都是国君的臣子，爵位官阶都相同，为什么不能用我？”子朱按剑靠近叔向。叔向说：“秦、晋不和很久了，今天的事情有幸能够成功，子子孙孙都能享福。不成功，三军将士就会暴骨郊野。子员在传答宾主的话时，不存私心，而你却常常改变宾主原来的意思。用奸猾的心，来事奉国君的人，是我要防备的。”说完撩起衣襟就和子朱开打，人们把他们拉开了。平公听到此事后，说：“晋国也许要更强大了！我的臣子所争执的都是大事。”师旷在一边侍候，说：“晋王室的地位恐怕要卑微了，这两个臣子不是比试尽心之法而是比试武力。”

叔向论忠信而本固

诸侯之大夫盟于宋，楚令尹子木欲袭晋军，曰："若尽晋师而杀赵武，则晋可弱也。"文子闻之，谓叔向曰："若之何？"叔向曰："子何患焉。忠不可暴，信不可犯，忠自中，而信自身，其为德也深矣，其为本也固矣，故不可抈也[①]。今我以忠谋诸侯，而以信覆之，荆之逆诸侯也亦云，是以在此。若袭我，是自背其信而塞其忠也。信反必斃，忠塞无用，安能害我？且夫合诸侯以为不信，诸侯何望焉。为此行也，荆败我，诸侯必叛之。子何爱于死，死而可以固晋国之盟主，何惧焉？"是行也，以藩为军，攀辇即利而舍，候遮扞卫不行[②]，楚人不敢谋，畏晋之信也。自是没平公无楚患。

【注释】①抈（yuè）：假借为"扤"，动摇。②候遮：候和遮。古代两种侦察敌情的兵卒。

【译文】诸侯国的各大夫会盟于宋国，楚国令尹子木想要偷袭晋军，说："如果把晋军斩尽杀绝，杀死赵武，那样晋国就能变弱。"赵武听说了这件事，问叔向说："怎么办？"叔向说："你有什么担忧的。忠诚不能被侵暴，守信不能被侵犯。忠诚来自内心，守信出于自身，有忠有信，德行就很深厚了，它作为根本已经很牢固，因此是不能动摇的。如今我们凭着忠心为诸侯谋划，靠着信用庇护我们的忠心，楚国迎接诸侯各国的时候也这么说，所以我们在这里聚合。如果楚国偷袭我们，是他们自己背弃信用壅塞忠心。违背了信用必定死，壅塞忠心没法任用诸侯，谁能加害我们？况且聚合诸侯各国却没有信用，诸侯各国有什么指望。这次行动，如果楚国打败我们，诸侯一定会反叛他们。你何必怜惜自己惧怕死亡，如果我们死了，就能巩固晋国的盟主地位，怕什么？这次行动，晋国只设置藩篱作为军营，拉着辇车到便利的地方住下作为房舍，不安置侦查吏卒和保卫人员，楚国不敢谋袭我们，是害怕晋国的信用。从那时开始，一直到晋平公去世，都没有遭受楚国的祸患。

叔向论务德无争先

宋之盟[①]，楚人固请先歃。叔向谓赵文子曰："夫霸王之势，在德不在先歃，子若能以忠信赞君，而裨诸侯之阙，歃虽在后，诸侯将载之，何争于先？若违于德而以贿成事，今虽先歃，诸侯将弃之，何欲于先？昔成王盟诸侯于岐阳，楚为荆蛮，置茅蕝[②]，设望表，与鲜卑守燎，故不与盟。今将与狎主诸侯之盟，唯有德也，子务德无争先，务德，所以服楚也。"乃先楚人。

【注释】①宋之盟：公元前546年，晋楚弭兵大会。②茅蕝（jué）：古摈相者习朝会之仪，束茅而列，以表位次。

【译文】与宋国会盟那次，楚国顽固地要先歃血。叔向对赵文子说："霸主的气势，在于德行，不在于谁先歃皿，如果你能靠着忠信辅佐国君，增加诸侯所缺少的，排在后面歃血，诸侯也会拥戴你，何必要争在楚国之先？如果违背德行，靠贿赂成就事情，现在先歃血，诸侯各国也会背弃他，为何要想着领先？以前周成王与诸侯在岐山之阳会盟，楚国被当作荆蛮，只负责摆放表示位次的茅草束，树立祭祀山川时所立的木制标志，与鲜卑人一起守卫点燃在地上的火把，所以不参加会盟。如今竟然能和我们交替主持诸侯盟会，真正与楚国决定胜负的只有德行。你要在德行上面务实，不要争先，在德行上面务实，才能征服楚国。”于是就让楚国先歃血。

赵文子请免叔孙穆子

虢之会，鲁人食言，楚令尹围将以鲁叔孙穆子为戮，乐王鲋求货焉不予。赵文子谓叔孙曰：“夫楚令尹有欲于楚，少懦于诸侯。诸侯之故，求治之，不求致也。其为人也，刚而尚宠，若及，必不避也。子盍逃之？不幸，必及于子。”对曰：“豹也受命于君，以从诸侯之盟，为社稷也。若鲁有罪，而受盟者逃，鲁必不免，是吾出而危之也。若为诸侯戮者，鲁诛尽矣，必不加师，请为戮也。夫戮出于身实难，自他及之何害？苟可以安君利国，美恶一心也。”

【译文】虢地盟会，鲁国不遵守诺言。楚国令尹围准备杀掉鲁国的叔孙穆子，乐王鲋向叔孙穆子索取财货，叔孙穆子不答应。赵文子对叔孙穆子说：“楚国的令尹围在楚国想得到君位，认为诸侯各国都很弱小。诸侯会盟的原因，是求得主治问题，不单单要求来会盟。令尹围为人，性格刚愎，自我尊宠，如果落到他手里，一定难以逃避惩罚。你何不逃离？如果真有不幸，一定会危及到你。”叔孙穆子回答说：“我接受国君的命令，来参加诸侯会盟，是为了国家。如果鲁国有罪，参加会盟的使者跑了，鲁国一定不能幸免，我这样出逃就会危及国家。如果诸侯杀死我，对鲁国的责罚也就完了，必定不会增加军队向鲁国问罪，请杀了我。杀我也是出于我自身的原因，实在是应该遭受此难，即便是因为他人而涉及到自己，那又有什么损害？如果能够让国君安定，对国家有利，生死都一样。”

文子将请之于楚，乐王鲋曰：“诸侯有盟未退，而鲁背之，安用齐盟？纵不能讨，又免其受盟者，晋何以为盟主矣，必杀叔孙豹。”文子曰：“有人不难以死安利其国，可无爱乎！若皆恤国如是，则大不丧威，而小不见陵矣。若是道也果，可以教训，何败国之有！吾闻之曰：‘善人在患，弗救不祥；恶人在位，不去亦不祥。’必免叔孙。”固请于楚而免之。

【译文】赵文子准备向楚国求情，乐王鲋说：“诸侯结盟，还没退场，鲁国就背弃，结成同盟有何意义？纵使不能征讨鲁国，又免去受盟者叔孙穆子的罪，晋国凭什么作盟主？必须杀了叔孙豹。”文子说：“有人不怕自己受难，以死保全国君的平安与国家的利益，能不怜惜吗？如果都能这样体恤自己的国家，那么大国就不会失去威德，小国就不会受到侵犯。如果这样的道义实行下去，就可以教训民众，怎么可能败坏国家？我听说：‘善人遭遇祸患，不救他不吉祥；恶人执掌政权，不让他离开也不吉祥。’必须免除叔孙豹的罪。”赵武子坚决请求楚国免了叔孙豹的死罪。

赵文子为室张老谓应从礼

赵文子为室，斫其椽而砻之[①]，张老夕焉而见之，不谒而归。文子闻之，驾而往，曰："吾不善，子亦告我，何其速也？"对曰：天子之室，斫其椽而砻之，加密石焉[②]；诸侯砻之；大夫斫之；士首之。备其物，义也；从其等，礼也。今子贵而忘义，富而忘礼，吾惧不免，何敢以告。"文子归，令之勿砻也。匠人请皆斫之，文子曰："止。为后世之见之也，其斫者，仁者之为也，其砻者，不仁者之为也。"

【注释】①砻（lóng）：去掉稻壳的农具，形状略像磨，多以木料制成。这里指打磨。②密石：以纹理细密之石打磨。

【译文】赵文子修建宫室，工匠在砍削椽子之后又用粗石磨光，张老傍晚去看望文子，没有拜见就回去了。文子听说后，驾车去张老家，说："我不好，你要告诉我，为什么走那么快？"张老回答说："天子的宫殿，先砍削椽子再用粗石磨光，然后用纹理细密之石打磨；诸侯居室的椽要用粗石打磨；大夫家的椽要砍削；士人家只砍削椽头。准备跟自己地位匹配的物品，是义；随从自己应有的等级，是礼。如今你富贵了，忘却了义，富有了，忘却了礼，我怕你不能免除灾祸，哪敢告诉你。"文子回家，命令工匠不要磨光椽。

木匠请求把磨光的椽全都砍削一遍，文子说："打住。让后代的人看看，砍削的椽子，是仁义之人所为，磨光的椽子，是不仁之人所为。"

赵文子称贤随武子

赵文子与叔向游于九原①，曰："死者若可作也，吾谁与归？"叔向曰："其阳子乎②！"文子曰："夫阳子行廉直于晋国，不免其身，其知不足称也。"叔向曰："其舅犯乎！"文子曰："夫舅犯见利而不顾其君，其仁不足称也。其随武子乎！纳谏不忘其师，言身不失其友，事君不援而进，不阿而退。"

【注释】①九原：晋国的墓地。②阳子：即阳处父，晋国大夫，因封邑于阳地（今山西省太谷县阳邑村），遂以阳为氏。

【译文】赵文子和叔向到晋国的墓地游走，文子说："如果死者能够复活，我跟谁归为一类呢？"叔向说："是阳子吧！"文子说："阳子在晋国行事廉洁耿直，不能免除自身的祸患，他的智慧不值得称赞。"叔向说："那就是晋文公的舅舅子犯了！"文子说："子犯看见利就不顾国君，他的仁道不值得称赞。我的楷模应该是随武子吧！他在进谏的时候不忘记称引自己的老师，谈及自身不会忘记朋友的帮助，事奉国君不攀援，极力举荐贤才，不阿谀奉承，并遣退无才无德之人。"

秦后子谓赵孟将死

秦后子来奔[①]，赵文子见之，问曰："秦君道乎？"对曰："不识"。文子曰："公子辱于敝邑，必避不道也。"对曰："有焉。"文子曰："犹可以久乎？"对曰："鍼闻之，国无道而年谷和熟，鲜不五稔"。文子视日曰："朝夕不相及，谁能俟五！"文子出，后子谓其徒曰："赵孟将死矣！夫君子宽惠以恤后，犹恐不济。今赵孟相晋国，以主诸侯之盟，思长世之德，历远年之数，犹惧不终其身，今忨日而潡岁[②]，怠偷甚矣，非死逮之，必有大咎。"冬，赵文子卒。

【注释】①秦后子：秦公之子，名鍼，秦景公之同母胞弟。②忨（wàn）：贪爱，苟安。潡（kě）：旷废。

【译文】秦后子出逃到晋国，赵文子接见，问："秦君有道吗？"秦后子说："不知道。"文子说："公子忍辱来到我们这里，一定是躲避无道昏君！"秦后子回答："对的。"文子说："秦国还能坚持多久？"回答说："我听说，国君无道年谷却丰收，最少能坚持五年。"文子看着太阳说："早晨晚上互不相干，谁能等五年！"文子离开，秦后子对他的随从说："赵孟快死了！君子宽厚仁爱而慈恤后人，还怕不成功。如今赵孟为晋国之相，主持诸侯盟会，思量着久远的德泽，走过这么些年，年纪大了，尚且怕不能善终；如今他苟安度日，旷费年岁，怠惰偷生太过了，不是死期到，就是必有大灾。”冬天，赵文子去世。

医和视平公疾

平公有疾，秦景公使医和视之，出曰：“不可为也。是谓远男而近女，惑以生蛊[①]；非鬼非食，惑以丧志。良臣不生，天命不祐。若君不死，必失诸侯。”赵文子闻之曰：“武从二三子以佐君为诸侯盟主，于今八年矣[②]，内无苛慝，诸侯不二，子胡曰‘良臣不生，天命不祐’？”对曰：“自今之谓。和闻之曰：‘直不辅曲，明不规暗，拱木不生危，松柏不生埤。’吾子不能谏惑，使至于生疾，又不自退而宠其政，八年之谓多矣，何以能久！”文子曰：“医及国家乎？”对曰：“上医医国，其次疾人，固医官也。”文子曰：“子称蛊，何实生之？”对曰：“蛊之慝，谷之飞实生之。物莫伏于蛊，莫嘉于谷，谷兴蛊伏而章明者也。故食谷者，昼选男德以象谷明，宵静女德以伏蛊慝，今君一之，是不飨谷而食蛊也，是不昭谷明而皿蛊也。夫文，‘虫’‘皿’为‘蛊’，吾是以云。”文子曰：“君其几何？”对曰：“若诸侯服，不过三年，不服，不过十年，过是，晋之殃也。”是岁也，赵文子卒，诸侯叛晋，十年[③]，平公薨[④]。

【注释】①蛊：淫惑。②今八年：公元前548年至公元前541年，赵文子代范宣子为政，正好八年。③十年：晋平公死于公元前532年，距公元前541年，刚好十年。④薨（hōng）：古代称诸侯或有爵位的大官死去。

【译文】晋平公生病，秦景公让一位叫和的医生给他看病，和医生出来后说："不能治了。这是疏远师傅，亲近女人，被女色迷惑而生了蛊毒；没有鬼祟，也不是食物中毒，是被女色迷惑丧失了意志。良臣快要死了，这是天命，谁也不能护佑。如果晋国不死，也一定会失去诸侯各国拥护。"赵文子听到后，说："我跟从大夫们辅佐国君，成为诸侯盟主，到今天已经八年了，内部没有暴虐凶恶，诸侯各国没有贰心，你为什么说'良臣快要死去，这是天命，谁也不能护佑'呢？"和医生回答说："我说的是从今天开始。我听说：'正直的不能辅助扭曲的，明净的不能劝谏阴暗的，大树不能生长在高危的地方，松柏不能生长在低下潮湿处。'你不能劝谏国君被女色迷惑，直至他生了病，他又不能自己退位，还贪爱自己的执政大位，八年也算很多了，凭什么还能长久？"文子问："医生之业能涉及治国吗？"和医生说："上好的医生能治国，次一点的能治病救人，这本就是医生的职务。"文子说："你说的蛊，是从哪生出来的？"和医生回答说："蛊这样的邪恶，是从谷子里的飞虫产生的。万物中没有不潜伏着蛊的，没有比藏在谷子里更好，谷子繁兴，蛊虫就隐伏，这是很明显的道理。所以吃谷子的人，白天选择有德的男子亲近，象征着吃谷子就会聪明，夜晚与有德的女子安静而处，来隐伏蛊虫的邪恶。现在国君不分明暗，这不是享受谷子的精华而是去吃蛊毒，是不能彰显吃谷子的聪明，而是做了蛊虫的器皿。从文字上来说，'虫'和'皿'合为'蛊'，我根据这个才这么说。"文子说："国君还有多长时间？"和医生说："如果诸侯都臣服，不超过三年，诸侯不臣服，不超过十年。超过这两个时间，晋国就遭殃了。”这一年，赵文子死，诸侯反叛晋国，过了十年，晋平公去世。

叔向均秦楚二公子之禄

秦后子来仕，其车千乘。楚公子干来仕，其车五乘。叔向为太傅，实赋禄，韩宣子问二公子之禄焉①，对曰：“大国之卿，一旅之田，上大夫，一卒之田。夫二公子者，上大夫也，皆一卒可也。”宣子曰：“秦公子富，若之何其钧之？”对曰：“夫爵以建事，禄以食爵②，德以赋之，功庸以称之，若之何以富赋禄也！夫绛之富商，韦藩木楗以过于朝③，唯其功庸少也，而能金玉其车，文错其服，能行诸侯之贿，而无寻尺之禄，无大绩于民故也。且秦、楚匹也，若之何其回于富也。”乃均其禄。

【注释】①韩宣子：即晋国正卿韩起。②食爵：按爵位高低供给。③韦藩：皮制的车篷，古代无爵禄者所用。木楗：木制肩舆。

【译文】秦后子到晋国做官，他的车有一千乘。楚公子干到晋国做官，他的车子有五乘。叔向担任太傅，职掌官员的俸禄，韩宣子咨询秦后子和干的俸禄，叔向说：“大国的卿，有五百顷田赋的俸禄，上大夫，有一百顷田赋的俸禄。两位公子都是上大夫，领受一百顷田赋的俸禄就行了。”宣子说：“秦公子富有，为什么两人享受同等的俸禄？”叔向回答说：“按照爵位设立职务，按爵位的高低拥有俸禄，按德行的薄厚给予俸禄，按功劳给与相对应的俸禄，怎么能按照富有的程度分配俸禄？绛城的富商，只能乘坐皮制车篷、木制肩舆的车子经过朝廷，只因为他们的功劳很少，他们能买用黄金珠玉装饰的车，能买纹饰交错的衣服，能在诸侯之间行贿，却没得到一点点俸禄，就是他们没有大的功劳给人民展示的缘故。况且秦国、楚国地位匹配，为什么因为富有就回馈更多？”于是两国公子俸禄均等。

郑子产来聘

郑简公使公孙成子来聘①，平公有疾，韩宣子赞授客馆。客问君疾，对曰：“寡君之疾久矣，上下神祇不遍谕，而无除。今梦黄熊入于寝门，不知人杀乎，抑厉鬼邪？”子产曰：“以君之明，子为大政，其何厉之有？侨闻之，昔者鲧违帝命，殛之于羽山，化为黄熊，以入于羽渊，实为夏郊，三代举之。夫鬼神之所及，非其族类，则绍其同位，是故天子祀上帝，公侯祀百辟，自卿以下不过其族。今周室少卑，晋实继之，其或者未举夏郊邪？”宣子以告，祀夏郊，董伯为尸，五日，公见子产，赐之莒鼎②。

【注释】①郑简公：姬姓，郑氏，名嘉，郑国第十六位国君。公孙成子：春秋时期著名政治家、思想家。姬姓，公孙氏，名侨，字子产，又字子美。②莒鼎：莒地生产的鼎。

【译文】郑简公让子产到晋国聘问，晋平公生病，韩宣子引导子产住到馆舍。子产问起国君的病况，宣子回答说：“国君的病已经很长时间了。大小的神都祷告遍了，都没除病。今天梦到黄熊进入他的寝室，不知道是要杀人，还是厉鬼使邪？”子产说：“以国君的明惠，您操持大政，哪有什么厉鬼？我听说，以前鲧违逆了天帝的命令，在羽山被杀死，化作黄熊，进入羽渊，夏禹开始郊祭，夏、商、周三代都举办郊祭。鬼神能触及的，不是他的同宗族人，就是继承同等地位的人，所以天子祭祀上帝，公侯祭祀诸侯各神，自卿位以下不过是祭祀他的宗族各神。如今周王室有些衰微，晋国实际上继承了周王室的地位，难道是因为没有举办夏郊之祭？”宣子把这些话汇报给晋平公，于是晋国就举办夏郊之祭，董伯作为受祭的神主，过了五日，晋平公接见子产，赐给他莒地生产的鼎。

叔向论忧德不忧贫

叔向见韩宣子，宣子忧贫，叔向贺之。宣子曰：“吾有卿之名，而无其实，无以从二三子，吾是以忧，子贺我何故？”对曰：“昔栾武子无一卒之田，其宫不备其宗器，宣其德行，顺其宪则，使越于诸侯，诸侯亲之，戎、狄怀之，以正晋国，行刑不疚，以免于难。及桓子骄泰奢侈，贪欲无艺[①]，略则行志[②]，假贷居贿[③]，宜及于难，而赖武之德，以没其身。及怀子改桓之行，而修武之德，可以免于难，而离桓之罪，以亡于楚。夫郤昭子，其富半公室，其家半三军，恃其富宠，以泰于国，其身尸于朝，其宗灭于绛。不然，夫八郤，五大夫三卿，其宠大矣，一朝而灭，莫之哀也，唯无德也。今吾子有栾武子之贫，吾以为能其德矣，是以贺。若不忧德之不建，而患货之不足，将吊不暇，何贺之有？”宣子拜稽首焉，曰：“起也将亡，赖子存之，非起也敢专承之，其自桓叔以下嘉吾子之赐④。”

【注释】①无艺：没有极限或限度。②略则：犯法。行志：任意行事，胡作非为。③假贷：借贷。居贿：储积财物。④桓叔：姬姓，名成师，谥号桓，排行为叔。晋穆侯之子，晋文侯之弟。桓叔有德行和才能，在百姓心中威望很高。

【译文】叔向见韩宣子，宣子正忧惧自己的贫穷，叔向祝贺他。韩宣子说：“我有卿的头衔，却没有卿的财物，没有什么东西用来和大夫们交往，我因为这些焦忧，你却祝贺我，是什么原因？”叔向说：“从前栾武子没有百顷的田地，家里不准备祭祀的器物，可是他能显示自己的德行，顺应国家的法制规章，让自己的美德传到诸侯各国，诸侯亲近他，戎、狄感念他，凭借这些治理晋国，执行刑法没有缺陷，所以能够免除灾难。到了桓子，骄傲奢侈，贪欲没有限度，触犯法律，胡作非为，私搞借贷，储积财货，本该遭受灾难，却杖着栾武子的德行，才能平安一生。到了怀子，一改桓子的败德之行，研修栾武子的德行，本能免去灾难，却遭到桓子应该遭受的罪，故而流亡到楚。郤昭子的财富相当于晋国公室的一半，家中所出军赋占三军的一半，仗着他的富有和国君对他的宠信，在晋国傲慢无礼。最终落得自己被处死，陈尸于朝廷，他的宗族被歼灭于绛城。否则，八个郤氏家族的人，有五个大夫三个卿，那种荣宠很大了，一朝之间消灭殆尽，没有人为他们哀痛，就是因为无德。现今你拥有栾武子那样的清贫，我以为你也拥有他那样的德行，所以祝贺你。假如你不担忧自己能不能建德，只是忧虑财物的不足，我恐怕担忧还来不及，有什么值得祝贺？”韩宣子拜谢叩首，说：“我韩起就要衰亡，仰仗你才得以存活，这样的大恩不是韩起一个人敢承受的，自我的祖宗桓叔以后，韩氏宗族都会感谢你的恩赐。”

晋语九

叔向论三奸同罪

士景伯如楚[①]，叔鱼为赞理[②]。邢侯与雍子争田[③]，雍子纳其女于叔鱼以求直。及断狱之日[④]，叔鱼抑邢侯，邢侯杀叔鱼与雍子于朝。韩宣子患之，叔向曰："三奸同罪，请杀其生者而戮其死者。"宣子曰："若何？"对曰："鲋也鬻狱[⑤]，雍子贾之以其子，邢侯非其官也而干之。夫以回鬻国之中，与绝亲以买直[⑥]，与非司寇而擅杀，其罪一也。"邢侯闻之，逃。遂施邢侯氏，而尸叔鱼与雍子于市。

【注释】①士景伯：又名士伯、司马弥牟，生卒年不详，士文伯之子。晋国掌管讼狱的理官。②叔鱼：复姓羊舌，名鲋，也称叔鲋，字叔鱼，晋国大夫，羊舌职之子，羊舌四族之一。羊舌鲋是中国有史书记载以来，第一个因为贪污而受到惩罚的官员。③邢侯：春秋楚国申公巫臣之子，申公巫臣投奔晋国，封为邢邑大夫。雍子：曾是楚国大夫，投奔晋国被封为鄐大夫。④断狱：判决讼案。⑤鬻狱：借诉讼案件收取贿赂。⑥买直：谓行贿赂以获取胜诉。

【译文】晋国理官士景伯去楚国聘问，叔鱼襄助他办案。邢侯和雍子争夺田地，雍子让女儿嫁给叔鱼，来求得胜诉。等到判决讼案那天，叔鱼压制邢侯，邢侯在朝廷上杀死叔鱼和雍子。韩宣子对这件事感到忧虑，叔向说："三个奸猾之人犯了一样的罪，请杀死他们中活着的，把已死的陈尸示众。"韩宣子说："为什么？"叔向说："叔鱼借诉讼案件收取贿赂，雍子拿自己的女儿做买卖，邢侯不是理官却冒犯官员。叔鱼在国家中出卖奸邪，雍子弃绝亲人贿赂法官求得胜诉，邢侯不是法官却擅自杀人，他们的罪都一样。"邢侯听到叔向这么说，就逃跑了。于是，就判罪邢侯家人，并把叔鱼和雍子的尸体陈列于市井。

中行穆子帅师伐狄围鼓

中行穆子帅师伐狄[①]，围鼓。鼓人或请以城叛，穆子不受，军吏曰："可无劳师而得城，子何不为？"穆子曰："非事君之礼也。夫以城来者，必将求利于我。夫守而二心，奸之大者也；赏善罚奸，国之宪法也。许而弗予，失吾信也；若其予之，赏大奸也。奸而盈禄[②]，善将若何？且夫狄之憾者以城来盈愿，晋岂其无？是我以鼓教吾边鄙贰也。夫事君者，量力而进，不能则退，不以安贾贰。”令军吏呼城，儆将攻之，未傅而鼓降。中行伯既克鼓，以鼓子苑支来。令鼓人各复其所，非僚勿从。

【注释】①中行穆子：姬姓，中行氏，名吴，因中行氏出自荀氏，故亦称荀吴，史称中行穆子，春秋后期晋国名将，谥号穆。②盈禄：丰厚的俸禄。

【译文】中行穆子统率军队攻打狄人，包围了鼓国。有些鼓国人请求献城投降，中行穆子不接受。军吏说：“不让军队劳累就能获得城池，你为什么不做？”穆子说：“这不是事奉国君的礼数。拿着城池请求投降的人，必定想向我求利。守护城池却怀有二心，是奸猾中的大奸猾；嘉奖善良，惩治奸猾，是国家的大法。许诺献城投降我们却不给奖励，会失去我们的信用；如果给他们奖励，就是奖励大奸猾。奸猾者能获得丰厚的俸禄，善良的人将如何对待？况且怂恿着贡献城池来满足自己愿望的狄人，难道晋国就没有同类人？这是我借着鼓国来教训边疆有贰心的人。事奉君主的人，要量力前行，不能前进就后退，不能图谋自己安逸，收买怀有贰心的人。”穆子就命令军吏向着城池呐喊，告诫他们就要攻城，还没靠近，鼓人就投降了。中行穆子已经攻克了鼓国，俘虏鼓地国君苑支回晋国。命令鼓人各自回到自己的住所，不是鼓君的幕僚不准跟从。

鼓子之臣曰夙沙釐，以其孥行，军吏执之，辞曰：“我君是事，非事土也。名曰君臣，岂曰土臣？今君实迁，臣何赖于鼓？”穆子召之，曰：“鼓有君矣，尔心事君，吾定而禄爵。”对曰：“臣委质于狄之鼓[1]，未委质于晋之鼓也。臣闻之：委质为臣，无有二心。委质而策死，古之法也。君有烈名，臣无叛质。敢即私利以烦司寇而乱旧法？其若不虞何！”穆子叹而谓其左右曰：“吾何德之务而有是臣也？”乃使行。既献，言于公，与鼓子田于河阴[2]，使夙沙釐相之。

【注释】①委质：向君王献礼，表示献身。古人在委质求见时，必先书其名于策，表示必死之节，即下文“委质而策死”。②河阴：在黄河的南边。

【译文】鼓国国君有个臣子叫夙沙釐，带着妻子儿女跟着鼓君，军吏抓了他，他说：“我事奉鼓国国君，不事奉鼓国土地。说的是君臣，难道是土臣？现在国君迁居，我赖在鼓国做什么？”穆子召见他，说：“鼓国有国君了，你想事奉国君，我定会给你俸禄和爵位。”夙沙釐说：“我献身于狄人鼓君，不是献身于晋国鼓君。我听说：献身为臣，没有贰心。献身为臣，在简册写上自己的名字，忠诚到死，这是自古就有的做法。国君有贞烈的名声，臣子没有背叛的迹象。我怎敢为了一己私利，麻烦司法官乱了旧有的章法？晋国又该怎样处理出乎意料的叛乱事件！”中行穆子感慨地对左右说：“我该如何修德才能拥有这样的臣子？”就让夙沙釐跟从。进献完战功，中行穆子对国君说了此事，晋顷公给了鼓君黄河以南一带的田地，让夙沙釐辅佐。

范献子戒人不可以不学

范献子聘于鲁，问具山、敖山[①]，鲁人以其乡对。献子曰：“不为具，敖乎？”对曰：“先君献、武之讳也。”献子归，遍戒其所知曰：“人不可以不学。吾适鲁而名其二讳，为笑焉，唯不学也。人之有学也，犹木之有枝叶也。木有枝叶，犹庇荫人，而况君子之学乎？”

【注释】①具山：今山东新泰的石山子。敖山：今山东新泰的青云山。

【译文】范献子到鲁国聘问，向人打听具山、敖山这两个地方，鲁人用两山所在的乡名对答。献子说：“不是叫具山和敖山？”鲁人说：“具和敖是我们先君鲁献公、鲁武公的名讳。”献子回到晋国，把他认识的人告诫了一遍，说：“人不能不学啊！我到鲁国就冒犯了他们两位先君的名讳，让人家嘲笑，只是因为我不学习。有学问的人，就好像树木有枝叶一样。树木有枝叶，还能为人们遮住阳光，更何况是有学问的君子呢？”

董叔欲为系援

董叔将娶于范氏[①]，叔向曰：“范氏富，盍已乎？”曰：“欲为系援焉。”他日，董祁愬于范献子曰[②]：“不吾敬也。”献子执而纺于庭之槐，叔向过之，曰："子盍为我请乎！"叔向曰："求系，既系矣；求援，既援矣。欲而得之，又何请焉？"

【注释】①范氏：范献子的妹妹，范宣子的女儿。②董祁：董叔的妻子。

【译文】董叔将迎娶范氏，叔向说："范氏家族富庶，何不终止这门亲事呢？"董叔说："我想依附求助于范氏家族。"有一天，董祁向哥哥范献子诉说："董叔不尊敬我。"范献子抓住董叔，吊在庭院的槐树上，叔向路过那里，董叔说："你能不能替我求个情？"叔向说："你曾经想牵系于范氏家族，已经牵系上了；想求得援引，已经援引上了。你想拥有的已经拥有了，又能请求什么？"

赵简子欲有斗臣

赵简子曰[①]："鲁孟献子有斗臣五人[②]。我无一，何也？"叔向曰："子不欲也。若欲之，肸也待交捽可也[③]。"

【注释】①赵简子：晋国赵氏的领袖，原名赵鞅，又名志父，亦称赵孟。②孟献子：姬姓，孟孙氏，名蔑，世称仲孙蔑。鲁国外交家、政治家，孟文伯之子。③捽（zuó）：揪，抓。

【译文】赵简子问："鲁孟献子有五个斗士，我却没有一个，为什么？"叔向说："你不想要。如果你想要，我叔向也准备做个能对抗的斗士呢！"

阎没叔宽谏魏献子无受贿

梗阳人有狱[①]，将不胜，请纳赂于魏献子[②]，献子将许之。阎没谓叔宽曰[③]："与子谏乎！吾主以不贿闻于诸侯，今以梗阳之贿殃之，不可。"二人朝，而不退。献子将食，问谁在庭，曰："阎明、叔褒在。"召之，使佐食。比已食，三叹。既饱，献子问焉，曰："人有言曰：'唯食可以忘忧。'吾子一食之间而三叹，何也？"同辞对曰："吾小人也，贪。馈之始至，惧其不足，故叹。中食而自咎也，曰：岂主之食而有不足？是以再叹。主之既已食，愿以小人之腹，为君子之心，属餍而已，是以三叹。"献子曰："善。"乃辞梗阳人。

【注释】①梗阳：在今山西清徐，魏氏之邑。②魏献子：晋国卿士魏舒。著名的改革家、军事家、政治家。③阎没：即阎明，晋国大夫。叔宽：即叔褒，晋国大夫。

【译文】梗阳人有个官司，将要败讼，请求向魏献子行贿，魏献子想要应允。阎没对叔宽说："我和你一同劝谏！我们魏主凭着不受贿闻名于诸侯，如今因为梗阳人行贿而名声受损，不可以。"两人上朝拜见魏献子后，不告退。魏献子准备吃饭，问谁在庭院，两人回答道："阎明、叔褒在。"魏献子招呼他俩进来，让他们陪自己吃饭。吃饭期间，两人叹息了三次。吃饱饭后，魏献子问他俩，说："人们有句俗语：只有吃东西能够忘掉烦忧。你们一顿饭却叹了三次气，为何？”两人异口同声地说：“我们两个是小人，贪得无厌。饭菜刚送上来的时候，害怕不够吃，所以叹气。吃到一半就开始责备自己，说：主人的饭菜怎么会不够吃？所以再次叹气。主人您已经吃完饭，我们希望小人的心腹，就像君子之心一样，吃饱喝足就停止。所以第三次叹气。”魏献子说：“非常好。”于是推辞了梗阳人的贿赂。

董安于辞赵简子赏

下邑之役[①]，董安于多[②]。赵简子赏之，辞，固赏之，对曰：“方臣之少也，进秉笔，赞为名命，称于前世，立义于诸侯，而主弗志。及臣之壮也，耆其股肱以从司马，苛慝不产。及臣之长也，端委韠带以随宰人[③]，民无二心。今臣一旦为狂疾，而曰‘必赏女’，与余以狂疾赏也，不如亡！”趋而出，乃释之。

【注释】①下邑之役：指鲁定公十三年（公元前497）赵简子杀邯郸大夫赵午，赵午的舅舅荀寅与其婿范吉射作乱，围攻赵简子，简子出奔至自己的封邑晋阳，由于董安于力战，赵简子才得以解围。②董安于：赵简子的家臣。③韠（bì）：古时遮蔽膝盖用的朝服，多以柔皮制成。

【译文】下邑一战，董安于立了很多战功。赵简子犒赏他，他推辞了，赵简子坚决犒赏他，董安说：“当我年少的时候，任执笔小吏，帮助书写诏命，被当世人称赞，在诸侯之间建立了信义，可是您却不记得我。等我年壮之时，强大到能做您的股肱之臣，跟从司马掌管军纪，军队里没有发生暴虐邪恶之事。到我年长，穿礼服，戴礼帽，围着遮蔽膝盖的皮制服饰，挎着腰带，跟从宰官处理事情，使人民没有二心。现在我一旦为了战争而癫狂，您却说'必须犒赏你'，与其我是因为癫狂获得犒赏，还不如逃出！"说完就快步而出，于是赵简子舍弃了对董安于的犒赏。

赵简子以晋阳为保鄣

赵简子使尹铎为晋阳[①]。请曰："以为茧丝乎[②]？抑为保鄣乎？"简子曰："保鄣哉！"尹铎损其户数。简子诫襄子曰[③]："晋国有难，而无以尹铎为少，无以晋阳为远，必以为归。"

【注释】①尹铎：赵简子的家臣。②茧丝：泛指赋税。敛赋如抽丝于茧，故云。③襄子：嬴姓，赵氏，名毋恤，《左传》也作赵孟。赵氏家族首领，战国时期赵国的奠基人。谥号"襄子"，故史称"赵襄子"。与其父赵鞅（即赵简子）并称"简襄之烈"。

【译文】赵简子让尹铎整治晋阳。尹铎请示说："您是让晋阳作为提供赋税的源地呢？还是让晋阳作为保护您的屏障？"赵简子说："作为保护我的屏障！"尹铎就减少了住户的数量。赵简子告诫襄子说："晋国如果有灾难，你不要以为尹铎年少，不要认为晋阳很远，一定要去往那里。"

邮无正谏赵简子无杀尹铎

赵简子使尹铎为晋阳，曰："必堕其垒培[①]。吾将往焉，若见垒培，是见寅与吉射也。"尹铎往而增之。简子如晋阳，见垒，怒曰："必杀铎也而后入。"大夫辞之，不可，曰："是昭余雠也。"邮无正进[②]，曰："昔先主文子少衅于难[③]，从姬氏于公宫[④]，有孝德以出在公族，有恭德以升在位，有武德以羞为正卿，有温德以成其名誉。失赵氏之典刑，而去其师保，基于其身，以克复其所。及景子长于公宫[⑤]，未及教训而嗣立矣，亦能纂修其身以受先业[⑥]，无谤于国。顺德以学子，择言以教子，择师保以相子。今吾子嗣位，有文之典刑，有景之教训，重之以师保，加之以父兄，子皆疏之，以及此难。夫尹铎曰：'思乐而喜，思难而惧，人之道也。委土可以为师保，吾何为不增？'是以修之，庶曰可以鉴而鸠赵宗乎！若罚之，是罚善也。罚善必赏恶。臣何望矣！"简子说，曰："微子，吾几不为人矣！"以免难之赏赏尹铎。初，伯乐与尹铎有怨，以其赏如伯乐氏，曰："子免吾死，敢不归禄。"辞曰："吾为主图，非为子也。怨若怨焉。"

【注释】①垒培：垒壁。军营的围墙。②邮无正：晋国著名的御手。③先主文子：即赵简子之祖赵武。④姬氏：晋景公之女，庄姬。⑤景子：即赵简子之父赵成。⑥纂修：承袭修治。

【译文】赵简子让尹铎整治晋阳，说：“一定要拆毁军营的围墙。我将要前往晋阳，如果看见军营的围墙，就是看见当初进攻晋阳的荀寅和范吉射。”尹铎去了晋阳，却增高了军营的围墙。赵简子到了晋阳，看见增高的墙壁，怒气冲冲地说：“一定杀死尹铎，然后我再进城。”大夫们请求放过尹铎，赵简子不答应，说：“这是彰显我的仇敌。”邮无正走上前，说：“以前先主赵文子年少之时就遭受灾难，跟着母亲姬氏住在景公的宫室，因为孝顺长辈德行深广，担任公族大夫，因为他有谦恭的品德而升为卿，因为他有威严的武道而晋升为正卿，因为他有文治之德而成就了美誉。他虽然失去了赵氏的常法，又失去了师保的教导，基于他自身的品德，能够恢复先人的基业。到了您的父亲景子，也生长在公室，也没有得到师保的教导就继承了先主的官位，他也能修葺自身的修养接受先人的德行、事业，国内没有诽谤他的人。他能顺从道德教育您，选择适当的话教导您，选择师保来帮助指导您。如今您继承了官位，有先祖赵文子的常法，有父亲景子的教导训示，又多了师保的帮助辅导，加上同宗父辈、兄辈的扶助，您把这些都疏漏了，以至于遭到这样的灾难。尹铎说过：‘想到和乐就开心，想到灾难害怕，这是常理。加些泥土使壁垒坚固，可以当作师保，我为什么不增高城墙呢？’所以他修葺城墙，增高了壁垒，这差不多能作为您的鉴戒，并且更好地聚集赵氏宗族！如果责罚尹铎，就是责罚良善之人。责罚良善之人就必定犒赏恶人。我们这些做大臣的有什么盼头！”简子听了很开心，说：“没有你，我几乎不是人了！”于是就用解除灾难的军赏来犒赏尹铎。起初，邮无正和尹铎有私怨，尹铎拿着赵简子犒赏的财物到邮无正那里，说：“是你的劝说让我免去一死，怎敢不把这些犒赏的财物归还给你。”邮无正辞让说：“我是替赵简子考虑，不是替你考虑。咱俩的私怨还是私怨。”

铁之战赵简子等三人夸功

铁之战[①]，赵简子曰：“郑人击我，吾伏弢衉血[②]，鼓音不衰。今日之事，莫我若也。”卫庄公为右[③]，曰：“吾九上九下，击人尽殪。今日之事，莫我加也。”邮无正御，曰：“吾两鞁将绝[④]，吾能止之。今日之事，我上之次也。”驾而乘材，两鞁皆绝。

【注释】①铁之战：公元前493年，晋卿赵鞅率军击败郑军。铁：卫国地名，在今河南濮阳西北部。②衉血：咯血，呕血。③卫庄公：姬姓，卫氏，名蒯聩，卫灵公之子，卫出公的父亲，春秋时期卫国第三十任国君。④鞁（bèi）：古代套车用的器具。

【译文】铁地战役以后，赵简子说：“郑国军队攻击我们时，我伏在弓袋上吐血，但我击鼓的声音却没有衰减。今日的战事，没有人像我这么大的功劳。”卫庄公担任赵简子的车右，说：“我在车上多次上下，凡是被我攻击的敌人都死了。今日的战事，没有人可以超过我的功劳。”邮无正负责赵简子的战车驾御，说：“我车上两匹马的肚带都快要断了，我却可以控制它。今日的战事，我仅次于最有功的。”说罢，他驾车辗过一根细横木，马的两根肚带都断了。

卫庄公祷

卫庄公祷，曰："曾孙蒯聩以谆赵鞅之故，敢昭告于皇祖文王、烈祖康叔、文祖襄公、昭考灵公，夷请无筋无骨，无面伤，无败用，无陨惧，死不敢请。"简子曰："志父寄也。"

【译文】卫庄公战前祷告，说："曾孙蒯聩因辅佐赵鞅出征的缘故，斗胆向皇祖文王、烈祖康叔、文祖襄公、神明的父亲灵公祈祷求告，护佑我不折骨断筋，不要面容毁伤，不失败，不摔到车下去，至于生或死，就不敢祈求祖宗保佑了。"赵简子说："我的愿望也寄予在您的祈祷之中。"

史黯谏赵简子田于蝼

赵简子田于蝼，史黯闻之[①]，以犬待于门。简子见之，曰："何为？"曰："有所得犬，欲试之兹囿。"简子曰："何为不告？"对曰："君行臣不从，不顺。主将适蝼而麓不闻，臣敢烦当日。"简子乃还。

【注释】①史黯：晋国太史，姓蔡，名墨，字黯。

【译文】赵简子准备到国君的园囿打猎，史黯听说此事后，牵着狗守候在园门口。赵简子见到他，就问："你想干什么呀？"史黯回答说："我得到条狗，想带它到园囿中试一试。"简子说："那你为何不禀告我呢？"史黯回答说："君王出行，臣子不随从，就是违礼。您要到园囿打猎，但是主管园囿的麓官却不知，所以我怎敢麻烦值日官通报您呢？"赵简子便返回去了。

少室周知贤而让

少室周为赵简子之右，闻牛谈有力，请与之戏，弗胜，致右焉。简子许之，使少室周为宰，曰："知贤而让，可以训矣。"

【译文】少室周作为赵简子的车右，听说牛谈很有力气，请求与他比试，结果没取胜，将车右之位让给牛谈。赵简子称许此事，并委任少室周为家中总管，说："知道贤能而让位，可以作为法则。"

史黯论良臣

赵简子曰："吾愿得范、中行之良臣。"史黯侍，曰："将焉用之？"简子曰："良臣，人之所愿也，又何问焉？"对曰："臣以为不良故也。夫事君者，谏过而赏善，荐可而替否，献能而进贤，择材而荐之，朝夕诵善败而纳之。道之以文，行之以顺，勤之以力，致之以死。听则进，否则退。今范、中行氏之臣不能匡相其君，使至于难；君出在外，又不能定，而弃之，则何良之为？若弗乘，则主焉得之？夫二子之良，将勤营其君，复使立于外，死而后止，何日以来？若来，乃非良臣也。”简子曰：“善。吾言实过矣。”

【译文】赵简子说：“我希望可以得到范吉射、中行寅手下的良臣。”史黯在旁边侍候，说：“想用他们做什么？”简子说：“贤良之臣，是人所共愿的，这有什么可问的呢？”史黯回答说：“我认为他们不是良臣，因此才问的。事奉君王之臣，要谏诤君王的过错，赞赏君王的善行，推荐好的而去除不好的，奉献自己的才能，进荐贤人，挑选有才能的加以推荐，早晚讲述善恶成败的历史事迹给君王听。用文德来引导君主，用恭顺的态度去行动，尽心尽力为君王效劳，捍卫君王不惜生命。君王能听从，就进谏劝勉，若不能听从采纳，就辞官退去。如今范氏、中行氏的臣子，不能匡正辅助他们的君王，而使君王遭到祸难；君王出逃在国外，不能获得安定，他们反而弃君而去，这又算什么良臣呢？若是他们不弃君王，您如何能得到他们呢？如若他们真是良臣，应当辛勤地为君王经营谋划，让君王在国外重新立业，侍奉到死，哪有时间到您这儿来呢？如若来了，就不是良臣了。”赵简子说：“讲得好，我的确说错了。”

赵简子问贤于壮驰兹

赵简子问于壮驰兹曰[①]：“东方之士孰为愈？”壮驰兹拜

曰："敢贺！"简子曰："未应吾问，何贺？"对曰："臣闻之：国家之将兴也，君子自以为不足；其亡也，若有余。今主任晋国之政而问及小人，又求贤人，吾是以贺。"

【注释】①壮驰兹：晋国大夫，吴国人。

【译文】赵简子问壮驰兹说："东方的士人谁贤能？"壮驰兹礼拜说："祝贺您！"简子说："您还未曾回答我的问题，为何要祝贺呢？"壮驰兹回答说："我听说：国家将要兴盛，君子自认为不足；国家将要衰败，人人都觉得自己很了不起。如今您掌管晋国的国政，能向我这样的小人询问，又寻求贤能之士，所以我祝贺您。"

窦犨谓君子哀无人[①]

赵简子叹曰："雀入于海为蛤，雉入于淮为蜃。鼋鼍鱼鳖[②]，莫不能化，唯人不能。哀夫！"窦犨侍，曰："臣闻之：君子哀无人，不哀无贿；哀无德，不哀无宠；哀名之不令，不哀年之不登。夫范、中行氏不恤庶难，欲擅晋国，今其子孙将耕于齐，宗庙之牺为畎亩之勤，人之化也，何日之有！"

【注释】①窦犨（chōu）：晋国大夫，字鸣犊，封地在今太原。曾于狼孟（今阳曲黄寨）开渠兴水利，因而得到后人纪念。②鼋鼍（yuán tuó）：指巨鳖和扬子鳄。

【译文】赵简子感慨地说："鸟雀飞到海中变成蚌蛤，野鸡落入淮河变成大蛤，癞头鼋、扬子鳄和鱼鳖，都能变化。只有人不能变，真是悲哀啊！"窦犨在旁边侍奉，说："臣听说：君子哀愁无贤人辅助，不哀愁没有钱财；哀愁没有德行，不哀愁不得宠爱；哀愁名声不美，不哀愁不能长寿。范氏、中行氏不体恤民众苦难，在晋国想擅政，现在他的子孙到齐国耕地务农，原本可以在宗庙主持祭祀，却变成在田间务农。人的变化，哪天没有呢！"

赵襄子使新稚穆子伐狄

赵襄子使新稚穆子伐狄，胜左人、中人[①]，遽人来告[②]，襄子将食，寻饭有恐色。侍者曰："狗之事大矣，而主之色不怡，何也？"襄子曰："吾闻之：德不纯而福禄并至，谓之幸。夫幸非福，非德不当雍，雍不为幸，吾是以惧。"

【注释】①左人、中人：狄国二邑。在今河北唐县。②遽（jù）人：传达命令的人。

【译文】赵襄子派新稚穆子征讨狄人，顺利攻取了左人、中人二地，驿卒来报告此事，赵襄子正要吃饭，听到消息，将饭捏成团，面露恐惧神色。侍者说："新稚狗获胜是件大事，而您却露出不高兴的神色，为什么呢？"赵襄子答道："我听说：德行不纯厚时，而福禄齐来，这就是侥幸。侥幸不是福啊，没有德行不应当和睦快乐，和乐不是靠侥幸获得的，所以我感到恐惧。"

智果论智瑶必灭宗[①]

智宣子将以智宣子为后[②]，智果曰："不如宵也[③]。"宣子曰："宵也佷[④]。"对曰："宵之佷在面，瑶之佷在心。心佷败国，面佷不害。瑶之贤于人者五，其不逮者一也。美鬓长大则贤，射御足力则贤，伎艺毕给则贤，巧文辩惠则贤，强毅果敢则贤。如是而甚不仁。以其五贤陵人，而以不仁行之，其谁能待之？若果立瑶也，智宗必灭。"弗听。智果别族于太史为辅氏。及智氏之亡也，唯辅果在。

【注释】①智果：智宣子兄弟，智文子之子，晋国大夫，智氏家族军师。②智宣子：荀氏、智氏第六代家主，又称荀申。③宵：智氏，名宵，智宣子长子。④佷（hěn）：毒辣，狠。

【译文】智宣子准备立儿子智瑶为后嗣，智果说："智瑶不如智宵。"宣子说："智宵凶狠。"智果回答说："智宵凶狠只在表面，智瑶凶狠却在心里。内心凶狠会让国家败坏，表面凶狠不要紧的。智瑶有五项比别人好的地方，比不上别人的有一项。一好是鬓发美观，身材高大；一好是能射箭驾车，力气充沛；一好是各种技艺无不通晓；一好是善辩聪慧巧于文辞；一好是刚毅果断。他长处多却很不仁爱。凭着这五种长处欺凌别人，去干不仁的事，谁能够宽容他？如若真的立智瑶为后嗣，智氏宗族必定灭亡。"智宣子不听。智果到太史那里要求和智氏分族，改姓辅氏。等到智氏宗族灭亡时，唯有辅果还在。

士茁谓土木胜惧其不安人[1]

智襄子为室美[2]，士茁夕焉。智伯曰："室美夫！"对曰："美则美矣，抑臣亦有惧也。"智伯曰："何惧？"对曰："臣以秉笔事君。志有之曰：'高山峻原，不生草木。松柏之地，其土不肥。'今土木胜，臣惧其不安人也。"室成，三年而智氏亡。

【注释】①士茁：智伯家臣。②智襄子：姬姓，智氏，名瑶，谥号"襄"，史称智襄子，晋国执政大臣。

【译文】智襄子营建的宫室华美，士茁晚上去见智襄子。智伯说："宫室华美吗？"士茁回答说："华美是华美，但我还是有点恐惧。"智伯说："有什么惧怕的呢？"士茁回答道："我以掌管文笔来事奉您。传记上说：'高山和峻岭，不生长草木。松柏下的土地，土质不肥。'如今宫室建造得太华丽了，我惧怕它不让人安宁啊！"宫室建成，三年后智氏就灭亡了。

智伯国谏智襄子

还自卫，三卿宴于蓝台，智襄子戏韩康子而侮段规。智伯国闻之，谏曰："主不备，难必至矣。"曰："难将由我，我不为难，谁敢兴之！"对曰："异于是。夫郤氏有车辕之难[1]，赵有孟姬之谗[2]，栾有叔祁之诉[3]，范、中行有亟治之难[4]，皆主之所知也。《夏书》有之曰：‘一人三失，怨岂在明？不见是图。’《周书》有之曰：‘怨不在大，亦不在小。’夫君子能勤小物，故无大患。今主一宴而耻人之君相，又弗备，曰‘不敢兴难’，无乃不可乎？夫谁不可喜，而谁不可惧？蚋蚁蜂虿，皆能害人，况君相乎！”弗听。自是五年，乃有晋阳之难。段规反，首难，而杀智伯于师，遂灭智氏。

【注释】①车辕之难：郤犨与长鱼矫争夺田地，将长鱼矫的父母和妻子绑在车辕上。后来长鱼矫成为了晋厉公的宠臣，主谋晋厉公灭三郤。②孟姬之谗：指庄姬进谗言杀赵同、赵括之事。③叔祁之诉：栾盈的母亲叔祁与家臣州宾私通，栾盈非常不满，叔祁向其父范宣子告状，遂灭了栾氏。④亟治之难：亟治是范吉射的庶子范皋夷的食邑，范皋夷想取代范吉射，故意作乱驱逐范吉射及其姻亲。

【译文】从卫国返回晋国以后，智襄子与韩康子、魏桓子三位晋卿在蓝台宴饮，智襄子戏弄韩康子并且侮辱段规。智伯国听说此事后，劝谏说：“主人若不防备，大难必然临头。”智襄子说：“有没有灾难要看我，若我不发难，谁敢发难呢？”智伯国说：“恐怕不是这样的。郤氏曾经遭受车辕之难，赵氏有过孟姬进谗致死之难，栾盈有被母亲叔祁巫诉作乱之难，范氏、中行氏有亟治之难，这些皆是主人所知的。《夏书》上说：‘一个人过失屡犯，所结怨毒不在明处。要在还没有显露时就图谋防范。’《周书》上说：‘怨仇不在于大，也不在于小。’君子能够注意小事，所以没有大的祸患。现在主人在一次宴会上羞辱了人家的君王和相国，又不加防备，还说‘不敢发难’，这恐怕不可以吧？谁不可以让人欢喜，谁又不令人惧怕呢？连蚊子、蚂蚁、黄蜂、蝎子都能伤人，更何况是主君、相国呢？”智襄子不听劝谏。从这以后第五年，智襄子就有了晋阳之难。段规回国后谋反，首先策划发难，将智伯在军中杀了，于是灭了智氏。

晋阳之围

晋阳之围[①]，张谈曰[②]：“先主为重器也，为国家之难也，盍姑无爱宝于诸侯乎？”襄子曰：“吾无使也。”张谈曰：“地也可。”襄子曰：“吾不幸有疾，不夷于先子，不德而贿。夫地也求饮吾欲，是养吾疾而干吾禄也。吾不与皆毙。”襄子出，曰：“吾何走乎？”从者曰：“长子近，且城厚完。”襄子曰：“民罢力以完之，又毙死以守之，其谁与我？”从者曰：“邯郸之仓库实。”襄子曰：“浚民之膏泽以实之，又因而杀之，其谁与我？其晋阳乎！先主之所属也，尹铎之所宽也，民必和矣。”乃走晋阳，晋师围而灌之，沈灶产蛙，民无叛意。

【注释】①晋阳之围：指公元前455年发生在山西太原西南的一场围城之战。该战役历时两年左右，是晋国内部四大家族智伯、赵襄子、韩康子和魏桓子之间的兼并对手而进行的一场战争。②张谈：晋国赵襄子的谋臣。

【译文】晋阳被围困之前，张谈说：“先主治备贵重的礼器，是为国家遇到危难时用的，为什么姑且不用宝物来贿赂诸侯呢？”

襄子说："我没有能任用的使者。"张谈说："地能胜任使者。"襄子说："我不幸患病，不能和我的先人相比，因无德只好行贿诸侯。地只知道满足我的欲望，这是助长我的毛病而求取我的俸禄。我不可以和他一起死。"襄子出门，说："我到哪里去呢？"跟从的人说："长子离这里近，并且城墙坚固完好。"襄子说："民众用尽力气修筑城墙，又要拼死守护城池，谁会帮助我？"跟从的人说："邯郸仓库充实。"襄子说："榨取人民脂膏才让仓库充实起来，又因为我使得他们被杀，谁会帮助我？去晋阳吧！这是先主嘱咐我去的地方，尹铎宽厚对待那里的百姓，民众必定和乐安居。"于是就出奔晋阳，晋军包围了晋阳，又放水灌城，家里的灶台都淹没在水里，生出了青蛙，民众却没有背叛赵襄子的意思。

郑 语

史伯为桓公论兴衰[①]

桓公为司徒，甚得周众与东土之人，问于史伯曰[②]："王室多故，余惧及焉，其何所可以逃死？"史伯对曰："王室将卑，戎、狄必昌，不可逼也。当成周者，南有荆蛮、申、吕、应、邓、陈、蔡、随、唐[③]；北有卫、燕、狄、鲜虞、潞、洛、泉、徐、蒲[④]，西有虞、虢、晋、隗、霍、杨、魏、芮[⑤]，东有齐、鲁、曹、宋、滕、薛、邹、莒[⑥]，是非王之支子母弟甥舅也，则皆蛮、荆、戎、狄之人也，非亲则顽[⑦]，不可入也。其济、洛、河、颍之间乎[⑧]！是其子男之国，虢、郐为大，虢叔恃势，郐仲恃险，是皆有骄侈怠慢之心，而加之以贪冒。君若以周难之故，寄孥与贿焉，不敢不许。周乱而弊，是骄而贪，必将背君，君若以成周之众，奉辞伐罪，无不克矣。若克二邑，邬、弊、补、丹、依、鄹、历、华[9]，君之土也。若前华后河，右洛左济，主芣、騩而食溱、洧[10]，修典刑以守之，是可以少固。”

【注释】①桓公：姬姓，名友，周厉王最小的儿子，周宣王同母胞弟，公元前806年周宣王把他封于郑国，即现在陕西华县东。公元前774年担任周王室司徒。②史伯：周王室的太史。③荆蛮：芈姓的诸侯国，又称楚。申、吕：姜姓的诸侯国。应、蔡、随、唐：姬姓的诸侯国。邓：曼姓的诸侯国。陈：妫姓的诸侯国。④卫：康叔的封国，姬姓。燕：邵公的封国，姬姓。狄：北狄。鲜虞：姬姓在狄者。潞、洛、泉、徐、蒲：都是赤狄政权，以隗为姓。⑤虞：虞叔后人，姬姓。虢：虢叔后人，姬姓。晋：唐叔后人，姬姓。隗、霍、杨、魏、芮：全是姬姓的诸侯国。⑥齐：姜太公的封国，姜姓。鲁：周公的封国，姬姓。曹、滕：全是姬姓诸侯国。宋：殷商后人，子姓诸侯国。薛：任姓诸侯国。邹：即“邾”，曹姓诸侯国。莒：己姓诸侯国。⑦顽：指蛮、夷、戎、狄。⑧济：济水，出今河南济源王屋山，至温县再汇入黄河。洛：洛水。这里指发源于讙华山，流经陕西商县至河南流入黄河之洛水。河：黄河。颍：颍水，源出河南登封，至安徽寿州再汇入淮河。⑨邬：妘姓，在今河南偃师。一作“鄢”，在今河南鄢陵北偏西。丹：尧之子丹朱的封国，在今河南内乡一带。华：华阳，在今河南新密。一曰当作“莘”，虢国的地名，在今河南三门峡。⑩主芣、騩(fú guī)：以芣山、騩山之神为神主。主：神主。芣：山名，在今河南巩义北。騩：即大騩山，在今河南新密附近。溱、洧(zhēn wěi)：溱水与洧水。洧水出于河南登封阳城山，经过新密，至新郑会合溱水，为双洎水，至西华入颍水。郐国正在溱、洧之间。

【译文】郑桓公担任周王室的司徒时，很得西周百姓以及东土民众之心，他问史伯说："周王室事故多，灾难多，我害怕落在我身上，到何地可以逃避一死呢？"史伯回答说："周王室即将要衰败，戎、狄必定会昌盛起来，不可以靠近他们。在周都洛邑，南面有楚蛮、申、吕、应、邓、陈、蔡、随、唐九个国家，北面有卫、燕、狄、鲜虞、潞、洛、泉、徐、蒲九个国家，西面有虞、虢、晋、隗、霍、杨、魏、芮八个国家，东面有齐、鲁、曹、宋、滕、薛、邹、莒八个国家，这些国家如果不是周王的同姓支族、母弟甥舅之类的亲戚，就是蛮、夷、戎、狄一类的少数民族，不是亲属就是凶顽之民，所以不能到他们那里去。应该去的是济水、洛水、黄河、颍水中间那一带吧！这一地带都是封为子爵、男爵的国家，其中虢国和郐国比较大，虢叔仗恃着地势好，郐仲依恃着山势险要，他们都有骄傲奢侈疏忽怠慢的心思，再加上很贪婪无厌。您若是以周王室遭难的缘故，将妻子、财物寄存到那里，他们不敢不答应。周王室混乱而且衰败，他们骄奢贪婪，将来必会背叛您，那时您若是率领成周的兵马，奉天子之命，去讨伐他们的罪恶，一定会成功的。如果战胜了两国，那么邬、弊、补、丹、依、鄹、历、华八邑，也都是您的土地了。若是前面有华邑，后面有黄河，右面有洛水，左面有济水，主祭芣山和騩山，饮溱、洧两河的水，修订国法来守卫这片土地，这样就可以稍稍稳固了。"

公曰："南方不可乎？"对曰："夫荆子熊严生子四人[①]：伯霜、仲雪、叔熊、季紃。叔熊逃难于濮而蛮，季紃是立，薳氏将起之，祸又不克。是天启之心也，又甚聪明和协，盖其先王。臣闻之，天之所启，十世不替。夫其子孙必光启土，不可逼也。且重，黎之后也，夫黎为高辛氏火正，以淳耀敦大[②]，天明地德，光照四海，故命之曰‘祝融’，其功大矣。

【注释】①熊严：芈姓，熊氏，名严，荆山人，西周时楚国第十任国君。②淳耀：光明，光耀。敦大：敦厚宽大。

【译文】桓公说："难道南方不可以吗？"史伯回答说："楚王熊严生了四个儿子：伯霜、仲雪、叔熊、季紃。叔熊逃难到了濮地并且随了蛮俗，季紃被立为国君，大夫薳氏打算重立叔熊为君，又遭遇祸难没成功。这是上天开启季紃的心啊，他为人聪明温和，又能团结臣民，德行超过他的先王。臣听说，上天所开启的，十世也不能废弃。他的子孙们肯定能光大祖业，开拓疆土，不可以逼近。况且他们是重、黎的后代，黎曾经是高辛氏的火正官，因为他光耀博大，有如天的光明、地的厚德，光辉普照四海，因此命名为‘祝融’，他的功德伟大！

"夫成天地之大功者，其子孙未尝不章，虞、夏、商、周是也。虞幕能听协风[①]，以成乐物生者也。夏禹能单平水土，以品处庶类者也。商契能和合五教[②]，以保于百姓者也。周弃能播殖百谷蔬，以衣食民人者也。其后皆为王公侯伯。祝融亦能昭显天地之光明，以生柔嘉材者也，其后八姓于周未有侯伯[③]。佐制物于前代者，昆吾为夏伯矣[④]，大彭、豕韦为商伯矣[⑤]。当周未有。已姓昆吾、苏、顾、温、董，董姓鬷夷、豢龙，则夏灭之矣。彭姓彭祖、豕韦、诸稽，则商灭之矣。秃姓舟人，则周灭之矣。妘姓邬、郐、路、偪阳，曹姓邹、莒，皆为采卫，或在王室，或在夷、狄，莫之数也，而又无令闻，必不兴矣。斟姓无后。融之兴者，其在芈姓乎？芈姓夔越，不足命也。蛮芈蛮矣，唯荆实有昭德，若周衰，其必兴矣。姜、嬴、荆芈，实与诸姬代相干也。姜，伯夷之后也⑥，嬴，伯翳之后也⑦。伯夷能礼于神以佐尧者也，伯翳能议百物以佐舜者也。其后皆不失祀而未有兴者，周衰其将至矣。”

【注释】①虞幕：舜帝的先祖。②商契：商人的始祖。③八姓：祝融后代八个姓：己、董、彭、秃、妘、曹、斟、芈。④昆吾：祝融的孙子，陆终的长子，名樊，为己姓，受封于昆吾。⑤大彭：陆终第三个儿子，名钱，彭姓，受封于大彭，称为彭祖。豕韦：彭姓，受封于豕韦。⑥伯夷：炎帝后裔，尧帝时的典礼官。⑦伯翳：少皞之后人，又称伯益，舜帝时的虞官，负责掌管山木川泽。

【译文】“凡是对天地有大功德的人，他的后代子孙没有不发达显耀的，虞、夏、商、周都是这样。虞幕能辨听和风，抚育万物很好地生长。夏禹能治理水患，使万物高下各得其所。商契能协和五教，并能安抚百姓。周弃能播种百谷、蔬菜，供给大众衣食。他们的后代都成为了王公侯伯。祝融也可以显耀天地的光明，培育的五谷材木滋润嘉美，他的后代中有八姓在周朝没有做诸侯。在前朝辅弼治理国事的，夏朝的诸侯之长是昆吾，商朝的诸侯之长是大彭、豕韦。在周朝还没有侯伯出现。姓己的昆吾、苏、顾、温、董，姓董的鬷夷、豢龙，在夏代就已灭亡了。姓彭的彭祖、豕韦、诸稽，在商代就已灭亡了。姓秃的舟人，在周代就已灭亡了。姓妘的邬、郐、路、偪阳，姓曹的邹、莒等国，都在采服或卫服的边远地区。有的在王室周边，有的远在夷、狄境内，无人去统计，况且他们又没有美名，肯定不能兴盛了。姓斟的没有后嗣。祝融的后代能够兴盛的，恐怕就在芈姓吧？芈姓的夔、越二国，不足以受命。处在远方蛮地的芈姓已经蛮化了，唯有楚国确实有明德，若是周朝衰亡，楚国一定会兴盛起来。姜姓、嬴姓和楚国的芈姓，他们确实与姬姓，互相更替干犯。姜姓是伯夷的后人，嬴姓是伯益的后人。伯夷能够礼敬神灵来辅佐尧帝，伯益能够使百物各得其宜来辅佐舜帝。他们的后代都没有废弃祭祀，却仍然没有兴盛的人，周朝即将要衰亡了。”

公曰：“谢西之九州，何如？”对曰：“其民沓贪而忍[①]，不可因也。唯谢、郏之间，其冢君侈骄[②]，其民怠沓其君[③]，而未及周德；若更君而周训之，是易取也，且可长用也。”

【注释】①沓（tà）贪：贪婪。②冢君：大君，对列国君主的敬称。③怠沓：轻慢。

【译文】桓公说：“谢国西面的九个州邑，怎么样？”史伯回答说：“那里的百姓非常贪婪而且残忍，不可以接近他们。唯有谢国和郏地中间的国家，那里的君王骄横奢侈，民众怠慢他们的君王，还不具备忠信的品德；若是换掉国君并用忠信来教导他们，那是容易获取的地方，并且可以长久居住下去。”

公曰："周其弊乎？"对曰："殆于必弊者也。《泰誓》曰：'民之所欲，天必从之。'今王弃高明昭显，而好谗慝暗昧[①]；恶角犀丰盈[②]，而近顽童穷固。去和而取同。夫和实生物，同则不继。以他平他谓之和，故能丰长而物归之；若以同裨同，尽乃弃矣。故先王以土与金木水火杂，以成百物。是以和五味以调口，刚四支以卫体，和六律以聪耳，正七体以役心[③]，平八索以成人[④]，建九纪以立纯德[⑤]，合十数以训百体[⑥]。出千品，具万方，计亿事，材兆物，收经入，行姟极[⑦]。故王者居九畡之田，收经入以食兆民，周训而能用之，和乐如一。夫如是，和之至也。于是乎先王聘后于异姓，求财于有方，择臣取谏工而讲以多物，务和同也。声一无听，物一无文，味一无果，物一不讲。王将弃是类也而与剸同[⑧]，天夺之明，欲无弊，得乎？

【注释】①谗慝：邪恶的人，或邪恶的言论。暗昧：愚昧，昏庸，不光明磊落。②角犀丰盈：古代迷信以为显贵贤明之相，这里指贤明者。角犀：额角入发处隆起。③七体：人体中的七窍，包括眼、耳、口、鼻。④八索：人体中的八个部位：首、腹、足、股、目、口、耳、手。八索以应对八卦，乾为首，坤为腹，震为足，巽为股，离为目，兑为口，坎为耳，艮为手。⑤九纪：指人体九脏，心、肝、脾、肾、肺、胃、膀胱、胆、肠。⑥十数：王、公、大夫、士、皂、舆、隶、僚、仆、台。⑦行姟极：数字达到极限，古代一万万为姟。⑧剸（tuán）：独断。

【译文】桓公说："周朝将来会衰败下去吗？"史伯回答说：

“已经接近于衰败了。《尚书·泰誓》上说：‘民众所向往的，上天必定会遵从。’如今周幽王抛弃了光明的德行，喜欢奸邪阴险的人；讨厌贤德明治的人，亲近愚顽糊涂的人。排斥不和自己意的正确主张，采纳与自己想法相同的建议。万物和谐才能生生不息，独断专行无法发展。把不同的东西加以协调叫作和谐，因此能丰富发展，使万物归于统一；若是把相同的东西简单相加，用尽之后就没有了。因此先王把土和金、木、水、火相混合，而生成万物。所以，调和五种滋味以适应人的口味，强健四肢来保护身体，和谐六种音律使它动听悦耳，端正七窍来为心灵服务，调整身体的八个部分使人完整，滋补九脏以树立纯正的德行，合成十种品级来训导百官。于是就出现千种品位，并具备了上万方法，计算成亿的事物，经营成兆的财物，收获万兆的收入，达到最大的极数。因此君王拥有九州土地，取得收入来供养天下万民，用忠信来教导百姓，使他们和谐安乐如一家。能如此，和谐之最也。于是先王聘娶异姓家族的王后，向四方求取财货，选出敢于劝谏的人做官吏，处理国家众多的事务，努力做到和而不同。只有一种声音就不能悦耳，只有一种颜色何来文采，只有一种味道难得美味，只有一种事物就无法提高能力。周幽王却要放弃这种和谐的法则，只喜欢独断，上天夺走了他的聪明，国家不衰败，可能吗？

“夫虢石父谗谄巧从之人也，而立以为卿士，与剸同也；弃聘后而立内妾，好穷固也；侏儒戚施[①]，实御在侧，近顽童也；周法不昭，而妇言是行，用谗慝也；不建立卿士，而妖试幸措，行暗昧也。是物也，不可以久。且宣王之时有童谣曰：

‘檿弧箕服[2]，实亡周国。’于是宣王闻之，有夫妇鬻是器者，王使执而戮之。府之小妾生女而非王子也，惧而弃之。此人也，收以奔褒。天之命此久矣，其又何可为乎？《训语》有之曰：‘夏之衰也，褒人之神化为二龙，以同于王庭，而言曰：‘余，褒之二君也。’夏后卜杀之与去之与止之，莫吉。卜请其漦而藏之[3]，吉。乃布币焉而策告之，龙亡而漦在，椟而藏之，传郊之。’及殷、周，莫之发也。及厉王之末，发而观之，漦流于庭，不可除也。王使妇人不帏而譟之，化为玄鼋，以入于王府。府之童妾未既齓而遭之[4]，既笄而孕，当宣王时而生。不夫而育，故惧而弃之。为弧服者方戮在路，夫妇哀其夜号也，而取之以逸，逃于褒。褒人褒姁有狱，而以为入于王，王遂置之，而嬖是女也，使至于为后而生伯服。天之生此久矣，其为毒也大矣，将使候淫德而加之焉。毒之酋腊者，其杀也滋速。申、缯、西戎方强，王室方骚，将以纵欲，不亦难乎？王欲杀太子以成伯服，必求之申，申人弗畀[5]，必伐之。若伐申，而缯与西戎会以伐周，周不守矣！缯与西戎方将德申，申、吕方强，其隩爱太子亦必可知也，王师若在，其救之亦必然矣。王心怒矣，虢公从矣，凡周存亡，不三稔矣！君若欲避其难，其速规所矣，时至而求用，恐无及也！”

【注释】①侏儒戚施：古代表演杂伎或以滑稽动作引人笑乐的小丑艺人。②檿（yǎn）：落叶乔木，叶互生，内皮可做纸，木材坚韧，可做弓、车辕。箕服：箕木做成的箭袋。③漦（chí）：鱼等的涎沫，这里指龙所吐沫，即龙涎。④龀（chèn）：换牙。⑤畀（bì）：给与。

【译文】“那虢石父是个谗言逢迎、巧于媚从的人，幽王却立他为朝中卿士，这就是独断专行；废弃聘娶的王后而立内妾褒姒，这是喜欢鄙陋无识的人；把侏儒、俳优陪侍于身边取乐，这是亲近愚顽昏暗的人；周朝所立法制不去采用，却听信女人的话行事，任用谗言逢迎、奸邪的人；不立有德卿士，却宠信重用佞幸妖人，这是行为暗昧。这些做法，都是不能长久的。况且周宣王时有童谣说：‘山桑木弓，箕草箭袋，要周朝灭亡。’那时宣王听到后，正好有一对夫妇在卖桑弓箕袋，宣王就派人将他们抓来惩罚。王宫有小妾生了个女孩却不是宣王的，她因害怕就抛弃了女婴。那对夫妇捡到了女婴，逃到了褒国。上天安排这件事出现已经很久了，又怎么可以改变它呢？《周书·训语》上说：‘夏朝衰亡的时候，褒人的神变化成两条龙，聚居于夏王庭，说道：“我们是褒国的二位君王。”夏王占卜，是杀掉，还是放走或是留下它们，结果都不吉利。又占卜，请把龙的唾液贮藏起来，卜像吉利。于是陈列玉帛，在简策上书写告知龙，龙跑了但是唾液还在，就把它装在柜子贮藏起来，并在郊外祭祀它。’一直到了商代、周代，都未曾打开过。到周厉王末年，打开一看，唾液流到宫庭前，清除不掉。周厉王叫妇人裸露下身大声呼喊，唾液变成一只黑鼋，进到了王府。王府里有一个还未换牙的婢妾，遇上了它，她十五岁的时候就怀孕了，在宣王时生下了婴儿。没有丈夫却生了孩子，因为害怕就抛弃了婴儿。卖弓和箭袋的这对夫妇正在路上受处罚，夫妇可怜那女婴在夜里啼哭，就抱着她躲藏起来，逃亡到褒国。褒国国君褒姁犯了罪，就把褒姒进献给周幽王，周幽王便赦免了褒姁，他十分宠爱褒姒，直到立褒姒为王后又生了伯服。上天降生褒姒这个祸害已经很久了，她的毒性够大的，将要趁周幽王失德而留下这个女人。毒性最厉害的酒，杀人也更快。申国、缯国和西戎正在强盛，周王室正混乱不堪，幽王还要放纵淫欲，若要不衰不是很难吗？幽王想杀掉太子改立伯服，必定要求申国交出太子，申国不会交出太子，幽王肯定会去征讨申国。若是讨伐申国，缯国和西戎就会帮助申国来攻打周幽王，周王朝就守不住了！缯国与西戎正准备报答申国，申国、吕国正强盛，他们深爱太子这是可以预料的，幽王军队若是攻打申国，他们去救援申国是必然的。幽王心中愤怒了，虢公会顺从幽王，周朝的存亡，超不出三年了！如果您想逃避这场灾难，要迅速规划好逃亡的地方，等灾难来时再想办法，恐怕就来不及了！”

公曰：“若周衰，诸姬其孰兴①？”对曰：“臣闻之，武实昭文之功，文之祚尽，武其嗣乎！武王之子，应、韩不在，其在晋乎！距险而邻于小②，若加之以德，可以大启。”公曰：“姜、嬴其孰兴？”对曰：“夫国大而有德者近兴，秦仲、齐侯，姜、嬴之隽也③，且大，其将兴乎？”公说，乃东寄帑与贿，虢、郐受之，十邑皆有寄地④。

【注释】①诸姬：西周有将近四十个姬姓诸侯国，所以称诸姬。②邻于小：与霍、杨、韩、魏、虞、虢、芮等小国为邻。③秦仲：为宣王大夫，姓嬴。齐侯：齐庄公，名购，齐成公之子，公元前794年至公元前731年在位。齐庄公二十四年，周幽王被犬戎杀。④十邑：邬、弊、补、丹、虢、郐、依、鞣、历、华。皆有寄地：郑桓公的儿子郑武公夺取了十邑并在此居住。

【译文】桓公说："若是周朝衰败，这些姬姓的诸侯中哪个会兴盛？"史伯回答说："我听说，武王确实发扬了文王的功德，文王的福祚耗尽了，武王将会继承！武王的儿子，应侯和韩侯已经不在了，恐怕在晋国吧？晋国占据的地势险要，与它接邻的都是小国，若是加上施以德政，可以大大开拓疆土。"桓公说："姜姓和嬴姓诸侯中哪个能兴盛？"史伯回答说："那些国土广大而且德行深厚的国家很快都能兴盛，秦仲和齐侯，是姜姓、嬴姓中的杰出者，并且又是大国，他们可能该兴盛吧？"桓公听了很高兴，于是就将妻儿和财货向东寄放，虢国、郐国接受了，十邑之地都有桓公寄存东西的地方。

平王之末秦晋齐楚代兴

幽王八年而桓公为司徒①，九年而王室始骚，十一年而毙②。及平王之末，而秦、晋、齐、楚代兴，秦景、襄于是乎取周土③，晋文侯于是乎定天子，齐庄、僖于是乎小伯④，楚蚡冒于是乎始启濮⑤。

【注释】①幽王八年：周幽王八年（公元前774）。②十一年而毙：指公元前771年，犬戎申侯相互勾结伐周，杀死周幽王，郑桓公死于战乱。③秦景：即秦庄公，秦仲之子，秦襄公的父亲。景，此处应为"庄"。因秦庄公有功于周朝，周王室赏赐他封地。襄：秦襄公。取周土：秦襄公在辅佐周平王东迁时，获得西周赏赐的丰、镐之地，并开始命为诸侯。④齐庄：即齐庄公。僖：即齐僖公，名禄父，齐庄公之子。小伯：规模很小的诸侯会盟。齐庄公时期，齐国开始强大。齐僖公多次会盟诸侯，先后讨伐宋、郕、许、狄、鲁、郑等国，形成小霸主局面。⑤蚡冒：楚国国君熊率，若敖的儿子。

【译文】周幽王八年，郑桓公担任周王室司徒，九年周王室开始动乱不安，十一年周幽王被杀，郑桓公死。到了周平王末年，秦国、晋国、齐国、楚国交替兴盛，秦庄公、秦襄公这个时期获取了周王室的土地，晋文侯在这个时期安定了周天子，齐庄公、齐僖公在这时期成为诸侯中的小霸主，楚王蚡冒此时在南蛮的濮地开辟疆土。

楚语上

申叔时论傅太子之道

庄王使士亹傅太子箴[①]，辞曰："臣不才，无能益焉。"王曰："赖子之善善之也。"对曰："夫善在太子，太子欲善，善人将至；若不欲善，善则不用。故尧有丹朱，舜有商均，启有五观，汤有太甲，文王有管、蔡。是五王者，皆有元德也，而有奸子。夫岂不欲其善，不能故也。若民烦[②]，可教训。蛮、夷、戎、狄，其不宾也久矣，中国所不能用也。"王卒使傅之。

【注释】①庄王：芈姓，熊氏，名旅，楚穆王之子，春秋时期楚国国君，春秋五霸之一。士亹（wěi）：楚国大夫。太子箴：芈姓，名熊审，楚庄王之子，后来的楚恭王。②民：通'泯'，混乱，纷乱的样子。

【译文】楚庄王命大夫士亹教导太子箴，士亹辞谢说："臣无才无德，不能令太子有所受益。"庄王说："靠您的才德能够使他变好。"士亹回答说："变好的关键在于太子，太子想好，有德有才的人就会来了；要是太子不想好，有才德的人来他也不会用。因此尧有丹朱，舜有商均，启有五规，商汤有太甲，周文王有管叔、蔡叔这样的不肖子孙。这五位君王，都有至德，却有不肖子孙。难道他们不想子孙向善吗，因为他们的不肖子孙不能善啊。如若百姓纷乱，能够教育训导。蛮、夷、戎、狄这些民众，他们不臣服已经很久了，中原各国并不能使他们听从。"庄王最终还是命士亹教导太子。

问于申叔时[①]，叔时曰："教之'春秋'，而为之耸善而抑恶焉，以戒劝其心；教之'世'，而为之昭明德而废幽昏焉，以休惧其动；教之'诗'，而为之导广显德，以耀明其志；教之'礼'，使知上下之则；教之'乐'，以疏其秽而镇其浮；教之'令'，使访物官；教之'语'，使明其德，而知先王之务用明德于民也；教之'故志'，使知废兴者而戒惧焉；教之'训典'[②]，使知族类，行比义焉。

【注释】①申叔时：楚国大夫。②训典：指古圣先王的典制之书。后泛指奉为典则的书籍。

【译文】士亹询问申叔时，叔时说："用'春秋'的历史教导他，让他懂得隐恶扬善之理，来警戒、劝勉他的心志；用先王的世系教导他，让他知道有德之人能名声显扬，昏庸的人要被废黜，来鼓励和约束他的行为；用诗歌教导他，对他宣扬先王的美德，来明确他的志向；用礼仪教导他，让他知道尊卑上下的法则；用音乐教导他，来洗涤他心里的污秽，让他稳重而不轻浮；用法令教导他，让他了解百官的职事；用治国的嘉言教导他，让他发扬美德，知道先王皆以德对待百姓；用古书载记教导他，让他懂得历代成败兴衰之道而引起戒惧；用先王的训典教导他，让他知道宗族的发展繁衍，让行为符合道义。

“若是而不从，动而不悛，则文咏物以行之，求贤良以翼之。悛而不摄，则身勤之，多训典刑以纳之，务慎惇笃以固之。摄而不彻，则明施舍以导之忠，明久长以导之信，明度量以导之义，明等级以导之礼，明恭俭以导之孝，明敬戒以导之事，明慈爱以导之仁，明昭利以导之文，明除害以导之武，明精意以导之罚，明正德以导之赏，明齐肃以耀之临。若是而不济，不可为也。

【译文】“如果这样教导太子还不听从，行为有误而不悔改，那就要用文辞咏物来劝导他，寻求贤德之人来辅佐他。若悔改而不稳固，那就以身作则来带动他，经常用典法常刑教导他，让他接受，努力审慎地用笃实的品德来稳固他。稳固了却不够通达，那就阐述推己及人之理，教导他讲忠恕；阐明如何使国祚长久之理，教导他讲诚信；阐明度量法则上要适度，教导他处事得宜；阐明上下等级的次序，教导他遵循礼法；阐明谦恭克俭之理，教导他孝亲爱人；阐明恭敬警戒的原则，教导他处理事务；阐明以慈爱之心待人，教导他实行仁德；阐明要利人利物，教导他具有文德；阐明要除暴安良，教导他树立武德；阐明断案要精心一意，教导他慎加惩罚；阐明待人要公正无私，教导他正确赏罚；阐明做事要专一严肃，使他明于临朝处事。若是这样教导还不成功，就不能做他的老师了。

“且夫诵诗以辅相之，威仪以先后之，体貌以左右之，明行以宣翼之，制节义以动行之，恭敬以临监之，勤勉以劝之，孝顺以纳之，忠信以发之，德音以扬之，教备而不从者，非人也。其可兴乎！夫子践位则退，自退则敬，否则赧。”

【译文】“况且吟诵诗歌来辅助他，树立威仪来先后来影响他，以礼相待来感染他，身体力行来帮助他，制定节义来约束他，谦恭诚敬地监督他，殷勤恳切地劝勉他，用孝顺心对待他，用忠诚信义启发他，用美好的声誉来激励他，如此全面教导若不听从的话，就不是一个可教之人了，还可以有成就吗？您在师傅之位就应隐退，自己隐退就会受到尊敬，否则会常感惭愧。”

子囊议恭王之谥[①]

恭王有疾，召大夫曰：“不穀不德，失先君之业，覆楚国之师，不穀之罪也。若得保其首领以殁[②]，唯是春秋所以从先君者，请为‘灵’若‘厉’。”大夫许诺。

【注释】①恭王：即楚恭王，名审。楚庄王的儿子。②首领：头颅。

【译文】楚恭王生病，召见大夫们说："我无福无德，丧失了历代先君的霸业，致使楚国的军队战败，此乃我的罪过。如若我能保住头颅而死，在春、秋时能追随先君一起接受祭祀，请给我'灵'或者'厉'的谥号吧。"大夫们答应了。

王卒，及葬，子囊议谥。大夫曰："王有命矣。"子囊曰："不可。夫事君者，先其善不从其过。赫赫楚国，而君临之，抚征南海，训及诸夏，其宠大矣。有是宠也，而知其过，可不谓'恭'乎？若先君善，则请为'恭'。"大夫从之。

【译文】楚恭王去世，等到下葬后，子囊和大夫们商议谥号。大夫们说："君王已经有过命令了。"子囊说："不可以。事奉君王之人，议定谥号时先要列举出他的善行，而不能考虑他的过失。赫赫威名的楚国，君王治理它，安抚并征服了南方各国，教令施及到中原各诸侯，他的尊荣可谓广大。有此尊荣，而且知道自己有过失，难道不可以称为'恭'吗？如若先举君王之善行，那就请定谥号为'恭'。"大夫们听从了他的意见。

屈建祭父不荐芰

屈到嗜芰[①]。有疾，召其宗老而属之，曰："祭我必以芰。”及祥，宗老将荐芰，屈建命去之。宗老曰：“夫子属之。”子木曰：“不然。夫子承楚国之政，其法刑在民心而藏在王府，上之可以比先王，下之可以训后世，虽微楚国，诸侯莫不誉。其祭典有之曰：国君有牛享，大夫有羊馈，士有豚犬之奠，庶人有鱼炙之荐，笾豆、脯醢则上下共之[②]，不羞珍异，不陈庶侈。夫子不以其私欲干国之典。”遂不用。

【注释】①屈到：楚国大夫，字子夕。芰（jì）：俗称菱角。两角的叫菱，四角的叫芰。②笾豆：笾和豆。古代祭祀及宴会时常用的两种礼器。竹制为笾，木制为豆。这里借指祭仪。脯醢（fǔ hǎi）：干肉和肉酱。

【译文】屈到很喜欢吃菱角。他病重时，叫来家臣宗老嘱咐说：“祭祀我时，必须要用菱角。”到周年祭祀之时，家臣准备了供奉的菱角，他的儿子屈建命令撤掉。宗老说：“这是您父亲生前嘱咐的。”屈建说：“不能如此。父亲执掌楚国政事，他制定的法令百姓记在心中，并收藏于王府中，对上可以比肩先王，对下可以训示后人，不仅是楚国，各国诸侯无不称赞。祭祀之典上说：祭奠国君就要用牛，祭奠大夫就要用羊，祭奠士就用猪和狗，祭奠普通人就用烤鱼，竹笾木器里装的果干和肉酱，国君以及百姓都可以用。不进献珍贵稀有之物，不陈列种类繁多的祭品。父亲不能为了自己的嗜好而违犯国家法典。”于是不用菱角。

蔡声子论楚材晋用

椒举娶于申公子牟[1]，子牟有罪而亡，康王以为椒举遣之，椒举奔郑，将遂奔晋。蔡声子将如晋，遇之于郑，飨之以璧侑[2]，曰："子尚良食，二先子其皆相子，尚能事晋君以为诸侯主。"辞曰："非所愿也。若得归骨于楚，死且不朽。"声子曰："子尚良食，吾归子。"椒举降三拜，纳其乘马，声子受之。

【注释】①椒举：楚国大夫伍举。申公子牟：楚国王子牟封地为申，所以称申公。②璧侑：在筵席旁助兴，劝人吃喝。

【译文】椒举娶了申公子牟之女，子牟犯罪逃亡在外，楚康王误以为是椒举放走的，椒举逃亡到郑国，打算再逃亡到晋国去。蔡声子将要出使晋国，在郑国遇见了椒举，蔡声子献出璧玉并劝他进食，说："您努力多加餐，我们的先祖会护佑你，你还能事奉晋君，助其成为诸侯的盟主。"椒举辞谢说："这不是我的愿望。如若我的尸骨能回归楚国，那死也是不朽的。"声子说："您努力再加餐饭，我有办法让您回到楚国去。"椒举下堂拜谢了三次，赠送声子四匹马，声子接受了。

还见令尹子木，子木与之语，曰："子虽兄弟于晋，然蔡吾甥也，二国孰贤？"对曰："晋卿不若楚，其大夫则贤，其大夫皆卿材也。若杞梓、皮革焉[1]，楚实遗之，虽楚有材，不能用也。”子木曰：“彼有公族甥舅，若之何其遗之材也？”对曰：“昔令尹子元之难，或谮王孙启于成王，王弗是，王孙启奔晋，晋人用之。及城濮之役，晋将遁矣，王孙启与于军事，谓先轸曰：‘是师也，唯子玉欲之，与王心违，故唯东宫与西广实来。诸侯之从者，叛者半矣，若敖氏离矣，楚师必败，何故去之！’先轸从之，大败楚师，则王孙启之为也。

【注释】①杞梓：杞、梓皆为良木，用以比喻有用的人才。

【译文】声子回楚国之后，会见令尹子木，子木和他谈话，说：“虽然你和晋国是同姓兄弟，蔡君却是我们楚君的外甥，你看晋、楚两国谁更好？”声子回答说：“晋国正卿不如楚国令尹，但晋国的大夫却都很贤明，他们可是当卿的人才。他们就像杞木、梓木和皮革一样，都是楚国赠送给晋国的，楚国虽然有人才，但却是晋国在用他们。”子木说：“晋国难道没有公族和甥、舅之类的亲戚当大夫吗，为什么还要楚国送给他们人才呢？”声子回答说：“令尹子元以前遇难时，有人向楚成王说他儿子王孙启的谗言，成王没能公正审理，王孙启就跑到了晋国，晋国重用了他。等到城濮之战的时候，晋军本来要撤退，王孙启当时正参与军事谋划，对先轸说：‘此次出兵，只有子玉想打，和楚王的想法不一致，这次只有东宫和西广两支军队前来参战。诸侯跟随来的，有半数以上叛离的，连同族的若敖氏都离开了，楚军注定要失败，为何要撤退呢？’先轸听取了他的建议，大败楚军，这就是王孙启之所为。

“昔庄王方弱[①]，申公子仪父为师[②]，王子燮为傅[③]，使师崇、子孔帅师以伐舒[④]。燮及仪父施二帅而分其室。师还至，则以王如庐，庐戢黎杀二子而复王。或谮析公臣于王，王弗是，析公奔晋，晋人用之。实谗败楚，使不规东夏，则析公之为也。

【注释】①方弱：泛指二十岁左右的男子。②申公子仪父：楚国的大司马斗克。③王子燮（xiè）：指楚公子。④师崇：楚太师潘崇。子孔：楚令尹。舒：诸侯国，偃姓。

【译文】“昔日楚庄王还未成年，申公子仪父做楚国太师，王子燮做太傅，派师崇和子孔率楚国军队去征讨舒国。王子燮和仪父给他们两人施加罪名，并瓜分了他们的财产。军队回国，王子燮和仪父挟持着庄王跑到庐城。庐城大夫戢黎杀了他俩，将庄王送回国都。有人向庄王诬告析公臣，庄王没有公正审理，析公臣逃到了晋国，晋国重用了他。实在是这些谗言导致楚国打了败仗，让楚国不再占有东夏，这就是析公干的。

“昔雍子之父兄谮雍子于恭王[①]，王弗是，雍子奔晋，晋人用之。及鄢之役，晋将遁矣，雍子与于军事，谓栾书曰：‘楚师可料也，在中军王族而已。若易中下，楚必歆之。若合而臽吾中[②]，吾上下必败其左右，则三萃以攻其王族，必大败之。’栾书从之，大败楚师，王亲面伤，则雍子之为也。

【注释】①雍子：楚国大夫。②臽（xiàn）：小坑。古同“陷”。

【译文】“昔日雍子的父兄在楚恭王面前诬陷雍子，恭王不能明辨是非，雍子逃到晋国，晋国重用了他。等到鄢陵之战的时候，晋军将要逃离，雍子当时正参与军事谋划，对主帅栾书说：‘楚军可以应对，它的主力只有中军王室亲兵而已。如若我们调换中军和下军的兵力，楚军必然贪功中计。如若来交战，楚军会陷入我们的中军，晋国上下两军必然打败楚国的左右两军，我们然后结集中军、上军、下军和新军之力攻打他们的王室亲兵，一定能将它们打败。’栾书听取了他的意见，楚军大败，楚恭王被射伤眼睛，这就是雍子干的。

“昔陈公子夏为御叔娶于郑穆公[①]，生子南。子南之母乱陈而亡之，使子南戮于诸侯。庄王既以夏氏之室赐申公巫臣，则又畀之子反，卒于襄老。襄老死于邲，二子争之，未有成。恭王使巫臣聘于齐，以夏姬行，遂奔晋。晋人用之，实通吴晋。使其子狐庸为行人于吴，而教之射御，导之伐楚。至于今为患，则申公巫臣之为也。

【注释】①陈公子夏：陈宣公之子。

【译文】“昔日陈公子夏给御叔娶了郑穆公的女儿夏姬，生下子南。子南的母亲夏姬祸乱了陈国，导致陈国灭亡，也使子南被诸侯所杀。楚庄王将夏姬赏赐给申公巫臣，随后又赏给子反，最终给了襄老。襄老死于邲地战役，巫臣和子反争抢夏姬，都没有结果。恭王派巫臣到齐国聘问，巫臣携夏姬同行，逃亡到晋国。晋国重用了他，让他沟通吴、晋两国的关系。巫臣派其子狐庸在吴国当外交官，并教吴人驾车射箭，引导吴国征伐楚国。至今吴国仍然是楚国的祸患，这就是申公巫臣干的。

“今椒举娶于子牟，子牟得罪而亡，执政弗是，谓椒举曰：‘女实遣之。’彼惧而奔郑，缅然引领南望，曰：‘庶几赦吾罪。’又不图也，乃遂奔晋，晋人又用之矣。彼若谋楚，其亦必有丰败也哉。”

【译文】“如今椒举娶了子牟的女儿，子牟因犯罪逃亡了，执政者不能公正审理，对椒举说：‘就是你将他放跑的。’椒举害怕逃到郑国，远远地伸着脖子望着南方，说：‘也许楚国能赦免我的罪。’楚国如不能处置好此事，他又会逃亡到晋国，晋国又将重用他了。如若他谋取楚国，一定会让楚国惨败。”

子木愀然[①]，曰：“夫子何如，召之其来乎？”对曰：“亡人得生，又何不来为。”子木曰：“不来，则若之何？”对曰：“夫子不居矣，春秋相事，以还轸于诸侯[②]。若资东阳之盗使杀之，其可乎？不然，不来矣。”子木曰：“不可。我为楚卿，而赂盗以贼一夫于晋，非义也。子为我召之，吾倍其室。”乃使椒鸣召其父而复之。

【注释】①愀然：形容神色变得严肃或不愉快，忧愁的样子。

②还轸：谓乘车周历各国。轸：古代指车箱底部四周的横木。

【译文】子木听了很忧愁，说："对他该怎么办，如若召他，能回来吗？"声子回答说："逃亡的人能得到生路，为何不回来呢？"子木说："如若他不回来，该怎么办？"声子回答说："椒举不住在楚国了，他将一年四季奉命出使聘问，乘车往返于各诸侯国。如果买通东阳大盗将他杀了，可以吗？不这样，他不会回来。"子木说："不可以。我身为楚国的卿，却收买大盗到晋国去杀一个人，不义啊！您替我将他召回，我给他加倍的家产。"子木于是派椒鸣召他的父亲回国，恢复了他的大夫职位。

伍举论台美而楚殆[①]

灵王为章华之台[②]，与伍举升焉，曰："台美夫！"对曰："臣闻国君服宠以为美[③]，安民以为乐，听德以为聪，致远以为明。不闻其以土木之崇高、彤镂为美[④]，而以金石匏竹之昌大、嚣庶为乐[⑤]；不闻其以观大、视侈、淫色以为明，而以察清浊为聪。

【注释】①伍举：春秋时楚国人，伍参子，楚国大夫。伍员的（即伍子胥）祖父，伍奢之父。因邑于椒，以邑为姓，故又称椒举。他因避祸奔逃于郑国、晋国。②灵王：即楚灵王。即芈熊虔，芈姓，初名围，即王位后改名虔，谥号楚灵王，楚国的第二十九代国君。楚共王的次子，楚康王的弟弟。他杀了侄儿楚郏敖自立。公元前540年至公元前529年在位。章华之台：楚离宫名，在今湖北省监利县西北，台高十丈。③服宠：犹宠服。引申为重用贤人。④彤镂：涂丹漆和雕刻花纹，亦泛指装饰。⑤匏（páo）竹：笙、竽、箫、笛一类的乐器。

【译文】楚灵王修建了章华台，和伍举一起登上楼台，说："这高台美吧？"武举回答："臣听说，做国君的，以表彰功德、信用贤人为美，以保国安民为乐，以接纳雅言、倾听德音为聪，以使四方之民归顺依附为明。从来没有听说过他们以建筑的高大、涂丹漆、雕刻花纹为美，把钟磬、笙箫等演奏的盛大和喧哗为快乐；没有听说把观赏大的场面、看到奢侈的东西、淫于女色当目明，把能分辨音乐的清浊当作聪。

"先君庄王为匏居之台[①]，高不过望国氛[②]，大不过容宴豆[③]，木不妨守备[④]，用不烦官府，民不废时务，官不易朝常。问谁宴焉，则宋公、郑伯；问谁相礼，则华元、驷騑；问谁赞事，则陈侯、蔡侯、许男、顿子，其大夫侍之。先君以是除乱克敌，而无恶于诸侯。今君为此台也，国民罢焉，财用尽焉，年谷败焉，百官烦焉，举国留之，数年乃成。愿得诸侯与始升焉，诸侯皆距无有至者。而后使太宰启疆请于鲁侯，惧之以蜀之役，而仅得以来。使富都那竖赞焉，而使长鬣之士相焉[⑤]，臣不知其美也。

【注释】①庄王：即楚庄王，又称荆庄王，出土的战国楚简文写作臧王。楚国最有成就的君主。②国氛：即国中出现预示吉凶的云气。③宴豆：古代宴饮时盛食品的器具。④守备：用于防御的设施、器物。⑤长鬣(liè):长须。古代男子以长须为美,也指多须或多须的人。

【译文】“先君庄王建造匏居台,高度仅够观望云气的吉凶,大小仅够宴饮时摆放一些盛放食品之类的器具,用材不防碍国家守备,用钱不动用官府库藏,用工不耽误庶民农时,用人不影响官吏工作。说到宴请的都有谁,是宋公和郑伯;说到是谁导引朝见的礼节,有华元和驷騑;说到是谁辅佐庄王会盟之事,有陈侯、蔡侯、许男和顿子,他们的大夫各自陪侍自己的国君。先君庄王正是靠着这些做法来消除祸乱、战胜敌国,而天下诸侯也都不反感。如今,君上建筑这个高台,国民精力疲惫,国库财力耗尽,年成大受影响,官吏烦乱不堪,经过数年才完成,您希望有诸侯来庆贺,一起首次登上高台,可各国诸侯都拒绝,没有人来。后来您派太宰启疆去请鲁侯,用蜀之役威胁他,他才勉强前来。又派俊美娴雅的少年辅佐赞礼,长鬚美须的士人相助行礼,我不知道这里有什么美。

“夫美也者,上下、内外、小大、远近皆无害焉,故曰美。若于目观则美,缩于财用则匮,是聚民利以自封而瘠民也,胡美之为?夫君国者,将民之与处;民实瘠矣,君安得肥?且夫私欲弘侈,则德义鲜少;德义不行,则迩者骚离而远者距违[①]。天子之贵也,唯其以公侯为官正,而以伯子男为师旅[②]。其有美名也,唯其施令德于远近,而小大安之也。若敛民利以成其私欲,使民蒿焉望其安乐,而有远心,其为恶也甚矣,安用目观?

【注释】①距违：抗拒，违拗。②师旅：指众属吏。

【译文】“所谓美，就是对上对下、对内对外、对大对小、对远对近都没有害处，所以才叫美。如果眼睛看着挺美观，然而却耗费财物，这就是聚敛民财来厚待自己而使人民贫困，还算什么美呢？君临国家的人，要和人民共处，如果人民贫困了，国君怎么会富裕？况且人的私欲太大太多，德义就会鲜少；若德义不能实行，那就会使近者忧愁叛离，远者抗拒违命。天子的尊贵之处，正是因为他把公、侯当作官长，让伯、子、男统率军队。天子享有美名，正是因为他把美德布施到远近之处，使大小诸侯国家都得到安定。如果聚敛民财来满足自己的私欲，使百姓贫耗忧伤失去安乐，从而产生叛离之心，那造成的罪恶就大了，眼睛看着好看又有什么用呢？

“故先王之为台榭也[①]，榭不过讲军实，台不过望氛祥。故榭度于大卒之居，台度于临观之高。其所不夺穑地，其为不匮财用，其事不烦官业，其日不废时务，瘠硗之地[②]，于是乎为之；城守之木，于是乎用之；官僚之暇，于是乎临之；四时之隙[③]，于是乎成之。故《周诗》曰：‘经始灵台，经之营之。庶民攻之，不日成之。经始勿亟，庶民子来。王在灵囿[④]，麀鹿攸伏[⑤]。’夫为台榭，将以教民利也，不知其以匮之也。若君谓此台美而为之正，楚其殆矣！”

【注释】①台榭：中国古代将地面上的夯土高墩称为台，台上的木构房屋称为榭，两者合称为台榭。②瘠硗（qiāo）：贫瘠硗薄。谓土地坚硬不肥沃。③四时：指一年四季的农时。《淮南子·本经训》：

“四时者，春生夏长，秋收冬藏，取予有节，出入有时。开阖张歙，不失其叙，喜怒刚柔，不离其理。”④灵囿：周文王苑囿名，泛指帝王畜养动物的园林。⑤麀（yōu）鹿：指母鹿。

【译文】“因此，先王建造台榭，榭不过是用来讲习军事，台不过是用来观望云气。它的选址不占用牧场农田，它的建造不耗费国库财政，它的工程不烦扰官吏政务，它的工时不耽误四季农耕。挑那些贫瘠无用的土地，就在那里建造；选那些筑城守备剩下的木材，就用它们修盖；利用官员的闲暇时间，让他们来现场指挥；趁着四季的农闲时间，让民众来动工兴建。所以《周诗》上说：‘经营建造灵台，认真的经营它，建造它。百姓都来营造，没用几天就完成了。经营建造的时间不急迫，百姓像子女孝顺父母一样都来了。周文王来到了园林，看着母鹿悠然卧伏。’修建台榭，原本是要让百姓得到好处的，没听说是要让百姓财用匮乏的。如果君王要说这座台子很美并以此作为正道，那咱们楚国可就危险了！”

范无宇论国为大城未有利者

灵王城陈、蔡、不羹[1]，使仆夫子晳问于范无宇，曰：“吾不服诸夏而独事晋何也，唯晋近我远也。今吾城三国，赋皆千乘，亦当晋矣。又加之以楚，诸侯其来乎？”对曰：“其在《志》也，国为大城，未有利者。昔郑有京、栎[2]，卫有蒲、戚[3]，宋有萧、蒙[4]，鲁有弁、费[5]，齐有渠丘[6]，晋有曲沃[7]，秦有征、衙[8]。叔段以京患庄公，郑几不克，栎人实使郑子不得其位[9]。卫蒲、戚实出献公，宋萧、蒙实弑昭公，鲁弁、费实弱襄公，齐渠丘实杀无知，晋曲沃实纳齐师，秦征、衙实难桓、景，皆志于诸侯，此其不利者也。

【注释】①灵王城陈、蔡、不羹：楚灵王修筑陈、蔡、不羹的城墙。公元前531年，陈、蔡、不羹三国被楚所灭，成为了楚国别都。陈：指陈都宛丘，在今河南淮阳。公元前534年楚国公子弃疾消灭了陈国。蔡：蔡都新蔡，在今河南新蔡。公元前531年，楚灵王消灭了蔡国。不羹：分为西不羹、东不羹两城。西不羹在今河南襄城西南，范湖乡尧城宋村西。东不羹在今河南许昌郾城章化乡前、后古城村。东不羹国原为西周分封子国，楚国灭了不羹，成为北上中原重要的军事基地。②京：郑庄公兄弟叔段的封邑。栎：郑子元的封邑。③蒲：宁植的封邑。戚：孙林父的封邑。④萧、蒙：宋公子鲍的封邑。⑤弁、费：季氏的封邑。⑥渠丘：雍廪的封邑。⑦曲沃：栾盈的封邑。⑧征、衙：公子鍼的封邑。⑨不得其位：丢掉君位。公元前680年，郑厉公子元从栎邑起兵，派人刺杀子仪。

【译文】楚灵王修筑陈、蔡、不羹的城墙，派大夫子皙去询问范无宇，说："我不能使中原各国归附楚国，它们只事奉晋国，是何缘故呢？这是因为晋国离他们近而我国离他们远。现在我开始修筑三国的城墙，他们各出一千辆战车，兵力也相当于晋国了。若再加上楚国的兵力，诸侯们大概会来归附了吧？"范无宇回答说："古书上记载，国家修筑大城，都没有什么好处。过去郑国有京城和栎城，卫国有蒲城和戚城，宋国有萧城和蒙城，鲁国有弁城和费城，齐国有渠丘城，晋国有曲沃城，秦国有征城和衙城。叔段凭借京城而谋反给郑庄公制造忧患，郑国几乎不能战胜他，栎人傅瑕使郑君子仪丢掉了君位。卫国蒲城和戚城的邑主驱逐卫献公，宋国萧城和蒙城的邑主杀害了宋昭公，鲁国弁城和费城的邑主季孙氏削弱了鲁襄公的势力，齐国渠丘的邑主杀死了齐君无知，晋国曲沃的邑主被齐军接纳而作乱，秦国征城和衙城的邑主侵逼秦桓公和秦景公，这些叛逆之事在各诸侯国都有记载，都是不利于国家的例子。

“且夫制城邑若体性焉，有首领股肱，至于手拇毛脉，大能掉小，故变而不勤。地有高下，天有晦明，民有君臣，国有都鄙，古之制也。先王惧其不帅，故制之以义，旌之以服，行之以礼，辩之以名，书之以文，道之以言。既其失也，易物之由。夫边境者，国之尾也，譬之如牛马，处暑之既至，䖟䗀之既多[1]，而不能掉其尾，臣亦惧之。不然，是三城也，岂不使诸侯之心惕惕焉[2]。”

【注释】①䖟䗀（méng wèi）：牛虻。②惕惕：忧心、恐惧，指惊恐不安，心绪不宁的样子。

【译文】“况且修筑城邑就如同人的身体一样，有头、四肢，直到手指、毛发和经脉，大的部位能调动小的部位，因此行动起来并不劳累。地势有高低，天气有阴阳，百姓有君臣，国家有国都、边邑，这都是自古以来的制度。先王怕有人不去遵守，因此用道义来制约，用服饰来彰显尊卑，用礼仪来规范行为，用徽号来分辨，用文字来记载，用语言来表述。之所以失去了制度规范，就是因为改变了尊卑制度的缘故。边境地区，是国家的尾巴，譬如牛马，处暑到了，牛虻越来越多时，却无法摆动尾巴了，我也害怕国家会这样。不然，这三座城邑，难道还不能使诸侯的心感到害怕吗？”

子皙复命，王曰：“是知天咫，安知民则？是言诞也。”右尹子革侍，曰：“民，天之生也。知天，必知民矣。是其言可以惧哉！”三年，陈、蔡及不羹人纳弃疾而弑灵王。

【译文】大夫子皙向楚灵王复命，楚灵王说：“范无宇这个人只懂得天道，哪里懂得治民的法则呢？这些话真是荒谬。”右尹子革在一旁陪侍，说：“百姓是上天所生的，既懂得天道，必然也懂百姓。他的这些话应该警惕呀！”三年之后，陈国、蔡国和不羹的人接纳了公子弃疾，杀死了楚灵王。

左史倚相儆申公子亹

左史倚相廷见申公子亹，子亹不出，左史谤之，举伯以告。子亹怒而出，曰：“女无亦谓我老耄而舍我，而又谤我！”

【译文】楚国的左史倚相要在朝廷会见申公子亹，子亹不肯出来相见，倚相批评他不对，大夫举伯告诉了子亹。子亹很愤怒地出来，说：“你不要以为我老了而舍弃我，并且还说我的坏话！”

左史倚相曰：“唯子老耄，故欲见以交儆子。若子方壮，能经营百事，倚相将奔走承序，于是不给，而何暇得见？昔卫武公年数九十有五矣，犹箴儆于国，曰：‘自卿以下至于师长士，苟在朝者，无谓我老耄而舍我，必恭恪于朝，朝夕以交戒我；闻一二之言，必诵志而纳之，以训导我。’在舆有旅贲之规[①]，位宁有官师之典，倚几有诵训之谏，居寝有亵御之箴[②]，临事有瞽史之导，宴居有师工之诵。史不失书，蒙不失诵，以训御之，于是乎作《懿》戒以自儆也。及其没也，谓之睿圣武公。子实不睿圣，于倚相何害。《周书》曰：‘文王至于日中昃，不皇暇食[③]。惠于小民，唯政之恭。’文王犹不敢骄。今子老楚国而欲自安也，以御数者，王将何为？若常如此，楚其难哉！”子亹惧，曰：“老之过也。”乃骤见左史。

【注释】①旅贲（bēn）：官名。各诸侯国国君出巡时护车的勇士。②亵御：亲近侍从的人。③不皇暇食：没有时间吃饭。形容工作紧张、辛劳。皇，通“遑”。

【译文】左史倚相说：“就是因为您老了，因此我才想见您并来告诫您。若是您正在壮年，还能处理各种政事，那我倚相将往来奔走，承命办事，这样做还恐怕达不到要求，哪有时间来见您？昔日卫武公九十五岁时，尚且告诫国人说：‘从卿以下包括大夫和士，只要在朝为官，不要以为我老了就舍弃我，在朝必须恭敬从事，早晚随时劝诫我；只要听到一两句谏言，也要记住，转达给我，来训导我。’在兵车上有勇士们的规谏，在朝廷有官员师长讲述的法典，在几案旁有诵训官的规谏，在寝室有近侍的箴言，处理政务有瞽史的教导，平时有乐师的诵诗。史官不停地记载，乐师不停止诵读，用来训导进献，于是作了《大雅·懿》这首戒诗来自我戒勉。等他去世后，国人皆称他为“睿圣武公”。您做不到智慧圣明，对我倚相有什么妨害。《周书》说：‘周文王忙到日头偏西了，还没有时间吃饭。恩惠施及百姓，处理政事恭恭敬敬。’周文王尚且不敢骄傲。现在您在楚国自恃年高，又自求安逸，还抵制别人的规谏，那君王该怎么办呢？若是长此以往，楚国就难以治理了！”子亹听后感到害怕，说：“这真是我的过错啊！”于是即刻会见了左史。

白公子张讽灵王宜纳谏

灵王虐，白公子张骤谏。王患之，谓史老曰：“吾欲已子张之谏，若何？”对曰：“用之实难，已之易矣。若谏，君则曰余左执鬼中①，右执殇宫②，凡百箴谏，吾尽闻之矣，宁闻他言？”

【注释】①鬼中：犹录鬼簿。②殇宫：指殇者的灵魂。

【译文】楚灵王暴虐无道，白公子张屡次劝谏。楚灵王对此很厌恶，对史老说：“我想制止子张的劝谏，该怎么办？”史老回答说：“接受子张劝谏很难，制止它容易。若是他再劝谏，您就说我左手掌控着录鬼簿，右手掌握着死者灵魂，各种劝谏，我全都听到了，哪里还需要听别的？”

白公又谏，王如史老之言。对曰："昔殷武丁能耸其德[①]，至于神明，以入于河，自河徂亳[②]，于是乎三年，默以思道。卿士患之，曰：'王言以出令也，若不言，是无所禀令也。'武丁于是作书，曰：'以余正四方，余恐德之不类，兹故不言。'如是而又使以象梦旁求四方之贤，得傅说以来[③]，升以为公，而使朝夕规谏，曰：'若金，用女作砺。若津水，用女作舟。若天旱'用女作霖雨[④]。启乃心，沃朕心。若药不瞑眩，厥疾不瘳[⑤]。若跣不视地，厥足用伤。'若武丁之神明也，其圣之睿广也，其智之不疚也，犹自谓未乂[⑥]，故三年默以思道。既得道，犹不敢专制，使以象旁求圣人。既得以为辅，又恐其荒失遗忘，故使朝夕规诲箴谏，曰：'必交修余，无余弃也。'今君或者未及武丁，而恶规谏者，不亦难乎！

【注释】①殷武丁：即殷高宗，为殷中兴之君。②亳：商都，在今河南商丘。③得傅说：传说武丁梦见圣人，名叫说，于是按照梦中所见绘出图像，遍求于野，后在傅岩得到傅说，傅说正为筑墙奴隶，武丁赐他以傅为氏，任命他为相，国家得到大治。④霖：下雨三日以上为霖。⑤厥疾不瘳（chōu）：病得很严重而不得痊愈。⑥乂（yi）：治理，安定。

【译文】白公又来劝谏，楚灵王按照史老所讲的说。白公回答说："昔日殷高宗武丁能够敬德慎行，与神明相通，先迁都河内，又从河内迁至亳地，从此沉默不语三年，思考治国为君之道。朝中卿士们为此担忧，说：'君王讲话以发出命令，如不说话，我们就无从禀受命令了。'武丁于是就写了文书，说：'让我治理天下，我恐怕德行不足，因此才不讲话。'这样发布文书以后，又派人根据梦中的贤人图像四方寻访，得到了傅说，并把他请来，提升他为上公，让傅说早晚规谏，说：'如果我是宝剑，就把您当作磨刀石。若是我要渡河，就把您当作舟船。如若遭遇天旱，就把你当作甘霖之雨。开启您的心扉，滋润我的心田。如若药力不足以使人头晕目眩，病得很严重就不得痊愈。如若光着脚走路不看地面，那脚就会受伤。'像武丁这样通于神明，他的圣德明睿广博，他的智慧没有缺陷，尚且自认为不能治理好国家，因此三年沉默不语，思考治国为君的道理。已经得道之后，还不敢独断独行，又派人依图像去寻访贤人。得到了贤人的辅佐，还怕自己疏忽遗忘，因此请求傅说早晚教诲规谏，说："一定要教诲勉励我，不要抛弃我。'现在您或许还不如武丁，却讨厌规谏，若要治理好国家太难了！

"齐桓、晋文，皆非嗣也，还轸诸侯，不敢淫逸，心类德音，以德有国。近臣谏，远臣谤，舆人诵，以自诰也。是以其入也，四封不备一同，而至于有畿田，以属诸侯，至于今为令君。桓、文皆然，君不度忧于二令君，而欲自逸也，无乃不可乎？《周诗》有之曰：'弗躬弗亲，庶民弗信。'臣惧民之不信君也，故不敢不言。不然，何急其以言取罪也？"

【译文】"齐桓公和晋文公，都不是嫡嗣，他们周游流亡于诸侯各国，不敢放纵淫逸，心中遵循道德之言，依靠修养德行拥有国家。身旁大臣规谏，远方臣子批评，民众议论诵诫，他们都能用来告诫自己。所以他们刚回国即位时，四面封疆方圆不到百里，最终发展到方圆千里，联盟诸侯做了霸主，直到今天还被称为明君。齐桓公、晋文公皆是如此，君王不思虑担忧自己比不上两位明君，却只想贪图安逸，恐怕不可以吧？《周诗》上说：'君王不亲自处理政事，百姓就不会相信。'我怕楚国百姓不信任您，所以不敢不说。若不是这样，我何必急着进谏而获罪于己呢？"

王病之，曰："子复语。不穀虽不能用，吾慭寘之于耳[①]。"对曰："赖君用之也，故言。不然，巴浦之犀、犛、兕、象[②]，其可尽乎，其又以规为瑱也[③]？"遂趋而退，归，杜门不出。七月，乃有乾溪之乱，灵王死之。

【注释】①慭（yìn）：谨慎，恭敬。寘，同"置"。②犛（máo）：古同"牦"，牦牛。兕（sì）：古书上所说的雌犀牛。③瑱（tiàn）：古人冠冕上垂在两侧的装饰物，用玉、石、贝等制成。

【译文】楚灵王还是厌恶白公劝谏，说："你可以再说下去。我虽然不可能照着做，但我愿意把你的劝谏放在耳边。"白公回答说："希望您能接受采用，因此我才说。否则，巴浦的犀牛、牦牛、兕、象的牙角难道用得完吗？何必用规谏之词来做耳瑱呢？"于是便快步退出，回家之后，闭门不出。过了七个月，楚国发生了乾溪之乱，灵王死在叛乱中。

左史倚相儆司马子期唯道是从

司马子期欲以妾为内子[①]，访之左史倚相，曰："吾有妾而愿，欲笄之[②]，其可乎？"对曰："昔先大夫子囊违王之命谥；子夕嗜芰，子木有羊馈而无麦荐。君子曰：违而道。谷阳竖爱子反之劳也，而献饮焉，以毙于鄢；芋尹申亥从灵王之欲，以陨于乾溪。君子曰：从而逆。君子之行，欲其道也，故进退周旋，唯道是从。夫子木能违若敖之欲，以之道而去芰荐，吾子经营楚国，而欲荐芰以干之，其可乎？"子期乃止。

【注释】①司马子期：楚平王之子公子结，任楚国大司马。内子：古代称卿大夫的嫡妻。②笄：古代的一种簪子，用来插住挽起的头发，或插住帽子、发笄。这里指嫡妻首饰衡笄。

【译文】司马子期想把妾立为正室，为此向左史倚相求问，说："我有个妾，谨慎忠实，我想把她立为正室，可以吗？"倚相回答说："昔日大夫子囊违背楚恭王关于谥号的遗命；子夕爱吃菱角，子木祭祀用羊而不用菱角。君子说：这种违背符合道义。谷阳竖怜惜子反劳苦，献酒给他喝，结果子反命丧鄢地；芋尹申亥盲从楚灵王的欲望，结果灵王命丧乾溪。君子说：这是顺从欲望却违背道理。君子行事，要符合道义，因此进退周旋，只听从道义。子木能够违背父亲的欲望，以此符合道义而不用菱角，您掌管楚国的政事，却想进献菱角祭祀来违犯道义，可以这样吗？"子期听后放弃了自己的想法。

楚语下

观射父论绝地天通

昭王问于观射父[①]，曰："《周书》所谓重、黎实使天地不通者[②]，何也？若无然，民将能登天乎？"

【注释】①昭王：楚昭王，平王之子，名壬，又名轸。②《周书》：此指《尚书·周书·吕刑》。重、黎：颛顼时掌管天地之臣，重为南正司天，黎为火正司地。

【译文】楚昭王问大夫观射父，说："《周书》上所说的重和黎使天地不相通，这是怎么回事？如若不是这样，人们就能登天吗？"

对曰："非此之谓也。古者民神不杂。民之精爽不携贰者，而又能齐肃衷正，其智能上下比义，其圣能光远宣朗，其明能光照之，其聪能听彻之，如是则明神降之，在男曰觋[①]，在女曰巫。是使制神之处位次主，而为之牲器时服，而后使先圣之后之有光烈，而能知山川之号、高祖之主、宗庙之事、昭穆之世[②]、齐敬之勤、礼节之宜、威仪之则、容貌之崇、忠信之质、禋洁之服，而敬恭明神者，以为之祝。使名姓之后，能知四时之生、牺牲之物、玉帛之类、采服之仪、彝器之量、次主之度、屏摄之位、坛场之所、上下之神、氏姓之出，而心率旧典者为之宗。于是乎有天地神民类物之官，是谓五官[③]，各司其序，不相乱也。民是以能有忠信，神是以能有明德，民神异业，敬而不渎，故神降之嘉生，民以物享，祸灾不至，求用不匮。

【注释】①觋（xí）：男巫师。②昭穆：古代宗法制度，宗庙或宗庙中神主的排列次序，始祖居中，以下父子（祖、父）递为昭穆，左为昭，右为穆。③五官：五行之官，木正句芒，火正祝融，金正蓐收，水正玄冥，土正后土。

【译文】观射父回答说："《周书》上所说不是这意思。古时候司民和司神不混杂。民众中精明、专一并且又能恭敬、中正的人，他们的才智能效天仿地，使上下各得其宜，他们的圣德能广阔久远，光照远方，他们双目明亮能洞察一切，他们双耳灵敏能通达四方，这样神明就降临到他身上，男的叫作觋，女的叫作巫。让他们制定神灵所处祭位的尊卑先后，并规定祭祀所用牲畜、祭器和服饰，然后让先圣后代中最有光明德行的，能懂得山川名位、祖庙神主、宗庙事务、昭穆次序、庄敬认真、礼节得当、威仪规则、容貌修饰、忠信诚实、祭服洁净，并且能恭敬神明的人，让他们担任太祝。让那些有名望的家族的后代中能懂得四季的生息、祭祀用的牲畜、玉帛的种类、祭服的礼仪、祭器的多少、尊卑的先后、祭祀的位置、设坛的场所、上下的神灵、姓氏的出处，而且能遵循旧法典章的人，让他们担任宗伯。于是就设有掌管天、地、民、神、物的官员，称之为五官，各司其职事，不相杂乱。所以民众能讲忠信，神灵因此能有明德，民和神的事不同，恭敬而不亵渎，因此神灵降福，万物生长，民众把各种祭品献祭给神，祸乱灾害不来，财用也不会匮乏。

"及少皞之衰也①，九黎乱德②，民神杂糅，不可方物。夫人作享，家为巫史，无有要质。民匮于祀，而不知其福。烝享无度，民神同位。民渎齐盟，无有严威。神狎民则，不蠲其为。嘉生不降，无物以享。祸灾荐臻，莫尽其气。颛顼受之，乃命南正重司天以属神，命火正黎司地以属民，使复旧常，无相侵渎，是谓绝地天通。

【注释】①少皞：传说中的古代圣王，黄帝之子金天氏，古代东夷族首领。②九黎：古代南方部落名，其种族繁多，故曰九黎。

【译文】"等到少皞氏衰落，九黎族祸乱德政，民众和天神相混杂，不能辨别名实。人人都可举行祭祀，家家都自为巫史，没有了盟誓诚信。民众因祭祀泛滥而匮乏，从而未获赐福。祭祀毫无法度，民众和神灵地位同等。百姓亵渎盟誓，毫无敬畏神灵之心。天神对民众的无礼习以为常，觉得祭祀不洁。神灵不再降福，民众没有嘉食来献祭。灾祸频频到来，民众不能尽获生机而早夭。颛顼承受了这些，于是命令南正重主管天来会合神灵，命令火正黎主管地来会合民众，以恢复祭祀原有的秩序，不再互相侵犯亵渎，这就是断绝地上的民众与天神相通之道。

“其后，三苗复九黎之德[1]，尧复育重、黎之后，不忘旧者，使复典之。以至于夏、商，故重、黎氏世叙天地，而别其分主者也。其在周，程伯休父其后也，当宣王时，失其官守，而为司马氏。宠神其祖，以取威于民，曰：‘重实上天，黎实下地。’遭世之乱，而莫之能御也。不然，夫天地成而不变，何比之有？”

【注释】①三苗：九黎的后人。

【译文】“后来，三苗恢复了九黎之乱德，尧帝重新培育了重、黎的后代，不忘其先祖的事业，让他们再度掌管天地之官。一直到夏朝、商朝，仍旧由重氏和黎氏世代主管天地，分管地民与天神的祭祀位次。到了周朝，程伯休父是重、黎的后代，在周宣王时期，失去了掌管天地的官位，成了司马氏。休父的后代为了神化他们的祖先，以此在百姓中树立威信，说：‘重实能上天，黎实能下地。’后来遭逢周幽王时的乱世，没有谁能制止这种说法。不然，天地形成以后就不再变化，怎么能相互接近呢？”

观射父论祀牲

子期祀平王，祭以牛俎于王，王问于观射父，曰：“祀牲何及？”对曰：“祀加于举①。天子举以大牢②，祀以会；诸侯举以特牛，祀以太牢；卿举以少牢，祀以特牛；大夫举以特牲，祀以少牢；士食鱼炙，祀以特牲；庶人食菜，祀以鱼。上下有序，则民不慢。”

【注释】①举：君王在朔、望之日祭祀神灵、祖先陈设的丰盛贡品。②大牢：也称“太牢”。祭祀时并用牛、羊、豕三牲叫作“太牢”，用于隆重的祭祀，按古礼规定，一般只有天子、诸侯才能用太牢。

【译文】子期祭祀父亲楚平王，之后把祭祀的牛肉进献给楚昭王，昭王问观射父，说：“祭祀所用牲畜有哪些？”观射父回答说：“祭祀用牲比朔、望祭祖的祭品要多。天子朔、望祭祖的祭品用牛、羊、猪齐全的太牢，祭祀时要供上三份太牢；诸侯朔、望祭祖的祭品用一头牛，祭祀时要供上太牢；卿朔、望祭祖时用一羊、一猪的少牢，祭祀时用一头牛；大夫朔、望祭祖时用一头猪，祭祀时要供上一羊、一猪的少牢；士朔、望祭祖时用鱼肉，祭祀时要供上一头猪；百姓平时吃菜蔬，祭祀时要供上烤鱼。上下尊卑有等级次序，那么百姓就不会轻慢。”

王曰："其小大何如？"对曰："郊禘不过茧栗[①]，烝尝不过把握[②]。"王曰："何其小也？"对曰："夫神以精明临民者也，故求备物，不求丰大。是以先王之祀也，以一纯、二精、三牲、四时、五色、六律、七事、八种、九祭、十日、十二辰以致之[③]，百姓、千品、万官、亿丑、兆民经入畡数以奉之[④]，明德以昭之，和声以听之，以告遍至，则无不受休。毛以示物，血以告杀，接诚拔取以献具，为齐敬也。敬不可久，民力不堪，故齐肃以承之。"

【注释】①茧栗：初生的牛犊，其角如茧如栗，故以茧栗指牛犊。②把握：牛角大小一手能握住，这里指小牛。③一纯：内心纯一。二精：祭祀所用玉和帛。三牲：牛、羊、猪。四时：春、夏、秋、冬四季物产。五色：五采祭服。六律：黄钟、太簇、姑洗、蕤宾、夷则、无射。七事：天、地、民、四时之务。八种：八音。九祭：九州助祭。十日：甲乙丙丁戊己庚辛壬癸。十二辰：子丑寅卯辰巳午未申酉戌亥。古时候选吉日良辰来祭祀。④百姓：百官所受氏姓。千品：百姓之下各有僚属十类，故称千品。万官：五物之官，其下陪属万官。亿丑：万官之下各有僚属十类，为亿类。兆民：亿兆庶民。经入：十兆收入为经。畡数：十经为畡。泛指极大的数目。

【译文】昭王说："祭祀用的牺牲大小如何？"观射父回答说："春祭、夏祭所用的牲畜，它的角如同蚕茧、栗子那么大；冬祭、秋祭所要用的牲畜，它的角不超过一手握住那么大。"昭王说："为什么那么小呢？"观射父回答说："神灵靠精细明察来监临百姓，因此要求祭品齐备，不要求太大。所以先王的祭祀，用一颗纯正的心、玉与帛二精、牛羊猪三牲、四季所生谷物、五种色彩、六种音律、七件大事、八种乐器、九州助祭、从干支十日和十二时辰中选择吉日良辰恭请神灵来享祭，百姓、千品、万官、亿类、万兆民众都用自己的收入来敬献神灵，用光明的德行来昭示崇敬，演奏和谐的音乐让神灵倾听，敬告神灵都降临，都来这里享受吉庆。用牲毛表示颜色纯正，用血表明是刚杀的牲畜，拔毛取血来敬献完备的祭品，以向神灵表明诚心恭敬。祭祀敬神不可长久，因为民力承受不了，因此幼牲稍微长成就赶快敬献给神灵。”

王曰：“刍豢几何[①]？”对曰：“远不过三月，近不过浃日[②]。”王曰：“祀不可以已乎？”对曰：“祀所以昭孝息民、抚国家、定百姓也，不可以已。夫民气纵则底，底则滞，滞久而不振，生乃不殖。其用不从，其生不殖，不可以封。是以古者先王日祭、月享、时类、岁祀[③]。诸侯舍日，卿、大夫舍月，士、庶人舍时。天子遍祀群神品物，诸侯祀天地、三辰及其土之山川，卿大夫祀其礼，士、庶人不过其祖。日月会于龙豵，土气含收，天明昌作，百嘉备舍，群神频行。国于是乎蒸尝，家于是乎尝祀，百姓夫妇择其令辰，奉其牺牲，敬其粢盛[④]，洁其粪除，慎其采服，禋其酒醴，帅其子姓，从其时享，虔其宗祝，道其顺辞，以昭祀其先祖，肃肃济济，如或临之。于是乎合其州乡朋友婚姻，比尔兄弟亲戚。于是乎弭其百苛，殄其谗慝[⑤]，合其嘉好，结其亲暱，亿其上下，以申固其姓。上所以教民虔也，下所以昭事上也。天子禘郊之事，必自射其牲，王后必自舂其粢；诸侯宗庙之事，必自射牛、刲羊、击豕[⑥]，夫人必自舂其盛。况其下之人，其谁敢不战战兢兢，以事百神！天子亲舂禘郊之盛，王后亲缫其服，自公以下至于庶人，其谁敢不齐肃恭敬致力于神！民所以摄固者也，若之何其舍之也！”

【注释】①刍豢（chú huàn）：指牛、羊、犬、猪等。刍：吃草的牲口。豢：食谷的牲口。②浃日：古代以干支为“浃日”，十天。③日祭：每日祭祀祖考。月享：每月祭祀曾祖、高祖。时类：每季度祭祀两位功德卓著的祖先。岁祀：每年祭祀祖先神灵。④粢盛：一种古代的祭祀仪式。祭祀时将黍稷放在祭器里。⑤谗慝：邪恶的人，或邪恶的言论。⑥刲（kuī）：刺杀，割取。

【译文】昭王问：“祭祀的牲畜要豢养多久？”观射父回答说：“大的不超过三个月，小的不超过十天。”昭王问：“祭祀不可以废除吗？”观射父回答说：“祭祀是用来宣明孝德、繁息百姓、安抚国家、安定百姓的，不可以废除。民众放纵便会堕落，堕落便会停滞，停滞久了便振作不起来了，万物就不会生长繁殖。民众不服从上面的政令，又不能让万物生长繁殖，就不能得到封地。所以古时候先王有每日的祭祀、每月的祭祀、每季的祭祀和每年的祭祀。诸侯不必每天祭祀，卿和大夫不必每月祭祀，士和百姓不必每季祭祀。天子对群神万物都要祭祀，诸侯要祭祀天地、日月星辰以及他们所封国的山川，卿和大夫要祭祀礼仪上规定的五祀和祖先，士和百姓只祭祀自己的祖先。当日月交会在苍龙七宿的尾宿之时，地气开始收敛不发，天气清明，各种作物都收割回家储藏，群神都频频降临。诸侯国家这时举行秋祭和冬祭，卿大夫家族这时也举行秋祭和冬祭，百姓之家的夫妇们选择吉日良辰，敬奉祭牲，敬献黍稷，洒扫清洁，谨慎庄重地把祭服穿好，滤清甜酒，率领自己的子弟和同姓宗族，举行四季的祭祀，主祭的宗祝虔诚恭敬地读诵着祭辞，来祭祀他们的先祖，恭恭敬敬，济济一堂，整整齐齐如同神灵降临。于是会聚各地的亲朋好友，兄弟、亲戚互相亲近，消除平日的纠纷，去除彼此的怨恨邪恶，大家友好和谐，团结和睦，上下安定，以巩固和发展自己的族姓。君上利用祭祀来教导百姓虔诚，下民用祭祀表明恭敬事奉长上。天子祭祀上天之前，一定要亲自去射杀牲畜，王后必须要亲自去舂好祭祀用的黍稷；诸侯祭祀宗庙之前，必须要亲自射牛、宰羊、杀猪，诸侯的夫人必须要亲自舂好祭祀用的黍稷。何况是天子诸侯之下的人，谁敢不敬畏谨慎，来事奉百神呢？天子郊祀时要亲自舂好祭天用的黍稷。王后要亲自缫丝做成祭服，自公卿以下直到万民百姓，谁敢不严肃恭敬，为神效力呢？民众依靠祭祀来巩固维持，怎么可以废除祭祀呢？”

王曰：“所谓一纯、二精、七事者，何也？”对曰：“圣王正端冕[①]，以其不违心，帅其群臣精物以临监享祀，无有苛慝于神者，谓之一纯。玉、帛为二精。天、地、民及四时之务为七事。”王曰：“三事者，何也？”对曰：“天事武，地事文，民事忠信。”王曰：“所谓百姓、千品、万官、亿丑、兆民经入畡数者，何也？”对曰：“民之彻官百。王公之子弟之质能言能听彻其官者，而物赐之姓，以监其官，是为百姓。姓有彻品，十于王谓之千品。五物之官，陪属万为万官。官有十丑，为亿丑。天子之田九畡，以食兆民，王取经入焉，以食万官。”

【注释】①端冕：玄衣和大冠。古代帝王、贵族的礼服。

【译文】昭王问：“你所说的一纯、二精、七事，是什么意思？”观射父回答说：“圣王要端庄中正地穿戴朝服大冠，用他纯正不二的心，率领群臣亲自监临祭祀，对神灵没有丝毫邪念，这称为一纯。玉和帛并称为二精。天、地、人民和四季的各项事务统称为七事。”昭王说：“三事是什么？”观射父回答说：“上天之事，刚健威武；大地之事，柔顺温文；民众之事，忠诚有信。”昭王说：“你所说的百姓、千品、万官、亿类和兆民经入畡数，所指的是什么？”观射父说：“民众中呈上名字，提升做官的有上百。王公贵族的子弟本质好，并且能恪于职守而做官的，根据功劳职事赐予姓氏，让他们忠于职守，这叫作百姓。有姓氏的百官，他们有众多僚属，十倍于王者的百官，这叫作千品。管理天、地、神、民、物五事的官，臣属有上万，这叫作万官。万官又分十类，就是亿类。天子管辖九州之地，来养活万兆民众，君王收取十兆的赋税，来养育万官。”

子常问蓄货聚马斗且论其必亡

斗且廷见令尹子常[①]，子常与之语[②]，问蓄货聚马。归以语其弟，曰：“楚其亡乎！不然，令尹其不免乎。吾见令尹，令尹问蓄聚积实[③]，如饿豺狼焉，殆必亡者也。夫古者聚货不妨民衣食之利，聚马不害民之财用，国马足以行军，公马足以称赋，不是过也。公货足以宾献，家货足以共用，不是过也。夫货、马邮则阙于民，民多阙则有离叛之心，将何以封矣。

【注释】①斗且：楚国大夫。廷见：当作“往见”，指百官朝见皇帝。令尹：春秋战国时楚国执政官名，相当于宰相。②子常：子囊之孙，名囊瓦。③积实：指谷粟财货等。

【译文】斗且去见令尹子常，子常和他谈话，问他怎样才能多积财宝、多得好马之事。斗且回来后说给他弟弟听，并说：“楚国大概要亡国了吧！即便楚国不亡，楚国的令尹也一定不会免于灾祸。我去见令尹，令尹问我聚敛财富的事，活像一只饥饿的豺狼，只怕是一定要亡了！古时候积聚财货而不妨害百姓衣食住行的利益，聚集马匹而不损害百姓的财物，国家征收的马匹足以行军，公卿的马匹能与兵赋的需要相称，不要超越这个限度。公卿的财货足以馈赠、敬献所用，大夫家中的财货足以供给使用，不可以超过这个限度。财货与马匹积聚过多，民众就会穷困，民众穷困就会生背叛之心，我们凭借什么来立国呢？

“昔斗子文三舍令尹[①]，无一日之积，恤民之故也[②]。成王闻子文之朝不及夕也[③]，于是乎每朝设脯一束、糗一筐，以羞子文。至于今秩之。成王每出子文之禄，必逃，王止而后复。人谓子文曰：‘人生求富，而子逃之，何也？’对曰：‘夫从政者，以庇民也。民多旷者，而我取富焉，是勤民以自封也[④]，死无日矣。我逃死，非逃富也。’故庄王之世，灭若敖氏[⑤]，唯子文之后在，至于今处郧，为楚良臣。是不先恤民而后己之富乎？

【注释】①斗子文：又名斗谷於菟，字子文。若敖氏之后，斗伯比之子，其母即郧子之女。子文因五月五日生，父母以为不祥，被弃于云梦草泽中，传说由虎喂乳，后由郧国君收养。是楚国历史上著名的令尹之一，对楚国的强大和北上争霸，作出了突出的贡献。三舍：三次辞去令尹的职务。《论语·公冶长》："令尹子文，三仕为令尹，无喜色；三已之，无愠色。"②恤民：谓忧虑人民的疾苦。③成王：芈姓，熊氏，名頵（一作恽），楚文王少子。公元前672年杀其兄堵敖而自立。公元前628年，楚被困，楚成王自杀。④勤民：劳苦百姓。自封：使自己富厚。⑤若敖氏：指斗氏家族。若敖是斗伯比的父亲，子文的祖父。子文去世后，他的侄子斗椒（子越）作乱，若敖氏一族被楚庄王所灭。

【译文】"当年，斗子文三次辞去令尹的职务，家里连一天用来生活的积蓄都没有，这是他体恤百姓的缘故啊！楚成王听说子文吃完早饭就没有晚饭，所以每逢朝见时，就准备一束肉干、一筐粮食，送给子文。直到现在已经成为对待令尹的惯例常规。成王每当增加子文的俸禄时，子文一定是跑开，直到成王停止给他增禄，他才返回朝廷任职。有人对子文说：'人活着就是求个富贵，而您却躲避它，这是为什么呢？'子文回答：'当政的人是庇护百姓的，百姓的财物空了，而我却得到了富贵，这是使百姓劳苦来增加我自己的财富，那么我离死亡也就不远了。我是在逃避死亡，不是在逃避富贵！'所以楚庄王在位的时候，灭了若敖氏家族，只有子文的后代存活了下来，直到现在还做着楚国的良臣。这不就是以体恤民众为先、以自己富贵为后吗？"

“今子常[①]，先大夫之后也，而相楚君无令名于四方。民之羸馁[②]，日已甚矣。四境盈垒[③]，道殣相望[④]，盗贼司目，民无所放。是之不恤，而蓄聚不厌，其速怨于民多矣。积货滋多，蓄怨滋厚，不亡何待。

【注释】①子常：楚国大夫子囊之子。②羸馁（léi něi）：瘦弱饥饿。③四境：四方疆界，四方边境地区。④道殣（jìn）相望：路上看到饿死的人很多，毗连相接。

【译文】“如今，我们的令尹子常，是先大夫的后人，辅佐楚君却没有好的声誉。民众瘦弱饥饿，一天比一天严重。国境四周壁垒林立，饿死在路上的人，毗连相接，盗贼张目窥伺，百姓无所依靠。这样严重的问题他不想办法去解决，却一心想着聚敛财富，还贪得无厌，从人民那里招来的怨恨恐怕多得很了！积蓄的钱财越多，积聚的怨恨也就越厚，不灭亡还等什么呢？”

“夫民心之愠也，若防大川焉，溃而所犯必大矣。子常其能贤于成、灵乎？成不礼于穆，愿食熊蹯[①]，不获而死。灵不顾于民，一国弃之，如遗迹焉。子常为政，而无礼不顾甚于成、灵，其独何力以待之！”

【注释】①熊蹯（fán）：熊的足掌，脂肪多，味道美，是极珍贵的食品。

【译文】“百姓心中的愤怒，就像大河的堤防一样，河堤一旦崩溃了，破坏性一定很大。子常的下场会比成王和灵王好吗？楚成王对穆王无礼，临死前想吃熊掌，还没有得到就死了。楚灵王不顾民众死活，全国的人民都抛弃了他，如同行人弃其迹。子常执政，他对别人的无礼和不顾民众死活更甚于成王、灵王，他能有什么力量来抵御民怨呢？”

期年，乃有柏举之战[①]，子常奔郑，昭王奔随。

【注释】①柏举之战：公元前506年（周敬王十四年），由吴王阖闾率领的三万吴国军队深入楚国，在柏举（今湖北省麻城市境内），击败楚军二十万主力继而占领楚都的远程进攻战。

【译文】一年以后，吴楚在柏举开战，子常逃奔到郑国，楚昭王逃奔到随国。

蓝尹亹避昭王而不载

吴人入楚[①]，昭王出奔，济于成臼，见蓝尹亹载其孥。王曰：“载予。”对曰：“自先王莫坠其国，当君而亡之，君之过也。”遂去王。王归，又求见，王欲执之，子西曰：“请听其辞，夫其有故。”王使谓之曰：“成臼之役，而弃不穀，今而敢来，何也？”对曰：“昔瓦唯长旧怨，以败于柏举，故君及此。今又效之，无乃不可乎？臣避于成臼，以儆君也，庶悛而更乎？今之敢见，观君之德也，曰：庶忆惧而鉴前恶乎？君若不鉴而长之，君实有国而不爱，臣何有于死，死在司败矣！惟君图之！”子西曰：“使复其位，以无忘前败。”王乃见之。

【注释】①吴人入楚：公元前506年，柏举之战后，吴王阖闾率领三万吴国军队深入楚国。

【译文】吴军攻入楚国，楚昭王出逃，到成臼渡河时，看见蓝尹亹正用船载着妻子儿女。昭王说：“载我渡河。”蓝尹亹回答说：“楚国先王建国以来没有一个失掉国家的，到您即位，失国出逃，这可是您的罪过。”说完抛下昭王走了。昭王回国之后，蓝尹亹又来求见，昭王想把他抓起来，子西说：“请您先听他说些什么，他来定有缘故。”昭王派人对他说：“在成臼渡口时，你抛弃我，现在你居然还敢来，为什么？”他回答说：“昔日令尹囊瓦只会助长旧怨，以致让楚国在柏举被打败，因此您才落到了这种地步。现在您又仿效他，恐怕不行吧！我在成臼避开您，是为了警醒您，如今总该悔改了吧？现在我大胆来求见您，是为了观察君王的德行，我说：您总该忆起战败的可怕，把以前的过失引以为鉴了吧？如若您不以此为鉴，反而助长它，您实在是有了国家而不爱护它，我又何惧一死，我愿意死在司寇手中！希望您考虑考虑！”子西说：“让他官复原职，让我们不要忘记曾经的失败。”楚昭王于是召见了他。

郧公辛与弟怀或礼于君或礼于父

吴人入楚，昭王奔郧[①]，郧公之弟怀将弑王，郧公辛止之。怀曰：“平王杀吾父，在国则君，在外则仇也。见仇弗杀，非人也。”郧公曰：“夫事君者，不为外内行，不为丰约举，苟君之，尊卑一也。且夫自敌以下则有仇，非是不仇。下虐上为弑，上虐下为讨，而况君乎！君而讨臣，何仇之为？若皆仇君，则何上下之有乎？吾先人以善事君，成名于诸侯，自斗伯比以来，未之失也。今尔以是殃之，不可。”怀弗听，曰：“吾思父，不能顾矣。”郧公以王奔随。

【注释】①郧（yún）：古国名，在今中国湖北安陆。

【译文】吴国军队攻入楚国，楚昭王逃奔到郧邑，郧公的弟弟斗怀想杀掉昭王，郧公斗辛阻止他。斗怀说：“楚平王杀了我父亲，在国都昭王是国君，在国都外他就是我的仇人。见到仇人而不杀，就不配做人了。”郧公说：“事奉君王，不可因在国都内和国都外就改变自己的态度，不可因国君的兴盛和衰亡而另外有举动，只要尊奉他为君王，尊卑就定了。况且是敌人才谈得上有仇，不是敌人便不记仇。在下位的虐杀在上位的称作弑，在上位的虐杀在下位的称为讨，何况是君王呢？作为君王而讨伐臣，怎么能去记仇呢？如若大家都仇恨君王，那还有什么君臣之别呢？我们先祖用善行事奉君王，在各诸侯国都有口皆碑，从斗伯比以来，一直没有丢失过。现在你因弑君而败坏名声，那可不行。”斗怀不听，说：“我怀念父亲，顾及不了那些了。”郧公便护送昭王一起逃到随国。

王归而赏及郧、怀，子西谏曰：“君有二臣，或可赏也，或可戮也。君王均之，群臣惧矣。”王曰：“夫子期之二子耶？吾知之矣。或礼于君，或礼于父，均之，不亦可乎！”

【译文】昭王回国后对郧公和斗怀都进行赏赐，子西进谏说：“您有两个臣子，有一个应该奖赏他，有一个应该杀掉。君王却同样奖赏他们，群臣就要惧怕了。”昭王说：“您是指子期那两个儿子吗？我知道了。他们一个对君王有礼，另一个对父亲有礼，我同等对待他们，不也可以嘛？”

蓝尹亹论吴将毙

子西叹于朝，蓝尹亹曰：“吾闻君子唯独居思念前世之崇替，与哀殡丧，于是有叹，其余则否。君子临政思义，饮食思礼，同宴思乐，在乐思善，无有叹焉。今吾子临政而叹，何也？”子西曰：“阖庐能败吾师[①]。阖庐即世，吾闻其嗣又甚焉。吾是以叹。”

【注释】①阖庐：春秋时吴王的别称。

【译文】子西在朝廷上叹息，蓝尹亹说：“我听说君子只有在独居时思考前代的兴衰成败，以及哀悼殡丧，才会发出叹息，在其他场合并不叹息。君子处理政务时思考道义，饮食时思考礼仪，宴会时思考与人同乐，高兴时想到要行善，没有可叹息的。今天您在朝临政时发出叹息，为什么呢？”子西说：“吴王阖闾打败了我们的军队，阖闾去世了，我听说他儿子比他还厉害。我因此叹息。”

对曰："子患政德之不修，无患吴矣。夫阖庐口不贪嘉味，耳不乐逸声，目不淫于色，身不怀于安，朝夕勤志，恤民之羸，闻一善若惊，得一士若赏，有过必悛，有不善必惧，是故得民以济其志。今吾闻夫差好罢民力以成私好，纵过而翳谏[①]，一夕之宿，台榭陂池必成，六畜玩好必从。夫差先自败也已，焉能败人。子修德以待吴，吴将毙矣。"

【注释】①翳谏：犹拒谏。

【译文】蓝尹亹说："您该担心自己的政事德行没有修好，不必担心吴国的威胁。阖闾口不贪美味佳肴，耳不听靡靡之音，目不贪恋美色，身不贪图安逸，从早到晚勤于国事，体恤民众的疾苦。听到一句善言就很惊喜，得到一位贤士如同得到了赏赐，有过错必定改正，有不善必然感到畏惧，因此得到百姓的支持，实现了自己的志愿。现在我听说夫差为满足个人的爱好喜欢滥用民力，放纵私欲，拒绝进谏，即使在某处只住一夜，台榭陂池必须建好，六畜玩好必须随行。夫差先败坏了自己，又怎能打败别人。您修身明德以等待吴国，吴国就快灭亡了。"

王孙圉论楚宝

王孙圉聘于晋[①]，定公飨之[②]，赵简子鸣玉以相[③]，问于王孙圉曰："楚之白珩犹在乎[④]？"对曰："然。"简子曰："其为宝也，几何矣？"

【注释】①聘：即聘问。专指天子与诸侯、诸侯与诸侯间的遣使通问。韦昭注："聘，问也。问者，王之所以抚万国，存省之也。"《礼记·曲礼下》："诸侯使大夫问于诸侯曰聘。"②定公：原名姬午，晋顷公之子，在位三十七年（公元前511至公元前475年）。③赵简子：即赵鞅，春秋末年晋国正卿。其先祖与秦同姓。赵简子又名志父，亦称赵孟，卒于晋出公十七年（公元前458）。④白珩：古代佩玉上部的横玉，形似磬，或似半环。楚国著名的佩玉。

【译文】王孙圉访问晋国，晋定公设宴款待，赵简子作陪，他故意弄响身上的佩玉，问王孙圉说："楚国白珩还保存着吗？"王孙圉答说："当然。"赵简子说："它作为宝贝，有多大价值？"

曰："未尝为宝。楚之所宝者，曰观射父[①]，能作训辞[②]，以行事于诸侯，使无以寡君为口实[③]。又有左史倚相[④]，能道训典，以叙百物，以朝夕献善败于寡君，使寡君无忘先王之业；又能上下说乎鬼神，顺道其欲恶，使神无有怨痛于楚国。又有薮曰云连徒洲[⑤]，金、木、竹、箭之所生也，龟、珠、角、齿、皮、革、羽、毛所以备赋，以戒不虞者也[⑥]。所以共币帛[⑦]，以宾享于诸侯者也。若诸侯之好币具，而导之以训辞，有不虞之备，而皇神相之，寡君其可以免罪于诸侯，而国民保焉。此楚国之宝也。若夫白珩，先王之玩也，何宝之焉？

【注释】①观射父：楚国大夫。②训辞：指外交辞令。③寡君：臣下对别国谦称本国国君。口实：话柄。④左史：周代史官分左史、右史。左史记言，右史记事。倚相：人名。⑤薮：湖泽。指水少而草木丰茂的沼泽。云：云梦泽，在今湖北。⑥虞：欺诈。⑦币帛：缯帛。古代用于祭祀、进贡、馈赠的礼物。

【译文】王孙圉回答说："我们从没把它当作宝物。被楚国所珍惜的是大夫观射父，他善于辞令，和各国往来，不会使我们国君在诸侯中落下笑话。还有左史倚相，能讲经引典，井井有条地办理一切事物，并随时将善恶之事理奉闻于君，使我们的国君不忘先王的功业。他还能取悦于天地鬼神，顺从好恶，使鬼神对楚国没有怨恨。有一个大湖叫云梦，连接着徒洲，金、木、竹箭从这儿出产，龟甲、珍珠、兽角、象牙、虎皮、犀革、鸟羽和旄牛尾，可用来充作军赋，以防意外的产生，也可用来作为礼物，以进献诸侯。假如诸侯喜爱的礼物已经具备，再用好的辞令疏通关系；有对付意外事件的准备，又有皇天神明保佑，我们国君不至于得罪诸侯，百姓也可以安定。这才是楚国的珍宝。至于白珩，不过是先王的玩物而已，算什么宝物呢？

"圉闻国之宝六而已：圣能制议百物，以辅相国家，则宝之；玉足以庇荫嘉谷①，使无水旱之灾，则宝之；龟足以宪臧否②，则宝之；珠足以御火灾，则宝之；金足以御兵乱，则宝之；山林薮泽足以备财用，则宝之。若夫哗嚣之美③，楚虽蛮夷，不能宝也。"

【注释】①庇荫：保佑。②臧否：吉凶。③哗嚣：形容佩玉相触所发出的声音。

【译文】"我听说，国家的宝物只有六件：明白事理能讨论制定大事、辅助治理国家的人，就应算是宝物；祭祀用的玉器，能够护佑五谷生长，没有水旱之害，就把它视为宝物；占卜用的龟甲假若能卜出善恶，也可把它当宝物；珍珠假如能避免火灾，就把它视为宝物；金属能够防御兵乱，就把它视为宝物；山林湖泊可以供给财物、用度，就把它们当宝物。至于那鸣响的佩玉，楚国尽管被看成蛮夷之地，却不会把它看作宝物的。”

鲁阳文子辞惠王所与梁

惠王以梁与鲁阳文子，文子辞，曰：“梁险而在境，惧子孙之有贰者也。夫事君无憾，憾则惧逼，偪则惧贰。夫盈而不逼，憾而不贰者，臣能自寿，不知其他。纵臣而得全其首领以没，惧子孙之以梁之险，而乏臣之祀也。”王曰：“子之仁，不忘子孙，施及楚国，敢不从子。”与之鲁阳。

【译文】楚惠王把梁地赏赐给鲁阳文子，文子辞谢，说：“梁地险要而又位于楚国边境，我担忧子孙后人对君王会有二心。事奉君王不能有怨恨在心，有怨恨就会威逼侵凌君王，侵凌君王就会生背叛之心。得志却不侵陵君王，怨恨却没有二心，我自己能够保证做到，但不知子孙后代能否做到。纵然我能够平安的寿终正寝，还是担忧子孙仗恃着梁地的险要而背叛，从而断绝了后人对我的祭祀。”惠王说：“您很仁爱，既不忘记子孙，又惠及到楚国，我怎敢不听从您。”于是就赐他鲁阳之地。

叶公子高论白公胜必乱楚国

子西使人召王孙胜[①]，沈诸梁闻之，见子西曰："闻子召王孙胜，信乎？"曰："然。"子高曰："将焉用之？"曰："吾闻之，胜直而刚，欲寘之境。"子高曰："不可。其为人也，展而不信，爱而不仁，诈而不智，毅而不勇，直而不衷，周而不淑。复言而不谋身，展也；爱而不谋长，不仁也；以谋盖人，诈也；强忍犯义，毅也；直而不顾，不衷也；周言弃德，不淑也。是六德者，皆有其华而不实者也，将焉用之？

【注释】①王孙胜：即白公胜，芈姓，熊氏，名胜，号白公，楚平王之孙，太子建之子。白公胜之父太子建因遭陷害，便携家人出逃，逃到郑国时遭郑国人杀害。太子建死后，白公胜便从郑国逃到吴国。公元前487年，楚国令尹子西将白公胜从吴国召回楚国，封为白邑大夫，号白公。

【译文】子西派人召回王孙胜，叶公子高听到后，去见子西说："我听说您要召回王孙胜，是真的吗？"子西说："真的。"子高问："打算用他干什么？"子西说："我听说，王孙胜正直而刚强，我想安置他守边境。"子高说："不可以。他的为人，看似诚信而不可信，外表爱人而不仁慈，为人狡诈而不明智，刚毅而不勇敢，直率而不衷正，言谈周密而不善良。履行诺言而不考虑自身的利害，叫作展；外表爱人而不为人长远考虑，叫作不仁；凭借计谋掩盖别人，叫作诈；强硬狠心违背信义，叫作毅；直率而不顾及别人的隐讳，叫作不衷；言语周全却抛弃道义，叫作不淑。他这六种品质，都徒有其表而无实质，您将怎么用他？

“彼其父为戮于楚，其心又狷而不洁[1]。若其狷也，不忘旧怨，而不以洁悛德，思报怨而已。则其爱也足以得人，其展也足以复之，其诈也足以谋之，其直也足以帅之，其周也足以盖之，其不洁也足以行之，而加之以不仁，奉之以不义，蔑不克矣。

【注释】①狷（juàn）：胸襟狭窄，性情急躁。

【译文】“他的父亲在楚国被杀，他的心狭隘固执又不纯洁。因为他狭隘偏执，不忘旧怨，又不能用纯洁的心改变他的性德，那么他所想的只是报怨罢了。他的爱足以得到众人拥护，他的诚信足以践行他的诺言，他的狡诈足以谋划报仇，他的率直足以统帅众人谋反，他的言谈周密足以掩盖他的罪恶，他内心的肮脏足以支配他的阴谋，再加上他的不仁不义，没有不胜的道理。

“夫造胜之怨者，皆不在矣。若来而无宠，速其怒也。若其宠之，毅贪无厌，既能得入，而耀之以大利，不仁以长之，思旧怨以修其心，苟国有衅，必不居矣。非子职之，其谁乎？彼将思旧怨而欲大宠，动而得人，怨而有术，若果用之，害可待也。余爱子与司马，故不敢不言。”

【译文】“那些造成王孙胜旧怨的人，都已经不在了。如若召他来而不宠着他，他很快就会怨恨。如若宠爱他，他就会贪得无厌，设法获得人心，而且会以更大的利益引诱别人，用不仁之心来助长其私欲，想着旧怨，来激起复仇之心，一旦国家有机可乘，他肯定不会安分。这个灾祸如果不是由您主要承担，又会是谁呢？他将想着旧怨，又想得到更大的宠幸，他一行动就会得到人心，他要复仇也有办法，如若您真的用他，祸患指日可待。我爱您和司马，因此不敢不说。”

子西曰：“德其忘怨乎！余善之，夫乃其宁！”子高曰：“不然。吾闻之，唯仁者可好也，可恶也，可高也，可下也。好之不偪，恶之不怨，高之不骄，下之不惧。不仁者则不然。人好之则偪，恶之则怨，高之则骄，下之则惧。骄有欲焉，惧有恶焉，欲恶怨偪，所以生诈谋也。子将若何？若召而下之，将戚而惧；为之上者，将怒而怨。诈谋之心，无所靖矣。有一不义，犹败国家，今壹五六，而必欲用之，不亦难乎？吾闻国家将败，必用奸人，而嗜其疾味，其子之谓乎？

【译文】子西说：“我用德安抚，他会忘掉旧怨吧！我善待他，他就会安心吧！”子高说：“不会这样。我听说，只有仁德的人对他好也可，对他坏也可，让他地位高也可，让他地位低也可。处境好不会凌逼君王，处境坏不会怨恨君王，地位高了不骄傲，地位低了不忧惧。不仁的人就不会这样。别人对他好就凌逼人，对他不好就抱怨仇恨，地位高就骄傲，地位低就忧惧。骄傲就会有贪欲野心，忧惧就会抱怨仇恨，贪欲、怨恨和威逼，是产生狡诈谋反的因。您准备如何？如果召他来，安排在你下面，他将不安而忧惧；让他居上位，他将恼怒怨恨。他狡诈阴险的心，将无法安定。有一点不义的品行，就会败坏国家，现在他一身而兼有五六种不义的品行，而您却一定想用他，不是很危险的事吗？我听说国家将要败亡，必定是任用了奸人，嗜好使人生病的美味，大概说的就是您吧？

"夫谁无疾眚[①]！能者早除之。旧怨灭宗，国之疾眚也，为之关籥蕃篱而远备闲之，犹恐其至也，是之为日惕。若召而近之，死无日矣。人有言曰：'狼子野心，怨贼之人也。'其又何善乎？若子不我信，盍求若敖氏与子干、子晳之族而近之？安用胜也，其能几何？

【注释】①疾眚（shěng）：指病患灾害。

【译文】"谁能没灾没病！有能力的人及早除病根。因旧怨而被灭宗族，这些宗族余孽就是国家的病灾，设置关卡、篱笆早早地防备它，还恐怕它的来到，对此要时时警惕。如若您召他回来还亲近他，您离死不远了。俗语说：'狼子野心，是心怀怨贼的人啊。'他有什么好呢？如果您不相信我，何不寻求若敖氏和子干、子晳的族人而加以亲近呢？何必要重用公孙胜，这样能让楚国安稳多久呢？

"昔齐驺马繻以胡公入于具水[①]，邴歜、阎职戕懿公于囿竹[②]，晋长鱼矫杀三郤于榭，鲁圉人荦杀子般于次，夫是谁之故也，非唯旧怨乎？是皆子之所闻也。人求多闻善败，以监戒也。今子闻而弃之，犹蒙耳也。吾语子何益，吾知逃也已。"

【注释】①驺马繻（rú）：齐国大夫。②邴歜（chù）：齐国大夫。

【译文】"过去齐国的驺马繻杀了胡公并将尸体扔进了具水，鲁国的邴歜和阎职在竹林里杀了鲁懿公，晋国的长鱼矫在台榭上杀了三郤，鲁国的养马人荦在住所杀了子般，都是什么缘故呢，难道不都是因为旧日的怨恨吗？这些都是您听说过的。人们都想多听到善恶成败的教训来警戒自己。现在您听了却无动于衷，就像塞住了耳朵。我告诉您有什么用，我只是想逃避灾难罢了。"

子西笑曰："子之尚胜也。"不从，遂使为白公。子高以疾闲居于蔡。及白公之乱，子西、子期死。叶公闻之，曰："吾怨其弃吾言，而德其治楚国，楚国之能平均以复先王之业者，夫子也。以小怨置大德，吾不义也，将入杀之。"帅方城之外以入，杀白公而定王室，葬二子之族。

【译文】子西笑着说："您把王孙胜说得过分了。"他不听从子高的劝谏，封王孙胜为白公。子高托辞生病闲居在蔡地。等到白公叛乱发生，子西和子期都死了。叶公听闻后，说："我怨恨他不听我的劝告，而感激他治理楚国，楚国能够得以平安均和、恢复先王功业的人，就是子西。因小怨而忘了大德，是我不讲道义，我要攻入京城杀死白公。”于是叶公率领方城之外的人攻入京城，杀死白公，安定了楚王室，并埋葬了子西和子期以及被害的族人。

吴 语

越王勾践命诸稽郢行成于吴[①]

吴王夫差起师伐越[②]，越王勾践起师逆之。大夫种乃献谋曰[③]："夫吴之与越，唯天所授，王其无庸战。夫申胥、华登简服吴国之士于甲兵[④]，而未尝有所挫也。夫一人善射，百夫决拾[⑤]，胜未可成也。夫谋必素见成事焉，而后履之，不可以授命。王不如设戎，约辞行成[⑥]，以喜其民，以广侈吴王之心。吾以卜之于天，天若弃吴，必许吾成而不吾足也，将必宽然有伯诸侯之心焉。既罢弊其民，而天夺之食，安受其烬，乃无有命矣。"

【注释】①越王勾践：姒姓，夏禹后裔，越王允常之子，春秋末年越国国君。公元前496年，越王勾践即位，后为吴王夫差所败，困于会稽，屈辱于吴。乃用文种、范蠡为相，卧薪尝胆，立志复仇。十年生聚，十年教训，卒兴兵灭掉了吴国，继而北进，大会诸侯于徐州（山东滕县南），成为春秋后期的霸主。②吴王夫差：姬姓，吴氏，春秋时期吴国末代国君，阖闾之子，公元前495年至公元前473在位。③大夫种：文种，字会，楚国郢人，后入越，为越大夫。与范蠡同事越王勾践，出计灭吴，灭吴后，自觉功高，不听从范蠡劝告，后为勾践所不容，被勾践赐死。④申胥：伍子胥（公元前559—公元前484），名员，字子胥，楚国人（今湖北省监利县黄歇口镇），春秋末期吴国大夫、军事家。以封于申，也称申胥。吴国倚重伍子胥等人之谋，西破强楚、北败徐、鲁、齐，成为诸侯一霸。华登：吴国大夫。⑤决拾：古代射箭的器具。决：射箭用的扳指，带在右手大指上，用它钩弓弦。拾：皮革制品，套在左臂上，以免衣袖妨碍开弓。⑥约辞行成：说些谦卑的话去求和。

【译文】吴王夫差起兵攻打越国，越王勾践率军到江边迎战。大夫文种献计说：“吴国和越国，只看上天授命于谁，您用不着作战。那伍子胥、华登训练吴国的军队各处征战，没有受过挫败。一人善于射箭，百人就要引弦拉弓而群起效尤，所以，我们不一定能抵御吴国。筹划大计，一定要预见到能成功的可能，而后去实行它，不可草率出兵硬去拼命。君王不如部署军队自卫防御，谦卑地议和，以取悦于吴国的人民，从而助长吴王的骄纵之心。我们就将这事卜问上天，上天如果厌弃吴国，必定允许我们与吴议和，吴王一定认为我们不足为虑，一定会更加骄纵而萌发称霸于诸侯的野心。等战争让吴国人民疲倦不堪，而上天又夺光其福禄时。我们就能够安然地收拾残局，而吴国也就再没有天命的护佑了。”

越王许诺，乃命诸稽郢行成于吴[①]，曰："寡君勾践使下臣郢不敢显然布币行礼[②]，敢私告于下执事曰：昔者越国见祸，得罪于天王。天王亲趋玉趾，以心孤勾践，而又宥赦之。君王之于越也，繄起死人而肉白骨也[③]。孤不敢忘天灾，其敢忘君王之大赐乎！今勾践申祸无良，草鄙之人，敢忘天王之大德，而思边垂之小怨，以重得罪于下执事？勾践用帅二三之老，亲委重罪，顿颡于边[④]。

【注释】①诸稽郢（yǐng）：春秋末期越国五大夫之一，越国名臣。诸稽郢文武双全，善言辞，晓军事。越王勾践时，诸稽郢先后担任司马、大夫之职。②布币：因形状似铲，又称铲布，从青铜农具鎛演变而来，是春秋战国时期流通于中原诸国的铜币。③繄（yī）：相当于"是"。④顿颡（sǎng）：屈膝下拜，以额角触地。多行于请罪、投降之时。

【译文】越王非常赞同文种的意见，于是就命诸稽郢向吴国求和，说："我们君王勾践派我这下臣来此，不敢隆重地敬奉币帛以行聘问之礼，只能冒昧地告诉你们役使的小吏说：'从前越国遭殃，得罪于天王阖庐。天王大驾亲临，大败越军而不占取越地，心里顾念勾践，而又宥赦了他。君王对于越国是有使死者复活、白骨生肉的大恩大德啊！我孤君勾践不敢忘记天罚之灾，又怎敢忘记君王的大恩大德呢！如今勾践再次遭祸而命运不佳，草野鄙陋之人，怎敢忘记天王的厚恩，计较边界冲突的小怨，而再次得罪您呢？因此勾践将带领两三个年老家臣，亲自前来谢罪，磕头请服于边境，请求天王的赦免。

“今君王不察，盛怒属兵，将残伐越国。越国固贡献之邑也，君王不以鞭箠使之[①]，而辱军士使寇令焉。勾践请盟：一介嫡女，执箕帚以晐姓于王宫[②]；一介嫡男，奉槃匜以随诸御[③]；春秋贡献，不解于王府[④]。天王岂辱裁之？亦征诸侯之礼也。

【注释】①鞭箠（chuí）：鞭子，亦用作比喻鞭打、督促、勉励。②晐（gāi）姓：纳诸姓女子于天子之官。③槃匜（yí）：古代用于盥洗的用具。④解：通“懈”。

【译文】“现今君王不明察此情，大为恼怒而调集兵马，想要征讨越国。越国本是向吴国进贡的地方啊，君王不动用鞭棰而驱使它，却有辱大军来执行御寇平乱的号令。现在勾践请求签订友好盟约：愿献一个嫡女，让她手持箕帚，在王宫之内充当侍御的女官；再献一个嫡男，让他手捧槃匜，跟在众位近臣之后，服侍君王；春季、秋季按时进贡物品，对君王府库的供给绝不怠慢。这样，天王何必屈驾来制裁他？我们也是按照天子向诸侯征税的礼节进贡啊！

“夫谚曰：‘狐埋之而狐搰之[①]，是以无成功。’今天王既封植越国，以明闻于天下，而又刈亡之[②]，是天王之无成劳也。虽四方之诸侯，则何实以事吴？敢使下臣尽辞，唯天王秉利度义焉！”

【注释】①搰（hú）：挖掘。②刈（yì）亡：消除，灭亡。刈：割草。

【译文】“俗语说：‘狐狸自己埋藏东西，又自己将其刨出来，是白费力气。’天王既然已经扶植了越国，以明达著称于天下，而今却又要剿灭它，这样天王对越国的扶植便徒劳无功。今后四方的诸侯即使想要侍奉吴国，但又将如何信任吴国呢？让我冒昧地把想要说的全都说了出来，只请您权衡利弊，考虑适宜的处置方案吧！”

吴王夫差与越荒成不盟

吴王夫差乃告诸大夫曰：“孤将有大志于齐，吾将许越成，而无拂吾虑。若越既改，吾又何求？若其不改，反行，吾振旅焉。”

【译文】吴王夫差对众大夫们说：“我要对齐国采取大的行动，因此准备答应同越国讲和，希望你们不要反对我的想法。如若越王变得真心服从于我，我还求什么？若他不悔改，等我回来，再调集军队征讨他。”

申胥谏曰：“不可许也。夫越非实忠心好吴也，又非慑畏吾兵甲之强也。大夫种勇而善谋，将还玩吴国于股掌之上，以得其志。夫固知君王之盖威以好胜也，故婉约其辞，以从逸王志，使淫乐于诸夏之国，以自伤也。使吾甲兵钝弊[1]，民人离落，而日以憔悴，然后安受吾烬。夫越王好信以爱民，四方归之，年谷时熟，日长炎炎。及吾犹可以战也，为虺弗摧，为蛇将若何[2]？”

【注释】①钝弊：残破不锋利，这里指疲惫。②为虺（huǐ）弗摧，为蛇将若何：还是小蛇时不打死它，长成大蛇后如何制伏？比喻祸根不除，后患无穷。虺：小蛇。

【译文】申胥劝止说：“不可以同越国议和。越国不是诚心诚意同吴国友好，也不是畏惧吴国武力强大。越国大夫文种勇敢而善于谋略，他把吴国玩弄于股掌之间，以满足他的意图。他本来明白您重视威严又好逞强，因此言辞卑微，来使君王心意放纵，到中原诸国去寻求开心，使我们自己受伤害，武器迟钝朽坏，人民离散，国力日趋衰落，然后他不费力气接受我们这残局。越王在国内讲诚信，爱百姓，邻国都归顺他，庄稼丰收。时间长了，气势更盛。趁我们还能战胜他们时下手，就像一条小蛇，不去毁灭；等它长成大蛇了，该怎么办呢？”

吴王曰：“大夫奚隆于越，越曾足以为大虞乎？若无越，则吾何以春秋曜吾军士？”乃许之成。

【译文】吴王说：“你为什么这样重视越国？越国难道值得我们大加担忧吗？如果没有越国，我怎么能在春秋二季中夸耀兵力?”于是答应了议和。

将盟,越王又使诸稽郢辞曰:“以盟为有益乎?前盟口血未干[①],足以结信矣。以盟为无益乎?君王舍甲兵之威以临使之,而胡重于鬼神而自轻也?”吴王乃许之,荒成不盟[②]。

【注释】①前盟口血未干:指盟誓不久。古代盟誓时,以牲畜的血涂在嘴上表示诚意。②荒成不盟:空口讲和,没有订立盟约。

【译文】即将盟誓,越王又让诸稽郢辞谢说:“君王认为盟誓有用吗?上次盟誓嘴唇上的血迹还没干,足够表达信义了。君王认为盟誓没有效果吗?那么君王就舍弃兵力的威慑,亲临役使越国就行了,为什么看重鬼神力量却小看自己的力量呢?”吴王因此答应和约,仅仅是空口讲和,没有举行盟誓。

夫差伐齐不听申胥之谏

吴王夫差既许越成,乃大戒师徒,将以伐齐。申胥进谏曰:“昔天以越赐吴,而王弗受。夫天命有反,今越王勾践恐惧而改其谋,舍其愆令[①],轻其征赋,施民所善,去民所恶,身自约也,裕其众庶,其民殷众,以多甲兵。越之在吴,犹人之有腹心之疾也。夫越王之不忘败吴,于其心也侙然[②],服士以伺吾闲。今王非越是图,而齐、鲁以为忧。夫齐、鲁譬诸疾,疥癣也[③],岂能涉江、淮而与我争此地哉?将必越实有吴土。

【注释】①慼令：苛繁的法令，错误的命令。②忧然：忧愁，惊恐，心不安的样子。③疥癣：疥疮的别名，比喻祸患微不足道。

【译文】吴王夫差答应越国的求和之后，就开始大规模地训练士卒，计划攻打齐国。伍子胥进谏说："昔日上天把越国赏赐给吴国，可是您没有接受。天命是有反复的，如今越王勾践因恐惧就改变了他的战略，废弃错误的政令，减轻百姓的赋税，实施百姓所喜欢的，去除百姓所厌恶的，自己很节约，让百姓富裕。越国人口众多，足以扩充军队。越国对于吴国，就像人的心腹之患一样。越王从不忘被吴国打败的教训，内心时时战战兢兢。他勤于操练士兵，窥伺报复的时机。如今您不考虑对付越国，而忧心齐国和鲁国的事。齐鲁两国如果比作疾病的话，就如同疥癣类的小病，他们难道能渡过长江、淮河来与我国争夺这儿的土地吗？将来必定是越国夺占吴国土地。

"王其盍亦鉴于人，无鉴于水。昔楚灵王不君[①]，其臣箴谏以不入。乃筑台于章华之上，阙为石郭[②]，陂汉，以象帝舜。罢弊楚国[③]，以闲陈、蔡。不修方城之内，逾诸夏而图东国，三岁于沮、汾以服吴、越。其民不忍饥劳之殃，三军叛王于乾谿。王亲独行，屏营仿偟于山林之中，三日乃见其涓人畴。王呼之曰：'余不食三日矣。'"畴趋而进，王枕其股以寝于地。王寐，畴枕王以墣而去之。王觉而无见也，乃匍匐将入于棘闱[④]，棘闱不纳，乃入芋尹申亥氏焉。王缢，申亥负王以归，而土埋之其室。此志也，岂遽忘于诸侯之耳乎？

【注释】①楚灵王：芈姓，熊氏，初名围，是楚共王的次子，杀了侄儿楚郏敖自立，即位后改名虔。公元前541年，自立为楚国国君，是春秋时有名的穷奢极欲、昏暴之君。②石郭：指的是石椁，石制的外棺，古人将遗体放进木质棺材里，再将棺材放到石质棺椁中，主要是避免木材日久腐烂，也是一种身份的象征。③罢弊：因人力、物力消耗太大而感到疲劳困乏。④棘闱：春秋楚国棘邑之门。

【译文】“君王何不以人为鉴，不要只以水为鉴。昔日楚灵王不行君道，大臣们的劝谏都听不进去。他在章华建造台榭，凿石为椁，引来汉水，模仿舜帝的陵墓。他搞得楚国疲惫不堪，还想伺机消灭陈国和蔡国。他不去治理国政，却想越过邻国去征服东方的诸侯国，他用三年时间才渡过沮水和汾河，想去征服吴越两国。他的百姓忍受不了饥饿劳苦，全军将士在乾谿发动了叛乱。楚灵王孤身一人逃亡，惶惶不安地跑进山林之中，三天后才遇见侍卫涓人畴。楚灵王向他呼救说：‘我已经三天没有吃东西了。’畴赶紧走到灵王面前，灵王枕着他的腿就睡在地上。灵王睡着后，畴用土块给他枕上，自己抽身离去。灵王睡醒后不见畴，就自己爬着想要进棘城的大门，棘城的人不接纳他，最后总算被芋尹申亥氏收容。灵王自缢而死，申亥背着灵王的尸体回家，用土把他埋在屋内。这些历史的记载，难道这么快就被诸侯们遗忘了吗？

“今王既变鲧、禹之功，而高高下下，以罢民于姑苏[①]。天夺吾食，都鄙荐饥[②]。今王将很天而伐齐。夫吴民离矣，体有所倾，譬如群兽然，一个负矢，将百群皆奔，王其无方收也。越人必来袭我，王虽悔之，其犹有及乎？”

【注释】①姑苏：在苏州西南。姑苏台，在姑苏山上，相传为吴王夫差所筑。②都鄙：都城边邑。荐饥：连年灾荒。

【译文】“如今君王改变了当年鲧和禹治水的功业，筑台修池，为修姑苏台而使百姓疲惫不堪。上天又夺去了我们的粮食，都城边邑连年灾荒。现在君王违背天意又要攻打齐国，吴国百姓都要离弃你了。国家的倾复，就如同一群野兽，一只野兽中了箭，整群野兽都会逃跑，您就没办法来收拾了。越国人必定会来袭击我们吴国，那时即使君王后悔，还来得及吗？”

王弗听。十二年[①]，遂伐齐。齐人与战于艾陵[②]，齐师败绩，吴人有功。

【注释】①十二年：吴王夫差十二年（公元前484）。②艾陵：齐国地名，在今山东莱芜。

【译文】吴王夫差不听劝谏。吴王十二年，兴兵讨伐齐国。齐国与吴国在艾陵开战，齐军战败，吴国人获得战功。

夫差胜于艾陵使奚斯释言于齐

吴王夫差既胜齐人于艾陵，乃使行人奚斯释言于齐，曰：“寡人帅不腆吴国之役，遵汶之上，不敢左右，唯好之故。今大夫国子兴其众庶，以犯猎吴国之师徒，天若不知有罪，则何以使下国胜！”

【译文】吴王夫差在艾陵战胜齐军以后，便派外交官奚斯向齐国解释说："我率领的吴国军队很少，沿着汶水北上，不敢抢掠齐国百姓，只是为了表示对齐国友好的缘故。现在齐国大夫国子发动大批军队，来侵犯扰害吴国的军队，上天如果不知道齐国有罪，那为何会让我们吴国获胜呢！"

申胥自杀

吴王还自伐齐，乃讯申胥曰："昔吾先王体德明圣①，达于上帝，譬如农夫作耦②，以刈杀四方之蓬蒿，以立名于荆，此则大夫之力也。今大夫老，而又不自安恬逸，而处以念恶，出则罪吾众，挠乱百度，以妖孽吴国。今天降衷于吴，齐师受服。孤岂敢自多，先王之钟鼓，寔式灵之。敢告于大夫。"

【注释】①先王：指吴王阖闾。②耦：两个人并肩而耕。

【译文】吴王夫差讨伐齐国获胜归来后，就去责问伍子胥说："昔日我的先王体悟道德，明了圣意，通达上帝的意旨，如同农夫耦耕一样，君臣一起割除四方的杂草，打败楚国并立下威名，这都是你的功劳。现在你老了，不肯享受安逸恬淡的生活，却心中常起恶念，出外怪罪吴国众臣，扰乱种种法度来祸害吴国。如今上天降福吴国，齐国军队归顺了。我岂敢自夸，这是先王的军队得到神灵护佑。我冒昧的告诉你这个消息。"

申胥释剑而对曰："昔吾先王世有辅弼之臣，以能遂疑计恶，以不陷于大难。今王播弃黎老，而孩童焉比谋，曰：'余令而不违。'夫不违，乃违也。夫不违，亡之阶也。夫天之所弃，必骤近其小喜，而远其大忧。王若不得志于齐，而以觉寤王心[①]，而吴国犹世。吾先君得之也，必有以取之；其亡之也，亦有以弃之。用能援持盈以没，而骤救倾以时。今王无以取之，而天禄亟至，是吴命之短也。员不忍称疾辟易，以见王之亲为越之擒也。员请先死。"遂自杀。将死，曰："以悬吾目于东门，以见越之入，吴国之亡也。"王愠曰："孤不使大夫得有见也。"乃使取申胥之尸，盛以鸱鴺[②]，而投之于江。

【注释】①觉寤：醒悟已往的困惑或过失。亦作觉悟。②鸱鴺（chī yí）：即鸱夷。革囊，皮革口袋。

【译文】伍子胥解下佩剑回答说："昔日我们先王世代有贤臣辅佐，帮助他决断疑难，权衡利弊，所以不会陷入大难中。现在君王抛弃老臣，去和年幼无知的人合谋，说：'我的命令不能违背。'此不违背，正是对天意的违背。此不违背，正是导致亡国的阶梯啊！上天要抛弃的，必定在之前给它点小喜事，而把大的忧患放在后面。君王若伐齐不顺利，反而内心会有所觉悟，吴国尚可传世。我们先王凡是取得成功，必有成功的原因；凡是遭遇失败，也自有失败之原因。用贤能的人辅佐可保持住好的局面，还可以及时挽回危局。如今君王没有取得胜利的条件，上天却屡赐福禄，说明吴国命运很短了。我不忍心称病去逃避，看到君王被越国人擒住，我请求先死！”于是伍子胥就自杀了。临死之前，说：“将我的眼睛悬挂在国都东门，可以看见越国侵入，看见吴国的灭亡。”吴王愤怒地说：“我不会让你有看到的机会。”于是便派人将伍子胥的尸体，装入皮革口袋中，投入了长江。

吴晋争长未成勾践袭吴

吴王夫差既杀申胥，不稔于岁[①]，乃起师北征。阙为深沟，通于商、鲁之间，北属之沂，西属之济，以会晋公午于黄池[②]。

【注释】①稔：庄稼成熟。②晋公午：即晋定公，姬姓，名午，晋顷公之子。黄池：地名，位于今河南省封丘县西南。春秋时吴王夫差会盟诸侯于此。

【译文】吴王夫差杀死申胥以后，不等庄稼成熟，就出兵北征。他命令开掘沟渠，一直通到宋国和鲁国，向北连接沂水，向西连接济水，在黄池与晋定公举行盟会。

于是越王勾践乃命范蠡、舌庸[①]，率师沿海溯淮以绝吴路。败王子友于姑熊夷[②]。越王勾践乃率中军溯江以袭吴，入其郛[③]，焚其姑苏，徙其大舟。

【注释】①舌庸：越国大夫。②王子友：吴王夫差的太子。姑熊夷：吴国地名。③郛（fú）：古代城圈外围的大城。

【译文】这时，越王勾践则命令范蠡和舌庸，率兵沿海岸逆淮河而上，断绝吴军的退路。越军在姑熊夷打败了王子友。越王勾践亲自率中军逆江而上去袭击吴国，攻入国都的外城，烧毁了姑苏台，夺走吴国的大船。

吴、晋争长未成，边遽乃至[1]，以越乱告。吴王惧，乃合大夫而谋曰："越为不道，背其齐盟。今吾道路修远，无会而归，与会而先晋，孰利？"王孙雒曰："夫危事不齿，洛敢先对。二者莫利。无会而归，越闻章矣，民惧而走，远无正就。齐、宋、徐、夷曰：'吴既败矣！'将夹沟而㢋我[2]，我无生命矣。会而先晋，晋既执诸侯之柄以临我，将成其志以见天子。吾须之不能，去之不忍。若越闻愈章，吾民恐叛。必会而先之。"

【注释】①边遽：指边境警报。遽，驿车。古时以边地的驿车传递警报，故称。②㢋（chǐ）我：从旁袭击。

【译文】吴、晋两国争做盟主，还没有结果，吴国边境的驿车就到了，报告越国进犯的消息。吴王很恐惧，便召集大夫商讨对策，说："越国不守信义，违背盟约。现在我们回国路途遥远，不参加盟会赶快归国，或者盟会而让晋国先歃血，哪个对我们有利？"王孙雒说："讨论急事，不讲究长幼次序，我冒昧地先回答。我觉得这两种方案都没利。若不参加盟会就回国，越国的威望就大了，百姓恐惧逃亡，我们远走他方而无立足之处。齐、宋、徐、夷等国也会说：‘吴国已经败了！’他们将从沟渠两侧袭击我们，我们就死定了。若是参加盟会却让晋国先歃血，晋国便执掌了诸侯权柄来指挥我们，将实现其称霸之志，率领诸侯们一起朝见周天子。我们既没时间在此停留，离开又不忍。若是越国声望大振，吴国的百姓恐怕会叛离。所以一定要参加盟会，并且要争当盟主。”

王乃步就王孙雒曰：“先之，图之将若何？”王孙雒曰：“王其无疑，吾道路悠远，必无有二命[①]，焉可以济事。”王孙雒进，顾揖诸大夫曰：“危事不可以为安，死事不可以为生，则无为贵智矣。民之恶死而欲富贵以长没也，与我同。虽然，彼近其国，有迁；我绝虑[②]，无迁。彼岂能与我行此危事也哉？事君勇谋，于此用之。今夕必挑战，以广民心。请王励士，以奋其朋势[③]，劝之以高位重畜，备刑戮以辱其不励者，令各轻其死。彼将不战而先我，我既执诸侯之柄，以岁之不获也，无有诛焉，而先罢之，诸侯必说。既而皆入其地，王安挺志，一日惕，一日留，以安步王志。必设以此民也，封于江、淮之间，乃能至于吴。”吴王许诺。

【注释】①二命：第二条出路。②绝虑：退转的余地。③朋势：气势。

【译文】吴王走近王孙雒面前问：“如果我们先歃血，应该怎么办？”王孙雒说：“请君王不要怀疑，我们回去道路遥远，必定没有第二条出路，这样才能成功。”王孙雒向前一步，环视诸位大夫并作揖，说：“面对危险不能转为平安，在死亡面前不能找到生路，就不能称作智慧超群了。晋国民众怕死都希望富贵长寿，这和我们是一样的。既然这样，晋军离本国近，有退转的余地；我们距离本国遥远，没有退路。晋国怎么敢和我们进行危险的较量呢？事奉君王要有勇有谋，在此时就用上了。今晚必须要向晋国挑战，来安定人心。请君王激励将士们，振奋将士们的气势，用高官厚禄来激励大家，同时准备严刑峻法来惩治不努力作战的人，让将士们都不怕牺牲。晋国将不战而退，把盟主让给我们，我们执掌了诸侯之长的权柄后，以年景不好为理由，不责求诸侯们的贡赋，让他们先回去，诸侯们必定高兴。等到他们都回国以后，君王就安下心来，一天快走，一天慢走，安安稳稳地实现你的计划。君王一定要向将士们许诺，让他们受封在江淮一带，这样我们才能安全的回到吴国。”吴王同意他的建议。

吴欲与晋战得为盟主

吴王昏乃戒，令秣马食士[①]。夜中，乃令服兵擐甲[②]，系马舌，出火灶，陈士卒百人，以为彻行百行。行头皆官师，拥铎拱稽[③]，建肥胡，奉文犀之渠[④]。十行一嬖大夫[⑤]，建旌提鼓，挟经秉枹[⑥]。十旌一将军，载常建鼓，挟经秉枹。万人以为方阵，皆白裳、白旂、素甲、白羽之矰[⑦]，望之如荼。王亲秉钺[⑧]，载白旗以中阵而立。左军亦如之，皆赤裳，赤旟、丹甲、朱羽之矰，望之如火。右军亦如之，皆玄裳、玄旗、黑甲、乌羽之矰，望之如墨。为带甲三万，以势攻，鸡鸣乃定。既陈，去晋军一里。昧明，王乃秉枹，亲就鸣钟鼓、丁宁、錞于振铎⑨，勇怯尽应，三军皆哗釦以振旅⑩，其声动天地。

【注释】①秣马食士：让士兵饱餐，喂饱马匹。指作好战斗准备。②服兵擐甲：穿上铠甲，拿起武器。形容全副武装的样子。③铎：大铃，形如铙、钲而有舌，古代宣布政教法令用的，亦为古代乐器。④文犀之渠：用有纹理的犀牛皮制作的盾牌。⑤嬖大夫：官名，下大夫的别称。⑥挟经秉枹：挟着兵书，拿着鼓槌。⑦白羽之矰：系有丝绳、弋射飞鸟的白色短箭。⑧秉钺：持斧，拿着钺。比喻执掌兵权。⑨錞（chún）：古代一种铜制的军乐器，形如圆筒，上大下小，顶上多作虎形钮，可悬挂，常与鼓配合。⑩哗釦：用力呼吼。

【译文】吴王在黄昏时下达命令，让将士们饱餐并喂足战马。半夜时分，命令全军穿好铠甲拿起武器，缚住马舌，把灶里的火移出来照明，百名士卒排成一行，共排成百行。每行排头的都是上士，抱着金属大铃，手举着木戟，身旁树着幡旗和犀牛皮制做的盾牌。每十行派一名下大夫率领，竖着旌旗，提着战鼓，挟着兵书，拿着鼓槌。一百行由一名将军统领，举着旌旗，提起战鼓，大夫挟着兵书，拿着鼓槌。一万人组建成一个方阵，一律都穿白裳，打白旗，披白铠甲，带系有丝绳、弋射飞鸟的白色短箭，远望像一片白色的茅草花。吴王亲自拿着钺，身旁树着白色军旗，在方阵中间站立。左军也像中军这样列阵，但都穿着红裳，打着红旗，披红铠甲，带红羽箭，远望像一片鲜红的火焰。右军也像中军这样列阵，但都穿黑裳，打黑旗，披黑铠甲，带黑羽箭，远望像一片黑色的乌云。披戴铠甲的将士共有三万人，气势十足形成攻势，鸡鸣时才摆定阵势，距晋军只有一里距离。天还未大亮，吴王手执鼓槌亲自擂鼓，将士们敲响了铜钲、金玦和金铎，三军中勇敢的、胆怯的共同响应，齐声呐喊呼吼，其声势震动天地。

晋师大骇不出，周军饬垒[①]，乃令董褐请事[②]，曰："两君偃兵接好，日中为期。今大国越录[③]，而造于弊邑之军垒，敢请乱故。"

【注释】①饬（chì）垒：整治军垒。②董褐：春秋时晋国大夫。③越录：超越次第。

【译文】晋军大为惊骇，不敢出来应战，在周围加强戒备，修缮营垒，派董褐前来询问，说："晋吴两国君主商定停战和好，以中午为盟会之期，如今贵国违反约定，来到晋国的军营外，敢问为何乱了次序？"

吴王亲对之曰："天子有命，周室卑约，贡献莫入，上帝鬼神而不可以告。无姬姓之振也，徒遽来告。孤日夜相继，匍匐就君。君今非王室不平安是忧，亿负晋众庶，不式诸戎、狄、楚、秦；将不长弟，以力征一二兄弟之国。孤欲守吾先君之班爵[①]，进则不敢，退则不可。今会日薄矣，恐事之不集，以为诸侯笑。孤之事君在今日，不得事君亦在今日。为使者之无远也，孤用亲听命于藩篱之外[2]。”

【注释】①先君：即吴太伯。②藩篱：用柴竹编成屏蔽的围墙，引申为保护防卫。也指范围、边界。这里指军营。

【译文】吴王亲自回答说：“天子有命令，眼下周王室衰微，诸侯没有纳贡，连祭拜天地鬼神的牺牲祭品也缺乏，没有姬姓的诸侯国来拯救。有使者步行或乘车来告诉我这个命令，我日夜兼程，拼命赶到晋君这儿。现在晋君不为周王室的困难忧虑，虽拥有晋国的人多势众，却不去征讨戎狄、楚、秦等国来辅助王室，还违背长幼的礼节，以武力攻打同姓的兄弟国家。我希望保住我先君的爵位，进犯我不敢，退兵我也不愿。如今盟会的日期已临近了，我唯恐事情不成功，会被诸侯耻笑，我事奉晋君，不事奉晋君，都决定于今天。为了使者不必远行，本王将亲自在军营外听取你们的决定。”

董褐将还，王称左畸曰[1]：“摄少司马兹与王士五人[2]，坐于王前。”乃皆进，自刭于客前以酬客。

【注释】①左畸：军旅的左部。②少司马：官名。兹：人的名字。王士：吴王的兵士。

【译文】董褐刚要返回，吴王召呼左部的军吏说：“把少司马兹和王士五人抓过来，坐在我面前。”六人一齐向前，在董褐面前自刎以谢晋国客人。

董褐既致命，乃告赵鞅曰[1]："臣观吴王之色，类有大忧，小则嬖妾、嫡子死[2]，不则国有大难；大则越入吴。将毒，不可与战。主其许之先，无以待危，然而不可徒许也。"赵鞅许诺。

【注释】①赵鞅：即赵简子，是晋国赵氏的领袖，又名志父，亦称赵孟。②嬖妾：受宠幸的姬妾。

【译文】董褐回去向晋君复命后，就告诉赵鞅说："我观察吴王的脸色，好像有很大的忧患，往小说可能是他的宠妾或嫡子死了，要不就是国内有叛乱；往大说可能是越国已攻入吴国。吴王将会非常残暴，不可与他作战。你答应让他作盟主，不能等着冒风险，然而不能白白答应他。"赵鞅同意了。

晋乃令董褐复命曰："寡君未敢观兵身见，使褐复命曰：'曩君之言[1]，周室既卑，诸侯失礼于天子，请贞于阳卜，收文、武之诸侯。孤以下密迩于天子，无所逃罪，讯让日至，曰：昔吴伯父不失，春秋必率诸侯以顾在余一人。今伯父有蛮、荆之虞，礼世不续，用命孤礼佐周公，以见我一二兄弟之国，以休君忧。今君掩王东海，以淫名闻于天子，君有短垣，而自逾之[2]，况蛮、荆则何有于周室？夫命圭有命，固曰吴伯，不曰吴王。诸侯是以敢辞。夫诸侯无二君，而周无二王，君若无卑天子，以干其不祥，而曰吴公，孤敢不顺从君命长弟！'"

【注释】①曩（nǎng）：以往，从前，过去的。②君有短垣（yuán），而自逾之：您虽有礼仪之界防，却自己逾越了。比喻自己不遵守礼法。

【译文】晋国于是命令董褐去复命吴王说："晋君不敢显示军威并亲自露面，派我来复命说：'正如之前国君所言，周王室既已衰微，诸侯们对周天子失礼，您准备用龟甲占卜，以收复周文王、周武王时所封的诸侯。晋国靠近天子，没有逃避罪责的理由，每日听到天子的责告，说：昔日吴国先君不失礼，每年都率领诸侯朝聘我。现今吴君有蛮荆的威胁，先君之礼不能继承，因此让晋国辅助周太宰，并邀同姓诸侯朝聘天子，消除周天子的忧虑。如今您权威复盖东海，僭越名声已传天子耳中，您虽有礼仪之界防，却自己逾越了，更何况蛮荆对周室有何礼仪呢？天子赐命圭时早有命令，定吴国国君为吴伯而不称吴王，因此诸侯才敢不听命吴国。诸侯不能有两个盟主，周室也不可有两个天子，您如若不鄙视天子，不做冒犯不祥的事，并以吴公自称的话，晋国怎敢不顺从您的命令，让您先歃血呢？'"

吴王许诺，乃退就幕而会。吴公先歃，晋侯亚之。吴王既会，越闻愈章，恐齐、宋之为己害也，乃命王孙雒先与勇获帅徒师，以为过宾于宋，以焚其北郛焉而过之。

【译文】吴王答应了，于是退兵进入幕帐举行盟会。吴王先歃血，晋侯第二。吴王参加盟会以后，越国的声威更大了，吴王怕齐、宋两国偷袭自己，就派王孙雒和大夫勇获先率领步兵，以过路为名来到宋国，焚烧了宋国北面外城，然后过境回国。

夫差退于黄池使王孙苟告于周

吴王夫差既退于黄池，乃使王孙苟告劳于周[①]，曰：“昔者楚人为不道，不承共王事，以远我一二兄弟之国。吾先君阖庐不贳不忍[②]，被甲带剑，挺铍搢铎[③]，以与楚昭王毒逐于中原柏举。天舍其衷，楚师败绩，王去其国，遂至于郢。王总其百执事，以奉其社稷之祭。其父子、昆弟不相能，夫概王作乱[④]，是以复归于吴。今齐侯壬不鉴于楚，又不承共王命，以远我一二兄弟之国。夫差不贳不忍，被甲带剑，挺铍搢铎，遵汶伐博。簦笠相望于艾陵[⑤]。天舍其衷，齐师还。夫差岂敢自多，文、武实舍其衷。归不稔于岁，余沿江溯淮，阙沟深水，出于商、鲁之间，以彻于兄弟之国。夫差克有成事，敢使苟告于下执事。”

【注释】①王孙苟：吴国大夫。②贳（shì）：宽纵，赦免。③挺铍（pī）搢铎：拿着长矛，摇动金铎。④夫概：姬姓，吴王诸樊之子，吴王阖闾之弟。⑤簦笠：雨具，类似现在的伞。

【译文】吴王夫差从黄池退兵后，派大夫王孙苟向周天子邀功，说：“过去楚国不守道义，不承担天子贡赋，疏远我们这些兄弟诸侯国。我们先君阖闾不能宽纵、容忍这种行为，披甲佩剑，拿起武器，拿着长矛，摇动金铎，与楚昭王在中原柏举激战。上天赐福给吴国，楚军大败，楚昭王逃离本国，吴军攻占楚国国都。阖闾召集楚国百官，恢复对楚国社稷的祭祀。因阖闾父子兄弟不和睦，阖闾的弟弟夫概王在国内作乱，因此才回到吴国。如今齐侯壬不以楚国的教训为鉴，又不承担向天子纳贡的义务，疏远我们这些同姓的诸侯国。我夫差不能宽赦、容忍这种行为，披甲佩剑，拿起武器，沿着汶水去征伐博邑，顶着簦笠冒雨在艾陵与齐军开战。上天赐予吴国福气，齐国返还。夫差岂敢自夸，其实是周文王、周武王护佑吴国啊！归国后没等庄稼成熟，夫差又沿江湖淮河而上，挖掘深沟，直通到宋国和鲁国，来沟通同姓诸侯国。夫差能有成就，大胆地派王孙苟向您手下的官员报告。”

周王答曰[①]：“苟，伯父令女来，明绍享余一人，若余嘉之。昔周室逢天之降祸，遭民之不祥[②]，余心岂忘忧恤，不唯下土之不康靖。今伯父曰：‘勠力同德。’伯父若能然，余一人兼受而介福。伯父多历年以设元身，伯父秉德已侈大哉！”

【注释】①周王：即周敬王。②民之不祥：指周景王的儿子篡位，周敬王出逃的事。

【译文】周天子回答说：“王孙苟，吴伯父派你来，说明他要继承先君的传统拥戴我，我嘉勉他的做法。昔日周王室遭逢上天降祸，遭遇民众作乱的不祥，我心里岂能忘记忧患，不仅仅是忧虑下面各诸侯不能安宁。今天吴伯父说：‘与我同心协力。’他如若真能这样，那可真是我的福气。希望伯父长寿健康，他秉持的美德真是伟大啊！”

勾践灭吴夫差自杀

吴王夫差还自黄池，息民不戒。越大夫种乃唱谋曰："吾谓吴王将遂涉吾地，今罢师而不戒以忘我，我不可以怠。日臣尝卜于天，今吴民既罢，而大荒荐饥，市无赤米，而囷鹿空虚[①]，其民必移就蒲蠃于东海之滨[②]。天占既兆，人事又见，我蔑卜筮矣。王若今起师以会，夺之利，无使夫悛。夫吴之边鄙远者，罢而未至，吴王将耻不战，必不须至之会也，而以中国之师与我战。若事幸而从我，我遂践其地，其至者亦将不能之会也已，吾用御儿临之。吴王若愠而又战，奔遂可出。若不战而结成，王安厚取名而去之。"越王曰："善哉！"乃大戒师，将伐吴。

【注释】①囷（qūn）鹿：贮藏谷物的仓廪，圆形叫囷，方形叫鹿。②蒲蠃（luǒ）：蚌蛤之类。

【译文】吴王夫差自从黄池归国后，让军队休息，毫无戒备。越国大夫文种于是倡议并谋划说："我以为吴王回国后会进攻我们，如今他却休兵不动，毫无戒备，好像忘了我们，我们不可以懈怠。昔日我曾占卜问天，如今吴国的百姓已经疲乏，加上连年饥荒，市井中连糙米也没有，贮藏谷物的仓廪都空了。他们的百姓一定会迁移到东海边靠拣蚌蛤求生。上天已显示预兆，百姓的不满也出现，我不需要再去卜问了。君王若是现在出兵和吴国交战，夺取有利时机，不给他们悔改的机会。吴国边远地区的军队，因休整不能赶回，吴王将以不应战为耻辱，他必定不等远军到达，只用国都的士兵与我们作战。倘若战事真能这样顺利，我们完全可以攻入吴国，吴国的援兵即使赶来，也不可能与吴军会合了，我们可用御儿地区的驻军抵御他们。吴王若是发怒再战，只有疲于奔命。若是不战求和，君王可以安稳地获取厚利和名誉之后再撤兵。”越王说：“好主意！”于是大规模整顿军队，准备出讨征伐吴国。

楚申包胥使于越[①]，越王勾践问焉，曰：“吴国为不道，求残我社稷宗庙，以为平原，弗使血食[②]。吾欲与之徼天之衷[③]，唯是车马、兵甲、卒伍既具，无以行之。请问战奚以而可？”包胥辞曰：“不知。”王固问焉，乃对曰：“夫吴，良国也，能博取于诸侯。敢问君王之所以与之战者？”王曰：“在孤之侧者，觞酒、豆肉、箪食，未尝敢不分也。饮食不致味，听乐不尽声，求以报吴。愿以此战。”包胥曰：“善则善矣，未可以战也。”王曰：“越国之中，疾者吾问之，死者吾葬之，老其老，慈其幼，长其孤，问其病，求以报吴。愿以此战。”包胥曰：“善则善矣，未可以战也。”王曰：“越国之中，吾宽民以子之，忠惠以善之。吾修令宽刑，施民所欲，去民所恶，称其善，掩其恶，求以报吴，愿以此战。”包胥曰：“善则善矣，未可以战也。”王曰：“越国之中，富者吾安之，贫者吾与之，救其不足，裁其有余，使贫富皆利之，求以报吴。愿以此战。”包胥曰：“善则善矣，未可以战也。”王曰：“越国南则楚，西则晋，北则齐，春秋皮币、玉帛、子女以宾服焉，未尝敢绝，求以报吴，愿以此战。”包胥曰：“善哉，蔑以加焉，然犹未可以战也。夫战，智为始，仁次之，勇次之。不智，则不知民之极，无以铨度天下之众寡[④]不仁，则不能与三军共饥劳之殃；不勇，则不能断疑以发大计。”越王曰：“诺。”

【注释】①申包胥：名包胥，因封于申邑，故称申包胥。春秋时期楚国大夫。②血食：谓受享祭品。古代杀牲取血以祭，故称。③徼天：求天赐福。犹言天佑。徼：通“邀”。④铨度：衡量测度。

【译文】楚国大夫申包胥出使越国，越王勾践问他：“吴国没有道义，图谋灭亡我国，摧毁我们的宗庙社稷，将它夷为平地，不让我们的祖宗神灵享受祭品。我想和吴国一起求上天赐福，让上天决断赐福给谁。如今车马、武器装备和士兵已准备好了，还没有用兵的方法，请问凭什么才能作战取胜？”申包胥推辞说：“不知道。”越王再三询问，他才回答说：“那吴国，很强大，能取得各诸侯国的贡赋。冒昧地请问君王，您有什么条件跟他开战？”越王说：“在我身边的人，凡是壶中的酒，碗里的肉，竹篮盛的饭，从来不敢不分享与他们。我对饮食不追求，美妙的音乐不迷恋，我只追求报复吴国，希望凭这些能取胜。”申包胥说：“好倒是好，可单凭这些还不能取胜。”越王说：“越国之中，有生病的我去慰问，去世的我替他埋葬，我尊重老人，慈爱儿童，抚育孤儿成长，访问民生疾苦，我只追求报复吴国，希望凭这些能取胜。”申包胥说：“好倒是好，可单凭这些还不能取胜。”越王说：“在越国中，我待民宽厚，像对子女一样，忠诚慈惠地善待他们。我重修法令，放宽刑法，民众所想要的就施与他们，民众所厌恶的就去除，称赞民众的善行，掩盖民众的恶行，我只追求报复吴国，希望凭这些能取胜。”申包胥说：“好倒是好，可单靠这些还不能取胜。”越王说：“在越国中，对富人我让他们安心，对穷人我则接济救助，拯救不足，向有余的人征税，让贫富都得到利益，我只追求报复吴国，希望凭这些能取胜。”申包胥说：“好倒是好，可单靠这些还不能取胜。”越王说：“越国南邻楚，西接晋，北连齐，每年四季，我都向他们献贡财货、玉帛和美女以表示臣服，从未间断。我只追求报复吴国，希望凭这些能取胜。”申包胥说：“好了，不用再增加了。可单靠这些还是不能取胜。打仗，智谋是最首要的，仁义次之，勇敢再次之。若无智谋，就不明民心的向背，就无法衡量两国的力量虚实；不仁义，就无法和将士们共同分担饥饿劳累的痛苦；不勇敢，就无法果断解决疑难以决定大计。”越王说：“好极了。”

越王勾践乃召五大夫[①]，曰：“吴为不道，求残吾社稷宗庙，以为平原，不使血食。吾欲与之徼天之衷，唯是车马、兵甲、卒伍既具，无以行之。吾问于王孙包胥，既命孤矣；敢访诸大夫，问战奚以而可？勾践愿诸大夫言之，皆以情告，无阿孤，孤将以举大事。”大夫舌庸乃进对曰：“审赏则可以战乎？”王曰：“圣。”大夫苦成进对曰：“审罚则可以战乎？”王曰：“猛。”大夫种进对曰：“审物则可以战乎？”王曰：“辩。”大夫蠡进对曰：“审备则可以战乎？”王曰：“巧。”大夫皋如进对曰：“审声则可以战乎？”王曰：“可矣。”王乃命有司大令于国曰："苟任戎者，皆造于国门之外。"王乃命于国曰："国人欲告者来告，告孤不审，将为戮不利，及五日必审之，过五日，道将不行。"

【注释】①五大夫：指舌庸、苦成、文种、范蠡、皋如。

【译文】于是越王勾践召见五位辅政主事的大夫说："吴国没有道义，图谋灭亡我国，摧毁我们的社稷宗庙，将它夷为平地，不让我们祖宗神灵享受祭祀。我想和吴国一起求上天决判，看上天赐福给谁。如今车马、武器装备和士兵已准备好了，只差没有动用。我向申包胥请教过，他已经告诫我了。再冒昧咨询各位大夫，请问还要具备什么条件才可以战胜吴国？希望诸位大夫都发表意见，都要讲心里话，不要曲意迎合。我将要打一场大仗。"大夫舌庸上前回答说："奖赏切实慎重地做到就可以取胜了吧？"越王说："真是通达。"大夫苦成上前回答说："惩罚切实慎重地做到就可以取胜了吧？"越王说："如此可以使将士们勇猛。"大夫文种上前回答说："切实慎重地制定军旗的颜色就可以取胜了吧？"越王说："善于辨别旗帜能统一行动。"大夫范蠡上前回答说："切实慎重地安排好守备，就可以取胜了吧？"越王说："这是很巧妙周全的。"大夫皋如上前回答说："切实明确地指挥进退的金鼓声，就可以取胜了吧？"越王说："可以了。"于是越王命令管事的大臣向全国人传达命令说："如果愿加入军队参战的，都到国都门外集合。"越王发布命令说："大家有好的主意和建议想来报告的，都请报告我。报告不实将受罚，五天内请一定慎重考虑，超过五天你的建议就不被采用了。"

王乃入命夫人。王背屏而立，夫人向屏。王曰："自今日以后，内政无出，外政无入。内有辱，是子也；外有辱，是我也。吾见子于此止矣。"王遂出，夫人送王，不出屏，乃阖左阖[①]，填之以土。去笄侧席而坐[②]，不扫。王背檐而立，大夫向檐。王命大夫曰："食土不均，地之不修，内有辱于国，是子也；军士不死，外有辱，是我也。自今日以后，内政无出，外政无入，吾见子于此止矣。"王遂出，大夫送王不出檐，乃阖左阖，填之以土，侧席而坐，不扫。

【注释】①乃阖左阖：就关上左边的门扇。②去笄：摘下头上的簪笄。笄：古代的一种簪子，用来插住挽起的头发，或插住帽子。

【译文】越王于是进入后宫命令夫人。越王背向屏风站立，夫人面向屏风站立。越王说："从今往后，后宫的事务不许出宫，外界的政事不能进宫。后宫的事务有差错，这是你的责任；外界朝政之事有差错，那是我的责任。我来见你，就只到这里了。"越王离开后宫，夫人送越王，不出屏风，关上左边的门扇，用土填上，摘下头上的簪笄，侧身而坐，从此不再洒扫庭除。越王在朝堂，背对屋檐而立，大夫们面向屋檐。越王命令大夫说："分配土地不平均，土地开垦种殖得不好，国家的内政出了差错，这是你们的责任；作战时将士们不拼命，对外战事有差错，这是我的责任。从今往后，国政不出于外，军政不入于内，我见各位就在这里为止了。"越王离开朝堂，大夫们送他，不走出屋檐，关上左侧的门，然后填上土，侧身而坐，不再洒扫朝庭。

王乃之坛列，鼓而行之，至于军，斩有罪者以徇，曰："莫如此以环瑱通相问也[1]。"明日徙舍[2]，斩有罪者以徇，曰："莫如此不从其伍之令。"明日徙舍，斩有罪者以徇，曰："莫如此不用王命。"明日徙舍，至于御儿，斩有罪者以徇，曰："莫如此淫逸不可禁也。"

【注释】①瑱：古人冠冕上分垂于两耳之侧的玉饰。②徙舍：指军队拔营，迁移驻地。

【译文】越王于是到郊外的土坛，击鼓出发，来到军营，将犯罪的人斩首，并当众宣告："不准任何人像他们这样用金环玉瑱贿赂乱纪。"第二天军队迁移驻地，将犯罪的人斩首，当众宣告："不准任何人像他们这样不服从军令。"第三天军队又迁移营地，将犯罪的人斩首，当众宣告："不准任何人像他们这样不听君王的命令。"第四天军队迁移到御儿这个地方，将有罪的人斩首，当众宣告："不准任何人像他们这样放纵无礼。"

王乃命有司大徇于军，曰："有父母耆老而无昆弟者[1]，以告。"王亲命之曰："我有大事，子有父母耆老，而子为我死，子之父母将转于沟壑，子为我礼已重矣。子归，殁而父母之世。后若有事，吾与子图之。"明日徇于军，曰："有兄弟四五人皆在此者，以告。"王亲命之曰："我有大事，子有昆弟四五人皆在此，事若不捷，则是尽也。择子之所欲归者一人。"明日徇于军，曰："有眩瞀之疾者[2]，以告。"王亲命之曰："我有大事，子有眩瞀之疾，其归若已。后若有事，吾与子图之。”明日徇于军，曰：“筋力不足以胜甲兵，志行不足以听命者归，莫告。”明日，迁军接和，斩有罪者以徇，曰：“莫如此志行不果。”于是人有致死之心。王乃命有司大徇于军，曰：“谓二三子归而不归，处而不处，进而不进，退而不退，左而不左，右而不右，身斩，妻子鬻。”

【注释】①耆老：年老而有地位的士绅。昆弟：兄弟。②眩瞀（mào）：眼睛昏花，视物不明。又指昏愦，迷乱。

【译文】越王又命管军务的臣下对全军宣布说：“有父母年老又无兄弟的，报告上来。”越王亲自命令说：“我要打大仗，你们父母年老，你们为我效力而死，你们的父母将没有人照顾，你们为我所尽的礼已经很重了。请你们回去，为父母养老送终。以后如若国家有事，我再和你们商量。”第二天又对全军宣布说：“有兄弟四五个都在军中的，报告上来。”越王亲自命令说：“我要打大仗，你们兄弟四五个都在军中，如若打不赢，可能会全部牺牲，选一个想回去的，让他回去。”第三天又对全军宣布说：“有眼睛昏花，视物不明的，报告上来。”越王亲自命令说：“我要打大仗，你们有眼病，请回去吧。以后如若国家有事，再和你们商量。”第四天又对全军宣布说：“若有身虚体弱，不能打仗的，弱智听不懂命令的，回去吧，不用报告。”第五天全军迁移安营，将有罪的人斩首，当众宣布说：“不准像他们这样瞻前顾后不果断。”于是将士们都有决一死战的准备。越王又命令管军务的臣下向全军宣布说：“如果军中有让回而不回，留下而心不安，让前进不前进，让撤退不撤退，让向左不向左，让向右不向右的，一律斩首，妻子儿女卖掉为奴。”

于是吴王起师，军于江北[1]，越王军于江南。越王乃中分其师以为左右军，以其私卒君子六千人为中军。明日将舟战于江，及昏，乃令左军衔枚溯江五里以须[2]，亦令右军衔枚逾江五里以须。夜中，乃命左军、右军涉江鸣鼓中水以须。吴师闻之，大骇，曰：“越人分为二师。将以夹攻我师。”乃不待旦，亦中分其师，将以御越。越王乃令其中军衔枚潜涉，不鼓不噪以袭攻之。吴师大北。越之左军、右军乃遂涉而从之，又大败之于没，又郊败之，三战三北，乃至于吴。越师遂入吴国，围王台[3]。

【注释】①江北：松江北。②衔枚：古代行军袭敌时，令军士把箸横衔在口中，以防喧哗，称为衔枚。③王台：姑苏台。

【译文】于是吴王起兵，军队驻扎在江北岸。越王军队驻扎在江南岸。越王将军队分为左右两军，将亲近他又拼命的六千士兵整编为中军。第二天将要在江上进行船战，约黄昏时，越王便命令左军衔枚，逆江而上行五里待命；又命令右军衔枚，沿江而下行五里待命。半夜时，越王命令左右两军击鼓渡江，在水中待命。吴军听到鼓声，大为惊骇道：“越国军队分两部分，准备夹攻我们了。”于是不等到天亮，也将军队分为两部分，想要抵抗越军。越王马上命令中军衔枚渡江，不击鼓，不喧哗，奇袭吴军，结果吴军大败。越国的左军、右军乘机渡江追击，在没这个地方大败吴军。

又在吴国郊外大败吴军。吴军三战三负，越军一直攻入吴国，包围了吴王的姑苏台。

吴王惧，使人行成，曰："昔不穀先委制于越君[①]，君告孤请成，男女服从。孤无奈越之先君何，畏天之不祥，不敢绝祀，许君成，以至于今。今孤不道，得罪于君王，君王以亲辱于弊邑。孤敢请成，男女服为臣御[②]。"越王曰："昔天以越赐吴，而吴不受；今天以吴赐越，孤敢不听天之命，而听君之令乎？"乃不许成。因使人告于吴王曰："天以吴赐越，孤不敢不受。以民生之不长，王其无死！民生于地上，寓也，其与几何？寡人其达王于甬句东[③]，夫妇三百，唯王所安，以没王年。"夫差辞曰："天既降祸于吴国，不在前后，当孤之身，实失宗庙社稷。凡吴土地人民，越既有之矣，孤何以视于天下！"夫差将死，使人说于子胥曰："使死者无知，则已矣；若其有知，吾何面目以见员也！"遂自杀。

【注释】①委制：归顺并接受约束。②臣御：臣妾仆御。③甬句东：越国地名，在今浙江舟山群岛。

【译文】吴王害怕，派人去求和，说："昔日我曾归顺臣服于越君，越君要与我讲和，派宫中男女供我驱使。我无法面对越国先君曾经的友好，害怕上天降下不祥，也不敢灭绝越国宗庙的祭祀，答应了越君，直到现在。今天我不遵天道，得罪了君王，君王亲自攻打到吴国。我大胆地请求讲和，宫中男女皆为臣妾仆御。"越王说：

“昔日上天将越国赐给吴国，而吴国不接受。如今上天又把吴国赐给越国，我怎么敢不听上天的命令，而听你的命令呢？”不答应求和。因此派人告诉吴王说：“上天把吴国赐予越国，我岂敢不接受。人的生命并不久长，君王还是不要去死。人活于世上，皆是寄居，能有多少时日？我将吴王送到甬句东，派三百对夫妇，随同前去侍候终老。”夫差推辞说：“上天既然给吴国降下大祸，不在先不在后，正是我在位的时候，实际上是我失掉了国家的宗庙社稷。凡是吴国的土地和人民，越国已经全部拥有了，我还有何资格再见天下人！”夫差临死时，派人去告祭伍子胥说：“假使死去的人无知，那就罢了；如若人死后有知，我还有何面目去见伍员啊！”说完便自杀了。

越灭吴，上征上国，宋、郑、鲁、卫、陈、蔡执玉之君皆入朝[①]。夫唯能下其群臣，以集其谋故也。

【注释】①执玉：执玉圭。古以不同形制之玉圭区别爵位，因此指称仕宦，这里指周天子分封之诸侯。

【译文】越王灭了吴国，北上征讨中原各诸侯国。宋、郑、鲁、卫、陈、蔡等国的国君都执玉圭来朝见。这是因为越王能谦下对待群臣，聚集他们智谋的缘故。

越语上

勾践灭吴

越王勾践栖于会稽之上①，乃号令于三军曰："凡我父兄昆弟及国子姓，有能助寡人谋而退吴者，吾与之共知越国之政。"大夫种进对曰："臣闻之：贾人夏则资皮，冬则资絺②，旱则资舟，水则资车，以待乏也。夫虽无四方之忧，然谋臣与爪牙之士，不可不养而择也。譬如蓑笠，时雨既至必求之。今君王既栖于会稽之上，然后乃求谋臣，无乃后乎？"勾践曰："苟得闻子大夫之言，何后之有。"执其手而与之谋。

【注释】①会稽：山名。在今浙江省绍兴。②絺（chī）：细葛布。

【译文】越王勾践栖身于会稽山上，向三军发号施令说："凡是我父老兄弟及越国子民中，能帮我出谋打退吴军的人，我与他共同执掌越国的国政。”大夫文种上前回答说：“我听做生意的人说，夏天储备皮货，冬天要储备麻布，旱季要储备舟船，雨季要储备车辆，以等待物资缺乏。越国平时虽然没有四方的袭扰，但谋臣和武将这类人才，不能不事先选拔和培养。比如蓑衣斗笠，雨季到时必定会用上。如今君王已经栖身于会稽山上，才想要寻找谋臣，恐怕太晚了吧？”勾践说：“只要能听到您的话，有什么晚的。”越王拉着文种的手便与之商量起来。

遂使之行成于吴，曰：“寡君勾践乏无所使，使其下臣种，不敢彻声闻于天王，私于下执事曰：寡君之师徒不足以辱君矣①。愿以金玉、子女赂君之辱②；请勾践女女于王，大夫女女于大夫，士女女于士。越国之宝器毕从，寡君帅越国之众，以从君之师徒，唯君左右之。若以越国之罪为不可赦也，将焚宗庙，系妻孥，沉金玉于江，有带甲五千人将以致死，乃必有偶。是以带甲万人事君也，无乃即伤君王之所爱乎？与其杀是人也，宁其得此国也，其孰利乎？”

【注释】①师徒：兵士。②子女：美女，年青女子。

【译文】于是派文种到吴国求和，说：“越王勾践无人可以派遣，派下臣文种，不敢当面与吴王交谈，私下对吴王的执事人员说：越国的兵士不值得屈辱吴王讨伐了。我们愿意把金玉、美女敬献给吴王作为赔罪；请让勾践之女给吴王做奴婢，大夫之女给吴国的大夫做奴婢，士之女给吴国的士人做奴婢。越国的财宝重器全都敬献，越王率领军队，服从吴军调遣，对吴王唯命是从。如果吴王觉得越国罪不可恕，那越国将焚烧宗庙，捆绑妻子，将金玉沉入江中。越国有披甲将士五千拼死抵抗，他们必定以一当二，相当于有披甲的士兵一万人为国君效命，恐怕会伤了吴王所爱的将士吧？与其让这些吴越人互相残杀，不如得到越国的臣服，哪个更有利呢？”

夫差将欲听与之成，子胥谏曰：“不可。夫吴之与越，仇雠敌战之国也①。三江环之②，民无所移，有吴则无越，有越则无吴，将不可改于是矣。员闻之，陆人居陆，水人居水。夫上党之国，我攻而胜之，吾不能居其地，不能乘其车。夫越国，吾攻而胜之，吾能居其地，吾能乘其舟。此其利也，不可失也已，君必灭之。失此利也，虽悔之，必无及已。”

【注释】①仇雠敌战：仇人敌对战斗，正面作战。②三江：钱塘江、浦阳江、吴江。

【译文】夫差准备听从文种与越国讲和，伍子胥劝谏说：“不可以。吴国和越国，互为仇视、敌对、征战之国。三条大江环绕着，民众无处迁移，有吴国就不能有越国，有越国就不能有吴国，这是不能改变的事实。我听说，陆地上的人居住在陆地，水边的人居住在水边。那些中原的诸侯国，我们即便进攻并战胜了他，也无法居住在他们的土地上，无法乘坐他们的车辆。但是越国，我们进攻并战胜他，就能居住他们的土地，可以乘坐他们的舟船。这是很有利的事情，良机不可失，君王必须要灭了它。失去这个利益，以后后悔，肯定来不及了。”

越人饰美女八人纳之太宰嚭，曰：“子苟赦越国之罪，又有美于此者将进之。”太宰嚭谏曰：“嚭闻古之伐国者，服之而已。今已服矣，又何求焉？”夫差与之成而去之。

【译文】越国妆扮好八位美女进献给太宰嚭，说：“您如果能赦免越国的罪，还有比她们更美的女子进献给您。”于是太宰嚭劝谏吴王说：“我听说古时讨伐别的国家，对方臣服就可以了。如今越国已经臣服，我们还求什么呢？”夫差跟越国讲和后，文种就回去了。

勾践说于国人曰：“寡人不知其力之不足也，而又与大国执雠[①]，以暴露百姓之骨于中原，此则寡人之罪也。寡人请更。”于是葬死者，问伤者，养生者，吊有忧，贺有喜，送往者，迎来者，去民之所恶，补民之不足。然后卑事夫差，宦士三百人于吴，其身亲为夫差前马。

【注释】①执雠：亦作“执仇”，结仇。

【译文】勾践对国人说：“我不知道我越国的国力不足，因而与吴国结仇，所以连累百姓们的尸骨暴露在原野上，这全都是我犯下的罪过，请允许我改正。”于是越王埋葬死者，照顾受伤者，抚养生还者，慰问有丧事者，祝贺有喜事者，送别他国使者，迎接他国来者，废弃民众所厌恶的典章制度，弥补民众的不足。然后卑微地事奉夫差，派遣三百个士人去吴国当差为奴，越王亲自做夫差的马前卒。

勾践之地，南至于句无[①]，北至于御儿[②]，东至于鄞[③]，西至于姑篾[④]，广运百里。乃致其父母昆弟而誓之曰："寡人闻，古之贤君，四方之民归之，若水之归下也。今寡人不能，将帅二三子夫妇以蕃。"令壮者无取老妇，令老者无取壮妻。女子十七不嫁，其父母有罪；丈夫二十不娶，其父母有罪。将免者以告，公令医守之。生丈夫，二壶酒，一犬；生女子，二壶酒，一豚。生三人，公与之母；生二人，公与之饩。当室者死，三年释其政；支子死，三月释其政。必哭泣葬埋之，如其子。令孤子、寡妇、疾疹、贫病者，纳宦其子。其达士，洁其居，美其服，饱其食，而摩厉之于义。四方之士来者，必庙礼之。勾践载稻与脂于舟以行，国之孺子之游者，无不餔也[⑤]，无不歠也[⑥]，必问其名。非其身之所种则不食，非其夫人之所织则不衣，十年不收于国，民俱有三年之食。

【注释】①句无：越国地名。在今浙江省诸暨。②御儿：越国北部边境。③鄞：越国地名，在今浙江省鄞县。④姑篾：越国地名，在今浙江省衢州。⑤餔：给予食物、喂食。⑥歠（chuò）：给他水喝。

【译文】越王勾践的地盘，南边到句无，北边到御儿，东边到鄞，西边到姑蔑，有方圆百里。勾践把父老兄弟召集起来，对他们发誓说："我听说，古代贤德的君王，四方的百姓都归附他，就像水往低处流一样。如今我没有这个能力，将要带领你们，让各家多生子女，使人口多起来。"于是下令，壮年男子不准娶老年妇女，老年人不准娶壮年妻子。姑娘十七岁没有嫁人，她的父母就有罪；男子二十岁不娶妻，他的父母就有罪。快要生孩子的报告上去，国家派医生守护。生男孩，奖励两壶酒，一条狗；生女孩，奖励两壶酒，一头猪。生三胞胎的，官方供给乳母；生双胞胎的，国家提供食物。嫡子死了，免除家中三年徭役；庶子死了，免除家中三月徭役。勾践一定会亲自哭着参加葬礼，就像对待自己的儿子。下令凡是孤儿、寡妇、有病和贫弱的家庭，由国家供给其子女生活费用。对国中有才干的人，让他们居处整洁，穿着华美，吃饱喝足，与他们切磋事物道理。对四方来投奔的士人，必定在庙堂里以礼接待。勾践用船载着粮食和油出行，遇到流浪在外的年轻人，没有不给食物吃，不给水喝的，一定记下他的姓名。不是自己种出的粮食就不吃；不是夫人织的布就不穿。十年不向国人征收赋税，人民家里备有三年的存粮。

国之父兄请曰："昔者夫差耻吾君于诸侯之国，今越国亦节矣，请报之。"勾践辞曰："昔者之战也，非二三子之罪也，寡人之罪也。如寡人者，安与知耻？请姑无庸战。"父兄又请曰："越四封之内，亲吾君也，犹父母也。子而思报父母之仇，臣而思报君之雠，其有敢不尽力者乎？请复战。"勾践既许之，乃致其众而誓之曰："寡人闻古之贤君，不患其众之不足也，而患其志行之少耻也。今夫差衣水犀之甲者亿有三千，不患其志行之少耻也，而患其众之不足也。今寡人将助天灭之。吾不欲匹夫之勇也，欲其旅进旅退。进则思赏，退则思刑，如此则有常赏。进不用命，退则无耻，如此则有常刑。”果行，国人皆劝，父勉其子，兄勉其弟，妇勉其夫，曰：“孰是君也，而可无死乎？”是故败吴于囿[①]，又败之于没，又郊败之。

【注释】①囿：又名笠泽。在今江苏吴江市一带。

【译文】越国的父老兄弟们向勾践请命说：“昔日夫差在诸侯面前羞辱您，现在越国已恢复国力，请求报仇雪耻！”勾践辞谢说：“以前的战争失利，不是大家的罪过，都是我的罪过。像我这种人，不配大家跟我共同承担耻辱，请姑且莫要言战。”父老兄弟们又请命说：“越国四境之内，民众爱国君，犹如爱自己的父母。儿子想为父母报仇，臣子想为国君报仇，岂敢不尽全力！请您再和吴国开战。”勾践答应了大家的请求，于是召集国人起誓说：“我听说古代的贤君，不怕他的军队人数不够，就怕他本人的志向、德行不够高尚。如今夫差穿着犀牛皮铠甲的军队有十万三千人，他不担心自己志向、德行不够高尚，只担忧他的军队不够。如今要我携助上天灭掉他。我不希望大家只有匹夫之勇，而希望大家能统一步调，共同进退。前进就想奖赏，后退就想惩罚，这样才能有常规的赏赐。前进不听号令，后退不知羞耻，这样将会有常规的惩罚。”越军出发了，国人都相互勉励。父亲鼓励儿子，哥哥鼓励弟弟，妻子鼓励丈夫，说：“谁像我们国君这样好，怎么能不为他拼死作战呢？”因此越人在囿地战败吴军，又在没地战败吴军，最后又在吴国郊外战败了吴军。

夫差行成，曰："寡人之师徒，不足以辱君矣。请以金玉、子女赂君之辱。"勾践对曰："昔天以越赐吴，而吴不受命；今天以吴予越，越可以无听天之命，而听君之令乎？吾请达王甬句东，吾与君为二君乎。"夫差对曰："寡人礼先壹饭矣，君若不忘周室，而为弊邑宸宇[①]，亦寡人之愿也。君若曰：'吾将残汝社稷，灭汝宗庙。'寡人请死，余何面目以视于天下乎！"越君其次也。遂灭吴。

【注释】①弊邑：古代对自己的国家以及出生或出守之地的谦称。宸宇：屋檐。比喻庇荫。

【译文】夫差请求讲和，说："吴国军队不值得您屈尊亲讨，请允许我把金玉、美女进献给您。"勾践回答说："昔日上天把越国赐予吴国，吴国却没有接受天命；如今上天又把吴国赐予越国，越国可以不听天命，却听吴王的命令吗？我把你送到甬句东，我和你像两个国君一样。"夫差回答说："过去我曾有恩于越国，君王如若不忘周王室的情面，能给吴国一点屋檐下的立脚地，这也是我的愿望。您若是说：'我将摧毁吴国社稷，毁坏吴国宗庙。'我只请求一死，我还有什么脸面来看天下啊！"越王带领军队进入吴国，于是灭了吴国。

越语下

范蠡进谏勾践持盈定倾节事[①]

越王勾践即位三年而欲伐吴。范蠡进谏曰：“夫国家之事，有持盈，有定倾，有节事。”王曰：“为三者，奈何？”对曰：“持盈者与天，定倾者与人[②]，节事者与地[③]。王不问，蠡不敢言。天道盈而不溢，盛而不骄，劳而不矜其功。夫圣人随时以行，是谓守时。天时不作，弗为人客；人事不起，弗为之始。今君王未盈而溢，未胜而骄，不劳而矜其功，天时不作而先为人客，人事不起而创为之始，此逆于天而不和于人。王若行之，将妨于国家，靡王躬身。”王弗听。

【注释】①范蠡（lǐ）：字少伯，楚国宛（今河南南阳）人。出身微贱。仕越为大夫，擢上将军。他与文种协助勾践着手重建国家，经过长期准备，逐步为灭吴作好准备。公元前484年，吴王已杀谋臣伍子胥，勾践欲发兵攻吴，为他劝止。次年，吴王夫差率吴国精锐北上黄池（今河南封丘西南）与晋国争霸，只留老弱残兵与太子在国看守，他认为是进攻吴国良机，便与勾践率师伐吴，大获全胜。后游齐国。后至陶，改名陶朱公，经商致富，晚年放情太湖山水。②定倾：使危险的局势或即将倾覆的国家转为稳定。③节事：谓行事有节制，使合乎准则。

【译文】越王勾践继位三年就想要征讨吴国。范蠡劝谏说："掌管国家大事，国家强盛时要继续保持下去，国家将倾复时使危险的局势转为稳定，平时处理国家政事要有节制。"越王问："若是想做到该怎么办呢？"回答说："国家想要保持强盛就顺应天道，想使国家转危为安就顺应人道，想妥善地处理国家政事就顺应地道。君王不问我，我不敢说。天道盈满而不会外溢，气盛却不骄傲，辛劳而不自夸其功。圣人顺应天时行事，这就叫守住时机。上天没有预兆，不要人为发动进攻；对方没有人事变化，就不要挑起事端。如今君王尚未等到国家盈满就要采取过分的举动；尚未等到国势强盛，就开始骄傲起来；尚未付出辛劳，就夸耀功劳；上天没有预兆，就想发动进攻；对方没有人事变化，就要挑起事端。这是违背天意，并且失掉人和。君王如若一定要这样做，将危害国家，也会损害自身。"越王不听。

范蠡进谏曰："夫勇者，逆德也；兵者，凶器也；争者，事之末也。阴谋逆德，好用凶器，始于人者，人之所卒也。淫佚之事[①]，上帝之禁也。先行此者，不利。"王曰："无是贰言也，吾已断之矣！”果兴师而伐吴，战于五湖，不胜，栖于会稽。

【注释】①淫佚：行为放荡。

【译文】范蠡进谏说：“好勇斗狠，是违反道德的；兵器，是不吉祥的凶器；战争，是最后的选择。耍阴谋去做不道德的事，喜欢使用凶器，先去伤害别人的，最终要被人伤害。行为过分，是上天所禁止的。先发动战争，没有好处。”越王说：“不要再说这些没用的话了，我已经决定了！”越王果然发兵攻打吴国，在五湖之战中失败，退守会稽山栖身。

王召范蠡而问焉，曰：“吾不用子之言，以至于此，为之奈何？”范蠡对曰：“君王其忘之乎？持盈者与天，定倾者与人，节事者与地。”王曰：“与人奈何？”对曰：“卑辞尊礼①，玩好女乐，尊之以名，如此不已，又身与之市。”王曰：“诺。”乃命大夫种行成于吴，曰：“请士女女于士，大夫女女于大夫，随之以国家之重器。”吴人不许。大夫种来而复往，曰：“请委管籥②，属国家，以身随之，君王制之。”吴人许诺。王曰：“蠡为我守于国。”对曰：“四封之内，百姓之事，蠡不如种也。四封之外，敌国之制，立断之事，种亦不如蠡也。”王曰：“诺。”令大夫种守于国，与范蠡入宦于吴。

【注释】①卑辞尊礼：谦卑的言词，丰厚的礼物。表示聘请贤士或待人时极其恭敬。②管籥（yuè）：国库钥匙。籥，通“钥”。

【译文】越王召见范蠡向他询问说："我不听从你的话，以至于陷入目前这般境地，我该怎么办呢？"范蠡答道："君王难道忘了吗？想保持国家强盛就要顺从天道，想转危为安就要顺从人道，处理政事想得当就要顺从地道。"越王问："顺从人道该如何做？"回答说："去向吴王求和，用极谦卑的言辞，极恭敬的礼节应对，带上珍宝和女乐，用高贵的名号尊称他。若是这样还不行，君王就亲自给他做奴仆。"越王说："好。"于是就派大夫文种到吴国去求和，说："越国愿意将士的女儿送给吴国的士做女奴，大夫的女儿都送给吴国的大夫做女奴，再献上国家最珍贵的宝物重器。"吴国不同意。文种回国汇报后又一次求和，说："越王请求将国库的钥匙交与吴国，自己亲自到贵国为奴，听凭吴王制裁。"吴国同意了。越王对范蠡说："你替我守护好国家吧！"范蠡回答说："在国境以内，治理民众的事，我不如文种。在国境以外，抵御敌国，当机立断的事，文种不如我。"越王说："好。"于是命令文种留守在越国，自己和范蠡到吴国给吴王做奴隶。

三年①，而吴人遣之归。及至于国，王问于范蠡曰："节事奈何？"对曰："节事者与地。唯地能包万物以为一，其事不失。生万物，容畜禽兽，然后受其名而兼其利。美恶皆成，以养其生。时不至，不可强生；事不究，不可强成。自若以处，以度天下。待其来者而正之，因时之所宜而定之。同男女之功，除民之害，以避天殃。田野开辟，府仓实，民众殷。无旷其众，以为乱梯②。时将有反，事将有间，必有以知天地之恒制，乃可以有天下之成利。事无间，时无反，则抚民保教以须之。"

【注释】①三年：三年过后。即公元前491年。②乱梯：乱阶。即动乱的阶梯。

【译文】三年过后，吴王遣返他们回越国。他们回到越国，越王就问范蠡说："如何有节制地处理政事？"回答说："有节制地处理政事要顺应地道。唯有大地能够包容万物成为一体，同时事事不失时机。大地生长万物，畜养走兽飞禽，然后享受载物之名和万物之利益。万物不论好坏，大地都使之生长。时机不到，不可强制让其生长；事情没有弄明白，不可勉强让它成功。顺乎自然泰然处之，来权衡天下大势，等待时机到来时再加以匡正，才能因时制宜使天下稳定。君王应和民众共同耕织，为百姓消除祸害，以躲避上天降下的灾殃。将荒地开辟，充实仓廪府库，让人民富足。莫让民众旷时废业，以致成为百姓动乱的阶梯。时运将有转机，任何事情都会有可乘间隙，一定要懂得天地的常道，才能取得天下有利的条件。如若事情还没有间隙可乘，时运尚无转机，君王要专心安抚、教导民众，等待时机。"

王曰："不谷之国家，蠡之国家也，蠡其图之！"对曰："四封之内，百姓之事，时节三乐，不乱民功，不逆天时，五谷睦熟，民乃蕃滋[①]，君臣上下交得其志，蠡不如种也。四封之外，敌国之制，立断之事，因阴阳之恒[②]，顺天地之常，柔而不屈，强而不刚，德虐之行，因以为常；死生因天地之刑，天因人，圣人因天；人自生之，天地形之，圣人因而成之，是故战胜而不报，取地而不反，兵胜于外，福生于内，用力甚少，而名声章明，种亦不如蠡也。"王曰："诺。"令大夫种为之。

【注释】①蕃滋：繁殖增益，孳生众多。②阴阳之恒：适应阴阳的恒常之变。

【译文】越王说："我的国家也是你范蠡的国家，请好好谋划，让越国鸿图大展吧！"范蠡答道："在国境之内，民众的事，抓住时节使人民乐于农功，不扰乱农事，不违背天时，年年五谷丰登，人口与日俱增，让君臣上下各得其所，这些方面我不如文种。在国境以外，应对敌国，大事决断，适应阴阳的恒常之变，顺从天地的常规，可以柔顺而不屈从，坚强而不刚硬，不论施德还是虐待，以天地为常道，生和杀要以天地之意为准则。上天顺应民众之心，圣人顺应上天之意。人类的吉凶是自然发生的，其吉凶的征兆由天地自然现象体现出来，圣人根据天地显示的征兆所以成功。因此能战胜敌人而不让他报复，夺取敌人的土地而不让它夺回；军队在国外获得胜利，给国内带来福利，用很少的力而声名卓著，这方面的事，文种是不如我的。"越王说："好。"于是命文种治理内政。

范蠡劝勾践无蚤图吴

四年，王召范蠡而问焉，曰："先人就世，不穀即位。吾年既少，未有恒常，出则禽荒[①]，入则酒荒[②]。吾百姓之不图，唯舟与车。上天降祸于越，委制于吴。吴人之那不穀，亦又甚焉。吾欲与子谋之，其可乎？"对曰："未可也。蠡闻之，上帝不考，时反是守，强索者不祥，得时不成，反受其殃。失德灭名，流走死亡。有夺，有予，有不予，王无蚤图。夫吴，君王之吴也，王若蚤图之，其事又将未可知也。”王曰：“诺。”

【注释】①禽荒：沉溺于田猎。②酒荒：沉缅于宴饮。

【译文】越王从吴国归来的第四年，召见范蠡并向他请教说：“先王下世，我刚承袭王位。我年纪轻，毫无定性，出外就沉溺于打猎，在家就沉缅于宴饮，从来不考虑百姓的事，只想坐着车和船游玩。所以上天降下灾祸给越国，让越国被迫归顺吴国。吴国对于我，压迫太甚。我想与你谋划讨伐吴国，可以吗？”范蠡答道：“现在还不可以。我听说，上帝不肯成全，只有等候天意的转变。强求的事不会吉祥，得到时机又不能成事，反而会遭殃。终将丧失威德，身败名裂，流亡在外，直至死亡。有国家被人夺取的情形，有国家被上天赐予好运的情形，有国家被上天废弃的情形，请君王莫要过早贪图谋取吴国。那吴国，注定会是您的吴国，君王若是过早图谋，那事情如何，反而难以预料了。”越王说：“好。”

范蠡谓人事至而天应未至

又一年，王召范蠡而问焉，曰：“吾与子谋吴，子曰‘未可也’。今吴王淫于乐而忘其百姓，乱民功，逆天时；信谗喜优，憎辅远弼[①]，圣人不出，忠臣解骨[②]；皆曲相御，莫适相非，上下相偷。其可乎？”对曰：“人事至矣，天应未也，王姑待之。”王曰：“诺。”

【注释】①憎辅远弼：憎恶左边的辅臣，疏远右边的弼士。指君王无道。②忠臣解骨：忠良之臣背叛离开，指众叛亲离。

【译文】又过了一年，越王召见范蠡，向他请教说："我曾经同你谋划征讨吴国，你说还不可以。如今吴王沉缅于声色，忘记百姓，扰乱百姓农事，违背天时；听信谗言，宠爱倡优，憎恨辅臣，疏远敢于诤谏的大臣，所以贤能之士隐居不出，忠良之臣背叛离开。其他的人曲意逢迎，朝中是非不分，上下皆苟且偷安，你看如今可以了吗？"范蠡说："人事方面机会到了，上天还没有征兆，君王姑且耐心等待吧。"越王说："好。"

范蠡谓先为之征其事不成

又一年，王召范蠡而问焉，曰："吾与子谋吴，子曰'未可也'。今申胥骤谏其王，王怒而杀之，其可乎？"对曰："逆节萌生，天地未形，而先为之征，其事是以不成，杂受其刑。王姑待之。"王曰："诺。"

【译文】又过了一年，越王召见范蠡，向他请教说："上次我同你谋划征讨吴国，你说还不行。现在伍子胥多次向吴王进谏，吴王竟然恼怒将他杀了。我们现在可以行动了吗？"范蠡答道："吴王暴逆的行为才刚刚萌芽，天地尚未明显地出现什么征兆。若是我们现在先去攻打，恐怕事情不会成功，反而和吴国一起受害。君王姑且耐心等待吧。"越王说："好。"

范蠡谓人事与天地相参乃可以成功

又一年，王召范蠡而问焉，曰："吾与子谋吴，子曰'未可也'。今其稻蟹不遗种，其可乎？"对曰："天应至矣，人事未尽也，王姑待之。"王怒曰："道固然乎，妄其欺不穀耶？吾与子言人事，子应我以天时；今天应至矣，子应我以人事，何也？"范蠡对曰："王姑勿怪。夫人事必将与天地相参，然后乃可以成功。今其祸新民恐，其君臣上下，皆知其资财之不足以支长久也，彼将同其力，致其死，犹尚殆。王其且驰骋弋猎，无至禽荒；宫中之乐，无至酒荒；肆与大夫觞饮，无忘国常①。彼其上将薄其德②，民将尽其力，又使之望而不得食，乃可以致天地之殛，王姑待之。"

【注释】①国常：国家的典章、法规。②彼：吴国。

【译文】又过了一年，越王召见范蠡，向他请教说："我以前同你谋划报复吴国，你说还不可以。现在吴国天灾严重，稻谷和螃蟹都吃光了，连种子都没剩，现在可以讨伐吴国了吗？"范蠡答道："上天的报应已经出现了，但是人事方面还不太成熟，君王再耐心等一等。"越王愤怒地说："按道理真的如此吗？还是你妄言欺骗我？我与你谈人事，你回应我要等天时；现在天时到了，你却又说要等人事，到底什么原因？"范蠡答道："君王暂且不要见怪。人事一定要和天地相互参照，然后才能成功。现在吴国的天灾刚发生不久，人民已有恐惧之心，吴国君臣上下都知道国家的物资不能坚持长久，他们一定会齐心协力，和我们拼命，因此现在攻打还有危险。君王暂且只管外出驰骋打猎，但不可以真的沉缅在狩猎上；您只管在宫中饮酒做乐，但不可以真的沉迷在酒色上；您只管尽情和臣僚们大摆酒宴，但不可以忘记国家的典章、法规。这样，吴国上层就会放松警惕，不修其德，更加荒淫无道，民众将被弄得精疲力尽，大家心怀怨恨而又没有粮食吃，到那时，我们才可以执行天地之命去诛灭吴国。君王暂且耐心等待吧。”

越兴师伐吴而弗与战

至于玄月[①]，王召范蠡而问焉，曰：“谚有之曰，觥饭不及壶飧[②]。今岁晚矣，子将奈何？”对曰：“微君王之言，臣故将谒之。臣闻从时者，犹救火、追亡人也，蹶而趋之，唯恐弗及。”王曰：“诺。”遂兴师伐吴，至于五湖。

【注释】①玄月：夏历九月的别称。②觥（gōng）饭不及壶飧（sūn）：丰盛的饭食还比不上壶中普通的饭食能救饥。比喻远水难解近渴。

【译文】到了九月，越王召见范蠡，向他请教说：“有句俗话说得好，丰盛的饭食还比不上壶中普通的饭食能救饥。现在快到年底了，你打算怎么办？”范蠡说：“就算君王不说这话，臣也要请求君王征讨吴国了。我听说，善于抓住机遇，就像救火和抓捕逃犯一样，拼命追赶唯恐不及。”越王说：“好。”于是马上发兵征伐吴国，到达五湖。

吴人闻之，出而挑战，一日五反。王弗忍，欲许之，范蠡进谏曰："夫谋之廊庙[1]，失之中原，其可乎？王姑勿许也。臣闻之，得时无怠，时不再来，天予不取，反为之灾。赢缩转化，后将悔之。天节固然，唯谋不迁。"王曰："诺。"弗许。

【注释】①廊庙：指朝廷。

【译文】吴国人听到这个消息，出兵挑战，一天之内，反复挑战五次。越王忍耐不住了，想要应战。范蠡进谏说："在朝廷中谋划好的，一到战场谋划就不算了，这样做可以吗？君王姑且不要应战。我听说，时机得到就不能怠慢，时机失去就不会再来。上天赐予却不收取，反而成为灾难。进退变化无常，将来一定会后悔。天道节气变化本来如此，唯有谋划好的事不应更改。"越王说："好。"便不再应战。

范蠡曰："臣闻古之善用兵者，赢缩以为常[1]，四时以为纪，无过天极，究数而止。天道皇皇，日月以为常，明者以为法，微者则是行。阳至而阴，阴至而阳；日困而还，月盈而匡。古之善用兵者，因天地之常，与之俱行。后则用阴，先则用阳；近则用柔，远则用刚。后无阴蔽，先无阳察，用人无艺，往从其所。刚强以御，阳节不尽，不死其野。彼来从我，固守勿与。若将与之，必因天地之灾，又观其民之饥饱劳逸以参之。尽其阳节[2]，盈吾阴节而夺之[3]。宜为人客，刚强而力疾；阳节不尽，轻而不可取。宜为人主，安徐而重固；阴节不尽，柔而不可迫。凡陈之道，设右以为牝，益左以为牡，蚤晏无失，必顺天道，周旋无究。今其来也，刚强而力疾，王姑待之。”王曰：“诺。”弗与战。

【注释】①赢缩以为常：根据金星方位决定军队进退，以此为用兵常法。②阳节：指轻疾猛厉、刚劲显露的气势。③阴节：指沉重固密，安徐舒静的气势。

【译文】范蠡说：“我听说古时候善于用兵的人，以金星方位决定进退，以此为常法，以四时的规律为用兵准则，不超越天道的极限，到了指定的限度就停止。天道是非常光明的，日月运行就是天道的恒常。日月光明时可以取法，让人进取，日月晦暗时可以让人隐蔽。阳达到极点时会转为阴，阴达到极点时会转为阳。太阳西落东升，月亮有圆有缺。古代善于用兵的人，遵循着天地变化的常规，和天地一起行动。被动防守时用阴柔的方法，主动进攻时用阳刚的方法。敌人接近时用阴柔的方法，敌人远离时用阳刚的方法。在后面防守时不可以过于隐蔽，在前面进攻时也不可以过于显露。用兵没有固定的方式，需要根据实际情况来作决定。如若敌方顽强抵抗，说明他们的阳刚气势还没有耗尽，就不能与他们交战。当敌人来攻打我们时，我们就坚守不战。如果准备与敌应战，一定要乘敌人遭遇灾祸的时候，并且还要观察他们民众的饥饱劳逸情况，作为参考。一直要等到敌人的阳气耗尽，我们的阴柔力量积蓄饱满，然后才可以夺取胜利。在进攻敌人的时候，应该勇猛刚强行动迅速。敌人阳气还没有耗尽前，不要轻易去攻取。在采取防御的时候，应该从容不迫，持重稳固。只要我方阴气没有耗尽，我们虽然柔弱却不可能被困迫。排兵布阵的方法是，安排右翼可以布阵严整，但却不是主力所在。左翼应该增强使它成为主力。早晚都不能有丝毫的疏忽，一定要顺应天道，进退自如周旋变化无穷。现在敌方的来势凶猛而迅速，君王还是暂且耐心等待吧。”越王说：“好。”就没有和吴军开战。

范蠡谏勾践勿许吴成卒灭吴

居军三年，吴师自溃。吴王帅其贤良，与其重禄[1]，以上姑苏。使王孙雒行成于越，曰：“昔者上天降祸于吴，得罪于会稽。今君王其图不穀，不穀请复会稽之和。”王弗忍，欲许之。范蠡进谏曰：“臣闻之，圣人之功，时为之庸。得时不成，天有还形。天节不远，五年复反，小凶则近，大凶则远。先人有言曰：‘伐柯者其则不远[2]。’今君王不断，其忘会稽之事乎？”王曰：“诺。”不许。

【注释】①重禄：厚俸，高薪，古代借指重臣、大臣。②伐柯：持斧砍伐树木来作斧柄。

【译文】越军围吴三年，吴军自己终于崩溃了。吴王带着他的重臣良将逃到姑苏台，派王孙雒出使越国求和，说：“昔日上天降下灾祸给吴国，让我在会稽得罪了越王。今天越王想要报复我，我请求再照着当年在会稽那样，两国讲和。”越王心有不忍，准备答应讲和。范蠡进谏说：“我听说，圣人的功业，在于他可以利用天时。得到天时却不成功，上天就会转变反复。天时转变的为期不远，五年转变一次。小灾小难来得快，大灾大难来得慢。前人有一句话说：‘持斧砍伐树木来作斧柄，不要去远处寻找。’如今君王不能果断，难道忘了在会稽的事情吗？”越王说：“好。”不答应吴国求和。

使者往而复来，辞愈卑，礼愈尊，王又欲许之。范蠡谏曰：“孰使我蚤朝而晏罢者，非吴乎？与我争三江、五湖之利者，非吴耶？夫十年谋之，一朝而弃之，其可乎？王姑勿许，其事将易冀已。”王曰：“吾欲勿许，而难对其使者，子其对之。”范蠡乃左提鼓，右援枹，以应使者，曰：“昔者上天降祸于越，委制于吴，而吴不受。今将反此义而报此祸，吾王敢无听天之命，而听君王之命乎？”王孙雒曰：“子范子，先人有言曰：‘无助天为虐，助天为虐者不祥。’今吴稻蟹不遗种，子将助天为虐，不忌其不祥乎？”范蠡曰：“王孙子，昔吾先君固周室之不成子也，故滨于东海之陂，鼋鼍鱼鳖之与处[①]，而鼃黾之与同渚[②]。余虽靦然而人面哉，吾犹禽兽也，又安知是諓諓者乎[③]？”王孙雒曰：“子范子将助天为虐，助天为虐不祥。雒请反辞于王。”范蠡曰：“君王已委制于执事之人矣。子往矣，无使执事之人得罪于子。”使者辞反。范蠡不报于王，击鼓兴师以随使者，至于姑苏之宫，不伤越民，遂灭吴。

【注释】①鼋鼍（yuán tuó）：指巨鳖和扬子鳄。②鼃黾（wā miǎn）：本谓蛙类动物。后比喻谗谀之人。③諓諓（jiàn jiàn）：指能言善辩，花言巧语。

【译文】吴国使者往返多次，求和的言辞越来越谦卑，礼节越来越恭敬，越王又想要答应。范蠡劝谏说："谁让我们很早就上朝，很晚才退朝的呢？难道不是吴国吗？跟我们争夺三江五湖利益的，难道不是吴国吗？我们谋划了十年，一天就丢弃了，这样可以吗？君王姑且不要答应，这件事情很快就会有转机了。"越王说："我很想不答应，但却难以应对吴国使者，你替我去应对他吧！"于是范蠡左手提着鼓，右手拿着鼓槌，去见吴国的使者，说："昔日上天降下灾祸给越国，把越国命运交给吴国，可是吴国却不接受。如今上天反转此道，让我们可以报复吴国。我们君王怎么敢不听从上天的命令，而听吴王的命令呢？"王孙雒说："范大夫呀！古人曾经说过：'不要助天为恶。助天为恶的人不吉祥。'如今我们吴国的稻谷和螃蟹都吃得精光了，您还要帮助上天作恶，不怕不吉祥吗？"范蠡说："王孙大夫呀！昔日越国先君原本是周朝不够格的子爵，因此只能居住在东海岸边，与鼋鼍鱼鳖相处，同水边虾蟆共居。虽然我们面貌像人，却跟禽兽差不多，又怎么能听懂您说的这些巧辩呢？"王孙雒说："尊敬的范子，你想要助天为恶，助天为恶是不吉祥的。王孙雒请求面见越王向他辞行。"范蠡说："我们越王已经把这件事委托给我了。你回去吧，不要让我再得罪你。"吴国使者告辞返回。范蠡不再向越王报告，擂起战鼓，出兵紧随吴国使者的后面，一直追到姑苏台，越国毫无伤亡，就灭掉了吴国。

范蠡乘轻舟以浮于五湖

反至五湖，范蠡辞于王曰："君王勉之，臣不复入越国矣。"王曰："不穀疑子之所谓者何也？"对曰："臣闻之，为人臣者，君忧臣劳，君辱臣死。昔者君王辱于会稽，臣所以不死者，为此事也。今事已济矣，蠡请从会稽之罚。"王曰："所不掩子之恶，扬子之美者，使其身无终没于越国。子听吾言，与子分国。不听吾言，身死，妻子为戮。"范蠡对曰："臣闻命矣。君行制，臣行意。"遂乘轻舟以浮于五湖，莫知其所终极。

【译文】越王灭了吴国返回五湖时，范蠡向越王告辞说："君王您继续努力吧，臣不准备回越国了。"越王问："我不明白你说的是什么意思？"范蠡答道："我听说，做臣子的，如果君王忧虑，臣子就要为他操劳；如果君王受辱，臣子就要为他去死。昔日君王被困会稽受兵败之辱时，我之所以没死，就是为了报仇。现在大仇已报，范蠡请求接受在会稽时的惩罚。"越王说："今后我若是不掩藏你的过失恶行，不赞扬你的美德，让我客死在越国之外。你听我的话，我要把国家分一部分给你。你若不听我的话，将处你死刑，妻子也将被杀死。"范蠡回答说："臣听到您的命令了。君王可以制定法令，臣子可以按自己的意向行事。"于是，范蠡乘着小船泛游于五湖，无人知道他最后的去向。

王命工以良金写范蠡之状而朝礼之，浃日而令大夫朝之，环会稽三百里者以为范蠡地，曰："后世子孙，有敢侵蠡之地者，使无终没于越国，皇天后土、四乡地主正之[①]。"

【注释】①皇天后土：指天地。皇天：古代称天。后土：古代称地。

【译文】越王命工匠用上等的金属铸造范蠡的像，每天亲自礼拜，命令大夫们每十天礼拜一次，同时把会稽山周围三百里土地划封为范蠡的封地，说："后代的子孙，有胆敢侵占范蠡这块封地的，让他在越国不得善终，天地、四方的官长都可以为证。"

谦德国学文库丛书

（已出书目）

弟子规·感应篇·十善业道经
三字经·百家姓·千字文·德育启蒙
千家诗
幼学琼林
龙文鞭影
女四书
了凡四训
孝经·女孝经
增广贤文
格言联璧
大学·中庸
论语
孟子
周易
礼记
左传
尚书
诗经
史记
汉书
后汉书
三国志
道德经
庄子
世说新语
墨子
荀子
韩非子
鬼谷子
山海经
孙子兵法·三十六计
素书·黄帝阴符经
近思录
传习录
洗冤集录

颜氏家训
列子
心经·金刚经
六祖坛经
茶经·续茶经
唐诗三百首
宋词三百首
元曲三百首
小窗幽记
菜根谭
围炉夜话
呻吟语
人间词话
古文观止
黄帝内经
五种遗规
一梦漫言
楚辞
说文解字
资治通鉴
智囊全集
酉阳杂俎
商君书
读书录
战国策
吕氏春秋
淮南子
营造法式
韩诗外传
长短经
虞初新志
迪吉录
浮生六记
文心雕龙
幽梦影
东京梦华录
阅微草堂笔记
说苑
竹窗随笔
国语
日知录